John Naisbitt · Patricia Aburdene
Megatrends 2000

John Naisbitt · Patricia Aburdene

Megatrends 2000

Zehn Perspektiven für den Weg
ins nächste Jahrtausend

Deutsch von Tillmann Gärtner

ECON Verlag
Düsseldorf · Wien · New York

Titel der amerikanischen Originalausgabe:
Megatrends 2000, Ten New Directions For the 1990's
Originalverlag: William Morrow and Company, Inc.
Übersetzt von Tillmann Gärtner
Copyright © 1990 by John Naisbitt and Patricia Aburdene

CIP-Titelaufnahme der Deutschen Bibliothek

Naisbitt, John:
[Megatrends zweitausend]
Megatrends 2000: Zehn Perspektiven für den Weg ins nächste Jahrtausend /
John Naisbitt; Patricia Aburdene. Dt. von Tillmann Gärtner.
2. Aufl. – Düsseldorf; Wien; New York: ECON Verl., 1990
Einheitssacht.: Megatrends two thousand ‹dt.›
ISBN 3-430-17025-7
NE: Aburdene, Patricia:

2. Auflage 1990
Copyright © 1990 der deutschen Ausgabe by ECON Executive Verlag GmbH,
Düsseldorf, Wien und New York.
Alle Rechte der Verbreitung, auch durch Film, Funk und Fernsehen,
fotomechanische Wiedergabe, Tonträger jeder Art, auszugsweisen Nachdruck
oder Einspeicherung und Rückgewinnung in Datenverarbeitungsanlagen aller
Art, sind vorbehalten.
Lektorat: Ulrike Preußiger-Meiser
Gesetzt aus der Times, Linotype
Satz: Lichtsatz Heinrich Fanslau, Düsseldorf
Papier: Papierfabrik Schleipen GmbH, Bad Dürkheim
Druck und Bindearbeiten: Ebner Ulm
Printed in Germany
ISBN 3-430-17025-7

Für Roxy, Lily und Abraham

Inhalt

Einleitung 9

1 Die Blüte der Weltwirtschaft in den neunziger Jahren .. 19

2 Die Renaissance der schönen Künste 75

3 Der Vormarsch des marktwirtschaftlichen Sozialismus .. 119

4 Internationaler Lebensstil
und die Rückbesinnung auf nationale Traditionen 153

5 Das Ende des Wohlfahrtsstaates 197

6 Die Zukunft gehört dem pazifischen Raum 229

7 Frauen erobern die Führungsetagen 277

8 Das Zeitalter der Biologie 307

9 Das Wiederaufleben der Religionen 343

10 Der Triumph des Individuums 375

Schlußbetrachtung 389

Dank 393

Register 395

Einleitung

Wir stehen am Beginn einer neuen Ära.

Vor uns liegt das wichtigste Jahrzehnt in der Geschichte der Zivilisation, eine Periode überwältigender technischer Innovation, beispielloser ökonomischer Möglichkeiten, erstaunlicher politischer Reformen und einer gewaltigen kulturellen Renaissance. Es ist ein Jahrzehnt, das sich mit keinem Dezennium vor ihm vergleichen läßt, weil mit ihm das Jahrtausend zu Ende geht und weil an seinem Ende das Jahr 2000 steht.

Über Jahrhunderte hinweg war dieses symbolische Datum eine Metapher für die Zukunft und das, was wir aus ihr machen werden. In einigen wenigen Jahren wird diese Zukunft Gegenwart sein. Schon jetzt stehen wir unter seiner Herrschaft. Das Jahr 2000 ist für die Menschheit wie ein mächtiger Magnet, seine Wirkungskraft reicht weit in die neunziger Jahre hinein und verleiht diesem Jahrzehnt eine große Intensität. Es bringt ein intensiveres Erleben der Gefühle, eine rasante Beschleunigung des Wandels, ein stärkeres Bewußtwerden der Probleme und zwingt uns dazu, uns selber, unsere Werte sowie unsere Institutionen nochmals zu überdenken.

Zweck dieses Buches ist es, die wichtigsten Trends der neunziger Jahre auszumachen und zu beschreiben. Die neuen Megatrends werden schon vom nächsten Jahrtausend geprägt und sind deshalb als Tor zum 21. Jahrhundert anzusehen.

Megatrends für ein neues Jahrtausend

Megatrends tauchen nicht einfach auf und verschwinden dann wieder. Diese großen gesellschaftlichen, ökonomischen, politischen und technologischen Veränderungen entfalten sich langsam und

üben – wenn sie erst einmal wirksam geworden sind – dann ihren Einfluß eine ganze Zeitlang auf uns aus: zwischen sieben und zehn Jahren oder länger. Sie sind nach Umfang und Intensität das, was ein Jahrzehnt an Veränderung leisten kann.
Wir haben 1982 in dem Buch *Megatrends* die Trends beschrieben, die sich in den achtziger Jahren herausbildeten. Das waren Verschiebungen von:

1. der Industriegesellschaft   zur Informationsgesellschaft,
2. forcierter Technologie   zu High-Tech/High-Touch,
3. der Nationalökonomie   zur Weltwirtschaft,
4. kurzfristig   zu langfristig,
5. der Zentralisation   zur Dezentralisation,
6. institutionalisierter Amtshilfe   zur Selbsthilfe,
7. der repräsentativen Demokratie   zur partizipatorischen Demokratie,
8. Hierarchien   zu Verbundenheit, Verflechtung und gegenseitiger Abhängigkeit,
9. Norden   nach Süden,
10. dem Entweder-Oder   zur multiplen Option.

Diese Verschiebungen laufen ziemlich genau nach Zeitplan ab. Aber sie sind jetzt, wo wir in die neunziger Jahre eintreten und neue Kräfte ins Spiel kommen, nur ein Teil des Ganzen. Daß jemand die Welt nach Megatrends auflistet, mag manchem zuerst als etwas zu willkürlich erscheinen. Sinn dieser Auflistung ist es jedoch nicht, das Leben auf ein grobes und oberflächliches Schema zu reduzieren, sondern eine begriffliche Grundlage zu schaffen, auf der sich gesichertes Wissen aufbauen läßt.
»Wir ertrinken in Informationen und hungern nach Wissen«, haben wir in *Megatrends* geschrieben. In weniger als zehn Jahren hat sich die Informationsflut nur noch verstärkt. Das vorliegende Buch zeigt darum zehn neue strukturelle Megatrends auf, die zu erkennen – bei der wachsenden Informationsfülle der neunziger Jahre – lebenswichtig ist.
Die Trends der neunziger Jahre werden wichtige Bereiche Ihres Lebens beeinflussen – Ihre Berufswahl, Ihre Reiseziele, Ihre

geschäftlichen Transaktionen und Investitionen, Ihre Wohnortwahl und den Bildungsweg Ihrer Kinder. Um das Beste aus diesem außergewöhnlichen Jahrzehnt zu machen, müssen Sie sich der Veränderungen bewußt sein, die überall in Ihrer Umwelt stattfinden. Es ist richtig, daß es noch nie mehr Medien gegeben hat. Neue Fernsehgesellschaften und -kanäle, Video und Film, eine noch nie dagewesene Zahl von neuen Zeitschriften, Mitteilungsblättern, Fachzeitschriften und Zeitungen halten Sie ständig über die neuesten Ereignisse des Tages auf dem laufenden. Aber was sagen Ihnen die Nachrichten? Wie viele Informationen nehmen Sie wirklich auf?

Ohne eine Struktur, ein Bezugssystem, prallt die ungeheure Masse von Fakten, die jeden Tag auf Sie einstürmt, einfach an Ihnen ab.

Die Dinge dieser Welt ereignen sich nicht in einem Vakuum, sondern sie stehen in einem sozialen, politischen, kulturellen und ökonomischen Kontext. Das vorliegende Buch beschreibt dieses Umfeld. Sie brauchen nicht jeder Einzelheit dieser Weltsicht zuzustimmen. Aber benutzen Sie das Ihnen hier angebotene Raster als Bezugssystem, das Ihnen dabei hilft, neue Entwicklungen, gegensätzliche Gesichtspunkte und neue Informationen zu bewerten. Das entscheidende ist, daß Sie eine eigene Sicht der Dinge entwickeln, sozusagen Ihre persönlichen Megatrends, die sich auf Ihre Arbeit, Ihre Ideale, Ihre Umwelt und auf den Beitrag, den Sie für die Gesellschaft leisten, auswirken.

Die neuen Megatrends:
Das Tor zum 21. Jahrhundert

Jetzt, zu dem Zeitpunkt, an dem wir in dieses neue Jahrzehnt eintreten, lassen sich aus den wichtigsten übergreifenden Entwicklungen folgende zehn Trends herausfiltern:

1. die Blüte der Weltwirtschaft in den neunziger Jahren,
2. die Renaissance der schönen Künste,
3. der Vormarsch des marktwirtschaftlichen Sozialismus,
4. internationaler Lebensstil und die Rückbesinnung auf nationale Traditionen,
5. das Ende des Wohlfahrtsstaates,

6. die Zukunft gehört dem pazifischen Raum,
7. Frauen erobern die Führungsetagen,
8. das Zeitalter der Biologie,
9. das Wiederaufleben der Religionen,
10. der Triumph des Individuums.

Der Weg ins neue Jahrtausend

Wir können die Megatrends der neunziger Jahre nicht verstehen, wenn wir uns nicht die metaphorische Bedeutung des Wortes »Millennium«, Jahrtausend, vor Augen halten. Vor allem müssen wir erkennen, daß dieses Wort die Macht hat, neben unseren schrecklichsten Alpträumen unsere positivsten, leuchtkräftigsten Visionen hervorzurufen. In den neunziger Jahren werden mit erstaunlicher Regelmäßigkeit apokalyptische Themen aufkommen oder wieder aufs neue auftauchen. Das Unglück, so scheint es, wartet immer gleich hinter der nächsten Ecke – kaum haben die Supermächte ein Abkommen zur Begrenzung von Atomwaffen unterzeichnet, werden wir auch schon mit dem »Treibhauseffekt« konfrontiert.

Das Wort Millennium kommt vom lateinischen »mille«, das bedeutet »tausend«. Ein Millennium steht für tausend Jahre. Und in vielen Sprachen bezeichnet das Wort auch eine Tausendjahrfeier. 1987 wurde in der Sowjetunion das Millennium, die Tausendjahrfeier anläßlich des tausendjährigen Bestehens des Christentums in Rußland, begangen. Das biblische Millennium bezieht sich auf die tausendjährige Periode nach der Wiederkunft Christi, wenn nach einer apokalyptischen Schlacht das Königreich Gottes auf Erden errichtet wird.

Generell hat aber das Wort Millennium im weltlichen Bereich im Laufe der Zeit die Bedeutung eines Goldenen Zeitalters angenommen, einer Zeit, in der die Tore der Vergangenheit geschlossen werden und die Menschheit in eine neue Ära aufbricht.

Während wir uns diesem bedeutsamen Zeitpunkt nähern, sind wir, ob bewußt oder unbewußt, wieder in den mythologischen Bann des Millenniums geraten. Einige christliche Fundamentalisten haben ihre Gläubigen aufgefordert, sich auf die – ganz wörtlich genommene – Wiederkunft Christi vorzubereiten. Am anderen Ende des religiösen Spektrums steht eine bunte Mischung metaphysischer und okkulter Gruppen – die populistischen Religionen unserer Zeit –, die prophezeien, daß der Welt um das Jahr 2000 eine verheerende Wende bevorsteht. Schlagzeilen über die Erwärmung der Erdatmosphäre und Löcher in der Ozonschicht haben viele Menschen überzeugt, daß die Zeit der Katastrophe nicht mehr fern ist.

Es gibt mehr als eine Deutung des Begriffs Millennium, und während die Zeitenwende näherrückt, werden wir noch viele Variationen zu hören bekommen. Das Jahr 2000 steht nicht nur für den Beginn eines neuen Jahrhunderts, sondern auch für eine religiöse Erfahrung, die aus einem Megatrend resultiert, den wir als religiöse Erneuerung bezeichnen. Diese an sich positive Idee nutzte Adolf Hitler im übrigen für seine Zwecke rücksichtslos aus. Unter Bezugnahme auf den biblisch-religiösen Bedeutungsgehalt des Begriffs ließ er durch seinen straff organisierten Propagandaapparat Wort und Idee des Tausendjährigen Reiches für den Nationalsozialismus besetzen.

Eine neue Weltsicht

Die neunziger Jahre zeigen uns eine neue Welt. Mit den letzten Jahren der achtziger Jahre ist der Kalte Krieg endgültig zu Ende gegangen, und der Rüstungswettlauf hat sich verlangsamt, ist vielleicht sogar zum Stillstand gekommen. Die Nachkriegszeit mit ihrem Nationalismus und ihrem ideologischen Kalten Krieg ist vorbei, und eine neue Phase globaler Beziehungen hat begonnen. Die schönen Künste erleben überall auf der Welt eine neue Blütezeit. Es gibt eine weltweite Bereitschaft, sich um den Umweltschutz zu kümmern. Kommunistische Länder experimentieren mit der Demokratie und mit den Mechanismen des freien Marktes. In allen Ländern ist gegenwärtig der Wunsch nach wirtschaftlicher Zusammenarbeit stärker als der Drang zu militärischen Abenteuern. Asien hat das Lehrbuch wirtschaftlicher Entwicklung neu geschrieben, und viele Asiaten haben inzwischen den Lebensstandard der Europäer erreicht. Es gibt einen ausgeprägten Trend hin zu freiem Welthandel. In den ärmsten Ländern Afrikas werden zunehmend Betriebe privatisiert und

Wirtschaftsmodelle gefördert, die auf Selbsthilfe und Selbstvertrauen basieren. Es läßt sich eine neue Achtung vor dem menschlichen Unternehmungsgeist feststellen.

Wir leben in einer Welt, die mehr und mehr vernetzt ist. Stärker noch als *Megatrends* geht das vorliegende Buch darum auf die Trends ein, die sich in Nordamerika, im pazifischen Raum *und* in Europa bemerkbar machen. Das ist mittlerweile leichter zu bewerkstelligen, weil sich diese Regionen durch große Gemeinsamkeiten auf dem Informationssektor, bei den Dienstleistungen und in der Elektronik einander angeglichen haben.

Die Berufe, die in einer Gesellschaft vorherrschen – also jene Tätigkeiten, womit die Mitglieder dieser Gesellschaft ihren Lebensunterhalt verdienen –, prägen in jeder Weise die kulturellen und politischen Institutionen eines Staates. Innerhalb des Weltwirtschaftssystems weisen also Angehörige der entwickelten Nationen größere Ähnlichkeiten mit ihren Nachbarn auf als mit Angehörigen unterentwickelter Nationen. Wir haben uns darum bemüht, die Megatrends mit Beispielen aus aller Welt zu belegen, werden uns aber trotzdem vorwiegend an die Vereinigten Staaten halten, weil wir dieses Land am besten kennen und weil die Leser dann unsere Absicht besser verstehen.

Wir werden oft gefragt, warum unsere Bücher so »positiv« sind, warum wir nicht stärker auf die Probleme eingehen, mit denen die Menschheit konfrontiert ist.

Wir werden Tag für Tag mit Schlagzeilen bombardiert, die von Verbrechen handeln, von Drogen, von der Zerstörung der brasilianischen Regenwälder, von Aids, chemischer Kriegführung, Korruption sowie von Handels- und Haushaltsdefiziten, und wir fragen uns immer wieder, wie neben soviel Bösem überhaupt irgend etwas Gutes existieren kann. Wenn das Böse, die Unwissenheit und die scheußlichen Dinge, von denen wir alle täglich lesen, wahr sind, wie können dann gleichzeitig positive Trends und Tendenzen wirksam sein?

Die Leute, die über die grausamen Ereignisse, die Katastrophen berichten, tun ihre Arbeit. Wir respektieren sie deshalb. Und wir bewundern die Aktivisten, die es sich zur Lebensaufgabe gemacht haben, die schlimmen Dinge dieser Welt in Ordnung zu bringen. Unsere Funktion aber ist eine andere. Weil die Probleme der Welt soviel Aufmerksamkeit finden, weisen wir hauptsächlich auf Fakten und Umstände hin, in denen weltweite Trends zum Besseren, zu neuen Möglichkeiten sichtbar werden.

Praktisch gesehen, muß man wohl ein unverbesserlicher Generalist sein – oder vielleicht ein bißchen verrückt –, wenn man den Versuch unternehmen will, die Trends eines ganzen Jahrzehnts zu beschreiben. Man muß zu diesem Zweck eine riesige Masse an Informationen sichten – eine Aufgabe, die etwas erleichtert wird, wenn man einen bestimmten festen Standpunkt vertritt. Unsere Perspektive, unsere Marktnische in der beängstigenden Welt der Masseninformation ist genau die: Wir wollen Schlaglichter auf einige positive Entwicklungen richten, ohne daß wir die Hindernisse ignorieren, die sich uns dabei in den Weg stellen.

Jahrtausend als Metapher der Zukunft

Während wir uns auf das Jahr 2000 zubewegen, gewinnt der Begriff des Millenniums, des Jahrtausends, neue Kraft als Metapher der Zukunft. Im biblischen Millennium konnte das Königreich Gottes auf Erden nur nach einer letzten Schlacht zwischen Christ und Antichrist errichtet werden, nur nach der Auseinandersetzung zwischen den beiden absoluten Gegensätzen.

Wie die alte Prophezeiung so löst auch die moderne Jahrtausendwende Visionen einer besseren Welt aus – neben unseren Alpträumen vom Ende der Welt. Dieser Zwiespalt ist immer spürbar.

Vielleicht liegt darin auch der Grund, warum sich mit Rüstungskontrolle unsere Angst vor Atomwaffen nicht beseitigen läßt, warum sinkende Arbeitslosenziffern, eine Rekordzahl von Firmenneugründungen und die Schaffung neuer Arbeitsplätze unsere Furcht vor einer Wirtschaftskrise in den neunziger Jahren nicht besänftigen können.

Mit dem Schrecken der Atomwaffen wächst gleichzeitig auch die Hoffnung, wir hätten – wenn wir es nur bis zum Jahr 2000 ohne Atomkrieg schaffen – damit auch schon bewiesen, daß wir unsere Probleme lösen und auf diesem gefährdeten Planeten friedlich zusammenleben können.

Die Zukunft des Jahrtausends

Wenn wir an das 21. Jahrhundert denken, dann denken wir an Technologie: an Raumfahrt, Biotechnologie, Roboter. Aber das Gesicht der Zukunft ist vielgestaltiger als die Technologie, mit deren Hilfe wir uns die Zukunft vorstellen. Die aufsehenerregendsten Durchbrüche, die Errungenschaften des 21. Jahrhunderts werden nicht aus der technologischen Entwicklung resultieren, sondern sie werden aus einem erweiterten Verständnis dessen entstehen, was wir menschlich nennen oder als menschliche Natur bezeichnen.

Wir stehen heute sozusagen am Ausgang unserer Version des finsteren Mittelalters – wir sind gleichzeitig dem Druck der Industrialisierung ausgesetzt, dem Druck des Totalitarismus und dem Eindringen der Technologie in unser alltägliches Leben. Jetzt, wo der größte Teil des Jahrhunderts hinter uns liegt und das neue Jahrtausend vor uns, erleben wir den Beginn einer Renaissance der schönen Künste und der Spiritualität. Das magnetische Jahr 2000 beschleunigt sowohl kühne marktwirtschaftliche Experimente in sozialistischen Ländern als auch eine spirituelle Erneuerung sowie einen ungeheuren wirtschaftlichen Wachstumsschub im pazifischen Raum.

Je weiter unser Horizont und je leistungsfähiger unsere Technologie ist, desto größer ist der Wert, den wir dem einzelnen zumessen. Wegen George Orwells Buch *1984* war dieses Jahr über Jahrzehnte hinweg ein Symbol für die Entmenschlichung der modernen Gesellschaft. Das Jahr 1984 ist gekommen und vorbeigegangen, und das Gesicht des Individuums, der Wert des einzelnen, hat sich außerordentlich stark erhöht, und das ganz besonders in den Ländern des Ostblocks.

Man muß nur einmal beobachten, wie viele gesellschaftliche Gruppen sich ihre Ziele im Hinblick auf das Jahr 2000 gesteckt haben. Es soll keinen Hunger mehr auf der Welt geben, eine drogenfreie Gesellschaft soll erreicht und ein Mittel gegen Krebs gefunden werden. Der Meilenstein der Jahrtausendwende dient als Stichtag, der uns anspornt, unseren Problemen ins Auge zu sehen und sie zu lösen, damit wir hinterher ein besseres Gewissen haben. Aber wir stellen uns diesen Problemen nicht freiwillig, ihre Lösung drängt sich auf. Darum werden uns die neunziger Jahre zu Entscheidungen von weltweiter Tragweite zwingen. Angefangen von Atomunfällen bis zu chemischen Verseuchungen und Umweltverschmutzung wird die Palette der großen Probleme der Welt reichen.

Die Menschheit wird wahrscheinlich nicht durch einen Deus ex machina in der Form einer regelrechten Wiederkunft gerettet – das ist die Erwartung der religiösen Fundamentalisten – und wohl auch nicht durch die freundlichen Insassen von Raumschiffen, wie es die New-Age-Version suggeriert. Obwohl wir durch eine neue Spiritualität geleitet werden, müssen die Antworten von uns selber kommen.

Apokalypse oder goldenes Zeitalter. Das liegt ganz bei uns. Wir nähern uns dem Beginn des dritten Jahrtausends, und die Art und Weise, auf die wir die Fragen der Zukunft angehen, wird zeigen, was es bedeutet, ein Mensch zu sein.

1 Die Blüte der Weltwirtschaft in den neunziger Jahren

Im letzten Jahrzehnt dieses Jahrhunderts wird die Welt in eine Periode ökonomischer Blüte eintreten. Hinter diesem wirtschaftlichen Aufschwung steht nicht ein einzelner auslösender Faktor, sondern ein außergewöhnliches Zusammentreffen verschiedener Faktoren. Wir befinden uns in einer beispiellosen Periode beschleunigten Wandels. Die vielleicht aufregendste dieser Veränderungen ist der Schwung und das Tempo, mit dem sich die Welt zu einem einzigen geschlossenen Wirtschaftsraum entwickelt. Man kann heute schon sagen, daß es so etwas wie die Wirtschaft der Vereinigten Staaten nicht gibt, so sehr ist sie mit den Volkswirtschaften aller anderen Länder verwoben. Es wird so etwas wie eine europäische oder japanische Wirtschaft genausowenig geben wie eine Wirtschaft des Ostblocks oder der Dritten Welt.

Sind die Güter und Dienstleistungen im Wert von 81 Milliarden Dollar, die amerikanische Firmen auf dem japanischen Markt umsetzen, ein Teil der amerikanischen Wirtschaft oder der japanischen? Sind koreanische Wertpapiere, die ein Türke in London erwirbt, ein Teil der koreanischen, der britischen oder der türkischen Wirtschaft? Jede dieser Volkswirtschaften ist ein Teil einer einzigen Wirtschaft, der neuen Weltwirtschaft, und diese Wirtschaft bewegt sich auf einer mächtigen Konjunkturwelle in Richtung auf das Jahr 2000.

Es ist derselbe Effekt, als wären Amerikas fünfzig Staaten wirtschaftlich autark, mit gering entwickeltem zwischenstaatlichen Handel, und würden dann plötzlich zu einer einzigen wirtschaftlichen Einheit zusammengeschlossen. Eine wirtschaftliche Explosion wäre unweigerlich die Folge.

Die wirtschaftlichen Kräfte machen nicht an nationalen Grenzen halt und bewirken am Ende mehr Demokratie, mehr Freiheit, mehr Handel, mehr Chancengleichheit, mehr Wohlstand.

Dieses Kapitel gliedert sich in drei Abschnitte. Der erste Abschnitt beschäftigt sich mit den Kräften, die hinter dem kommenden weltweiten Wirtschaftsaufschwung stehen, und mit der wichtigen Rolle, die die Vereinigten Staaten dabei spielen. Der zweite Abschnitt befaßt sich mit dem hohen Wohlstand einer Informationsgesellschaft, wobei die Vereinigten Staaten als Prototyp einer solchen Gesellschaft dienen. Der letzte Abschnitt (»1992«) behandelt den historischen Zusammenschluß der zwölf Länder der Europäischen Gemeinschaft und die Auswirkungen, die diese Vereinigung für den Rest der Welt mit sich bringen wird.

Der weltweite Boom

Die Unheilspropheten

Natürlich hören die Unheilspropheten unter uns es nicht gerne, daß uns – wirtschaftlich gesehen – schon bald wunderbare Zeiten bevorstehen, sie sind sich ja so sicher, daß die Vereinigten Staaten und der Rest der Welt auf dem letzten Loch pfeifen. Seit der Club of Rome sein Buch *Die Grenzen des Wachstums* (1972) veröffentlicht hat, ist Weltuntergangsliteratur zu einer Wachstumsindustrie geworden. Alle paar Jahre taucht der Bevölkerungsforscher Paul Ehrlich wieder auf, um uns vor dem Ende der Welt zu warnen, und er läßt sich offenbar nicht davon beeindrucken, daß seine früheren Vorhersagen inzwischen als hysterische Übertreibungen betrachtet werden. Präsident Carters Report zum Jahr 2000 erwies sich schon als unrichtig, bevor noch die Tinte trocken war. Hinter jeder Ecke vermutete man Energiekrisen. Während einer Periode von sieben Jahren ununterbrochenen Wirtschaftswachstums in den Vereinigten Staaten wurde praktisch alle zwei Monate eine unabwendbare Rezession oder Depression vorhergesagt. Viele Wirtschaftswissenschaftler haben ein Jahrzehnt lang den drohenden Zusammenbruch der Weltwirtschaft prophezeit.

Die Unheilspropheten haben eine klägliche Bilanz vorzuweisen, aber sie bekommen desungeachtet große Unterstützung von den Medien. Schlechte Nachrichten oder die Vorhersage schlimmer Ereignisse haben einen hohen Informationswert. Erfreuliche Nachrichten werden meistens ignoriert. Ein treffendes Beispiel für diese These ist die Art und Weise, wie die drei nationalen amerikanischen Fernsehgesellschaften die Zeit beispielloser wirtschaftlicher Expansion behandelt haben, die Ende 1982 einsetzte. Professor Ted Smith von der Virginia Commonwealth University hat daraufhin für das Media Institute in Washington, D. C. eine Untersuchung durchgeführt und sie unter dem Titel: *The Vanishing Economy: Television Coverage of Economic Affairs 1982–1987 (Das Verschwinden der Wirtschaft: Die Fernsehberichterstattung über die Wirtschaftslage 1982–1987)* veröffentlicht. Professor Smith hat Bänder und Niederschriften der Spätnachrichten von ABC, NBC und CBS kritisch gesichtet und kam zu dem Ergebnis, daß »in dem Maß, in dem die wirtschaftliche Lage sich besserte, die Wirtschaftsberichterstattung in den Fernsehnachrichten abnahm«, und daß »der Ton der Reportagen zunehmend negativ wurde«. Darüber hinaus zeigte sich, daß in den Jahren, über die sich seine Untersuchung erstreckte, »die Zahl der negativen Beiträge zum Wirtschaftsgeschehen zu den positiven Berichten in einem Verhältnis von 4,9 zu 1 stand und manchmal noch deutlicher ausfiel«. Und »während die Wirtschaftslage sich ständig verbesserte, veränderte sich das Verhältnis der negativen zu den positiven Berichten und stieg von 4,9 zu 1 in den Jahren 1982–1984 auf 7,0 zu 1 für den Zeitraum 1986–1987«.

Je besser es in den achtziger Jahren der Wirtschaft ging, desto schlechter war die Presse, die sie bekam.

Natürlich ist klar, daß es neben den außerordentlich guten Nachrichten auch einige schlechte gibt; wobei die Medien in der Regel dafür sorgen, daß diese Meldungen aufgeblasen werden, während sich die Unheilspropheten darum kümmern, daß sie auch noch falsch interpretiert und möglichst weit verbreitet werden. Aber die positive Entwicklung wird nicht zu stoppen sein: Die neunziger Jahre sind schon auf dem Kurs in Richtung Wohlstand.

Wirtschaftliche Überlegungen sind wichtiger als politische

Das neue globale Konzept einer Weltwirtschaft läßt sich nicht verstehen, wenn man sich darunter lediglich die hundertsechzig Länder der Welt vorstellt, die immer mehr Handel miteinander treiben. Man muß dieses Konzept vielmehr folgendermaßen verstehen: Die Welt

entwickelt sich vom Handel zwischen den Ländern zu einer einzigen Wirtschaft, zu einem einzigen Wirtschaftsraum, einem einzigen großen Marktplatz.
Das ist die nächste natürliche Entwicklungsstufe in der Wirtschaftsgeschichte der Zivilisation. Am Anfang hatten wir wirtschaftlich autarke Dörfer. Die autarken Stadtstaaten, die darauf folgten, haben erst auch untereinander nur sehr wenig Handel getrieben. Seit einigen Jahrhunderten haben wir eine Ansammlung von Nationalstaaten, die im großen und ganzen wirtschaftlich autark sind. *Innerhalb* der Nationalstaaten wurden über die Jahre hinweg die ökonomischen Aufgaben verteilt, und jetzt befinden wir uns mitten in einem Prozeß, in dem diese *zwischen* den Staaten neu geordnet werden. Gleichzeitig entwickeln wir uns auf die ökonomische Interdependenz zu, die diese neue Aufgabenverteilung mit sich bringt.

In einem globalen Wirtschaftsraum kommt ökonomischen Überlegungen fast immer eine größere Bedeutung zu als politischen Überlegungen.

Über die Jahrhunderte hinweg waren die Staatsoberhäupter von entscheidender Wichtigkeit, weil die Beziehungen zwischen den Staaten politische waren. Mit der zunehmenden Bedeutung wirtschaftlicher Abhängigkeiten sind die Wirtschaftsmanager eines Landes heute oft wichtiger als seine politischen Drahtzieher. Wer ist denn bedeutender und genießt einen höheren Bekanntheitsgrad: Leute wie Jan Carlzon, Chef der SAS, und Pehr Gyllenhammar, Vorstandsvorsitzender von Volvo, oder die führenden Politiker Schwedens, die außerhalb des Landes niemand kennt?
Wie sehr wirtschaftliche Gesichtspunkte politische an Wichtigkeit überflügelt haben, war kürzlich auch in der Bundesrepublik zu erleben, als in der Affäre der Wiederaufbereitungsanlage Wackersdorf die jahrelange politische Argumentation der Regierungsparteien zunichte gemacht wurde – durch nichts anderes als die Wirtschaftlichkeitsrechnung des Energiekonzerns VEBA. Im Zuge solcher im Grunde rein wirtschaftlicher Entscheidungen, die aber schon allein durch ihre Größenordnung und Reichweite zum Politikum werden, geraten die Akteure wie beispielsweise der verstorbene Rudolf von Bennigsen-Foerder in die Schlagzeilen der Medien und damit ins Bewußtsein einer am öffentlichen Geschehen teilnehmenden Schicht. Aus ähnlichen Gründen, durch die aufsehenerregende

Fusion der Konzerne Daimler-Benz mit MBB, ist Edzard Reuter in kürzester Zeit einem breiten Publikum bekannt geworden.
Andere Ursachen hat der verbreitete Bekannthcitsgrad des ehemaligen Vorstandsvorsitzenden von Ford, Daniel Goeudevert. In ihm kann ein neuer, moderner Typ des Topmanagers gesehen werden, der sich und seine unkonventionellen, aber weittragenden Ideen in die öffentliche Diskussion um allgemeine soziale Probleme einbringt.
In einem globalen Wirtschaftsraum werden Präsidenten, Premierminister und Parlamente immer weniger wichtig.
Ihre vorrangige internationale Aufgabe besteht zunehmend darin, die politischen Strukturen so zu reorganisieren, daß dadurch die Globalisierung aller Volkswirtschaften erleichtert wird.

Freier Handel zwischen den Nationen

Damit ein globaler Wirtschaftsraum – ein einziger großer Marktplatz – überhaupt möglich wird, ist schließlich ein *vollständig uneingeschränkter zwischenstaatlicher Handelsverkehr* nötig, wie er in den einzelnen Nationalstaaten ohnehin besteht. Niemand weiß, wie die Handelsbilanz zwischen Frankfurt und Düsseldorf, zwischen Tokio und Osaka oder zwischen Denver und Dallas aussieht; genausowenig wird man in Zukunft wissen, wie es um die Handelsbilanz zwischen den Vereinigten Staaten und Japan bestellt ist.
Doch die Zeit des freien Handels hat schon begonnen:

○ Das Abkommen zwischen den USA und Kanada, in dem 1988 eine Beseitigung aller Handelsbeschränkungen vereinbart wurde, war ein riesiger Schritt in diese Richtung. Wenn zu gegebener Zeit ähnliche Vereinbarungen mit Mexiko getroffen werden, wird Nordamerika zu einer einzigen riesigen Freihandelszone.
○ Am 31. 12. 1992 um Mitternacht werden zwischen den zwölf Nationen der Europäischen Gemeinschaft alle Handelsschranken abgeschafft werden.
○ Das Freihandelsabkommen zwischen Australien und Neuseeland ist im Dezember 1988 in Kraft getreten.
○ Brasilien und Argentinien arbeiten gerade ein Freihandelsabkommen aus. Das kann sehr wohl zur Gründung eines gemeinsamen südamerikanischen Marktes führen.

○ Seit Herbst 1988 wird sogar von vielen über ein amerikanisch-japanisches Freihandelsabkommen nachgedacht, ein Vorgang, der noch ein paar Monate zuvor völlig undenkbar gewesen wäre.

Von manchen werden diese Entwicklungen falsch interpretiert, sie werden als regionale Übereinkünfte angesehen, die den Handel mit Ländern außerhalb einer bestimmten Region ausschließen. Diese Entwicklungen sind aber sehr viel eher Schritte in Richtung auf einen weltweiten Freihandel.

Während wir auf das nächste Jahrhundert zugehen, werden wir miterleben, wie Nordamerika, Europa und Japan ein regelrechtes goldenes Dreieck des Freihandels bilden.

Ein großer, mächtiger und übergreifender Megatrend zielt auf einen weltweiten Freihandel hin, aber unter dieser bedeutenden Entwicklung spüren wir auch den sehr viel schwächeren Gegentrend des Protektionismus.

Telekommunikation und Wirtschaft

Der Trend zu einem globalen Wirtschaftsraum erhält seinen Schwung durch das Zusammenwirken von Telekommunikation und Wirtschaft, das es möglich macht, daß man von einem Aussichtsplatz in den Bergen von Colorado aus mit einem Geschäftspartner in Tokio so verhandelt, als säße man ihm am Tisch gegenüber – man kann sich unterhalten und Dokumente austauschen –, diese Technologie wird ausgebaut und verbessert. Am 14. Dezember 1988 wurde das erste Glasfaser-Telefonkabel über den Atlantik in Dienst genommen. Über dieses neue Kabel können gleichzeitig 40 000 Telefonate abgewickelt werden, wodurch sich die Kapazität der drei vorhandenen Kupferkabel plus Satellitentelefonate (insgesamt 20 000 Telefongespräche) verdreifacht.

Im April 1989 wurde ein Glasfaserkabel in Dienst genommen, das über den Pazifik hinweg die Vereinigten Staaten und Japan verbindet. Auch Nordamerika, Europa, Asien und Australien kommen sich auf diese Art und Weise näher. Bis 1992 werden 16 Millionen Meilen Glasfaserkabel installiert sein.

Der technologische Sprung ist in seiner Wirkung ganz außerordent-

lich: Auf einem einzigen Glasfaserkabel können 8000 Telefongespräche geführt werden, während ein gleich starker Kupferkabel nur 48 Telefonate zuläßt.
Telefonate über Glasfaserkabel laufen schneller ab und sind sehr viel störungsfreier. Und so ist nicht verwunderlich, daß sich der Bedarf explosionsartig entwickelt: 1987 telefonierten die Amerikaner 4,7 Milliarden Minuten lang nach Übersee im Vergleich zu 580 Millionen Minuten im Jahre 1977; das ist eine mehr als achtfache Steigerung innerhalb eines Jahrzehnts. Für 1991 ist ein zweites transatlantisches Glasfaserkabel geplant, auf dem sich gleichzeitig 80 000 Telefongespräche führen lassen.
Auch in der Bundesrepublik läßt sich, wenn auch nicht so beeindruckend, in der Kommunikation mit dem Ausland eine überproportionale Steigerungsrate ausmachen. Zwischen 1978 und 1988 hat der Telefonverkehr insgesamt um 63,5 Prozent, haben die Gespräche ins Ausland jedoch um knappe 260 Prozent zugenommen. Der Zuwachs im Auslandsverkehr war also mehr als viermal so groß wie im Inland. Dennoch ist das nur die halbe Zuwachsrate der USA, was wahrscheinlich mit den höheren Telefongebühren zusammenhängt. Eine bemerkenswerte Steigerungsrate gab es in diesem Zeitraum jedoch bei Telefaxanschlüssen, nämlich von 1900 auf 197 245, die durch die Wirtschaftlichkeit und die leichte Bedienung dieses Kommunikationsmittels begünstigt wurde.
Die Telekommunikation – vor allem der Computer – wird den Wandel in Schwung halten, so wie die Industriefabrikation die Entwicklung während der industriellen Periode in Schwung gehalten hat.
Wir schaffen die Grundlage für ein internationales Informationssystem und entwickeln uns auf dem Gebiet der Telekommunikation auf ein geschlossenes weltweites Informationsnetz hin, genauso wie im Bereich der Wirtschaft ein globaler Marktplatz entsteht. Bald werden wir uns in einem Zustand befinden, in dem es möglich sein wird, jedem alles mitzuteilen, überall und auf jede nur mögliche Weise: per Stimme, per Computerdaten, per Text und per Bild – und alles mit Lichtgeschwindigkeit.

Keine Grenzen des Wachstums

Der weltweite wirtschaftliche Aufschwung der neunziger Jahre wird sich unbelastet von den Grenzen des Wachstums, wie wir sie aus der Vergangenheit kennen, entwickeln. Es wird keinerlei Grenzen des Wachstums geben. Über die gesamten neunziger Jahre hinweg werden natürliche Ressourcen im Übermaß vorhanden sein. Im globalen Wirtschaftsraum wird es für den Rest des Jahrhunderts – und wahrscheinlich noch viel länger – ein Überangebot an landwirtschaftlichen Produkten und an Rohstoffen geben – an allem, was die Erde hergibt.

Seit Mitte der achtziger Jahre sind Lebensmittel im Übermaß für die gesamte Erdbevölkerung vorhanden, wenn auch die politischen Probleme und die Probleme der Verteilung weiterhin bestehen bleiben. Inzwischen hat sich das Bevölkerungswachstum – mit Ausnahme Afrikas – fast überall verlangsamt, in vielen Fällen sogar ganz dramatisch. Darüber hinaus stehen wir kurz vor einer neuen grünen Revolution, die uns die Biotechnologie bringen wird.

Wir brauchen weniger Rohstoffe, weil wir uns schon seit Jahrzehnten immer mehr von rohstoffintensiven Produkten entfernen; beispielsweise wird ja Stahl schon weitgehend durch Kunststoff ersetzt. Auch die Miniaturisierung ist mit ein Grund für den geringer werdenden Bedarf an Rohstoffen. In den letzten Jahren hat – im Verhältnis zu Fertigerzeugnissen und Dienstleistungen – der Preis für Rohstoffe seinen niedrigsten Stand in der Geschichte erreicht, und diese Entwicklung wird sich im großen und ganzen noch fortsetzen.

Ein wirklich anschauliches Beispiel für rohstoffarme Produktionsweisen ist das Glasfaserkabel. Nur 35 Kilogramm Glasfaserkabel transportieren mehr Informationen als eine Tonne Kupferdraht, *und* zur Produktion von 35 Kilogramm Glasfaserkabel werden 5 Prozent weniger Energie benötigt als zur Herstellung von einer Tonne Kupferdraht.

Dieses Beispiel steht – was Rohstoff- und Energieverbrauch betrifft – stellvertretend für die neuen Produkte. Und noch vor dem Jahr 2000 wird die Entwicklung so weit fortgeschritten sein, daß eine einzige Glasfaser gleichzeitig 10 Millionen Telefonate bewältigen kann, während es 1988 nur 3000 waren.

Keine Energiekrise

Der weltweite Aufschwung der neunziger Jahre wird durch keine Energiekrise behindert werden. Die Gefahr eines neuerlichen Ölschocks besteht kaum. Einfach ausgedrückt: Die Welt verbraucht weniger Energie, während sie gleichzeitig mehr Energie produziert.

Seit der 1974 von den OPEC-Ländern verursachten Ölkrise haben die 24 Mitgliedstaaten der OECD, zu denen die USA, Japan und die westeuropäischen Staaten gehören, durch Maßnahmen zur Energieeinsparung und durch Rationalisierung ihren Energieverbrauch um 20 Prozent gesenkt. Das sind eine Milliarde Tonnen Öl im Jahr, die gleiche Menge Öl, die die USA und Europa gegenwärtig verbrauchen.

Vor einem Jahrzehnt etwa erreichte die Entwicklung des Energieverbrauchs in den Vereinigten Staaten einen Wendepunkt. In den ersten zweihundert Jahren ihrer Geschichte haben die USA jedes Jahr mehr Energie verbraucht als im Jahr davor. Aber seit 1979 benötigt das Land jedes Jahr weniger Energie als im Vorjahr. Das ist ein neuer Trend. Andererseits wird inzwischen weltweit mehr Öl gefördert als je zuvor.

In dem Jahrzehnt vor 1988 wurden eine ganze Reihe von neuen Erdölquellen erschlossen. Indien, Ägypten, Brasilien, Kolumbien, Syrien, Oman, China, die Länder um die Nordsee und Alaska gehören nun zu den Ölproduzenten. 1989 kam noch der Südjemen dazu. 1979 belief sich die nachweisbare Erdölreserve der Welt auf 611 Milliarden Barrel. Die Schwarzseher hatten vorhergesagt, die Reserven würden rasch zusammenschrumpfen, aber gegenwärtig betragen sie 887 Milliarden und wachsen ständig.

Die neuen Produzenten haben den Marktanteil der OPEC erheblich beschnitten und die Ölpreise auf niedrigem Niveau gehalten. Zwischen 1979 und 1989 ist der tägliche Ausstoß an Erdöl außerhalb der OPEC-Staaten um mehr als 7 Millionen Barrel gestiegen (von 22 Millionen auf 29 Millionen Barrel).

Während des gleichen Zeitraums ist die OPEC-Produktion von 31 auf 17 Millionen Barrel pro Tag gesunken. Der neue »Ölclub« hat die Abhängigkeit des Westens von der OPEC drastisch reduziert.

Wenn auch in einigen politischen Lagern gegen Atomkraftwerke opponiert wird, so kann doch kein Zweifel daran bestehen, daß die Kernenergie die Abhängigkeit des Westens vom Öl verringert hat.

Mehr als 33 Prozent des Stromverbrauchs in den OECD-Ländern werden durch Atomkraftwerke gedeckt, das ist eine Energiemenge, die einer Tagesproduktion von 6 Millionen Barrel entspricht.

Wenig beachtet worden ist bisher der Fortschritt auf dem Gebiet der Solarenergie. Während der neunziger Jahre werden die Kosten für fotoelektrische Zellen, die Sonnenlicht direkt in Elektrizität umwandeln, auf ein Niveau sinken, das ihre kommerzielle Verwendung attraktiv macht. Bis zum Jahr 2000 könnte der Durchschnittspreis für Solarenergie stark sinken. Eine Preissenkung von DM 3,50 auf DM 0,40 pro Kilowattstunde wird möglicherweise erreicht werden können. Wenn das eintritt – und viele Experten gehen davon aus –, dann könnte sich die Produktion um das Hundertfache erhöhen, und der Umsatz würde weltweit auf jährlich 7,5 Milliarden Dollar steigen. Direkt gewonnene Sonnenenergie könnte im 21. Jahrhundert zur wichtigsten Energiequelle der Welt werden.

Mehr Energie erzeugen und weniger verbrauchen – die Kombination dieser beiden weltweiten Trends wird das Angebot an Öl erhöhen und den Preis niedrig halten. Auf diese Weise wird die Rohstoffsituation vom Aufschwung der Weltwirtschaft in den neunziger Jahren in einem erheblichen Maß profitieren.

Die Steuerrevolution

Auch der zunehmende weltweite Wettbewerb um die deutlichsten Steuersenkungen wird zur Expansion der Weltwirtschaft in den neunziger Jahren beitragen. Die Londoner *Financial Times* nannte diese Tatsache einmal eine »Tax Reform Revolution«, eine »weltweite Steuerrevolution«.

Unter dem zunehmenden Wettbewerbsdruck der Weltwirtschaft hat ein Land nach dem anderen die Lohn- und Einkommensteuer drastisch gesenkt. Dieser Prozeß wurde von Ronald Reagan mit der Steuerreform des Jahres 1981 eingeleitet. Bis dahin konnte die amerikanische Regierung das Einkommen ihrer Bürger mit bis zu 75 Prozent besteuern. Seit 1989 liegt der Spitzensatz bei 28 Prozent.

Im Großbritannien Margaret Thatchers spielen Steuersenkungen eine zentrale Rolle bei der wirtschaftlichen Erholung des Landes.

Unter der Labour-Regierung in den siebziger Jahren kletterte die Steuerrate für Einkommen aus Investitionen auf die unglaubliche Höhe von 98 Prozent; der Spitzensatz unter der Regierung Thatcher liegt nun bei 40 Prozent.
Australien und Neuseeland haben ihre Einkommensteuer noch drastischer gesenkt als andere konservativ regierte Länder. Anfang 1989 trat in Japan ein neues Steuergesetz in Kraft, durch das der Spitzensatz bei der Einkommensteuer von 60 auf 50 Prozent gesenkt wurde. In Brasilien fiel er von 60 Prozent auf 25 Prozent. Seit 1984 haben insgesamt 55 Länder ihre Spitzensteuersätze reduziert.
Sogar Schweden, bisher bekannt für immens hohe Einkommensteuersätze, hat die Steuerrevolution entdeckt. Unter dem Druck der Herausforderungen, die das Jahr 1992 bringen wird, und um auf dem Weltmarkt konkurrenzfähig zu bleiben, macht sich Schweden jetzt daran, den Spitzensatz von 75 Prozent auf 60 Prozent zu senken, eine auf den ersten Blick mäßige Erleichterung, aber für neun von zehn berufstätigen Schweden – deren Einkommen unter 26 000 Dollar liegt – werden die Steuern von 60 bis auf 30 Prozent fallen. »Ohne die amerikanische Steuerreform wäre das nie geschehen«, sagt Sven-Olof Lodin vom Verband der schwedischen Industrie.
In der Bundesrepublik wurde eine dreistufige Steuerreform in Kraft gesetzt, deren letzte Stufe seit 1990 wirksam ist. Ihr Ziel ist die Verbesserung der steuerlichen Rahmenbedingungen für die Wirtschaft insgesamt, um so ein deutliches Mehr an Kaufkraft zu erlangen. Tatsächlich beliefen sich die Steuerentlastungen auf über 50 Milliarden DM. Allein 1990 wird sich eine Erhöhung der Investitions- und Kaufkraft von 24 Milliarden DM ergeben. Das ist in erster Linie auf das Wegfallen des sogenannten »Mittelstandsbogens« zurückzuführen. Darüber hinaus wird der Höchststeuersatz bei der Einkommensteuer von 56 auf 53 Prozent und bei der Körperschaftsteuer auf 50 Prozent herabgesetzt.
In einer Welt, die vom Wettbewerb beherrscht wird, führen niedrigere Einkommensteuern dazu, daß die Leute mehr arbeiten und ihre Steuererklärung weniger manipulieren. Denn auf lange Sicht führen Steuersenkungen zu mehr und nicht zu weniger Steuereinnahmen des Staates. In den USA sind die Steuern inzwischen vergleichsweise so niedrig (obwohl das Steueraufkommen höher ist als vor der Steuersenkung), daß das Land zu einer Art Steueroase geworden ist und

tatkräftige unternehmerische Talente aus anderen Ländern anzieht, die ihrerseits wieder die amerikanische Wirtschaft voranbringen.

Kleiner, leichter, besser

Alan Greenspan, Vorsitzender des amerikanischen Zentralbankrats, weist auf einen wenig beachteten Aspekt hin, der sehr viel mit der Ausweitung des Handels und dem Weg zu einem globalen Wirtschaftsraum zu tun hat. Er nennt diesen Aspekt die »Miniaturisierung von Produktionsgütern«, woraus erhebliche Erleichterungen für die Handelsbeziehungen resultieren.
Vor fünfzig Jahren, bemerkt Greenspan, sahen Radios ziemlich klobig aus. Mittlerweile passen sie in eine Jackentasche. Die heutigen Industrieprodukte sind kleiner oder leichter und gleichzeitig viel leistungsstärker. Die Baumaterialien haben weniger Gewicht und sind doch stabiler. Auch die Stoffe, aus denen unsere Kleidung hergestellt wird, sind wärmer und trotzdem leichter. Computer werden kleiner. Bei der Abwicklung weltweiter finanzieller Transaktionen ist Papier durch die Elektronik ersetzt worden. Die Zahl der Passagiere, die ein Flugzeug transportieren kann, ist drastisch gestiegen, und das hängt mit den Materialien zusammen, aus denen moderne Düsenmaschinen gebaut werden, und mit den Treibstoffen, die heute verwendet werden.
Je kleiner der Umfang und das Gewicht, desto leichter lassen sich Güter transportieren.

Inflation und Zinsen

Die Inflation wird in engen Grenzen gehalten, weil es jetzt einen weltweiten Wettbewerb um Preise und Qualitätsstandards gibt. Das ist ein neues Phänomen.
Die Zinsen verbleiben auf niedrigem Niveau, weil es heute reichlich Kapital gibt und weil ein weltweiter Wettbewerb im Geldgeschäft existiert – ein Wettbewerb im Geldverleihen, und besonders im zinsgünstigen Geldverleih.

Der Aufstieg des asiatischen Konsumenten

Die Volkswirtschaften Asiens explodieren, schaffen noch mehr Konkurrenz für Europa und Nordamerika, aber sie sorgen natürlich auch für mehr Konsumenten, das ist eines der wichtigen Themen des Kapitels über den Aufstieg des pazifischen Raums.
Japan entwickelt sich von einer exportbestimmten zu einer konsumbestimmten Wirtschaft und ist damit wegweisend für das Verhalten anderer asiatischer Länder in den neunziger Jahren.
Während sich das asiatische Wirtschaftswunder überall im pazifischen Raum ausbreitet, führen die damit einhergehenden Lohnerhöhungen dazu, daß Millionen neuer kaufkräftiger Konsumenten auf den Plan treten. Unter dem Einfluß eines expandierenden Inlandsmarktes konnte Südkorea 1988 zum drittenmal hintereinander eine Wachstumsrate von 12 Prozent verbuchen. Das Bruttosozialprodukt – pro Kopf der Bevölkerung gerechnet – schoß von 3098 Dollar im Jahre 1987 auf 4040 im Jahre 1988 hoch. Löhne und Gehälter kletterten jährlich um etwa 15 Prozent. Taiwans Bruttosozialprodukt – pro Kopf der Bevölkerung – übersteigt schon jetzt 6000 Dollar. In Thailand, Malaysia, Indonesien und Singapur sind ähnliche Zuwachsraten zu erwarten.
Asiaten werden *die* Konsumenten der neunziger Jahre sein. Und in diesem Jahrzehnt wird die Bevölkerung der reichsten Länder Asiens um 80 Millionen Menschen zunehmen (im Vergleich dazu: 10 Millionen in Europa). Das bedeutet große Entfaltungsmöglichkeiten für Nordamerikaner und Europäer und natürlich auch für asiatische Produzenten.

Die Ausbreitung der Demokratie und die Zunahme des freien Unternehmertums

Der weltweite Übergang von autoritären Regimes zur Demokratie legt das Fundament für das wirtschaftliche Wachstum.
Die kommunistischen Diktaturen sind überall auf der Welt gescheitert, und die Forderung nach »Demokratisierung« ist an allen Orten in der Sowjetunion und in Osteuropa zu vernehmen. In der Rede, die Michail Gorbatschow im Dezember 1988 vor den Vereinten Nationen gehalten hat, sprach er oft von Demokratie und erwähnte

das Wort Kommunismus kein einziges Mal. »Das Ideal einer Demokratisierung der Weltordnung«, sagte er, »ist eine mächtige soziopolitische Kraft geworden.«
Die Demokratie hat sich in den achtziger Jahren in der Dritten Welt in einem erstaunlichen Maß ausgebreitet. Dem Beispiel Brasiliens und Argentiniens folgend, haben sich viele südamerikanische Länder von Diktaturen zu Demokratien gewandelt, darunter auch Chile nach dem überraschenden Plebiszit von 1988. Auf der Liste der neuen Demokratien, die in den achtziger Jahren entstanden sind, befinden sich außerdem Pakistan, die Philippinen, Südkorea und Taiwan.
Mit der Demokratisierung Spaniens und Portugals ist zum erstenmal der Zustand erreicht, daß alle westeuropäischen Länder demokratisch regiert werden.
1988 kam der Teil der Weltbevölkerung, der von Freedom House, einem Institut für Freiheitsforschung, als Bewohner »freier« Länder eingestuft worden ist, an die 38,3-Prozent-Marke und bildete damit zum erstenmal die größte Kategorie. 1975 lag die Zahl noch bei weniger als 20 Prozent. Die Demokratie ist bei weitem der fruchtbarste Nährboden für den Unternehmer, die wichtigste Triebkraft des ökonomischen Wachstums.

Frieden und nicht Krieg

Der 13. November 1988 war der Tag, an dem in Europa seit dreiundvierzig Jahren Frieden herrschte – das ist die längste Friedensperiode in der europäischen Geschichte. Die Tatsache, daß es lange keinen Krieg mehr gegeben hat, ist – zusammen mit der Entspannungspolitik zwischen der NATO und den Ländern, die man wohl bald schon als ehemalige kommunistische Staaten bezeichnen muß – ein entscheidendes Argument für die Entwicklung und den Ausbau eines einzigen weltweiten Wirtschaftsraums.
1988 war ein bedeutendes Jahr für den Frieden: die Beendigung des iranisch-irakischen Krieges, der Beginn des neun Monate dauernden Rückzugs sowjetischer Truppen aus Afghanistan und Frieden in Angola. Im Dezember 1988 hat Gorbatschow in seiner bemerkenswerten Rede vor der UN den Krieg als Mittel der Politik verurteilt.

Es scheint allmählich allen auf der Welt klar zu werden: Der Krieg als Mittel zur Lösung politischer Probleme ist längst überholt, und das gilt ganz gewiß für die Länder, die wir immer noch als Industrieländer bezeichnen.
Zwischen den 44 reichsten Ländern der Welt hat es seit 1945 keinen Krieg mehr gegeben.
Die Supermächte werden in den neunziger Jahren wohl kaum in neue regionale Konflikte hineingezogen werden. Die USA und die UdSSR haben in Vietnam und Afghanistan die Erfahrung gemacht, welche finanziellen Belastungen und welches Leid eine militärische Auseinandersetzung mit sich bringt.
Die Vereinigten Staaten und die Sowjetunion sind momentan auch die beiden Mächte, von denen die geringste Kriegsgefahr ausgeht.
Die UdSSR hat den Schwerpunkt ihrer Politik vom »Klassenkampf« auf Werte wie »zivilisiertes Zusammenleben der Weltvölker« und »Überleben der gesamten Menschheit« verlagert. Der sowjetische Expansionismus ist heute auch deswegen weniger stark ausgeprägt, weil über die Außenpolitik nicht mehr nur das Politbüro entscheidet, sondern ein sehr viel größerer Kreis.
Die Vereinigten Staaten scheinen die nationale Sicherheit jetzt nicht mehr durch den Kampf gegen den Kommunismus verteidigen zu wollen, sondern sie nehmen die ökonomische Herausforderung auf dem weltweiten Marktplatz an.
Es ist heute ganz deutlich, daß die achtziger Jahre das Jahrzehnt waren, in dem die Wirtschaft wichtiger wurde als Ideologien.
Diese neue Weltsicht setzt finanzielle und menschliche Reserven frei – ob nun in der Sowjetunion, in den USA oder woanders –, die bis jetzt für den Rüstungswettlauf vergeudet wurden, und sie setzt sie für gute Zwecke frei. Wir wenden uns langsam von unserer Beschäftigung mit den möglichen Schrecken des Atomkrieges ab und wenden uns den Chancen einer alles umfassenden Weltwirtschaft zu.

Umwelt

Es wird auf der Welt natürlich immer neue Probleme und ungeheure Herausforderungen geben.
Aber die Bevölkerungsentwicklung ist – von Afrika einmal abgesehen – einigermaßen unter Kontrolle, obwohl die Unheilspropheten

sich weiter in gräßlichen Prophezeiungen ergehen. Brasilien beispielsweise erklärte im Jahre 1989, daß sich die Fruchtbarkeitsrate des Landes innerhalb einer Generation fast halbiert habe. Eine Frau bekam 1970 durchschnittlich 5,75 Kinder. Heute liegt diese Rate bei 3,2 Kindern.

Aspekte der Umweltzerstörung bereiten uns weiterhin große Sorgen: die Ozonschicht, der saure Regen, der Treibhauseffekt, die Zerstörung der Regenwälder. Aber es gibt auch weltweit einen wachsenden Konsens darüber, daß wir alle in Umweltfragen zusammenarbeiten müssen. Es entsteht zwischen den einzelnen Nationen sogar ein Wettstreit, wer in der Umweltpolitik die Führungsrolle übernehmen soll.

George Bush ist im Präsidentschaftswahlkampf als Umweltschützer aufgetreten und hat sein Wort gegeben, daß er eine internationale Umweltkonferenz einberufen wird, an der auch die Sowjetunion und China teilnehmen werden.

In der Rede, die er am 7. Dezember 1988 vor den Vereinten Nationen gehalten hat, hat Michail Gorbatschow wenigstens zwanzigmal erwähnt, wie sehr er um den Zustand der Umwelt besorgt ist.

Margaret Thatcher äußert sich heute nach einer überraschenden Bekehrung wie eine Grüne. Der *Economist* schrieb:»Wenn sie früher ihre Aufgabe darin gesehen hat, Großbritannien vor dem Sozialismus und die westliche Welt vor dem Kommunismus zu retten, so glaubt sie heute, daß ihre Führungsqualitäten benötigt werden, um die Umweltprobleme unseres Planeten zu lösen.«

In der Bundesrepublik ist es den »Grünen« gelungen, erheblichen politischen Einfluß zu erringen, da sie als Fraktion im Parlament und in diversen Ausschüssen vertreten sind. Ihrem Einfluß ist es zuzuschreiben, daß es in Westdeutschland eine sehr lebhafte öffentliche Diskussion über die Akzeptanz sowohl der Atom- wie der Gentechnik gibt. Dieser Umstand ist ohne Zweifel der Entwicklung neuer biotechnologischer Produkte hinderlich, weshalb die chemische Industrie ihre Entwicklungslabors bereits ins Ausland verlegt hat, bzw. dies ernsthaft in Erwägung zieht.

Auf jeden Fall haben die Grünen die beiden großen Parteien dazu gebracht, ihrerseits Umwelt als politisches Thema zu entdecken und zu ihrem eigenen Anliegen, sprich Parteiprogramm, zu machen. Man denke nur an die Wogen, die die SPD mit der Konzeption einer

Umweltsteuer für ihr nächstes Parteiprogramm jüngst verursacht hat.

Als die sieben wichtigsten westlichen Industrienationen (die Vereinigten Staaten, Japan, die Bundesrepublik, Großbritannien, Frankreich, Kanada und Italien) im Juli 1989 in Paris zu ihrem fünfzehnten Gipfeltreffen zusammenkamen, beschäftigten sie sich zum erstenmal verstärkt mit Umweltfragen. Das Treffen wurde gelegentlich sogar als »Umweltgipfel« bezeichnet. Die Teilnehmer vereinbarten Zusammenarbeit bei der Bewahrung der Umwelt. Im Kommuniqué heißt es: »Es müssen wirksame Anstrengungen zum Verständnis und zur Bewahrung des Gleichgewichts der Erde unternommen werden. Wir werden bei der Bewahrung einer gesunden und intakten Umwelt zusammenarbeiten, ohne die sich unsere gemeinsamen und sozialen Ziele nicht erreichen lassen.«

In dieser Feststellung drückt sich ein wachsendes Bewußtsein darüber aus, daß in Umweltfragen alle Länder zusammenarbeiten müssen.

Der Kalte Krieg und Probleme der Verteidigung, die so lange im Zentrum standen, werden verdrängt von der Sorge um die Zerstörung unserer natürlichen Umwelt; das ist jetzt unser wichtigstes gemeinsames Problem.

Die neunziger Jahre – das ungewöhnliche Jahrzehnt

Diese Ära führt zu:

- einem Vorrang wirtschaftlicher Überlegungen vor politischen,
- einer Entwicklung hin zu einem weltweiten Freihandel,
- einer enormen Zunahme der Telekommunikation,
- einem relativen Überfluß an natürlichen Ressourcen,
- einem Wettbewerb der Nationen in bezug auf Steuersenkungen,
- einer Miniaturisierung der Produktionsgüter,
- einer Eindämmung der Inflation und einem niedrigen Zinsniveau,
- einem großen Bedeutungszuwachs des asiatischen Konsumenten,
- der allmählichen Eindämmung der Kriegsgefahr,
- einer neuen Sensibilität für die Umwelt.

Das sind nicht einfach zufällige Kräfte, die jetzt auf die Welt einwirken. Sie hängen alle voneinander ab und verstärken sich gegenseitig; sie sind ein Bündel von Kräften, die eine neue Welt erzeugen. Sogar Gorbatschow sagte, daß die Weltwirtschaft zu einem einzigen Organismus wird und daß sich kein Staat, unabhängig von seinem Gesellschaftssystem und seiner Wirtschaftsordnung, außerhalb dieses Organismus normal entwickeln kann.

Der Mythos vom Niedergang Amerikas

In den späten achtziger Jahren ist es unter einer wachsenden Zahl von Intellektuellen Mode geworden zu glauben, daß die Vereinigten Staaten sich in einer Phase des Niedergangs oder des Untergangs befänden – ganz so wie das Römische Reich in Gibbons *Verfall und Untergang des Römischen Reiches.*
Am prononciertesten wurde dieser Gedanke in Paul Kennedys 1988 erschienenem Bestseller *Aufstieg und Fall der großen Mächte* formuliert. Kennedys These war, daß die Vereinigten Staaten, wie schon andere Großmächte zuvor, ihre Vormachtstellung aufgrund der wirtschaftlichen Leistungen erlangt haben und daß sie – um ihre Position zu behaupten – einen immer größeren Teil ihres Reichtums für die Streitkräfte aufwenden mußten. Nachdem die Wirtschaft der Vereinigten Staaten ihre volle Kraft entfaltet hatte und daraufhin eine Phase der Rezession einsetzte, entwickelten sich die Militärausgaben disproportional zur wirtschaftlichen Produktivität. Es kam dadurch zu Kennedys viel zitiertem *imperial overstretch,* der Bogen wurde überspannt. Wenn die wirtschaftliche Macht verfällt, so erfahren wir aus Kennedys Geschichtsbetrachtung, dann wird früher oder später auch die militärische und die politische Macht verfallen.
Die Beunruhigung, die Kennedys Buch auslöste, wurde noch genährt durch die weitverbreitete Hysterie, mit der Amerikas »doppeltes Defizit« – das Haushaltsdefizit und das Defizit der Handelsbilanz – aufgenommen wurde. Dazu kam dann noch der »Verlust der Wettbewerbsfähigkeit«.
Es war nur allzu leicht, die Schlußfolgerung zu akzeptieren, nach der sich die USA im Niedergang befanden. Viele sind Kennedy darin gefolgt, und in manchen akademischen Kreisen wurden sie mit unverhohlener Schadenfreude aufgenommen.

In Wirklichkeit haben sich in den achtziger Jahren die Dinge genau in entgegengesetzter Richtung von Kennedys Prognosen entwikkelt.

Zum einen ist es so, daß die Vereinigten Staaten ihr militärisches Engagement keineswegs erhöhen, um ihre ökonomischen Interessen zu schützen; tatsächlich sinkt der prozentuale Anteil der Verteidigungsausgaben am Bruttosozialprodukt. Gegenwärtig geben die USA 6 Prozent des Bruttosozialprodukts für die Verteidigung aus, verglichen mit 10 Prozent während der Regierungszeit Eisenhowers und der Ära Kennedys.

Man braucht diese Zahlen nur einmal mit denen der Sowjetunion zu vergleichen, die zugibt, daß sie 25 Prozent ihres Bruttosozialprodukts in Militärausgaben investiert, aber beabsichtigt, diese Ausgaben drastisch zu kürzen. Beide Supermächte haben sicherlich – in Vietnam und Afghanistan – ihre Erfahrungen mit dem *imperial overstretch* gemacht. Der Prozentsatz des Bruttosozialprodukts, den die USA für Verteidigungsausgaben aufwenden, wird in den neunziger Jahren noch weiter sinken, weil der Kalte Krieg eine immer geringere Rolle spielen wird und Europa und Japan auch ihren Beitrag zur Verteidigung leisten werden. Diese historische Entwicklung hatte auch in der Bundesrepublik spürbare Auswirkungen auf die Verteilung der Mittel im Staatshaushalt der letzten Jahre seit 1965. Sowohl die geographische Lage als auch die Beteiligung an den Stationierungskosten der Alliierten verlangen der Bundesrepublik eine beachtliche Summe für die Verteidigung ab. Berücksichtigt man zusätzlich die Tatsache, daß die USA in den letzten Jahren eine zunehmende Beteiligung an den Verteidigungslasten einforderten, so wird evident, daß dieser Trend in Wirklichkeit noch stärker ist, als die Zahlen zum Ausdruck bringen. Doch legt man das Bruttosozialprodukt zugrunde, so stellt man fest, daß 1990 der Anteil für diese Aufwendungen nur noch 2 Prozent betrugen.

Unterstützung für die Konkurrenz
Es ist sehr viel Wind darum gemacht worden, daß Amerikas Anteil an der industriellen Produktion von 50 Prozent in den fünfziger Jahren auf den heutigen Stand von 25 Prozent gesunken ist. Nach dem Zweiten Weltkrieg und den verheerenden Zerstörungen in Europa und Japan waren die USA die einzige große Nation mit einer intak-

ten Produktionsbasis. Die amerikanische Wirtschaft hatte keine Konkurrenz. Es war nicht nur unvermeidlich, daß die Vereinigten Staaten einiges von ihrem 50-Prozent-Anteil an der Weltproduktion einbüßen würden, es war vielmehr ihre erklärte Politik. Die USA haben diesen Prozeß ja sogar eingeleitet und die Wettbewerber unterstützt, in Europa mit dem Marshallplan und im pazifischen Raum mit der Hilfe für Japan. Die fünfziger Jahre können darum nicht als Maßstab für den internationalen Wettbewerb genommen werden.

Wenn man sich an den Jahren orientiert, die für einen Vergleich geeigneter sind, beispielsweise am Jahr 1913, kurz vor dem Ersten Weltkrieg, oder am Jahr 1938, kurz vor dem Zweiten Weltkrieg, beziehungsweise an der Zeit Mitte der sechziger Jahre, dann stellt man fest, daß der amerikanische Anteil an der Weltproduktion damals fast genau auf dem Stand war, auf dem er sich heute befindet. Dabei sind die Güter aus nichtindustrieller Produktion unberücksichtigt geblieben, ein Bereich, in dem die USA über einen zunehmend größeren Marktanteil verfügen.

Charles Wolf, Direktor des Rand Corporation Instituts für internationale Wirtschaftspolitik, bemerkt dazu: »Seit Mitte der siebziger Jahre sind die Volkswirtschaften Japans und der Länder des pazifischen Raums, China eingeschlossen, schneller gewachsen (bezogen auf ihr niedrigeres Ausgangsniveau) als die amerikanische Wirtschaft. Andererseits ist das amerikanische Bruttosozialprodukt rascher gestiegen als das BSP in West- und Osteuropa, in der Sowjetunion und in vielen sogenannten Entwicklungsländern, wodurch der amerikanische Gesamtanteil an der Weltproduktion unverändert blieb.«

Die USA erzeugen 25 Prozent der Weltproduktion und haben an der Weltbevölkerung immer noch einen Anteil von nur 5 Prozent.

Das angebliche doppelte Defizit Amerikas

In den späten achtziger Jahren reagierten Politiker, Teile der Hochfinanz von Wall Street und ein erheblicher Teil der Medien angesichts des amerikanischen Haushaltsdefizits und des Defizits der Handelsbilanz mit Hysterie. Diese beiden Monster würden die mächtigste Volkswirtschaft der Welt in die Knie zwingen, wenn nicht dringend etwas unternommen würde. Präsident Bush war noch nicht einmal vereidigt, als allgemein festgestellt wurde, daß seine Präsidentschaft sich zu einem Desaster entwickeln würde, wenn er nichts gegen die beiden Defizite unternähme. Diese seien Zeitbomben, die jederzeit hochgehen könnten.

In Wahrheit unterscheidet sich das Haushaltsdefizit absolut nicht von den Defiziten der vergangenen vierzig Jahre, und es liegt, prozentual gesehen, nicht viel höher als das anderer westlicher Länder. 1989 betrug das Haushaltsdefizit weniger als 3 Prozent des Volkseinkommens; das ist nicht einmal die Hälfte des Defizits von 1982, also kurz vor der sechs Jahre dauernden Wachstumsperiode der Reagan-Jahre. Und wenn man die Überschüsse auf der Ebene der einzelnen Bundesstaaten und der Gemeinden mit einbezieht – wie das in anderen Berechnungen ja getan wird –, dann erhält man ein Defizit, das viel niedriger liegt als in Japan, Frankreich oder der Bundesrepublik, alles Länder, in denen mit deutlicher Kritik an Amerikas Defizit nicht gespart wird.

Prozentual ausgedrückt, ist das Defizit (Einzelstaaten und Gemeinden mit eingerechnet) seit 1986 um 57 Prozent gesunken. Auf das Bruttosozialprodukt bezogen, ist es eines der niedrigsten der Welt.

Was die sich anhäufende »Schuldenlast« betrifft, so weist Milton Friedman darauf hin, daß die Verschuldung der Bundesregierung Ende 1988 prozentual einen niedrigeren Anteil am Volkseinkommen ausmachte als in den Jahren vom Ende des Zweiten Weltkriegs bis 1960, und das war für die USA eine Zeit der Hochkonjunktur.

Paradoxerweise hat die Hysterie über das Haushaltsdefizit einem guten Zweck gedient. Sie hat dem Gesetzgeber Angst vor Mehrausgaben eingejagt. In allen politischen Lagern wurde der Ruf nach Steuererhöhungen laut, damit der Haushalt ausgeglichen werden könne. Aber die Geschichte der Steuererhöhungen in den Vereinigten Staaten lehrt, daß der Kongreß für jeden neuen Steuerdollar, der eingenommen wird, 1,50 Dollar ausgibt. Die amerikanische Demokratie ist kein System, in dem sich Defizite durch drastische Steuererhöhungen senken lassen.

Die Defizite und die Aktienkurse
Die Aktienkurse zogen sowohl bei steigendem als auch bei sinkendem Haushaltsdefizit an. Dieses war in den zwölf Monaten vor dem

19. Oktober 1987 erheblich gesunken. Die Wertpapiermärkte waren überhitzt, und als es zum Börsenkrach kam, suchte Wall Street die Ursache dafür beim Haushaltsdefizit.
Über Nacht wurden Kapitalisten zu Sozialisten, die die Bundesregierung inständig anflehten, die Dinge wieder ins Lot zu bringen.
In den zwölf Monaten, die auf den Börsenkrach folgten, schuf die amerikanische Wirtschaft 3,7 Millionen neue Arbeitsplätze (von denen 56 Prozent als »Führungspositionen oder freie Berufe« klassifiziert wurden, das ist die höchste Einkommens- und Qualifikationsstufe), und das real verfügbare Einkommen stieg um 4 Prozent.
Der Börsenkrach des Jahres 1987 war ein großes Geschenk: Er zeigte jedem, der es sehen wollte, daß die »Kasinowirtschaft« der Börse nichts mit dem wirklichen Wirtschaftsleben zu tun hat.

Das sogenannte amerikanische Handelsbilanzdefizit
Trotz der Kopfschmerzen, die das »ungeheure« amerikanische Handelsbilanzdefizit vielen bereitet, ist absolut nicht klar, ob die Vereinigten Staaten überhaupt ein Handelsbilanzdefizit mit Japan oder mit dem Rest der Welt haben. Darüber hinaus hat man das ungute Gefühl, daß vielfach nur aus einem einzigen Grund Alarm geschlagen wird: um den Boden für den Protektionismus zu bereiten, der die wirkliche Bedrohung darstellt.
Bei der Ermittlung der sogenannten Handelsbilanzdefizite wird ja nur das gezählt, was die Zollbeamten in den Einfuhrhäfen auf ihren Listen abhaken, die Güter und Waren der industriellen Produktion.
Das Buch, das Sie gerade lesen, ist auch in Japan erschienen. Nehmen Sie einmal an, es ist ins Japanische übersetzt, in den Vereinigten Staaten gedruckt, in Kartons verpackt und nach Japan geschickt worden: Auf den Listen der Zollbeamten würde sich das als Export für die Vereinigten Staaten und als Import für Japan niederschlagen. Natürlich ist das Ganze nicht so abgelaufen. Die Japaner haben die Rechte erworben, und das Buch ist in Japan hergestellt worden. Die Autoren haben einen Vorschuß bekommen und erhalten hinterher ein Honorar auf jedes verkaufte Exemplar – aber kein Cent aus diesem Geschäft hat sich in der Handelsbilanz niedergeschlagen. Diese Art von Transaktion wiederholt sich jährlich millionenmal, wenn Bürger der Vereinigten Staaten mit dem Ausland Geschäfte machen.

Amerikanische Architektenbüros, Maschinenbauunternehmen und Beratungsfirmen nehmen jährlich Milliarden von Dollars an Honoraren und Lizenzgebühren ein, aber nichts davon wird bei der Berechnung des sogenannten Handelsbilanzdefizits berücksichtigt.
Die von amerikanischen Firmen wie IBM, Texas Instruments und Coca-Cola in Japan erzeugten Waren und dort erbrachten Dienstleistungen hatten 1986 ein Volumen von 81 Milliarden Dollar. Kein Cent davon ist in der Handelsbilanz aufgetaucht. Im selben Jahr betrug der Umfang der in den USA produzierten japanischen Waren und erbrachten Dienstleistungen lediglich 13 Milliarden Dollar (die auch nicht in der Handelsbilanz erscheinen). Im Jahre 1986 haben ausländische Niederlassungen amerikanischer Unternehmen Güter im Wert von 720 Milliarden Dollar verkauft, das ist fast siebenmal soviel wie das sogenannte Handelsbilanzdefizit desselben Jahres. Fast 20 Prozent der Waren, die in die Vereinigten Staaten importiert werden, werden von ausländischen Niederlassungen amerikanischer Unternehmen hergestellt.
Das bei weitem wichtigste Importgut der USA ist Geld. Das größte Exportkontingent bilden Anleihen, Aktien und andere Wertpapiere. Wie sollen wir denn so die heutigen Wirtschaftsdaten richtig interpretieren, da die Welt zum erstenmal in die Geschichte so etwas wie einen geschlossenen Wirtschaftsraum darstellt! Man kann wirklich sagen, daß es – bedenkt man das vielfältige finanzielle Zusammenspiel auf der Welt – so etwas wie eine amerikanische Wirtschaft nicht mehr gibt.
Die Verflechtungen der Weltwirtschaft sind sehr viel komplizierter als die Dinge vermuten lassen, die von den Zollbehörden registriert werden und sich in den Handelsstatistiken niederschlagen. Trotzdem lassen wir es zu, daß die Kommentatoren in den Medien den Zustand der gesamten amerikanischen Wirtschaft nach einer einzigen unvollständigen Statistik beurteilen. Und was noch schlimmer ist: Wir gründen Entscheidungen, die unsere persönlichen Finanzen betreffen, auf ein bloß behauptetes Defizit, das ja in Wirklichkeit gar nicht existiert.
Was gebraucht wird, sind neue Konzepte und neue Raster, damit wir die neue Weltwirtschaft erfassen können. Aber die Schwarzseher halten sich an alte Konzepte – beispielsweise an das Modell einer Vielzahl von einzelnen Nationalstaaten, die mit konkreten Waren

handeln. Veraltete Raster über angebliche Handelsdefizite rufen nach protektionistischen Maßnahmen, obwohl sie heute keine Gültigkeit mehr haben.
Wenn man alle Zahlen zusammennimmt, dann haben die USA weder ein Handelsbilanzdefizit mit Japan noch mit dem Rest der Welt.
Es wird viel Wind um die Behauptung gemacht, daß die USA heute »die größte Schuldnernation der Welt« seien. Dazu ist zu sagen, daß diese sogenannte Verschuldung mit den Aktieninhabern amerikanischer Gesellschaften zusammenhängt. Kommt es denn in einem wahrhaft globalen Wirtschaftsraum wirklich darauf an, daß zehn Aktien von AT&T jetzt einem Engländer in Manchester und nicht einem Bankier in Boston gehören?

Der Ausverkauf Amerikas
Eine andere These, die die Gemüter vieler Amerikaner erregt, ist das Gerede von den Ausländern, die »Amerika aufkaufen«; damit sind insbesondere die Japaner gemeint. Doch das trifft nicht zu – und schon gar nicht auf die Japaner.
Ausländern gehören weniger als 5 Prozent des Anlagekapitals der US-Wirtschaft, deren jährliches Volumen an Gütern und Dienstleistungen sich auf 4,5 Billionen Dollar beläuft.
Japan ist nicht der größte ausländische Anteilseigner in Amerika. Bei weitem nicht. Vielleicht liegt es an der etwas aufgebauschten Investitionstätigkeit Japans in Manhattan, Los Angeles und Honolulu, daß Japans Aktivitäten zum Gegenstand großer Besorgnis geworden sind. Oder vielleicht ist der Grund darin zu suchen, daß Japan ein ehemaliger Kriegsgegner Amerikas ist?
Bei den direkten ausländischen Investitionen in den USA (250 Milliarden Dollar Ende 1987) hatten die Briten mit 26 Prozent den größten Anteil vor den Dänen mit 21 und den Japanern mit nur 12 Prozent. Auch 1987, als die direkten japanischen Investitionen die Rekordmarke von 7,4 Milliarden Dollar erreichten, waren sie immer noch erst halb so groß wie die britischen Investitionen. Die britischen Investitionen in den Vereinigten Staaten waren 1988 noch bedeutender: Der britische Anteil stieg von 15,1 Milliarden Dollar 1987 auf 21,5 Milliarden 1988; die japanischen Investitionen erhöhten sich zum Vergleich von 7,0 Milliarden Dollar 1987 auf 14,2 Milliarden 1988. Das ist eine erstaunliche Steigerung, macht jedoch nur

einen geringen Prozentsatz der riesigen amerikanischen Wirtschaft aus. Wie läßt es sich darum eigentlich erklären, daß die Amerikaner sich nicht über die britische Invasion aufregen? Der europäische Anteil an amerikanischen Fabriken liegt heute fünfmal höher als der japanische.

Die Briten sind unter den Europäern die eifrigsten Aufkäufer amerikanischer Firmen; sie haben im vergangenen Jahrzehnt siebenmal so viele amerikanische Gesellschaften erworben als die Japaner. Auf der folgenden Liste sind die wichtigsten Aufkäufer aufgeführt und die Zahl der Firmen, die sie zwischen 1978 und 1987 erworben haben.

Großbritannien	640	Schweiz	86
Kanada	435	Niederlande	81
Bundesrepublik Deutschland	150	Australien	68
Frankreich	113	Schweden	63
Japan	94	Italien	31

Im Staat Colorado, der hier irgendwie eine Schrittmacherposition einnimmt, ist Australien mit vierzig Gesellschaften der größte Arbeitgeber.

Die USA erwerben in Übersee mehr Firmen als alle anderen Länder zusammen in den Vereinigten Staaten. 1987 waren das 309 Milliarden Dollar gegenüber 262 Milliarden.

Die Höhe des amerikanischen Anlagevermögens wird sicherlich in der Regel viel zu gering angesetzt, weil sich die Amerikaner schon seit langem im Ausland einkaufen und weil dieses Vermögen wohl eher mit seinem Kaufpreis zu Buche schlägt als mit seinem gegenwärtigen Marktwert, wie der *Economist* in einem außerordentlich wichtigen Artikel dargelegt hat: »Die Amerikaner kaufen immer noch die Welt auf. Seit Mitte der achtziger Jahre sind die amerikanischen Auslandsinvestitionen schneller gestiegen als die japanischen oder britischen Investitionen.«

Was macht das schon, wenn sich 5 Prozent des amerikanischen Anlagevermögens in ausländischer Hand befinden? Muß man denn nicht in einem globalen Wirtschaftsraum davon ausgehen, daß Fremde einen großen prozentualen Anteil am Anlagekapital eines Landes halten? Wird denn dadurch nicht eine geschlossene Weltwirtschaft geradezu definiert? Welcher Anteil Kaliforniens gehört Bürgern der anderen neunundvierzig Staaten? 20 Prozent? 35 Prozent? Wir wissen es nicht, weil die USA ein geschlossener integrierter Wirtschaftsraum sind. Der wirtschaftliche Nationalismus ist tot. Wir sind heute alle Teil einer einzigen Wirtschaft.

Im 19. Jahrhundert hatten ausländische Investitionen einen entscheidenden Anteil an der Finanzierung des amerikanischen Wirtschaftswachstums. 1890, auf dem Gipfel des ersten Wachstumsschubs der amerikanischen Wirtschaft, hatte die Nettoverschuldung der Vereinigten Staaten einen Umfang von 2,9 Milliarden Dollar, annähernd 4 Prozent des damaligen Volksvermögens. Heute liegt, nach den Zahlen des amerikanischen Handelsministeriums, der Prozentsatz der Nettoverschuldung bei weniger als 1,4 Prozent.

Ausländische Investitionen sind alles andere als Indikatoren des »Niedergangs«, sie sind vielmehr eine Energiequelle für die florierende amerikanische Wirtschaft. Ausländische Investitionen steigern die Produktionskapazität und die Leistungsfähigkeit der amerikanischen Wirtschaft. Daß der geringe Anteil, der an Ausländer geht, etwas größer wird, sollte niemandem Kopfschmerzen bereiten.

Ausländische Investoren werden weiterhin ihr Geld in Amerika anlegen. »Es ist mir ein Rätsel«, sagt Milton Friedman, »warum es als Zeichen japanischer Stärke und amerikanischer Schwäche betrachtet wird, wenn die Japaner es attraktiver finden, in den USA als in Japan zu investieren. Es ist ja eigentlich genau umgekehrt – ein Zeichen amerikanischer Stärke und japanischer Schwäche.«

Die Position der Vereinigten Staaten in der Welt

Im Vergleich zur Sowjetunion haben die Vereinigten Staaten im vergangenen Jahrzehnt gewiß einen Machtzuwachs erlebt.
Die USA produzieren ein Viertel des weltweit erzeugten Bruttosozialprodukts – mehr als Japan und die Sowjetunion (die Nummer zwei und die Nummer drei) *zusammengenommen*. Es ist erstaunlich, daß so viele Amerikaner glauben, die japanische Wirtschaft sei größer und stärker als die amerikanische. Und eine Nation im Nieder-

gang ist nicht eine Nation, die in den vergangenen acht Jahren mehr neue Arbeitsplätze geschaffen hat als *Europa und Japan zusammen.*

Eine Nation im Niedergang ist keine Nation, die zum wirtschaftlichen Vorbild für andere geworden ist, eine Nation, deren Variante des Kapitalismus überall auf der Welt nachgeahmt wird.

Die Vereinigten Staaten schulden Japan natürlich großen Dank dafür, daß es in den siebziger Jahren die amerikanische Wirtschaft aus ihrer Selbstgefälligkeit wachgerüttelt hat. Jetzt, im Übergang zu den neunziger Jahren, wird Amerika sich für diesen Gefallen revanchieren.

Vieles, was über den Niedergang der Vereinigten Staaten geredet wird, klingt so, als sei die Weltwirtschaft ein Nullsummenspiel: Wenn Japan etwas gewinnt, dann muß jemand anderer verlieren. Aber das verhält sich keineswegs so. Die Weltwirtschaft expandiert, wie sie nie zuvor expandiert hat. Alle Volkswirtschaften können wachsen. Jeder kann gewinnen.

Das Machtgefüge der Welt wird sich in den neunziger Jahren nicht wesentlich verschieben. Europa mit seinem Binnenmarkt wird natürlich an Bedeutung gewinnen. Aber das gleiche gilt auch für Nordamerika.

Die Vereinigten Staaten werden in den neunziger Jahren die mit Abstand größte Wirtschaftsnation sein.

Die Nachkriegszeit ist mit den achtziger Jahren endgültig zu Ende gegangen. Der Schwerpunkt verlagert sich von nationaler Sicherheit auf ökonomische Sicherheit. In den neunziger Jahren heißt die Devise Globalisierung, und der Einfluß, den ein Land ausübt, wird sehr viel stärker durch wirtschaftliche als durch militärische Macht bestimmt werden.

Der Kalte Krieg ist vorbei; er mußte dem Zeitalter der Globalisierung weichen.

Kein Land ist in einer besseren Position als die Vereinigten Staaten
Für den wirtschaftlichen Aufschwung der neunziger Jahre sind im Wettbewerb sowohl zwischen Firmen als auch zwischen Ländern die Menschen die bedeutendste Kraft. Im globalen wirtschaftlichen Wettbewerb der Informationsgesellschaft kommt alles auf die Intelligenz, das Talent und den Erfindungsreichtum der Menschen an.

In dieser Beziehung befindet sich kein Land in einer besseren Position als die Vereinigten Staaten. Sie sind auf jeden Fall Japan in diesem Punkt weit überlegen. Japan ist eine Gesellschaft mit *einer* einheitlichen Kultur, *einer* Geschichte und *einer* Nationalität. In dieser Geschlossenheit liegt – bei allem, was an den Japanern großartig ist – eine gewisse Einengung. Im Gegensatz dazu verfügen die Vereinigten Staaten über die bunteste, reichste Vielfalt – und dazu zählen auch Japaner – an ethnischen Gruppen, Rassen und Erfahrungen, die die Welt je gesehen hat, und es ist der *Reichtum* dieser Vielfalt, in der Amerikas unglaubliche Kreativität und Innovationskraft wurzeln.

Es ist kein Zufall, daß die Vereinigten Staaten 188 Nobelpreisträger hervorgebracht haben, und Japan nur fünf.

Die Vereinigten Staaten füllen dieses reiche Reservoir an Talent ständig auf. 1987 wurden in den USA 643 000 legale Einwanderer gezählt, das sind mehr Einwanderer als in allen anderen Ländern zusammen. Seit 1970 haben die Vereinigten Staaten mehr legale Immigranten ins Land gelassen als der Rest der Welt zusammengenommen.

Wer sind diese Einwanderer? Gegenwärtig handelt es sich hauptsächlich um Asiaten und Lateinamerikaner. Und was wichtiger ist: Es sind die dynamischsten, die risikofreudigsten und die zielstrebigsten Menschen, die mit ihrer ganzen Kraft darum kämpfen, daß sie in den Vereinigten Staaten gut leben können.

In Amerika ist es üblich, mit den Erfolgen früherer Einwanderer zu prahlen, sich aber über die neuen Immigranten zu beklagen. Fest steht, daß diese Menschen einen unschätzbaren Beitrag zum Talentreservoir Amerikas leisten, und das zu einer Zeit, in der die Geburtenrate niedrig ist.

Man muß sich nur einmal Länder ansehen, wo sie tiefer liegt: Die Bundesrepublik ist – nach dem Durchschnittsalter gerechnet – das Land der Welt, in dem am meisten alte Menschen leben, gefolgt von den Niederlanden und den skandinavischen Staaten.

Diese überalterten Länder mit ihren niedrigen Geburtenraten haben mit die härtesten Einwanderungsbestimmungen der Welt. Sie lassen niemanden herein. Japan, dessen Altersstruktur sich auch nach oben verschiebt, wehrt ebenfalls alle Einreisewilligen ab.

In den neunziger Jahren wird die Bevölkerung der Vereinigten Staaten

jünger sein als die Bevölkerung ihrer wichtigsten Konkurrenten – das trifft insbesondere auf Europa und Japan zu.
Amerika »importiert« Menschen, und das ist sein wichtigstes »Einfuhrprodukt«. Die Amerikaner haben das wirkliche Potential dieser phantastischen Vielfalt, dieses Talentreservoirs, jedoch noch nicht annähernd erkannt, und doch wird genau diese Vielfalt ihr entscheidender Wettbewerbsvorteil in einem globalen Wirtschaftssystem sein.

Die Politik der hohen Löhne

In den neunziger Jahren werden die gut ausgebildeten, hochqualifizierten Beschäftigten der Informationsindustrie die höchsten Löhne und Gehälter erhalten, die je in der Geschichte bezahlt worden sind, und sie werden dadurch den Wohlstand des Jahrzehnts nur noch weiter steigern.
Ironischerweise glauben viele, daß die neuen Arbeitsplätze, die in der heutigen Wirtschaft geschaffen werden, in der Hauptsache schlechtbezahlte Jobs in untergeordneten Positionen sind, die nicht so viel abwerfen, daß man damit eine Familie ernähren könnte. Irgend jemand hat das Klischee verbreitet, daß die Vereinigten Staaten sich von einer Industriegesellschaft – in der jeder einen hochbezahlten Arbeitsplatz in der Automobilindustrie hat – zu einer Dienstleistungsgesellschaft wandeln, in der die ehemaligen Beschäftigten der Autoindustrie jetzt alle nur noch in Fast-food-Restaurants arbeiten.
Wie kamen die Leute eigentlich auf die Idee, die neuen Arbeitsplätze seien alle schlecht bezahlt? Einen großen Anteil an der Verbreitung dieses Gerüchts haben diejenigen, die künstlich Fabrikarbeitsplätze erhalten wollen, Interessengruppen wie beispielsweise die Gewerkschaften. Das Szenario der Gewerkschaften sieht etwa so aus: Wenn man die Menschen davon überzeugen kann, daß nur die Berufe in der Industrie gutbezahlte Stellen eröffnen, dann werden sie eine Gesetzgebung unterstützen, die die Arbeitsplätze in der Industrie vor dem internationalen Wettbewerb »schützt«. Das heißt, sie werden Gesetze hinnehmen, die es erlauben, daß die Vereinigten Staaten Waren importieren, deren Preise günstiger sind als die Preise

entsprechender amerikanischer Güter. Das ist eine schreckliche Vorstellung. Freihandel ist ein wesentliches Element der Weltwirtschaft in den neunziger Jahren. Und wozu sollte man Arbeitsplätze erhalten, die so »gut bezahlt« sind, daß sie die Inflation fördern oder unwirtschaftlich geworden sind beziehungsweise in einem globalen Wirtschaftsraum nicht mehr konkurrenzfähig sind?

Die These von den niedrigen Löhnen: Ursachen der Mythenbildung

Ende 1986 haben Barry Bluestone und Bennett Harrison, die im allgemeinen als gewerkschaftsfreundlich eingestellte Wirtschaftswissenschaftler gelten, eine Studie veröffentlicht, die sie im Auftrag des Joint Economic Labor Committee (JEC) erarbeitet haben. Sie stellen darin die Behauptung auf, daß sechs von zehn Arbeitsplätzen, die zwischen 1979 und 1984 geschaffen worden sind, jährlich 7000 Dollar oder weniger einbrächten. Die Wirtschaft – so ihre Schlußfolgerung – schaffe schlechtbezahlte Arbeitsplätze auf dem Dienstleistungssektor. Diese Erkenntnis steht im Widerspruch zu den Aussagen des nicht parteigebundenen Bureau of Labor Statistics, dessen Untersuchungen immer wieder eine Zunahme hochbezahlter Jobs ergeben haben. Später modifizierten die beiden Autoren ihre Zahlen: Bei 40 Prozent der Arbeitsplätze, so sagten sie jetzt, lägen die Löhne und Gehälter bei jährlich 11 000 Dollar und weniger.
Trotzdem haben sich ihre ursprünglichen Feststellungen anscheinend im allgemeinen Bewußtsein festgesetzt. »Sechs von zehn neuen Arbeitsplätzen bringen weniger als 7000 Dollar im Jahr ein« – dieser Satz wird regelmäßig von den Medien wiederholt und taucht in den Reden von Kandidaten der demokratischen Partei auf, die sich dazu gezwungen sehen, sich die protektionistische Handelspolitik der Gewerkschaften zu eigen zu machen.
Glücklicherweise sind die wirklichen Gehälter der Beschäftigten auf dem Informationssektor sehr viel erfreulicher. 73 Prozent der zwischen März 1985 und März 1988 neu geschaffenen Arbeitsplätze fallen unter die obersten drei Kategorien der Einkommensskala des Arbeitsministeriums: Verwaltungspersonal mit akademischer Vorbildung, hochqualifiziertes Personal in den Vertriebsabteilungen und im technischen Bereich und Feinmechaniker. Allein im Zeit-

raum von März 1988 bis März 1989 fielen 53,4 Prozent der neuen Arbeitsplätze in die Kategorie »leitende Funktion mit akademischer Vorbildung«. Und das sind ja wohl gewiß keine Arbeitsplätze, die mit niedrigen Gehältern ausgestattet sind.

Je weiter sich die Informationsgesellschaft entwickelt, desto anspruchsvoller und desto besser dotiert sind die Arbeitsplätze.

Hätten Bluestone und Harrison ihre Untersuchung 1988 durchgeführt, dann würden ihre Zahlen ganz anders aussehen. Nicht einmal das Arbeitsministerium bestreitet, daß es zwischen 1977 und 1981 wirklich einen Trend zu niedrigen Löhnen und Gehältern gab. Wenn sich eine Untersuchung nur mit diesen Jahren beschäftigt – oder sich doch zum großen Teil nur mit diesem Zeitraum befaßt –, dann wird sie den Trend übersehen, der 1982 einsetzte: Millionen gutbezahlter neuer Jobs, deren Zahl in den achtziger Jahren nur noch zunahm, wurden geschaffen. Mehr als 70 Prozent der neuen Arbeitsplätze sind Arbeitsplätze in Berufen mit einem durchschnittlichen Jahreseinkommen von 20 000 Dollar, so lautet die Information aus dem amerikanischen Arbeitsministerium.

Die Beweise sind augenfällig. In der Informationsgesellschaft entsteht eine außerordentliche Anzahl gutbezahlter, anspruchsvoller Arbeitsplätze. Man muß allerdings die Voraussetzungen, die Fähigkeiten besitzen, um sie auszufüllen. Unglücklicherweise werden die Ungelernten, die schlecht ausgebildeten Arbeitskräfte die Löhne und Gehälter bekommen, die ihrem ökonomischen Wert in der Informationsgesellschaft entsprechen – also keine sehr hohen Einkommen. Die Arbeitsplätze in der Informationswirtschaft verlangen einen so hohen Ausbildungsstand, daß die Vereinigten Staaten im Augenblick gar nicht über eine ausreichende Anzahl von entsprechend ausgebildeten Arbeitskräften verfügen. Das wird auch bis zum Ende der neunziger Jahre so bleiben. In diesem demographischen Faktum wenigstens liegt ein gewisser Anreiz für die Unternehmen, ungelernte Arbeitskräfte auszubilden.

Andere Indizes

Auch andere Indizes, wie beispielsweise die Einzelhandelsumsätze, weisen auf das steigende Lohn- und Gehaltsniveau hin. Sie stiegen bei den achtzehn größten Ketten 1987 um 13,8 Prozent.

Die amerikanische Handelskammer führte einen »Prosperity Index« einen Wohlstandsindex (Anteil der Berufstätigen minus Inflationsrate) ein, der deutlich macht, daß es den Amerikanern besser geht als je zuvor. Der Index lag 1968 bei 53,2, erreichte 1974 mit 46,7 seinen Tiefststand und stieg im ersten Vierteljahr 1989 auf 59,3. Man sollte dabei bedenken, daß die Handelskammer eine ziemlich konservative Vereinigung ist.
Aber auch die überparteiliche Verbraucherzeitschrift *Changing Times* kam zu ungefähr derselben Schlußfolgerung. Der sogenannte »Wohlstandsindex« der Zeitschrift (Ausgaben der Verbraucher plus Nettoeinkommen) zeigt auf, daß der Durchschnittsamerikaner heute das höchste Wohlstandsniveau in der amerikanischen Geschichte erreicht hat. Gleichzeitig gibt der »Misery Index«, der »Kummerindex« (Arbeitslosigkeit plus Inflation) immer weniger Anlaß zur Sorge. Diese von den Demokraten entwickelte Nomenklatur lag bei 20, als Carter 1980 die Präsidentschaft an Reagan verlor. Im Jahre 1988 rutschte er unter 10.
Ein interessanter Beleg für die Herausbildung einer Wirtschaft mit einem hohen Gehaltsniveau kommt aus Massachusetts. Zwischen 1985 und 1987 gingen dort fast 75 000 Arbeitsplätze in der Fertigungsindustrie verloren; das ist, prozentual gesehen, fünfmal soviel wie der nationale Durchschnitt. Aber im selben Zeitraum lag der *Anstieg* des Pro-Kopf-Einkommens in diesem Bundesstaat um 40 Prozent über dem nationalen Durchschnitt. Wie läßt sich das erklären? Es läßt sich damit begründen, daß Massachusetts gleichzeitig auf dem Informationssektor sehr viele gutbezahlte Arbeitsplätze schuf, die einen hohen Ausbildungsstand voraussetzen. Ironischerweise machte sich Michael Dukakis, der Gouverneur von Massachusetts, im Präsidentschaftswahlkampf die These von den niedrigen Löhnen zu eigen, obwohl einer der schlagendsten Beweise dagegen gerade aus seinem, auf dem Informationssektor vorzüglich entwickelten Bundesstaat kam.

Was passiert mit der Mittelschicht?

Die logische Folge der These von den niedrigen Löhnen ist die Idee, daß die Reichen immer reicher werden, die Armen immer ärmer und daß die Mittelschicht schrumpft. Das ist der Standpunkt, den David

Gordon einnimmt, der in der *Washington Post* schreibt: »Der wichtigste Aspekt der amerikanischen Wirtschaft in den achtziger Jahren ist der Krieg, den die Wohlhabenden und Mächtigen gegen die große Mehrheit der Amerikaner führen.«
Auch Barbara Ehrenreich fragt im *New York Times Magazine:* »Ist die Mittelschicht zum Untergang verurteilt?« Sie führt aus: »Einige Wirtschaftswissenschaftler haben sogar vorausgesagt, daß die Mittelschicht überhaupt verschwinden wird, und Amerika wird dann wie viele Gesellschaften der Dritten Welt in eine wohlhabende Minderheit und in eine Masse unendlich armer Menschen zerfallen.«
Autoren wie Ehrenreich und Gordon stützen die Behauptungen der Studien des Joint Economic Committee; das ist die Gruppe, die schon die These von den niedrigen Löhnen in die Welt gesetzt hat. Im Juli 1986 veröffentlichte das JEC eine Studie, in der die Behauptung aufgestellt wurde, daß zwischen 1963 und 1983 das Vermögen der Allerreichsten des Landes, der 0,5 Prozent ganz oben an der Spitze, von 25,4 auf 35,1 Prozent gestiegen sei.
Eine Woche darauf räumten die JEC-Autoren ein, daß sie sich ganz einfach verrechnet hatten. Das Vermögen der reichsten Leute des Landes war in Wirklichkeit von 25,4 auf 26,9 Prozent gestiegen, der Zuwachs ist also statistisch nicht signifikant. Aber auch wenn die Verfasser ihren Fehler zugegeben haben, werden die Zahlen der Studie doch immer wieder von Leuten wie Gordon und Ehrenreich verwendet.
Die leichte Verschiebung der Vermögensstruktur nach oben ist »von nur geringfügiger statistischer Signifikanz«, sagt Robert Avery, Wirtschaftswissenschaftler beim Zentralbankrat. Er fügt hinzu: »Wenn man die Ansprüche aller Beschäftigten auf Betriebsrenten hinzunimmt (die meistens nicht dem Vermögen zugerechnet werden), dann wird aus der Zunahme sogar ein leichter Rückgang.« Betriebliche Pensionskassen machen die Mittelschicht wohlhabender. Aber es gibt auch noch einige andere Faktoren.

Die Mittelschicht löst sich nach oben hin auf
Die Berichte vom Tod der Mittelschicht sind allem Anschein nach gewaltig übertrieben. Und wenn die Mittelschicht gestorben ist, dann ist sie – da gibt es keinen Zweifel – in den Himmel gekommen, das heißt, sie ist in die »Oberschicht« aufgestiegen. Das ist der

Schluß, zu dem zwei Wirtschaftler des Amts für Arbeitsmarktstatistik (Bureau of Labor Statistics) in einem Artikel des *Monthly Labor Review* kommen.
Im Jahre 1969 konnte man 58,8 Prozent der Bevölkerung der Mittelschicht zurechnen (die hier als die Gruppe mit einem Einkommen zwischen 20 000 und 55 999 Dollar definiert wird). Im Jahre 1986 war dieser Prozentsatz auf 53 Prozent gesunken. Wohin ist der Rest abgewandert? Nicht in die »Unterschicht«, die ihrerseits von 33,7 Prozent auf 31,7 Prozent zurückgegangen ist, sondern in die »Oberschicht«. Der Prozentsatz der Familieneinkommen über 56 000 Dollar ist seit 1969 um mehr als das Doppelte gestiegen, nämlich von 7,5 Prozent auf 15,3 Prozent im Jahre 1986.
Sowohl schwarze als auch weiße Familien steigen in die oberen Ränge der mittleren Einkommensgruppe auf. Zwischen 1981 und 1987 hat sich die Zahl der weißen Familien mit einem Einkommen über 50 000 Dollar von 18,2 auf 24,4 Prozent erhöht. Bei den schwarzen Familien war der Wandel noch deutlicher; der Prozentsatz der Familieneinkommen über 50 000 Dollar stieg von 6 auf 9,5 Prozent.

Das Einkommen berufstätiger Frauen
Wenn die Reichen noch reicher werden, dann nicht, weil sie Zinsen kassieren, Termingeschäfte abwickeln oder in irgendwelchen Steueroasen Geld investieren. Sie werden deshalb reicher, weil Millionen von Frauen morgens aufstehen und ins Büro gehen. Zwei Einkommen – und manchmal zwei hohe Einkommen – sind besser als eines.
Im Jahre 1967 betrug das Familieneinkommen von nur 6,7 Millionen Familien mehr als 50 000 Dollar jährlich. Bis 1987 hatte sich diese Zahl auf 16,9 Millionen Haushalte erhöht. In diesen Haushalten lebten Ehepaare, bei denen beide berufstätig waren und einen hohen Bildungsstandard besaßen. »Die berufstätige Frau ist der Grund für den Aufstieg vieler Mittelschichtfamilien«, stand im *Wall Street Journal* zu lesen.

Erbschaften
Ein merkwürdiger Umstand wird dazu beitragen, daß diese hohen Einkommen noch höher ausfallen. Die Angehörigen der Babyboom-Generation, die jetzt in den Dreißigern und Vierzigern sind, sind die Kinder der ersten großen, ausgedehnten Mittelschicht, die

es je gegeben hat. Ihre Eltern werden den Kindern eine ansehnliche Erbschaft hinterlassen, in sehr vielen Fällen in Form von Immobilien. Und das wird nicht nur in den Vereinigten Staaten so sein.

»Die Generation von Briten, die jetzt das Rentenalter erreicht, war die erste, die einen großen Anteil ihrer Ersparnisse in Wohneigentum angelegt hat«, schreibt der *Economist.* »Nur wenn sie sterben und ihr Eigentum ihren Kindern hinterlassen, kann diese in Großbritannien verbreitetste Form der Geldanlage wieder zu Geld gemacht werden.«

Die Schwarzen profitieren von der Entwicklung
In mancher Hinsicht profitieren die Schwarzen von der Informationswirtschaft genausosehr wie die Weißen. Von 1982 bis 1987 stieg das Einkommen schwarzer Familien um 13 Prozent, während das Einkommen weißer Familien um 11,4 Prozent zunahm. Aber die Zahl der Beschäftigten ist noch sehr viel drastischer gestiegen. Bei den Schwarzen hat der Anteil der Beschäftigten um 23,1 Prozent zugenommen, und bei den Weißen um lediglich 11,2 Prozent. Bei den schwarzen männlichen Jugendlichen lag die Quote bei 36,3 Prozent. Aber am deutlichsten stieg die Beschäftigungsquote bei den weiblichen schwarzen Jugendlichen an: nämlich um 38 Prozentpunkte.

Die meisten Schwarzen – und allen voran die Ehepaare – sind in die Mittelschicht aufgestiegen. Nach Angaben von James Smith, Wirtschaftler bei der Rand Corporation, beziehen drei Viertel der männlichen Schwarzen Mittelschichteinkommen oder Gehälter, die noch darüber liegen.

Es liegt in der Natur der Informationsgesellschaft, daß die gut ausgebildeten Arbeitskräfte am meisten profitieren. Die schwarze Elite – die obere Mittelschicht und die Reichen – ist schneller gewachsen als die schwarze Mittelschicht.

Ältere Menschen steigen in die Mittelschicht auf
Das Pro-Kopf-Einkommen der älteren Menschen, die einmal einen erheblichen Anteil der Armen in der Bevölkerung ausmachten, ist heute höher als das Durchschnittseinkommen der Amerikaner. Seit 1960 hat sich das Pro-Kopf-Einkommen älterer Menschen verdoppelt.

Werden die Armen immer ärmer?

Die Vereinigten Staaten stehen heute finanziell in jeder Hinsicht besser da als vor zwanzig Jahren, womit aber nicht gesagt werden soll, daß es ihnen gelungen ist, die Armut zu beseitigen. Aber die Armut ist auch nicht »schlimmer als je zuvor«, wie manche behaupten. Im Jahre 1959 lebten 22,4 Prozent der Amerikaner in Armut. Der Anteil der Mittellosen erreichte 1973 mit 11,1 Prozent seinen tiefsten Stand. Im Jahre 1983 hatte er sich auf 15,2 Prozent erhöht; danach sank er wieder, und seit 1986 bewegt er sich so um die 13,5 Prozent herum. Die Einkommen des ärmsten Fünftels der Bevölkerung – darunter die Familien ohne männlichen Haushaltsvorstand – sinken nicht. Sie sind größtenteils auf dem gleichen Niveau geblieben. Es ist nicht »schlimmer als je zuvor«, aber es ist auch nichts, worauf man stolz sein könnte. Der Gegensatz zwischen Armut und Wohlstand werde überzeichnet, meint der Wirtschaftswissenschaftler Robert Samuelson, der aber dennoch zu der Schlußfolgerung kommt: »Der Amerikanische Traum bleibt für einen großen Teil der Bevölkerung ein unerfüllter Traum.«

Es gibt zunehmend Übereinstimmung darüber, daß die Wurzel der Armut im Scheitern von Familien liegt oder darin, daß erst gar keine Familie gegründet wird. Von den 10,4 Millionen Familien, deren Familienoberhaupt eine Frau ist, ist ein Drittel arm. Wer heiratet, hat die besten Aussichten, der Armut zu entgehen; etwa 94 Prozent der Verheirateten sind *nicht* arm. In den frühen siebziger Jahren hatte eine von neun Familien eine Frau als Haushaltsvorstand, aber Anfang der achtziger Jahre nahm die Zahl unverheirateter Mütter beträchtlich zu. Heute hat eine von sechs Familien eine alleinstehende Frau als Haushaltsvorstand. Von den Familien, die als arm eingestuft werden können, sind 5,5 Millionen Familien mit Kindern; 1979 waren es 4,1 Millionen. Das bedeutet, daß die Armen in ihrer überwältigenden Mehrheit Kinder sind.

Praktisch alle Experten sind sich darüber einig, daß das Sozialhilfesystem nicht funktioniert. Das Wirtschaftswachstum hat dem harten Kern der Armen bis jetzt nichts gebracht. Samuelson, eine objektive Stimme in einer ansonsten sehr ideologielastigen Debatte, spricht von »einem allgemeinen Wohlstand, der auf dem Sockel einer widerspenstigen Armut sitzt.«

»Wirtschaftliches Wachstum«, sagt er, »kann nicht alles heilen, und wenn es noch so kräftig ist. Es macht aus ungelernten Arbeitern keine Ingenieure oder Techniker. Es bringt zerrüttete Familien nicht wieder zusammen, und es kann auch das Verbrechen nicht ausrotten.«
Die Herausforderung besteht darin, wie man die Bedürftigen an der Wohlstandsentwicklung der Gesellschaft partizipieren lassen kann. Wie Veteranen der »Great Society«-Bewegung bestätigen können, ist das eine schwierige und manchmal unmögliche Aufgabe. Sie wird allerdings erleichtert durch den Arbeitskräftemangel der neunziger Jahre und durch den im Kapitel 5 beschriebenen Trend, Sozialhilfemaßnahmen mit Umschulung und Arbeitsbeschaffung zu koppeln.

Die Einkommensentwicklung verläuft parallel zur Entwicklung der Informationswirtschaft

Eine Untersuchung der Lohn- und Gehaltsentwicklung in den letzten fünfzehn Jahren belegt den Wandel von einer Industrie- zu einer Informationswirtschaft. Im Jahre 1973 lag das mittlere Einkommen für Männer zwischen fünfunddreißig und vierundvierzig bei 26 026 Dollar. Männer zwischen fünfundvierzig und vierundfünfzig verdienten 25 718 Dollar.
Dieses Jahr war ein Schlüsseljahr – kurz vor der Ölkrise und der daraus folgenden Inflation und kurz vor dem Aufstieg Japans zur führenden Industriemacht. 1973 konnte die letzte Aufschwungphase des Industriezeitalters verzeichnet werden, in der die Verhandlungsposition der Gewerkschaften wohl am stärksten überhaupt war.
Nach diesem schicksalhaften Jahr sanken die Einkommen männlicher Arbeitnehmer deutlich ab. Aber 1985 hatten sie wieder das Niveau von 1973 erreicht. Männer zwischen fünfunddreißig und vierundvierzig verdienten durchschnittlich 25 886 Dollar, also nur geringfügig weniger als 1973, und die Gruppe zwischen fünfundvierzig und vierundfünfzig hatte 26 702 Dollar in der Lohntüte, etwa 1000 Dollar mehr als 1973. Seither sind Löhne und Gehälter kontinuierlich gestiegen.
Wenn wir die Einkommen von Männern und Frauen miteinander vergleichen, dann wird ein interessanter Trend sichtbar. Die Löhne

und Gehälter von Frauen sind nicht in demselben Maße gesunken wie die von Männern. Die Einkommen von Frauen sind gleichmäßig angestiegen. Im Jahre 1973 verdienten Frauen zwischen fünfunddreißig und vierundvierzig 13 673 Dollar. Bis 1985 hatten sich ihre Einkünfte auf 16 114 erhöht. Das ist immer noch weniger als die Löhne und Gehälter von Männern, aber die Einkünfte von Frauen steigen gleichmäßig an. Das hängt damit zusammen, daß Frauen in der Phase der Industriewirtschaft, in der die Gewerkschaften auf hohe Löhne drangen, ohne Bedeutung waren. Auf zwei Dritteln aller neuen Arbeitsplätze der Informationswirtschaft arbeiten jetzt Frauen.

Die Entwicklung einer Wirtschaft der hohen Löhne
Es kann keinen Zweifel daran geben: Für unqualifizierte männliche Arbeitnehmer mit einem niedrigen Bildungsstandard gibt es ziemlich niedrige Löhne. Im Jahre 1987 betrug das Durchschnittseinkommen von Arbeitnehmern mit College-Abschluß 31 371 Dollar, während Arbeitnehmer mit High-School-Bildung 20 314 Dollar erhielten. Im Schlüsseljahr 1973 lag die Arbeitslosenrate von Arbeitnehmern mit niedrigem Bildungsniveau dreimal so hoch wie bei Arbeitnehmern mit College-Abschluß. Bevor die Informationswirtschaft wirklich in Gang kam, standen die gebildeten Angehörigen der Babyboom-Generation in der Kälte, und man bekam pausenlos Geschichten über taxifahrende Akademiker zu hören.
In der Informationsgesellschaft von heute allerdings sind es die Unterqualifizierten, die in den Arbeitsämtern Schlange stehen. Die Arbeitslosenrate bei Beschäftigten mit College-Abschluß (einer von vier Beschäftigten in den Vereinigten Staaten hat ein College abgeschlossen) liegt bei 1,7 Prozent; bei den Arbeitnehmern, die ein bis drei Jahre auf ein College gegangen sind, liegt die Quote bei 3,7 Prozent. Die Arbeitslosenquote bei Arbeitnehmern mit High-School-Abschluß beträgt 5,4 Prozent, und von den Arbeitnehmern, die die High-School vorzeitig abgebrochen haben, sind 9,4 Prozent arbeitslos – sechsmal mehr als bei den Beschäftigten mit College-Abschluß. Heute hat die Hälfte aller Erwachsenen zumindest für einige Zeit ein College besucht, während es 1950 nur ein Viertel war.
In den Haushalten, deren Jahreseinkommen bei 75 000 Dollar und mehr liegt, haben zwei Drittel der Haushaltsvorstände einen College-Abschluß.

Hatte es der ungelernte Arbeitnehmer mit niedrigem Bildungsstandard im industriellen Amerika nicht wirklich gut gehabt? Das kann man wohl sagen. Aber diese Zeiten sind für immer vorbei.

Die Herausforderung einer Wirtschaft mit hohem Lohnniveau

Wenn die Industriegesellschaft eine »Männerwelt« war, dann ist die Informationsgesellschaft eine Welt, die allen offensteht, die einen soliden Bildungsstandard und eine technische Ausbildung haben, seien sie nun Männer oder Frauen. Das System begünstigt auch ehrgeizige und intelligente Einwanderer und andere leistungswillige Personen, die Arbeit in »Dienstleistungs«-Berufen finden können, in denen man nicht 7000 Dollar im Jahr, sondern 7 Dollar in der Stunde verdient. Und wenn man Berufserfahrung hat – 10 Dollar die Stunde. Es geht ihnen sehr viel besser als den Einwanderern der letzten Immigrationswelle, die sich in den Fabriken des industriellen Amerika abquälen mußten.

Es geht nicht um dürftige Arbeitsplätze oder um niedrige Löhne. Es geht nicht um den »Tod der Mittelschicht«, sondern darum, daß es jedem gutgehen kann. Das Problem liegt darin, wie man Menschen so ausbilden kann, daß die Qualifikationen für die Unzahl guter Arbeitsplätze, die es heute gibt, ausreichen.

Es gibt nicht annähernd genug Leute mit College-Abschluß oder einer qualifizierten Berufsausbildung für die 2 Millionen neuer Arbeitsplätze, die jährlich im Management, in der Verwaltung und im technischen Bereich entstehen. Ohne eine Masseneinwanderung aus Westeuropa (die unwahrscheinlich ist, weil in Europa ja ebenfalls eine Aufschwungphase einsetzt) oder eine Liberalisierung der Einwanderungsgesetze wird Amerika auf keinen Fall die Arbeitskräfte haben, die es für die Informationsgesellschaft braucht. Und die 120 Millionen Beschäftigten in den Vereinigten Staaten müssen sich in den neunziger Jahren beständig fortbilden. Es wird gerade auf dem Arbeitsmarkt einer ungeheuren Anstrengung bedürfen, um Amerika in ein dezentralisiertes, verbraucherorientiertes Modell der Informationsgesellschaft umzuformen. Aber genau das ist nötig, wenn die Vereinigten Staaten uneingeschränkt am Aufschwung der Weltwirtschaft partizipieren wollen. Angesichts neuer Märkte, angesichts eines einheitlichen europäischen Markts und angesichts neuer Konkurrenten in Asien brauchen die Unternehmen Menschen, die

imstande sind, kritisch zu denken, weiträumig und langfristig zu planen und sich an Veränderungen anzupassen.
Das ist die Herausforderung des Informationszeitalters. Wir sollten uns auf dieses Zeitalter und auf die Möglichkeiten, die es bietet, freuen und einsehen, daß die Informationswirtschaft eine Wirtschaft mit einem hohen Lohnniveau ist.

1992

Man sagt, Europa habe Amerika entdeckt, und jetzt – fünfhundert Jahre später, im Jahre 1992 – entdecke Europa sich selber.

Ende 1992 ist der Termin für ein Europa ohne Grenzen, der Termin, an dem die zwölf Mitgliedsländer der Europäischen Gemeinschaft die Handelsschranken einreißen werden, die die Europäer errichtet haben, um sich voreinander zu schützen. Es wird ein Europa ohne Grenzen sein, alle Barrieren werden beseitigt, und es wird zwischen den zwölf Nationen keine Schranken – weder für Menschen, Waren, Dienstleistungen noch für Geld – geben.

Was bedeutet 1992?

○ 1992 bedeutet, daß ein griechischer Rechtsanwalt in Kopenhagen eine Kanzlei eröffnen kann oder daß sich eine spanische Schuhfabrik ungehindert in Dublin niederlassen kann.
○ 1992 bedeutet, daß ein japanischer oder amerikanischer Geschäftsmann, der in ein Land der Europäischen Gemeinschaft fliegt, einmal durch den Zoll muß und dann die anderen elf Länder besuchen kann, ohne daß er noch einmal einen Zöllner oder einen Beamten einer Einwanderungsbehörde zu Gesicht bekommt.
○ 1992 bedeutet, daß eine portugiesische Bank Partner eines neuen Unternehmens der Pariser Modeindustrie werden kann.
○ 1992 bedeutet grenzüberschreitende Firmenfusionen und Geschäftsübernahmen, die dann wahrscheinlich genauso häufig vorkommen und ebenso unberechenbar sind wie in den Vereinigten Staaten.
○ 1992 bedeutet, daß ein EG-weiter Arbeitsmarkt für Freiberufler, Techniker und Facharbeiter geschaffen wird.

○ 1992 bedeutet, daß sich Firmen aus allen Mitgliedsländern grenzüberschreitend um Regierungsaufträge bemühen können, beispielsweise auf dem Gebiet der Telekommunikation.
○ 1992 bedeutet, daß die unglaublich hohen Tarife für intereuropäische Flüge sinken – so daß die Flugpreise sich in etwa denen zwischen New York und Chicago annähern.
○ 1992 bedeutet, daß ein Lastwagen, der von Dänemark nach Italien fährt und der es wegen der Grenzkontrollen bislang nur auf eine Durchschnittsgeschwindigkeit von 32 Stundenkilometern gebracht hat, ohne Unterbrechung von einem Punkt zum anderen fahren kann, wodurch sich die Lieferzeit und die Kosten halbieren.
○ 1992 bedeutet mehr paneuropäische Telefongesellschaften und weniger schlechte nationale Systeme – wie beispielsweise in Irland, die deshalb auch »Irish National Widgets« genannt werden.
○ 1992 bedeutet, daß der Güter- und Personenverkehr zwischen Frankreich und Deutschland genauso unkompliziert ist wie zwischen Kalifornien und Oregon.
○ 1992 bedeutet, daß es nicht mehr möglich sein wird, daß Ford das gleiche Auto in Großbritannien für 10 000 Pfund verkauft und in Belgien für 8000 Pfund.
○ 1992 bedeutet, daß Firmen in der Gemeinschaft genauso ungehindert miteinander konkurrieren können wie in ihrem Heimatland.
○ 1992 bedeutet das Ende für zollfreien Warenverkauf auf Reisen innerhalb der Europäischen Gemeinschaft, weil diese Reisen dann nicht mehr als international eingestuft werden.
○ 1992 bedeutet, daß ein einheitliches Formular für die Zollerklärung siebzig verschiedene Formulare in der Gemeinschaft ersetzen wird.
○ 1992 bedeutet eine Zone ohne Paßkontrollen, und daß auf dem Europaß der Name des jeweiligen Landes unter dem Namen der Gemeinschaft steht.
○ 1992 bedeutet, daß Studenten an der Universität ihrer Wahl studieren können und die Gewißheit haben, daß ihre Abschlüsse und Diplome in allen zwölf Ländern anerkannt werden.
○ 1992 bedeutet, daß ein europäisches Garantieabkommen dafür

sorgt, daß eine Uhr, ein Kühlschrank oder ein Auto in jedem Mitgliedsland kostenlos repariert wird, auch wenn das Produkt in einem anderen EG-Staat gekauft worden ist.

O 1992 bedeutet, daß es mehr Wettbewerb auf allen Ebenen dieses gemeinsamen Marktes geben wird und daß sich dadurch die Auswahl an preiswerten Waren und Dienstleistungen erweitert.

Kurz, das Jahr 1992 bedeutet, daß aus der EG ein Wirtschaftsraum wie die Vereinigten Staaten werden wird, allerdings ohne eine politische Einheit zu bilden.
Die drei wichtigsten Auswirkungen der Veränderungen des Jahres 1992 sind:

1. 1992 ist eine Reaktion auf den wachsenden Wettbewerb, der den europäischen Staaten durch das nordamerikanische Zweiergespann aus USA und Kanada erwächst sowie durch die Konkurrenz der von Japan angeführten Länder des pazifischen Raums. Alleine befinden sich die europäischen Staaten in einer ziemlich aussichtslosen Lage; vereint sind sie die größte Wirtschaftsmacht der Welt.
2. Die wirtschaftliche Einigung Europas ist Teil eines größeren globalen Trends in Richtung auf einen weltweiten Freihandel – Teil des größeren, langfristigen Trends, dessen kleiner, kurzfristiger Gegentrend der Protektionismus ist.
3. Dies alles geschieht zu einem Zeitpunkt, zu dem Polen, Ungarn, die baltischen Staaten und andere osteuropäische Länder wieder Teil eines freien Europa werden wollen und zu dem die deutsche Wiedervereinigung möglich erscheint. Es wäre ein Wunder, wenn unter den Mitgliedsländern der EG das eine oder andere *nicht* an weiteren Handelsabkommen mit Osteuropa interessiert sein sollte.

Gesetzgebung und Rechtsprechung

Im Jahre 1985 entwarf die Europäische Kommission die Einheitliche Europäische Akte mit ihren dreihundert Einzelmaßnahmen. Diese Bestimmungen verfolgen den Zweck, alle physischen, fiskalischen und technischen Barrieren zu beseitigen, die den Verkehr von Waren und Dienstleistungen zwischen den zwölf Mitgliedstaaten behindern. Etwa ein Drittel der Maßnahmen ist vom Ministerrat schon verabschiedet worden, und viele werden noch vor 1992 in Kraft treten; andere vielleicht erst später. Es läuft praktisch auf eine Aufhebung wirtschaftlicher Kontrolle auf breitester Front hinaus, und genau das ist ja das ökonomische Phänomen unserer Zeit,»eine wirksame Medizin, und die Europäer wissen, daß sie diese Medizin wie brave Patienten schlucken sollten, auch wenn sie ihnen nicht schmeckt.« Die Gerichte werden einen großen Anteil an der Entwicklung der europäischen Integration haben. Das begann schon vor zehn Jahren, als ein Fall einige Berühmtheit erlangte, bei dem es darum ging, daß REWE Crème de Cassis, einen Likör, der aus schwarzen Johannisbeeren gemacht wird, in die Bundesrepublik importieren wollte. Die Bundesregierung vertrat dabei die Ansicht, daß das nicht möglich sei, weil Crème de Cassis nicht genug Alkohol enthielte, um als Spirituose zu gelten. Die Firma zog vor Gericht und brachte die Sache schließlich vor den Europäischen Gerichtshof, eine Behörde, die immer entscheidender die Geschichte des Jahres 1992 mitbestimmt. Der Gerichtshof entschied, daß die Bundesrepublik den Import eines Getränks nicht untersagen könne, das in Frankreich auf dem Markt sei, außer, dieses Getränk stelle für die Konsumenten eine gesundheitliche Gefährdung dar, was für diesen Likör nicht zutraf. Auf dieser Entscheidung gründet ein ganzer Gesetzeskomplex, der in die Einheitliche Europäische Akte aufgenommen wurde. Wenn wir in Europa sind, trinken wir deshalb immer Kir.

Vergleiche mit dem US-Markt

Die USA sind mit ihrem ungehinderten Verkehr von Gütern und Menschen zwischen den Staaten ein Vorbild für die EG. Aber sie sind gewiß kein makelloses Vorbild. Einige Beispiele belegen diese Tatsache:

○ In den Vereinigten Staaten sind die Beschränkungen für den Lastwagenverkehr zwischen den einzelnen Bundesstaaten erst 1980 aufgehoben worden, und in dreiundvierzig Staaten gibt es noch immer Restriktionen im Transportgewerbe; man kann also nicht einfach ein Transportunternehmen gründen.

○ Es besteht des weiteren ein weitgehendes Verbot für Banken, in anderen Bundesstaaten Filialen zu eröffnen.
○ Der Umsatzsteuersatz in den einzelnen Bundesstaaten schwankt zwischen 0 und 9 Prozent.
○ In zwanzig Staaten haben dort ansässige Firmen bei Beschaffungen der öffentlichen Hand Priorität.

Doch trotz solcher marktwirtschaftlicher Anomalien sind die Vereinigten Staaten ein einziger großer Markt.

Der große Vorteil des amerikanischen Marktes besteht in der einheitlichen Sprache und Währung, zwei wichtige Diskussionspunkte, die auch die europäische Debatte bestimmen.

Der springende Punkt sind die Finanzdienstleistungen

Bis 1992 sollen alle Kapital- und Börsenkontrollen beseitigt werden. Auf dem ganzen Kontinent wird es einen ungehinderten Wettbewerb auf dem Geld- und Versicherungsmarkt geben. Die Öffnung des europäischen Geldmarktes wird den ungehinderten Kapitalfluß ermöglichen, wird das Recht sicherstellen, grenzüberschreitend Finanzdienstleistungen anzubieten, und wird Geldinstituten, Finanzberatungsfirmen etc. die Möglichkeit einräumen, sich überall in der EG niederzulassen.

Der Ministerrat prüft gegenwärtig, ob nicht eine Banklizenz eingeführt werden soll, die überall in der Gemeinschaft gelten soll. Freier Geldhandel muß zur EG-Norm werden, und er wird sehr viel freier sein als in Amerika – sowohl geographisch als auch vom Umfang der Dienstleistungen her. Im Gefolge dieses Prozesses werden diverse Bankgebühren erheblich sinken. Price Waterhouse schätzt, daß die Beträge in Italien um 14 Prozent abfallen werden, in Frankreich um 12 Prozent, in der Bundesrepublik um 10 Prozent und in Großbritannien um 7 Prozent.

Wie steht es mit Banken aus Ländern, die nicht der EG angehören? Wird sich eine südkoreanische Bank in Luxemburg niederlassen und von da aus überall in der EG Niederlassungen gründen können? Wahrscheinlich nicht. So wie es jetzt aussieht, kann jedes EG-Land darüber entscheiden, wer hereingelassen wird und wer nicht. Das wird sicherlich auch so bleiben.

Man kann heute als Italiener oder Franzose auf legalem Weg kein Konto außerhalb des eigenen Landes eröffnen. Diese Beschränkung wird Ende 1990 in acht der zwölf Mitgliedstaaten aufgehoben. Die vier übrigen Länder, Spanien, Portugal, Irland und Griechenland, können den Status quo noch bis 1992 beibehalten. Ganz allgemein läßt sich sagen, daß der große Geldmarkt europäisiert wird. Die Geldgeschäfte, die sozusagen auf Konsumentenebene ablaufen, spielen sich nach wie vor in den jeweiligen Ländern ab. Wie sieht es mit den Wertpapiermärkten aus? London ist zwar ganz unzweifelhaft Europas wichtigste Börse, aber der Großteil der europäischen Firmen wickelt seine Geschäfte jeweils an der nächstgelegenen ab. Das könnte sich ändern. Die kleineren Wertpapierbörsen würden dann allerdings ihre Bedeutung verlieren, besonders für die großen Spekulanten. Wir sollten uns auf einen europäischen Freiverkehrsmarkt einrichten. Ungewißheit – so sagt man – ist die einzige Gewißheit. Was auch immer geschehen wird, das Jahr 1992 wird auch weiterhin das strategische Denken der europäischen Finanzwelt beherrschen.

Die Japaner wollen gute Europäer werden – noch vor 1992

Japanische Firmen bemühen sich gegenwärtig heftig darum, ihre europäische Präsenz zu verstärken und ihr Image zu heben. Sie intensivieren ihre Bemühungen auf dem Sektor Forschung und Entwicklung und verlagern Teile ihres Managements nach Europa. Hinter diesen Anstrengungen steht auch die Überzeugung, die EG entwickle sich zu einem ultraprotektionistischen Wirtschaftsgebiet, und die Japaner wollen diesseits des Zauns stehen.
Aber was die Japaner wirklich aufgeschreckt hat, das war der Druck, der in den letzten zwei Jahren durch die Anti-Dumping-Maßnahmen der Europäischen Kommission erzeugt wurde. Die Japaner sind sich darüber klar, daß auf ihren Waren kein »Made in Japan« stehen darf, wenn sie Zugang zu dem riesigen Markt haben wollen. Der japanische Kamerahersteller Canon verfolgt kein geringeres Ziel, als seine Produkte aus in Europa hergestellten Einzelteilen zusammenzubauen. »Wir planen, alles, was wir für unsere europäischen Niederlassungen brauchen, auch aus Europa zu beziehen«, sagt Ryuzaburo Kaku, der Direktor von Canon.

Kaku ist davon überzeugt, daß Canon den Regionen und den Ländern verpflichtet ist, in denen es seine Kameras produziert.»Wir werden beispielsweise die Gewinne aus unserer französischen Fabrik nicht nach Japan transferieren«, sagt er mit einem Anflug von europäischem Bürgersinn:»Wir wollen, daß die Fabrik eine französische Firma ist, in Frankreich Steuern zahlt und in Frankreich auch investiert. Wenn wir auf internationalem Parkett operieren wollen, dann ist das die einzig mögliche Philosophie, die sich daraus ergibt.«
Durch den Binnenmarkt wird ein politisches Klima entstehen, in dem die wirtschaftliche Integration Europas durch eine Woge grenzüberschreitender Fusionen und Übernahmen beschleunigt wird, die noch vor Jahren undenkbar gewesen wären. Die Fusion, die 1987 zwischen der schwedischen Gesellschaft Asea und der Schweizer Gruppe Brown Boveri zustande kam, wirkte wie ein Katalysator und ist ein wichtiger Modellfall dafür, wie sich ein Unternehmen in die EG hineinschmuggeln kann. Das neue Unternehmen ABB ist durch eine Tochterfirma in der Gemeinschaft sehr gut repräsentiert. Asea hat seine Zentrale in die Schweiz verlagert, und die fusionierte Gesellschaft ABB hat drei Forschungs- und Entwicklungszentren: Vaesteraas in Schweden, der ursprüngliche Standort von Asea; Heidelberg in Westdeutschland und Basel in der Schweiz.

»Festung Europa?«

Viele Amerikaner, Japaner und Sowjetrussen befürchten, daß die Europäische Gemeinschaft sich abkapseln und zu einer »Festung Europa« entwickeln wird, die keine Waren von außen mehr hereinläßt. Vertreter der Gemeinschaft bemerken dazu, daß es »wahnwitzig« wäre, wenn Europa als die größte Handelseinheit der Welt sich auf Protektionismus verlegen würde.
Frankreich, Italien und Spanien – Länder mit einer alten protektionistischen Tradition – erwarten wahrscheinlich, daß die EG sich zu einem Wirtschaftsgebiet entwickelt, das sich gegenüber anderen abschottet. Die Bundesrepublik aber, Großbritannien und andere nordeuropäische Staaten, die auf eine relativ lange Freihandelstradi-

tion zurückblicken, möchten natürlich, daß der europäische Markt der ganzen Welt offensteht.
Italien begrenzt beispielsweise die Zahl der jährlich importierten japanischen Automobile durch »Freiwillige Einfuhrbeschränkungen«. In allen EG-Ländern gibt es Einfuhrgrenzen für amerikanische Jeans und T-Shirts aus dem asiatischen Raum, und billiges Lammfleisch, das aus Neuseeland nach Großbritannien importiert worden ist, darf nicht in andere Länder verkauft werden.
Mrs. Thatcher, die ja eine Verfechterin einer freihändlerischen Politik ist, hat sich in diesem Punkt stark engagiert. »Es wäre Verrat«, sagt sie, »wenn wir im Interesse eines einheitlichen Markts Handelsbeschränkungen beseitigen und wenn dann die Gemeinschaft einen noch stärkeren Protektionismus nach außen praktizieren würde.«

Politische Implikationen

Der Binnenmarkt 1992 ist eine Reaktion auf den weltweiten Wettbewerb, der den Europäern besonders durch die Japaner und Amerikaner erwächst. Die europäischen Regierungen – allen voran die französische – reagieren zwar auf die Aussichten eines Europa ohne Grenzen immer schwärmerischer, aber sie tun nichts, was den Wandel beschleunigen könnte. Doch auch sie werden von dem Druck der wirtschaftlichen Erfordernisse überrollt. Die Macht des Geldes und nicht die Politik bestimmt die Realität.
Es wird vielleicht bald ziemlich unwichtig werden, was Regierungen tun oder nicht tun. Die meisten versuchen verzweifelt, mit dem wirtschaftlichen Wandel Schritt zu halten. Sie hinken aber immer hinterher.
Brüssel probiert erst gar nicht, größeren Einfluß zu gewinnen. Von der Wettbewerbs- und Fusionspolitik abgesehen, gibt es bei der Europäischen Kommission keinerlei Pläne zu einer zentralen Steuerung wirtschaftspolitischer Regelungen. Jacques Delors, der Präsident der Europäischen Kommission, vertritt allerdings die Ansicht, daß in den späten neunziger Jahren eine Art europäische Regierung gebraucht wird. Mrs. Thatcher ist in diesem Punkt gewiß anderer Meinung.
Brüssel kann heute schon die Richtlinien der Handelspolitik bestimmen, es entscheidet über Zollabgaben, die Landwirtschaft und die

Wettbewerbspolitik. Delors meint, daß »in zehn Jahren 80 Prozent der Wirtschaftsgesetze, vielleicht auch der Sozial- und Steuergesetze, von der Gemeinschaft ausgehen werden«.

Auf die Frage, ob die Europäische Gemeinschaft ein Schritt in Richtung auf die politische Einigung ist, ein Schritt in Richtung Vereinigte Staaten von Europa – auf diese Frage ist die Antwort ein klares Nein. So schnell wird sich das auch nicht ändern. In Frankreich und in der Bundesrepublik liebäugelt man zuweilen mit dieser Idee, aber die meisten Europäer sehen den Binnenmarkt 1992 lediglich als Chance an, wirtschaftliche Vorteile zu erlangen. Daneben ist 1992 auch eine Versicherungspolice für stabile Demokratien. Jede Regierung eines Mitgliedstaates muß demokratischen Prinzipien genügen, tut sie das nicht, befindet sie sich automatisch auf der Verliererstraße, wie der *Economist* es ausdrückt, denn »innerhalb der ersten Stunde würde die Hälfte des Volksvermögens per Telekommunikation ins Ausland transferiert werden«.

Probleme und Hindernisse

Natürlich wird die Errichtung eines Binnenmarktes nicht reibungslos ablaufen. Zu nennen wären folgende Schwierigkeiten:

○ Frankreich, Großbritannien und die Niederlande sind darüber besorgt, daß die Abschaffung von Grenzkontrollen den Kampf gegen Terrorismus und Drogenhandel erschwert.
○ Nicht jeder ist für einen einheitlichen europäischen Binnenmarkt. Die Grünen prophezeien: »Die Starken werden profitieren, und die Schwachen werden leiden.«
○ Sprachbarrieren lassen sich nicht durch Stimmentscheid beseitigen. Keine der neun wichtigen Sprachen, die in der Gemeinschaft gesprochen werden, werden nach 1992 plötzlich verstummen.
○ Es wird noch lange keine gemeinsame Währung geben. Dieser Punkt steht überhaupt noch nicht auf dem Plan.
○ Dänemark besteht darauf, daß es auch weiterhin keinen Paßzwang innerhalb der skandinavischen Länder gibt. Das bedeutet, daß ein Finne oder Schwede nach Kopenhagen gehen kann und dann freien Zugang zu den elf anderen Ländern der Gemeinschaft hat.

Industrielle und technische Standards sind ein heikles Thema. In Italien besteht ein Reinheitsgebot, nach dem Nudeln nur aus Hartweizengrieß hergestellt werden dürfen und nicht aus billigeren Weizenarten. Die Italiener würden natürlich nie etwas anderes essen als »richtige Pasta« und keine Alternative akzeptieren, auch wenn sie wesentlich billiger sein würde. Mit anderen Worten: Niemand kann dort preiswertere Nudeln verkaufen.

Am Fehlen gemeinsamer Standards liegt es auch, daß manche Fernsprechanlagen in der Bundesrepublik zweimal so teuer sind wie in Frankreich. Der Preis pro verlegtem Telefonkabel bewegt sich in Europa zwischen 225 und 500 Dollar, während er in den USA (wo alle Telefoneinrichtungen standardisiert sind) bei 100 Dollar liegt. Die wirtschaftlichen Zwänge werden zu gemeinsamen Standards führen. Europa muß sich zusammenraufen, wenn es im Wettbewerb mit den USA, Kanada und Japan bestehen will.

Aber das schwierigste von allen Problemen ist sicherlich das der Steuern. Kein Land sieht es gerne, wenn ihm seine Steuerpolitik von jemand anderem diktiert wird. Für einen einheitlichen europäischen Markt ist es wahrscheinlich nötig, daß die Unterschiede in den Mehrwertsteuersätzen der verschiedenen EG-Länder drastisch eingeebnet werden. Das bedeutet, daß einige europäische Regierungen durch die Harmonisierung der Mehrwertsteuer beträchtliche Steuereinbußen hinnehmen müssen (die amerikanische Erfahrung zeigt, daß benachbarte Staaten mit einer Umsatzsteuerdifferenz bis zu etwa 5 Prozentpunkten leben können, ohne daß sie das »Steuerleck« wirklich spüren). Die Europäische Kommission möchte, daß die Mitgliedstaaten Mehrwertsteuer und Verbrauchssteuern auf einer einheitlichen Basis einführen und daß sie ihre Steuersätze angleichen. Großbritannien protestiert am lautesten und sagt: »Laßt den Wettbewerb entscheiden.«

Das Geschäft der Anwälte und Berater wird ganz gewiß eine der Wachstumsindustrien der Zukunft sein – das sind die Leute, die herausfinden müssen, wie die Gesetze auszulegen sind und was sich daraus machen läßt.

Die Chancen der einzelnen Mitgliedsländer

Dänemark
Dänemark wird es wohl leicht damit haben, sich an einen offenen Markt anzupassen. Es ist von allen europäischen Ländern das wahrscheinlich am wenigsten protektionistische – und das wohl auch deswegen, weil es keine Schlüsselindustrien zu beschützen hat. Mehr als 40 Prozent des Bruttosozialprodukts kommen aus dem Außenhandel, das ist nach Prozenten dreimal soviel wie der Außenhandelsanteil der Vereinigten Staaten. Skandinavische Gesellschaften kaufen sich mit Vorliebe in dänische Firmen ein. Es gibt in Dänemark etwa 80 norwegische, 284 schwedische und 60 finnische Gesellschaften. Unternehmen aus anderen Ländern, darunter das amerikanische Motorola, haben sich gleichfalls in dänische Firmen eingekauft, um einen Zugang zu den EG-Ländern zu haben.
Die mächtige Sozialdemokratische Partei Dänemarks hat sich lange dafür eingesetzt, daß das Land eher an seiner skandinavischen Identität festhalten solle, als sich an das Europa im Süden anzuschließen. Die Dänen entschieden sich 1986 in einem Referendum mit überraschenden 56 Prozent für den Gemeinsamen Markt.

Italien
Italiens Großunternehmen sind der Regierung weit voraus. Carlo De Benedetti, Chef von Olivetti und Meister der Firmenübernahme, sagt, daß Italien heute nicht mehr Maurer und Kellner nach Nordeuropa exportiert, sondern daß die Großindustriellen darauf aus sind, gesamteuropäische Firmenimperien zu schaffen. An den 68 europäischen Fusionen und Übernahmen, die in den zwei Jahren vor dem Februar 1988 über die Bühne gingen, waren 28 italienische Gesellschaften beteiligt.

Niederlande
Nach Jahren lustlosen Wachstums expandiert die holländische Wirtschaft genauso schnell wie der EG-Durchschnitt. Diese Entwicklung dürfte sich wohl in den neunziger Jahren fortsetzen. Der Außenhandel, das Rückgrat der Niederlande, wird von den infrastrukturellen Maßnahmen in Höhe von einer Milliarde Dollar profitieren, die für die nächsten vier Jahre für den Hafen von Rotterdam vorgesehen

sind, den größten Hafen der Welt. Zum Ende des Jahrhunderts könnten sich die Investitionen für den Ausbau des Rotterdamer Hafens auf 7 Milliarden Dollar belaufen.

Spanien
Die Entschärfung der Beschränkungen für ausländische Investitionen und relativ billige Arbeitskräfte, deren Produktivität rasch gewachsen ist, machen Spanien für ausländische Unternehmen zu einem von Europas ökonomisch attraktivsten Ländern.
Der fünfhundertste Jahrestag der Entdeckung Amerikas durch Kolumbus wird 1992 durch die Ausrichtung der Olympischen Spiele in Barcelona und durch eine Weltausstellung in Sevilla begangen. Juan Luis Cebrián, Herausgeber des *El Pais,* sagt: »Die Menschen hier spüren langsam, daß Spanien ein wichtiges Land ist – etwas, das uns früher nie in den Sinn gekommen wäre –, und das liegt an Europa.« Spanien gewöhnt sich wieder daran, daß es zu Europa gehört und nutzt die damit verbundenen Chancen auch.

Frankreich
In Frankreich ist die Begeisterung über die neue europäische Gemeinschaft am größten. Meinungsumfragen zeigen, daß viele Bürger mit der Jahreszahl 1992 etwas Besonderes verbinden. Das liegt hauptsächlich an der massiven Informationskampagne der französischen Regierung, die ein starkes Interesse daran hat, daß die französische Industrie umstrukturiert und international wettbewerbsfähiger wird. Im Juni 1987 gaben über 87 Prozent aller französischen Firmen die Auskunft, daß sie sich schon jetzt aktiv auf das Jahr 1992 vorbereiteten.
Frankreichs technologische Basis, schon jetzt eine der eindrucksvollsten in Europa, expandiert immer noch weiter. Neben anderen Gebieten, auf denen Frankreich führend ist, hat es sich auch in der Entwicklung der Haushaltstechnik einen Namen machen können, und das ist immerhin ein Markt, der 1995 ein Volumen von 12 Milliarden Dollar umfassen kann.
Durch die Fertigstellung des 11-Milliarden-Ärmelkanaltunnels, der Frankreich und Großbritannien verbinden soll, kann Frankreich seine Position innerhalb des Gefüges der Weltwirtschaft wohl sicherlich verbessern.

Großbritannien

Großbritannien ist am mißtrauischsten. Das war schon immer so, wenn es um den Kontinent ging. Einige britische Skeptiker sehen im Kanaltunnel eine Röhre, durch die Tollwut, Terrorismus und andere Plagen aus Europa eingeschleust werden. Das Jahr 1992 ist in Großbritannien irgendwie nicht richtig präsent. Das ist nicht ohne eine gewisse Ironie, weil nämlich ein Brite, Lord Cockfield, der Hauptarchitekt des Binnenmarktes war. Er ist der EG-Kommissar, der dafür verantwortlich zeichnet, daß Europa – gemäß dem großen Entwurf, den er 1985 vorgelegt hat – sich zu einem Markt zusammenschließt. Von vielen in der britischen Regierung wird er schief angesehen, als ein Mann, der in seiner Europabegeisterung über Bord gegangen ist, denn als Mitte 1988 seine Wiederernennung anstand, ersetzte ihn Mrs. Thatcher kurzerhand durch jemand anderen.
Aber die Dinge sind im Fluß. Die britische Labour Party stand ursprünglich der Beseitigung der Handelsbarrieren deutlich ablehnend gegenüber. Jetzt rügt sie Margaret Thatcher, weil sie über kein »geschlossenes wirtschaftspolitisches Konzept« in Hinblick auf 1992 verfüge.

Irland

Trotz einer Arbeitslosenrate von 19 Prozent und einer großen Zahl an Auswanderern wird sich die Republik Irland nicht auf die Seite drehen und sich totstellen. Eine wachsende Anzahl ausländischer Firmen findet es immer schwerer, Irlands großzügigen Steuererleichterungen, Finanzspritzen und den Subventionen für Forschung und Entwicklung zu widerstehen.

Portugal

Das politisch stabile Portugal mit seinen tüchtigen, im EG-Vergleich immer noch unterbezahlten Arbeitskräften vibriert vor Unternehmungslust. Ausländische Investitionen haben 1987 einen Umfang von 445 Millionen Dollar erreicht, dreimal soviel wie 1986. Zu den besonders aktiven Sektoren zählen die Bauwirtschaft, die Glasproduktion und das Immobiliengeschäft. Seit 1983 ist der Devisenbestand der Bank von Portugal von 200 Millionen Dollar auf 3 Milliarden hochgeschossen. Die Arbeitslosenrate, die 1989 unter 5,9 Prozent lag, ist eine der niedrigsten in der EG.

Belgien
Brüssel ist noch nicht das Washington, D. C., Europas, aber es entwickelt sich dazu. Die wichtigste Stadt der Europäischen Gemeinschaft – neben Straßburg und Luxemburg – ist von einer Invasion von Bürokraten, Lobbyisten, Handelsverbänden und Politikern überzogen worden. Das Land erlebt eine Phase anhaltenden wirtschaftlichen Wachstums, und die Belgier entwickeln mit großer Energie neue Formen der Zusammenarbeit und der Partnerschaft mit ihren inländischen und ausländischen Konkurrenten. Die belgische Wirtschaft ist von allen europäischen Volkswirtschaften die am stärksten nach außen orientierte: Exporte und Importe machen 70 Prozent des Bruttosozialprodukts aus. In Hinblick auf 1992 hat Belgien seinen Wertpapiermarkt reformiert und damit begonnen, sein kompliziertes Steuersystem zu ändern.

Griechenland
Es ist zu erwarten, daß seine rückständige Verwaltungsstruktur und seine nicht sehr gut entwickelte Wirtschaft es für Griechenland schwer machen werden, sich an die Welt nach 1992 anzupassen. Aber Griechenland könnte vom europäischen Binnenmarkt ganz außerordentlich profitieren, weil die wohlhabenden nördlichen EG-Mitgliedsländer übereingekommen sind, den ärmsten EG-Ländern Milliarden von Dollar zur Belebung und Umstrukturierung ihrer Wirtschaft zur Verfügung zu stellen. Es ist, als würden Kalifornien und Connecticut den Bundesstaaten Mississippi und Arkansas Wirtschaftshilfe zusagen – es ist der Versuch, den gesamten Gemeinsamen Markt zu stärken, indem man die Schwächsten unterstützt.

Luxemburg
Das winzige Luxemburg, das nur 400 000 Einwohner hat, liegt inmitten eines Markts mit mehr als 320 Millionen Menschen. Das Land ist ein wichtiges Zentrum für Geldanlagen, die Wirtschaft blüht, und Luxemburg entwickelt sich gegenwärtig auf dem Finanzbereich in einzigartiger Weise. Seine Position als Bankenparadies (Steuervorteile, niedrige Kontogebühren und ein strenges Bankgeheimnis) wird auch in Zukunft nicht in Gefahr sein. Luxemburgs zentrale Lage innerhalb der Europäischen Gemeinschaft, seine soziale und politische Stabilität und die starke Unterstützung durch die Banken-

welt sind eine gute Voraussetzung für einen kontinuierlichen Ausbau der Finanzdienstleistungen.

Bundesrepublik Deutschland
Die Bundesrepublik wird 1992 auf der Seite der Gewinnerländer stehen. Dieses Industrieland geht gut gewappnet an die neuen Herausforderungen heran. Mehr noch als sonst setzt es seinen Schwerpunkt auf die mittelständischen Unternehmen, ein Bereich der die Hälfte des Bruttosozialproduktes des Landes erwirtschaftet, zwei Drittel der Arbeitsstellen zur Verfügung stellt und einen großen Anteil an der Wirtschaftskraft hat.

Wer kann sonst noch beitreten?

Ein Land, das der EG beitreten will, muß zum europäischen Kontinent gehören und demokratisch regiert werden. Es hat ganz den Anschein, als wollten einige europäische Staaten, die noch nicht der Gemeinschaft angehören, nun noch auf den fahrenden Zug aufspringen. Österreich wird 1990 einen Antrag auf Mitgliedschaft stellen. Norwegen, Schweden, Finnland und sogar die Schweiz haben Interesse bekundet. Doch die Schweiz wird wahrscheinlich nie beitreten. Erst kürzlich haben sich die Eidgenossen in einer Abstimmung eindeutig gegen eine Mitgliedschaft ausgesprochen.
Die schwierigste Kandidatur ist die der Türkei. Die Türkei ist vom Staatsgebiet her größer als jede der anderen zwölf EG-Nationen, und ihre Bevölkerung ist so groß wie die Großbritanniens. Das Lohnniveau ist niedrig, was als Wettbewerbsvorteil gilt, und das Land hat eine ungeheure Zahl unterbeschäftigter Arbeitskräfte, die ungehindert die anderen Mitgliedsländer überschwemmen könnten. Einer der Gründe für den Beitrittswunsch der Türkei liegt darin, daß die Regierung private ausländische Investoren ins Land ziehen möchte. Regierungschef Turgut Özal vertritt den Standpunkt, daß sich durch Investitionen mehr Türken im Land halten lassen. Zuweilen wird die Ansicht vertreten, die Türkei sei »nicht verwestlicht genug«, und natürlich ist das EG-Mitglied Griechenland voller Ressentiments gegenüber der Türkei. Die islamische Türkei hat europäische Gesetzesnormen, eine großenteils freie Presse, ein Theater- und Musikleben, das sich – die Oper eingeschlossen – an westliche

Gepflogenheiten anlehnt. Aber die Türkei ist für die nähere Zukunft ein problematischer Fall.
Unwahrscheinlich ist, daß die Länder Osteuropas in die EG aufgenommen werden. Sie gehören zwar geographisch dazu, gegen einen Beitritt spricht jedoch schon die Tatsache, daß es sich bei diesen Ländern nicht um Demokratien handelt, eine der Grundvoraussetzungen für die Aufnahme. Aber in jüngster Zeit gewinnt man den Eindruck, als hätten die reformfreudigen Länder nichts dagegen, an einem vereinten Europa zu partizipieren. Im August 1988 haben sich die Europäische Gemeinschaft und der COMECON gegenseitige Anerkennung zugesichert.

1992 als strategische Vision

Aber auch wenn Osteuropa nicht so schnell demokratisch werden sollte, bleibt der Binnenmarkt 1992 doch ein ganz außergewöhnliches Phänomen. Nichts dergleichen ist je zuvor in der Geschichte versucht worden. Es ist der ehrgeizigste und bewundernswerteste Versuch, Handelsbarrieren zu beseitigen, der je unternommen wurde.
Die Erregung in westeuropäischen Regierungs- und Wirtschaftskreisen hat fast schon euphorische Züge. Der Prozeß der Einigung ist nicht mehr rückgängig zu machen. Er schreitet unaufhaltsam voran.
1992 bringt auch ein Generationsproblem zutage. Wo die Älteren in der wirtschaftlichen Integration Europas eine Bedrohung sehen, erblicken die Jüngeren eine Chance.
Dieser Prozeß hin zum Binnenmarkt Europas steht in Einklang mit dem globalen ökonomischen Trend, und in den Unternehmen wird geredet und geplant, als sei das Jahr 1992 schon da.
1992 ist eine Vision – eine strategische Vision. Und deshalb hat diese Jahreszahl eine so einschneidende Wirkung. Es ist genauso eine strategische Vision, wie sie damals John F. Kennedy hatte. »Wir werden am Ende dieses Jahrzehnts einen Mann auf dem Mond haben.«
Wie alle mächtigen strategischen Visionen ist auch diese auf ein ganz spezifisches Ziel hin gerichtet und sie entfaltet sich in einem bestimmten zeitlichen Rahmen.
»Ein einziger gemeinsamer europäischer Markt bis Ende 1992.«
Nicht nur die europäischen Staaten bereiten sich jetzt darauf vor, arbeiten auf dieses Ziel hin.

2 Die Renaissance der schönen Künste

In den letzten Jahren vor der Jahrtausendwende wird sich ein grundlegender und revolutionärer Wandel im Freizeitverhalten einstellen, und die Rangfolge der Dinge, für die man Geld ausgibt, wird sich ebenso grundlegend verändern. Während der neunziger Jahre wird die Kultur allmählich den Sport als wichtigste Freizeitbeschäftigung der Gesellschaft ablösen. Dieser außergewöhnliche Megatrend läßt sich an vielen Indizien bereits ausmachen:

- Seit 1965 ist die Zahl der Museumsbesucher in Amerika von jährlich 200 Millionen auf 500 Millionen gestiegen.
- Die Broadway-Saison 1988/89 hat sämtliche bestehenden Rekorde gebrochen.
- Die Mitgliederzahl im Verband der Kammerorchester ist von zwanzig Ensembles im Jahre 1979 auf 578 im Jahre 1989 gestiegen.
- Seit 1970 hat sich die Zahl der Opernbesucher in den USA nahezu verdreifacht.

Von den Vereinigten Staaten und Europa bis zum pazifischen Raum hat die Wohlstands- und Informationsgesellschaft das Bedürfnis geweckt, dem Sinn des Lebens durch die Erfahrung der Kunst nachzuspüren.
Seit 1960 hat Japan mehr als zweihundert neue Museen gebaut. In der Bundesrepublik wurden, in nur zehn Jahren, etwa dreihundert neue eröffnet. In Großbritannien öffnet alle achtzehn Tage ein anderes Museum zum erstenmal seine Pforten. In der Sowjetunion haben Perestroika und Glasnost den Grundstein für eine beispiellose literarische und kulturelle Blüte gelegt.
In einem gewissen Sinn hat auch das 20. Jahrhundert sein finsteres

Zeitalter gehabt: Hochtechnologie und Industrialisierung haben menschliche Wesen durch Maschinen ersetzt. Totalitarismus und Krieg haben Menschen, aber auch Museen und Kathedralen vernichtet.

Heute, während wir uns auf die Jahrtausendwende zubewegen, liegen die Jahre des Kalten Krieges hinter uns, und die Menschheit versucht mehr und mehr ein Bedürfnis zu stillen, das zu stillen ihr lange verwehrt war – sie macht sich wieder auf zu erkunden, was es bedeutet, ein menschliches Wesen zu sein. Viele erzählen davon, daß ihnen die Kunst Abstand von der Alltäglichkeit gewährt: Ein Bild, ein Stück Literatur, Musik – das, was man liebt, schafft geistigen Ausgleich für Schlagzeilen über Drogen und Terrorismus. **Durch die Kunst wird eine geistige Suche in Gang gesetzt, aber die wirtschaftlichen Auswirkungen dieser Suche sind phänomenal.**

Eine Wohlstands- und Informationsgesellschaft hat das ökonomische Fundament für diese Renaissance geschaffen, hat neue Mäzene hervorgebracht, deren Reichtum die Borgias vor Neid erblassen ließe. Noch wichtiger ist, daß ein großer Teil der Beschäftigten in dieser Gesellschaft gebildet, hochqualifiziert und auch zunehmend weiblich ist. Menschen, die zwar einerseits auf körperliche Fitneß bedacht sind und sich für Sport interessieren, verbringen jedoch andererseits ihren Sonntagnachmittag lieber im Museum, als sich am Fernsehgerät Sportsendungen anzuschauen. Kunstliebhaber sind meistens gebildete Leute; die Babyboom-Generation gehört zu den am besten ausgebildeten Generationen in der Geschichte. Der Konsument von heute ist klug genug, um zu wissen, daß die Kunst den Eintrittspreis meistens lohnt.

Die neunziger Jahre werden überall im entwickelten Teil der Welt eine Renaissance der schönen Künste hervorbringen, der Lyrik, des Tanzes, des Theaters und der Musik. Und die Kunst wird in den neunziger Jahren die Faszination von Sportsendungen und die passive Beteiligung daran als die dominierende Freizeitbeschäftigung der Gesellschaft ablösen.

Die amerikanische Wirtschaft ist bereit, diese historische Wende zu finanzieren: Die großen Unternehmen, die in den USA ohnehin schon die führenden Mäzene sind, werden sich allmählich vom Sport abwenden und sich den Künsten zuwenden, um auf diesem Wege ihr Image zu definieren und zu pflegen und Marketing für ihre Produkte

zu treiben. In den Automobilanzeigen ist Rockmusik durch Opernklänge ersetzt worden. Die Unternehmen können bei intelligenten und gebildeten Konsumenten mehr an Prestige gewinnen, wenn sie die Künste unterstützen, als wenn sie nur mit den Vorteilen ihrer Produkte hausieren gehen.
Diese Renaissance ist nicht auf kulturelle Zentren beschränkt wie New York, Paris und Tokio, sie macht sich überall bemerkbar, auch in kleinen und mittleren Städten, in Vorstädten genauso wie auf dem Land. Schleswig-Holstein war in künstlerischer Hinsicht sicherlich eher unterentwickelt, bis durch die Initiative des Pianisten Justus Frantz die Idee eines Sommer-Musik-Festivals Wirklichkeit wurde. Mit Unterstützung namhafter Firmen und der Landesregierung konnte es bereits viermal stattfinden. Es erfreut sich in dieser kurzen Zeit bereits einer enormen Beliebtheit, die Besucherzahlen stiegen von 90 000 im Jahr 1986 auf schätzungsweise 340 000 im Jahr 1989.
Zu etwa 50 Prozent wird das Schleswig-Holstein-Musik-Festival gesponsert von der Industrie. Die vier wichtigsten Sponsoren sind der Bertelsmann-Konzern und die Firmen Zentis, Windsor und Audi.
Das Besondere dieses Festivals ist wohl, daß es bewußt für jeden – und nicht nur für die High-Snobiety – gestaltet ist, ein Viertel der Plätze wird für 10 DM vergeben. Ebenfalls 10 DM beträgt die staatliche Subvention pro Platz.
Den wirtschaftlichen Nutzen für die ganze Region schätzt der Fremdenverkehrsverband Schleswig-Holstein bei einer Besucherzahl von 340 000 auf etwa 176 Millionen DM.
Auch die Zuschauerzahl beim Alabama Shakespeare Festival in Montgomery beispielsweise ist von 3000 im Jahre 1972 auf mehr als 300 000 im Jahre 1989 gestiegen. Dieser Aufschwung ist so eklatant, daß sich ungeahnte neue Möglichkeiten auftun – vom Telefonmarketing bis hin zu Kunst-Consulting für Unternehmen.
Die Kürzungen von Bundesmitteln, die gewiß schmerzhaft waren, haben paradoxerweise eine belebende Wirkung auf die Kunstszene gehabt; einmal fühlten sich die Unternehmen zur Unterstützung aufgerufen, und dadurch wurden die diversen kulturellen Organisationen gezwungen, sich ein paar intelligente Marketingideen einfallen zu lassen, um sich neue Einnahmequellen zu schaffen. Das Ergebnis: eine stärkere, lebensfähigere Kunstszene, die jetzt größere Frei-

heit hat, ihr eigenes Programm zu bestimmen, weil sie unabhängiger von Finanzmitteln der Regierung und auch von Stiftungen ist.

Die neue Blüte der Kunst in unserer Zeit

Vom Broadway – dem Great White Way New Yorks – bis zur amerikanischen Durchschnittsstadt

Es ist schwer, über die Kunst zu reden und nicht mit New York oder London anzufangen, zwei Städten, deren Namen für gutes Theater stehen. Erzählen Sie mal die folgenden Fakten einem Sportfan, den Sie kennen:
Das New York Broadway Theater an der Ecke Broadway und 53. Straße verkauft mehr Eintrittskarten als die New York Yankees und die Mets zusammengenommen.
Die Broadwaysaison 1988/89 war die erfolgreichste in der Geschichte. Nach Auskunft von George Wachtel von der League of American Theatres and Producers haben 8 Millionen Theaterbesucher 262 Millionen Dollar ausgegeben; das ist gegenüber der Saison 1986/87 eine Zunahme um 25,4 Prozent.
In der Fachzeitschrift *Variety* stand zu lesen, daß die Hälfte dieser Theaterbesucher bezeichnenderweise in eines der großen britischen Musicals ging – *Phantom of the Opera, Les Misérables, Cats, Starlight Express* oder *Me and My Girl*. Der Vorverkauf für *Phantom* belief sich auf 19 Millionen Dollar, womit er das Stück *Les Misérables* übertraf, das es auf 11 Millionen gebracht hatte. *Cats,* das bis dahin den Rekord gehalten hatte, wird gegenwärtig weltweit von vierzehn Ensembles und Theatergruppen aufgeführt (darunter in Wien, Hamburg und London) und spielt jede Woche 2 Millionen Dollar ein – allein in den USA.
Aber die hellsten neuen Lichter strahlen nicht am Broadway allein; 90 Prozent aller Theateraufführungen finden außerhalb New Yorks statt: In einem Sonderbericht über regionale Theater in der Zeitschrift *Town & Country* stand zu lesen, daß es zweihundert professionelle aber nicht profitorientierte Theater in 155 Städten im Land gibt. Allein in Minneapolis und St. Paul findet man 24 Theater, die nicht einfach nur Unterhaltungsstücke spielen. Von Portland im

Staate Maine bis Ashland in Oregon, Sarasota in Florida und Anchorage in Alaska erleben die Bühnen einen Aufschwung. Eine Untersuchung der Theatre Communications Group zufolge haben die Besucherzahlen 1988 in 45 ausgewählten Theatern sämtliche Rekorde gebrochen.
»Das amerikanische Theater ist aufregender, stärker, größer als je zuvor«, sagt Gary Sinise von der Steppenwolf Company in Chicago.
»Vor vierzig Jahren war New York der Ort, an dem Theater stattfand. Heute findet es überall statt.«
»Außerhalb New Yorks existiert in Amerika immer noch etwas, das New York mittlerweile leider verloren hat – Abenteuergeist, das Bewußtsein, daß wir genau hier und jetzt etwas Neues und Großes tun können«, sagt der in Las Cruces, New Mexico, lebende Dramatiker Mark Medoff, Autor von *Children of a Lesser God.* »Von wenigen Ausnahmen abgesehen, bietet das Theater in New York keine wirkliche Kunst, sondern Unterhaltung für müde Geschäftsleute und auswärtige Besucher, die nur an gigantischen Produktionen interessiert sind, an Aufführungen, die eigentlich jedem gefallen.«
Werfen wir einen Blick auf San Diego, das eine große Theaterstadt ist. Sein Old Globe Theatre hat pro Saison fast zweimal soviel Abonnenten wie jedes andere Theater in den USA. Die Produktionskosten in San Diego betragen 30 bis 40 Prozent der Kosten am Broadway. Und der große Erfolg des Globe Theatre, *Into the Woods,* hat nur 10 bis 15 Prozent der Produktionskosten verschlungen, die man am Broadway dafür hätte aufwenden müssen.
»San Diego ist die einzige Stadt, in der das Theater im Zentrum des kulturellen Lebens steht«, sagt Jack O'Brien vom Old Globe Theatre. »In den meisten Städten ist ja das Museum das wichtigste, das Symphonieorchester oder die Oper, aber hier ist es das Theater.«

Ein Syndrom namens »Figaros Hochzeit«

Die schönen Künste werden so populär, daß es wohl nicht mehr lange dauern wird, bis an einem schönen Sonntagnachmittag im Herbst ein amerikanischer Ehemann, ein richtig markiger Typ, ein paar Freunde zu sich einladen und sich mit ihnen vor den Fernseher setzen wird, um sich bei einem Sechserpack Bier Mozarts berühmte Oper »Figaros Hochzeit« anzuschauen.

Bei diesem Gedanken muß man erst einmal tief Luft holen. Aber wenn auch die Oper noch nicht so populär geworden ist, so hat sie doch an Beliebtheit gewonnen. In jeder Saison erwachsen ihr neue begeisterte Anhänger – verführt von dieser imposanten Kombination aus Musik, Geschichte, Drama, großartigen Kostümen und phantasievollen Bühnenbildern. Und die Zuschauerzahlen haben sich verdreifacht: Nach den Angaben des Central Opera Service lag die Zahl in der Saison 1987/88 bei erstaunlichen 17,7 Millionen im Vergleich zu 6 Millionen in der Saison 1970/71.

Der Erfolg der Oper ist höchst bemerkenswert, wenn man bedenkt, daß durch die Eintrittspreise nicht nur ein Orchester bezahlt werden muß, sondern auch noch Sänger, Kostüme und teure Bühnenbilder.

Drei Viertel der 113 professionellen Opernensembles und Operngruppen in Nord-, Mittel- und Südamerika wurden nach 1965 gegründet, die meisten in den achtziger Jahren. Die Oper entledigt sich ihres altmodischen Images und wird für ein breiteres Publikum zugänglich. Der Grund dafür liegt zum Teil in den sogenannten *surtitles,* in den »Obertiteln«, die bei fremdsprachigen Opern über der Bühne erscheinen. John Adams' *Nixon in China* zeigt, wie eine jahrhundertealte Darbietungsform erneuert und auch einem Publikum des 21. Jahrhunderts zugänglich gemacht werden kann. In der Spielzeit 1988/89 gab es in den Vereinigten Staaten 141 Premieren, während es in der Saison 1974/75 nur 16 waren.

Man muß heute nicht mehr in die Großstadt reisen, um einen Opernabend zu erleben. Regionale Ensembles verfügen zwar häufig nur über ein geringes Budget, treten in Bürgersälen, öffentlichen Gebäuden, in Kulturzentren und auf Festivals auf, aber sie machen gutes Theater.

Die Springfield Regional Opera in Missouri führt ihre Opern in phantastischen Höhlen auf. Mit dieser Attraktion konnte sie pro Aufführung 712 Opernliebhaber anziehen.

Symphonieorchester

Spricht man mit einem Liebhaber von Symphoniekonzerten über die Renaissance der schönen Künste, dann kann man sicher sein, daß es zu einem Streitgespräch kommt. Symphonieorchester, bekommt man dann zu hören, befinden sich in einer verzweifelten

finanziellen Lage. Zwei Drittel der wichtigsten und besten Orchester haben die Saison 1986 mit einem Defizit abgeschlossen. Aber heute, wo sich Management und Marketing verbessert haben, sehen die Dinge anders aus: Die Saison 1986 und die Saison 1987 waren die erfolgreichsten überhaupt. Man zählte bei den Symphoniekonzerten der 280 größten Orchester mehr als 25 Millionen Zuhörer. Und noch viel mehr Menschen kamen zu den Konzerten der mehr als fünfhundert kleinen Orchester. Obwohl die Besucherzahlen bei den großen Orchestern in der Saison 1987/88 leicht rückläufig waren, geht es den regionalen Ensembles prächtig. Die Zahl der regionalen Orchester wuchs von sechzehn im Jahre 1975 auf 57 im Jahre 1988 an. Die Kammermusik erlebt den größten Aufschwung: Zwischen 1985 und 1989 stieg die Zahl der Kammerorchester von 393 auf 578.
Aber viele der großen Musikenthusiasten warten auf die Zeit der Sommerfestivals:

○ 1988 verkaufte die Hollywood Bowl 761 000 Eintrittskarten, das ist seit 1982 eine Steigerung um mehr als 100 000. Gewinne haben das Defizit der Los Angeles Philharmonie wettgemacht.
○ Ein einziges Konzert des Chicagoer Symphonieorchesters auf dem Ravinia Festival in Highland Park, einer Vorstadt von Chicago, zieht 20 000 Besucher an.
○ Zum Tanglewood Music Festival des Bostoner Symphonieorchesters in den Berkshire Mountains kamen in den letzten Jahren mehr als 10 Millionen Musikliebhaber.
○ Das Caribana, das karibische Festival Torontos, zieht jährlich 600 000 Zuschauer an.

Festivals, die einem einzigen Komponisten gewidmet sind, finden ungeheuren Zuspruch – vom Oklahoma Mozart International Festival und New Yorks Mostly Mozart Festival bis zum Bach Festival im kalifornischen Carmel und dem Basically Bach Festival in Anchorage in Alaska.
Die Veranstalter von Festspielen spüren immer wieder neue, reizvolle Veranstaltungsorte auf; so gibt es inzwischen Festivals vom Grand Canyon Music Festival bis zum Elkhorn Music Festival in Sun Valley. All das, was für Amerika gilt, ist sicherlich auch in der Bundesrepu-

blik und natürlich auch in ganz Europa schon zu beobachten. Nicht nur die altbekannten Festspielorte wie Venedig, Bayreuth und Salzburg erfreuen sich einer immer größeren Beliebtheit, sondern es kommen jährlich zahlreiche neue attraktive Veranstaltungen hinzu. Neu erbaute Konzerthäuser wie die Philharmonie in Köln ziehen jährlich Millionen von Besuchern an, die von weit her kommen, um die ausgewählten Orchester und Dirigenten zu hören.

Als großer Erfolg ist – wie schon erwähnt – die Initiative des Pianisten Justus Frantz anzusehen, der das Schleswig-Holstein-Musik-Festival initiierte, mit dem er die klassische Musik mit großen Namen einem breiten Publikum zugänglich machen konnte. Leonard Bernstein, Giuseppe Sinopoli und Yehudi Menuhin konnte er gewinnen – Künstler, die die Qualität der Veranstaltungen verdeutlichen.

Tanz: Die Suche nach einem neuen Partner

Zahlreiche Städte gehen mehr und mehr mit attraktiven Gastspielen einen neuen Weg, um die Kunst den Bürgern näherzubringen. Städte, die sich kein festes Ballett- oder Tanzensemble leisten können, teilen sich in vielen Fällen eine Patenschaft mit einer anderen Stadt. Diese Entwicklung setzte ein, als aus dem Cincinnati Ballet das Cincinnati/New Orleans Ballet wurde. Genauso wie sich das New Yorker Joffrey Ballet in Los Angeles eine zweite Heimat schuf. Nach Auskunft von Donald A. Moore, Direktor von Dance/USA, hat sich der Bereich des Balletts in den Vereinigten Staaten seit 1972 um 700 Prozent erweitert.

Die Tänzer des Tampa Ballets und des Colorado Ballets in Denver teilen sich ihre Zeit auf zwei Städte auf.

Auch die Geschichte des Cleveland-San-Jose-Balletts illustriert diese Entwicklung sehr gut. Cleveland suchte nach einer Partnerstadt, um die Zahl der Ballettbesucher und damit den Umsatz zu steigern. San Jose entschied sich dafür, lieber ein erstklassiges schon bestehendes Ensemble zu importieren, als sich auf den langen und kostspieligen Weg einzulassen, eine eigene Balletttruppe aufzubauen. Die Geschäftswelt unterstützte das Projekt auf großzügige Weise – E. F. Hutton spendete 250 000 Dollar, und auch Steven Wozniak, der Gründer von Apple Computer, steuerte 250 000 Dollar bei.

Diese neuen Regelungen können auch für Theatergruppen, Kammerorchester und sogar Opernensembles fruchtbar gemacht werden. Insgesamt bemühen sich gegenwärtig zwölf Städte um Vereinbarungen mit Schwesterstädten.

Bücher machen oder untergehen

Laut *Publisher's Weekly* wurden 1988 in den Vereinigten Staaten 55 483 neue Titel verlegt. Im Jahre 1977 waren es etwa 41 000. Im Jahre 1988 haben amerikanische Verlage neue Bücher im Wert von 15 Milliarden Dollar verkauft, während es 1987 noch 13 Milliarden waren.

In der Bundesrepublik sind im vergangenen Jahr 68 000 Titel produziert worden, davon 50 000 Erstauflagen. Der Buchhandel hat eine jährliche Zuwachsrate von 0,5 Prozent, was im Vergleich zu anderen Branchen bedeutet, daß er nicht zu den ausgesprochenen Wachstumsbranchen zu rechnen ist, aber sich dennoch nicht auf einem stagnierenden Niveau befindet.

Zugegeben, bei diesen Büchern handelt es sich nicht immer um anspruchsvolle Literatur. Die Informationsexplosion ist für den Anstieg der Buchproduktion vielleicht stärker verantwortlich als die Renaissance der schönen Künste. Trotzdem bleibt die Tatsache bestehen, daß einer von fünf erwachsenen Amerikanern wenigstens ein Buch pro Woche kauft. Für Buchkäufer im Alter zwischen 18 und 23 Jahren liegt diese Zahl durchschnittlich bei 2,6 Exemplaren. Und sie lesen sie auch. Einem Bericht der Book Industry Study Group, des Instituts für Buchmarktforschung, zufolge hat sich die Zahl der Personen, die mehr als ein Buch pro Monat lesen, erhöht.

Wenn man die Konkurrenz des Fernsehens berücksichtigt, dann ist es ein kleines Wunder, daß eine der alten Freizeitbeschäftigungen der Amerikaner wieder im Aufwind ist: zu Hause bleiben und ein gutes Buch lesen.

Durch die Buchläden in den Einkaufszentren ist es heute leichter als noch vor zwanzig Jahren, ein Buch zu erwerben. Der Markt für kommerzielle Bestseller – und damit machen ja die Buchketten ihr Geld – hat beständig expandiert.

»Wir gehen in die Vorstädte, in denen es noch nie eine Buchhandlung gegeben hat, und geben den Leuten die Möglichkeit, Bücher zu

kaufen«, sagt Dara Tyson von der PR-Abteilung der Buchkette Waldenbooks, deren mehr als 1100 amerikanische Läden vorwiegend in den Einkaufszentren der Vorstädte liegen.
»Kleinere Verlage, mit Umsätzen unter 15 Millionen Dollar, haben 1987 den größten Umsatzzuwachs des Jahrzehnts erlebt – eine Steigerung um 14,5 Prozent gegenüber 1986«, stand in *Publisher's Weekly* zu lesen.
Verleger haben gegenwärtig kaum Probleme, gute Autoren zu finden, und sie brauchen sich nicht zu sorgen, wo die zukünftigen Talente herkommen sollen. An mehr als zweihundert akademischen Einrichtungen kann man in Amerika beispielsweise seine Studien in den Kunstwissenschaften mit dem Doktortitel oder dem Master of Fine Arts abschließen; noch vor zwölf Jahren war das erst an einem Dutzend Universitäten möglich.

Der Kunstboom

Van Goghs »Sonnenblumen« brachten auf einer Auktion 39,9 Millionen Dollar ein, das war dreimal soviel, als je für ein Bild bezahlt worden ist, und diese Summe wurde nur noch von seinen »Schwertlilien« überboten, die 53,9 Millionen Dollar brachten. Diese Glanzstücke der gegenwärtigen Renaissance sind aber nur eine Facette des Kunstbooms, der die Grundlage eines blühenden Marktes ist, auf dem erstklassige Drucke und auch weniger bekannte Künstler gefragt sind.
»Wir haben von der ›Trickledown-Theorie‹ profitiert, nach der öffentliche Gelder, die direkt in die Wirtschaft fließen, das Wachstum anregen«, sagt Don Austin, der Gründer der Austin Galleries, einer Gruppe von dreizehn Kunsthandlungen, die signierte und numerierte Drucke in limitierter Auflage verkaufen. »Kunst hat bei den Versteigerungen in den Auktionshäusern immer mehr Käufer gefunden, und dieser wachsende Markt hat sich auf uns ausgewirkt. Vor zwanzig Jahren gab es wenig Nachfrage für solche Drucke. Heute machen sie 80 Prozent unseres Umsatzes aus.«
»Im Verhältnis zur Bevölkerungszahl gibt es heute mehr Leute, die Kunst sammeln, als je zuvor«, sagt der Wirtschaftswissenschaftler und Kunsthistoriker Leslie Singer.

Spektakuläre Ausstellungen in Museen

Die meisten von uns können sich zwar keine großen Meister leisten, aber eine ungeheure Anzahl von Menschen sind von der Schönheit ihrer Werke fasziniert. In nur zwanzig Jahren hat sich die Zahl der Museumsbesucher von 200 Millionen im Jahre 1965 auf 391 Millionen im Jahre 1984 verdoppelt. 1987 ist die 500-Millionen-Grenze erreicht worden, sagt Edward Able, Direktor der Vereinigung amerikanischer Museen. Die Besucherzahlen sind 1988 und 1989 weiter gestiegen. Die Museen versuchen, das breite Publikum durch »Knüller« zu erreichen, durch spektakuläre Ausstellungen wie »Die Schatzkammern Britanniens«, zu der eine Million Besucher kamen, womit der Rekord der Tut-ench-Amun-Ausstellung (835 000 Besucher) aus dem Jahre 1977 gebrochen wurde.
Intellektuelle werden dazu vielleicht naserümpfend bemerken, daß sich die großen Kunstausstellungen dem Publikumsgeschmack anbiedern, aber niemand kann leugnen, daß diese Ausstellungen dringend benötigte Gelder einspielen. Noch wichtiger aber ist, daß durch diese Kunstereignisse die Museen mehr ins Bewußtsein der Menschen gerückt werden und dadurch der Kreis der Kunstliebhaber beständig wächst.
An einem ganz normalen Samstag sehen sich Hunderttausende in Galerien um oder auf Kunstmessen, den neuen Marktplätzen der kleinen und mittleren Städte. In Japan gibt es insgesamt 4000 Galerien. Täglich kommen 6000 kaufwillige Kunden in das Pariser Auktionshaus Drouot. Im Großraum Minneapolis/St. Paul gibt es mehr als zweiunddreißig Kunstgalerien.
»Ich verbringe meine Samstagnachmittage am liebsten damit, daß ich durch Galerien ziehe«, sagt Joel Wachs, Stadtrat von Los Angeles, der schätzt, daß er ein Viertel seines Gehalts für den Kauf von Kunst ausgibt. »Das ist mehr als bloße Entspannung; beim Betrachten von Kunst spüre ich große Befriedigung und Erfüllung.«

Kunst in Los Angeles

Das J. Paul Getty Museum Center, das 1992 eröffnet werden soll und der Traum jedes mit wenig Mitteln ausgestatteten Museumsdirektors ist, gibt (auf Grund amerikanischer Steuergesetze) *wöchentlich*

2,4 Millionen Dollar für Neuerwerbungen und Programme aus. Aber das ist noch gar nichts: Im Dezember 1986 hat die Zeitschrift *Arts and Antiques* vorhergesagt, daß bis zum Jahr 2000 das Stiftungsvermögen auf 10 Milliarden Dollar ansteigen wird, was bedeutet, daß das Museum dann *an jedem Werktag* einen Betrag von fast 2 Millionen Dollar ausgeben muß.

Gespeist und gesponsert von einer blühenden Unterhaltungsindustrie – ganz zu schweigen von der Raumfahrtindustrie, den Versicherungskonzernen, den Banken und den Ölfirmen –, ist die Kunstszene von Los Angeles genauso vital wie die New Yorker Szene. »Los Angeles ist der zukunftsträchtigste neue Kunstmarkt im Lande«, sagt Arnold Climcher, der Direktor der Pace Gallery in New York.

In den vergangenen 25 Jahren sind in Kalifornien fünfzehn neue große Museen und Galerien gebaut worden, darunter das 20 Millionen Dollar teure Museum of Contemporary Art des Architekten Arata Isozaki und das 35 Millionen teure Robert O. Anderson Building in der Nähe des County Museums. »Früher waren Museen muffige Orte, an denen man bestenfalls ungestört seinen Gedanken nachgehen konnte. Wir haben heute ein gebildeteres Publikum, das mehr will, als am Wochenende mit dem Rucksack loszuziehen«, sagt Earl Powell vom County Museum.

Ein blühender Kunstmarkt

»Wir leben in einer kunstbesessenen Zeit«, schreibt Thomas Hoving, Herausgeber des *Connaisseur* und früherer Direktor des Metropolitan Museum of Art. »Unsere Zivilisation setzt Kunst mit Unsterblichkeit gleich.«

Die Direktoren bei Sotheby's und Christie's müssen sich ziemlich unsterblich vorkommen. 1987 haben die beiden führenden Kunstauktionshäuser die Milliardengrenze durchbrochen. In der Saison 1988/1989 lag der Umsatz der beiden Giganten zusammengenommen bei über 4 Milliarden Dollar. Das ist mehr als das Bruttosozialprodukt von Jamaika.

Nach Sotheby's neuem Kunstindex ist die impressionistische Kunst im Jahre 1988 um 73,6 Prozent im Wert gestiegen und die moderne Malerei (1900 bis 1950) um 50,3 Prozent. Der Standard and Poors

Index zog im selben Zeitraum um bloße 17 Prozent an. Wird die Kunst damit lediglich zur Ware abqualifiziert?
»Die verbreitete Tendenz, die Qualität eines künstlerischen Werks nur noch in Dollar zu messen, ist widerwärtig«, so schließt Thomas Hoving seine Betrachtung ab.
Die Sammler beziehen da einen anderen Standpunkt. »Je mehr Mäzene es gibt, desto mehr Kunst entsteht auch, und das bedeutet auch: desto mehr *gute* Kunst entsteht«, behauptet der New Yorker Kunstsammler Asher B. Edelman. »Ich sammle zu meinem eigenen Vergnügen.«

Der Museumsboom

Der Streit um die Erweiterungsbauten für das Whitney Museum und das Guggenheim Museum hat überall im Land für Schlagzeilen gesorgt, während in fast jeder größeren amerikanischen Stadt neue Museen eröffnet werden – von Dallas und Atlanta bis San Antonio und Portland. In Boston, Baltimore, Akron, Minneapolis und San Jose wurden an bereits bestehende Museen neue erweiternde Flügel angebaut.
Das Museum of Modern Art ist kürzlich erweitert worden, und der neue Lila-Acheson-Wallace-Flügel am New Yorker Metropolitan Museum ist größer als das Guggenheim oder das Whitney.
Zwischen 1977 und 1988 haben einer Untersuchung der Association of Art Museum Directors zufolge zweiundneunzig amerikanische Museen ihre Räumlichkeiten erweitert. Dies bedeutet jeweils einen finanziellen Aufwand von mindestens fünf Millionen Dollar.

○ Das Chicago Art Institute hat im Herbst 1988 das 23 Millionen Dollar teure »South Building« für moderne Kunst und Kunst der Gegenwart eröffnet.
○ Fort Lauderdale in Florida hat etwas für sein Image getan und für 7,5 Millionen Dollar ein Kunstmuseum gebaut, das jetzt die Hälfte seiner Bestände präsentieren kann und nicht mehr nur ein Prozent.
○ Das Atlantas High Museum im Georgia Pacific Building hat 3 Millionen Dollar gekostet, von denen der größte Teil durch die Georgia Pacific aufgebracht wurde. Eintritt frei.

Aber ein attraktives Museum ist etwas, wofür die Leute zu zahlen bereit sind, jedenfalls wollen das die Bürger von Seattle, die 1986 der Einführung einer – über acht Jahre laufenden – Vermögensteuer zugestimmt haben, durch die 29,6 Millionen Dollar für ein neues Museum aufgebracht werden sollen, dessen Eröffnung für 1990 geplant ist.

Der europäische Museumsboom

Auch in Europa läßt sich ein ungewöhnlicher Museumsboom ausmachen. In Frankreich, Großbritannien und Italien haben viele neue Museen eröffnet. Aber die Bundesrepublik läuft mit dreihundert neuen großen Museen allen anderen den Rang ab. Auf kommunaler Ebene sind es noch viel mehr, denn allein in Bayern vermehrten sich zwischen 1981 und 1988 die nicht-staatlichen Museen von 420 auf zirka 800.

In Deutschland ist ein Mäzenatentum einzelner herausragender Persönlichkeiten aus der Wirtschaft seit langem bekannt. Man denke an die sehr wertvolle und umfangreiche Gemäldesammlung des Barons Thyssen-Bornemisza. Ein Beispiel aus neuerer Zeit ist die Sammlung moderner Gemälde des Industriellen Ludwig aus Köln. Nahe bei München kann die im Westen bedeutendste und umfangreichste Sammlung Meißner Porzellans bewundert werden. Sie wurde 1971 von dem passionierten Sammler Dr. Ernst Schneider dem bayerischen Staat gestiftet – mit der Auflage, dieser neben der des Dresdner Zwingers repräsentativsten Kollektion das barocke Schloß Lustheim als würdigen Rahmen dieser Kollektion zur Verfügung zu stellen. Neue Galerien und Museen sind sowohl in München eröffnet worden als auch in Frankfurt, Mönchengladbach, Essen und Stuttgart. Köln – wo es allein schon acht Museen gibt – bringt für die Kulturförderung in der Stadt halb soviel auf wie die Bundesregierung für das ganze Land. Frankfurt stellt mehr Geld für die Kunst zur Verfügung als jede andere deutsche Stadt – 11 Prozent des Haushalts. Seit 1980 sind dort acht neue Museen entstanden, darunter das Jüdische Museum, das Ikonenmuseum sowie ein Kunstgewerbe-, Film- und Architekturmuseum.

Es ist eine französische Tradition, alten Gebäuden neues Leben einzuhauchen, indem man sie zu Museen macht. Der Louvre war ein

königlicher Palast, das Picasso-Museum einstmals eine herrschaftliche Villa. Die Stadt der Wissenschaft und der Industrie in La Vilette wurde auf dem Gelände des alten Pariser Schlachthofs angelegt.
Das neue Musée d'Orsay war einmal ein großartiger Bahnhof, der für die Pariser Weltausstellung im Jahre 1900 gebaut worden ist. Das Musée d'Orsay hat momentan dem Centre Pompidou den Rang abgelaufen. Mit seinen grell lackierten Röhren gilt es als das Lieblingshaßobjekt der Pariser, genauso wie ihnen der Eiffelturm vor hundert Jahren ein Dorn im Auge war. Das modern gestaltete Museum ist jedoch bei Ausländern gut angekommen – die meisten amerikanischen Kritiker und Historiker waren sehr davon angetan –, und im ersten Jahr wurden vier Millionen Besucher gezählt.

Jedem Amerikaner ein eigenes Museum

In der Renaissance wurden die Portraits der Stifter auf die Seitenflügel von Altarbildern gemalt. Die Kunstförderer von heute meißeln ihre Namen in die Flügel von bekannten Museen ein, oder sie errichten ihre eigenen. Die Namen von Terra und de Menil können neben Hirshhorn, Whitney und Guggenheim eingereiht werden. Aber die Stifter unserer Zeit ziehen ihre Heimatstädte vor, um ihre Denkmäler zu errichten, Houston, Denver oder Chicago beispielsweise, wo Daniel Terra das 35 Millionen Dollar teure Terra Museum of American Art auf der »Magnificent Mile« erbaut hat. Und dies ist nur der Anfang eines in drei Phasen zu errichtenden 70 Millionen Dollar teuren Museumskomplexes, dessen Fertigstellung für 1995 geplant ist.
Die 25 Millionen Dollar teure Menil-Sammlung in Houston hat einen Bestand von 10 000 Ausstellungsstücken kubistischer, surrealistischer und zeitgenössischer Werke und dazu noch afrikanische Skulpturen sowie Antiquitäten aus dem Mittelmeerraum. Jedes Museum der Welt hätte diese Sammlung begeistert angenommen, aber Mrs. Dominique de Menil hat sich für ihre Wahlheimat Houston entschieden. »Ich habe mit großer Lust und Freude Kunstwerke gesammelt«, sagt sie. »Aber es hat mir noch mehr Freude gemacht, sie der Öffentlichkeit zugänglich zu machen.«
Charles Shipman Payson hat bei verschiedenen großen Museen Neuenglands angeklopft, weil er eine Heimstatt für seine Sammlung von

Gemälden Winslow Homers suchte. Er hat sie schließlich ans Portland Museum of Art gegeben und dazu noch 17 Millionen Dollar für ein neues Gebäude.

William Foxley hat in Denver das historische Navarre Building renoviert, weil er seine Gemäldesammlung von Künstlern unterbringen wollte, die zwischen dem Bürgerkrieg und dem Zweiten Weltkrieg im Westen gelebt oder den Westen intensiv bereist haben. *Art & Auction* nennt die Sammlung mit ihren Remingtons, Blumenscheins und O'Keefes die »letzte große Sammlung dieser Art«.

Als Wilhelmina und Wallace Holladay erwogen, ihre Sammlung, die ihren Schwerpunkt in der Frauenkunst hat, einem Museum zu stiften, wurde ihnen klar, daß die Bilder wohl nie an die Öffentlichkeit gelangen würden, denn erfahrungsgemäß stellen die Werke von Künstlerinnen nur 3 Prozent der Exponate großer Sammlungen. Während Betrachter der Szene forderten, man solle doch größere Anstrengungen unternehmen, um die Werke weiblicher Künstler in bereits existierenden Museen unterzubringen, beschaffte Mrs. Holladay 15 Millionen Dollar, kaufte ein großes Gebäude, warb in der Wirtschaft um Sponsoren und gründete einen Verein. Sic gewann Mitglieder und stellte Mitarbeiter ein. Nach sechs Jahren harter Arbeit wurde 1987 das National Museum of Women in the Arts in Washington, D. C., eröffnet, das erste Museum, in dem ausschließlich die Werke von weiblichen Künstlern ausgestellt sind.

Der ökonomische Aspekt einer modernen Renaissance

Als der Versicherungsdirektor Les Disharoon freiwillig die gigantische Aufgabe übernahm, in nur 22 Monaten eine 40-Millionen-Stiftung für das Baltimore Symphonic Orchestra ins Leben zu rufen, erklärte er den Gesellschaften und Unternehmensgruppen, an die er sich wandte, daß das Orchester in Maryland mehr Besucher (350 000) hätte als die Baltimore Colts (die Colts sind inzwischen nach Indianapolis gegangen, einer sehr sportbegeisterten Stadt). »Man muß schon an der Oberfläche kratzen und die Fakten freilegen, die den Leuten zeigen, daß ein Symphonieorchester für ihr Leben und ihre Lebensqualität in einer Stadt genauso wichtig ist wie

der nahe gelegene Flughafen oder eine erfolgreiche Baseballmannschaft. Dies gehört mit zu den Attraktionen, die eine Stadt für die Leute anziehend machen«, sagt Disharoon.
Die »Fakten«, wie Disharoon sich ausdrückt, sind sehr eindrucksvoll:

○ Das Cleveland Playhouse Square Center, das drei Theater beherbergt, bringt der Wirtschaft in der Innenstadt ein Plus von schätzungsweise 35 Millionen Dollar.
○ Eine Untersuchung der Handelskammer von Los Angeles hat gezeigt, daß die ökonomischen Erträge, die durch das Kulturleben in Los Angeles entstehen, sich auf mehr als 5 Milliarden Dollar belaufen.
○ In Großbritannien ist die Kultur eine 18-Milliarden-Dollar-Industrie, genauso bedeutend wie die britische Autoindustrie, und 27 Prozent der Erträge aus dem Tourismus lassen sich direkt auf die Kunst und das Kulturleben zurückführen.

Das meistbesuchte Monument der Welt ist weder der Eiffelturm noch das Tadsch Mahal. Es ist das Centre Pompidou, das Denkmal, das Frankreich seinem verstorbenen Präsidenten gebaut hat – es ist eine Kostbarkeit moderner Kunst und Architektur. Mit 8 Millionen Besuchern im Jahr verweist es den Eiffelturm (mit 4,1 Millionen Besuchern) auf der Tabelle der meistbesuchten Orte auf den zweiten Platz.
Das Vorhandensein eines lebendigen Kulturlebens ist ein wichtiges Kriterium bei der Standortwahl von Unternehmen und auch bei der Wahl des Wohnortes. »Um für Unternehmen und Arbeitskräfte attraktiv zu sein, müssen die Kommunen den Symphonieorchestern, der Oper, der bildenden Kunst und dem Ballett mehr Aufmerksamkeit schenken«, sagt David L. Birch, Experte für Unternehmensentwicklung und Direktor des MIT-Programms für regionale und städtische Strukturveränderung (Program on Neighborhood and Regional Changes). Die Amerikaner spüren, wie wichtig und entscheidend die Künste sind: 92 Prozent der Bevölkerung sind der Ansicht, daß die Künste einen wichtigen Beitrag zur Lebensqualität in ihrer Gemeinde leisten.
Der Mobil-Oil-Konzern, der in Anzeigen andere Unternehmen auf-

ruft, sich als Sponsoren für die Kunst zu betätigen, vertritt die Ansicht, daß die Kunst die wirtschaftliche Entwicklung stimuliert, private und industrielle Immobilienprojekte anregt, den Tourismus fördert und neue Unternehmen anzieht.
»Die Künste sind sowohl ein ökonomischer als auch ein kultureller Faktor. Das Geld, das für die Kunst ausgegeben wird, beeinflußt das gesamte Wirtschaftsleben einer Gemeinde und hat einen Multiplikationseffekt. Die Künste sind ein Aktivposten für die Touristik, sie ziehen Handels- und Industriebetriebe an, und sie tragen zur Wertsteigerung auf dem Immobilienmarkt bei«, meint der Abgeordnete Lee H. Hamilton aus Indiana.
Die Hauptstadt Washington sollte ihre Kunstszene und ihr Kulturleben als »Industrie« betrachten, die erhebliche Investitionen erfordert, erklärte der Stadtratsausschuß für kulturelle Förderung und Wirtschaftsentwicklung. »Wir erwarten von allen Fernsehstationen, Radiosendern, Zeitungen und Zeitschriften dasselbe Maß an Kritik und Ermutigung, das sie den Redskins entgegenbringen«, sagt Peggy Cooper Cafritz, die dem Ausschuß angehört und im Kulturleben der Stadt sehr aktiv ist.

Amerikanische Sommerfestivals und der Renoir-Faktor

Die großen Ausstellungen in Museen und die diversen Sommerfestivals steigern die Einkünfte der Restaurants, Hotels, des Einzelhandels und der Parkhäuser – das ist alles ein direkter Beitrag zum Wirtschaftsleben einer Stadt oder einer Region. Durch die Chagall-Ausstellung, die 1985 in Philadelphia im Museum of Art stattfand, wurden 7,5 Millionen Dollar in die Wirtschaft der Stadt gepumpt. In nur drei Monaten hat die Renoir-Ausstellung in Bostons Museum of Fine Arts den lokalen Hotels, Restaurants, Einzelhandelsgeschäften und Beförderungsunternehmen annähernd 30 Millionen Dollar gebracht.
Die Ausstellung »Van Gogh in Arles« in New Yorks Metropolitan Museum of Art zog 252 604 auswärtige Besucher an, die für Hotels, Restaurants, Unterhaltung, für Transport und beim Einkaufen 223 Millionen Dollar ausgaben. Niemand weiß allerdings, was die 200 000 New Yorker Verehrer van Goghs letzten Endes wirklich ausgegeben haben.

Falls keine große Ausstellung auf dem Veranstaltungsplan Ihrer Stadt stehen sollte, dann können Sie vielleicht den gleichen wirtschaftlichen Ertrag erzielen, wenn sie ein Festival ins Leben rufen. In den drei Wochen des Edinburgher Festivals geben 100 000 Besucher 80 Millionen Dollar in der Stadt aus.
Beim Spoleto USA Festival in Charleston, South Carolina, haben in den letzten zehn Jahren 80 000 Musik- und Kunstliebhaber etwa 300 Millionen Dollar umgesetzt, die der Wirtschaft South Carolinas zugute gekommen sind. Das Festival, das von Gian Carlo Menotti ins Leben gerufen worden ist, ist die zweite Heimstatt des Festivals zweier Welten im italienischen Spoleto und hat dazu geführt, daß es jetzt in Charleston mehr als ein Dutzend neuer kultureller Organisationen gibt.

Vom Broadway in die hinterste Provinz

Eine der Ursachen, die hinter den Besucherrekorden bei Opernaufführungen, Theatervorstellungen und Symphoniekonzerten stehen, liegt darin, daß die Menschen in kleinen und mittleren Städten und auf dem Land heute die Gelegenheit haben, Stücke, die sie schon aus ihren Stadttheatern kennen, an sehr spektakulären Schauplätzen zu erleben. Diese neuen Kulturpaläste bilden das Fundament für die wirtschaftliche Entwicklung.
Im abgelegenen Orono im Staate Maine haben es private Spenden ermöglicht, daß auf dem Campus der University of Maine ein erstaunliches, 7,5 Millionen Dollar teures Center for the Arts errichtet werden konnte. 1986 wurde die 1628 Besucher fassende Konzerthalle mit einer Galavorstellung eröffnet, bei der auch Isaac Stern und Yo-Yo Ma auftraten. Während der Pausen können sich die Konzertbesucher im Museum für präkolumbianische Skulpturen ergehen, das um die Halle herum gebaut ist. Und das beste ist, daß die Bürger der Stadt Aufführungen von Weltrang in ihrem Hinterhof besuchen können und nicht erst fünf Stunden nach Boston fahren müssen.
Das Zentrum gibt der Region das »kulturelle Image«, das nötig ist, um Forschungs- und Entwicklungsfirmen in den nördlichen Teil des Staates zu ziehen, der den Aufschwung im südlichen Maine bis jetzt nicht nachvollziehen konnte. »Man hat uns mehr als einmal als den

äußersten Rand der Zivilisation bezeichnet«, sagte Joel Katz, der Geschäftsführer des Zentrums. Aber jetzt hat Orono im Staate Maine das Beste von beiden Welten für sich, das Katz»als ein Stück kultureller Blüte mitten im Kiefernwald« beschreibt.

Das mit 45 000 Quadratmetern größte Museum der Welt, das der Kunst der Gegenwart gewidmet ist, wird nicht in Paris, New York oder Tokio sein, sondern in North Adams, Massuchusetts.

In einer Arbeiterstadt, drei Stunden westlich von Boston, wird ein ausgedienter, 28 Gebäude umfassender Fabrikkomplex zu einem 50 Millionen Dollar teuren Wahrzeichen der Kunst umgebaut, das inzwischen unter dem Namen Massachusetts Museum of Contemporary Art (oder Mass MoCA) bekannt ist. Die Staatsregierung hat eine Anleiheemission in Höhe von 35 Millionen Dollar bewilligt, aber 15 Millionen müssen noch aufgebracht werden. Inzwischen wird schon darüber geredet, welche Auswirkungen das neue Museum wohl auf die fallenden Immobilienpreise haben könnte.

Auch der historische Sloss Furnace in Birmingham, Alabama, eine 1881 errichtete Eisengießerei, ist in ein Museums- und Kulturzentrum umgewandelt worden, in dem jetzt das Alabama Symphonic Orchestra und das State of Alabama Ballet auftreten. Zur Kulturszene Birminghams gehören auch das Birmingham Museum of Art, Tanztruppen, ein avantgardistisches Theater und der Birmingham Music Club, der so attraktive Gäste in die Stadt bringt wie die New York City Opera, das Prager Symphonieorchester und das Kanadische Nationalballett.

Philanthrop Arthur Appleton war früher Präsident der Appleton Electric in Chicago. Appleton, der seit fünfzig Jahren ein leidenschaftlicher Kunstsammler ist, hat seine zweite Heimat Ocala in Florida (162 000 Einwohner) zum Sitz des Appleton Museums erkoren, denn:»Es gibt ja ohnehin schon große Museen in Chicago, Boston, New York und anderen Großstädten, aber auch eine kleine Stadt sollte ein gutes Museum haben.«

Arthur Appleton stiftete die 8 Millionen Dollar, mit denen ein erstaunliches Gebäude errichtet wurde, das der *Orlando Sentinel* als »Tadsch Mahal« bezeichnete. Die Stadt stellte ein Gelände von etwa 18 Hektar zur Verfügung.

Die Kulturszene in den Städten profitiert enorm von der Spendenfreudigkeit der Mäzene. Aber die meisten Gemeinden können zu ihren kulturellen Einrichtungen nur auf dem althergebrachten Weg kommen: durch den Einsatz von viel menschlicher Energie, Talent, über Zweckkoalitionen und durch viel, viel Schweiß.

Sherman County in Kansas, eine von der Landwirtschaft geprägte Region mit nur 7000 Einwohnern, hat in lediglich acht Monaten die leerstehende Carnegie-Bibliothek in Goodland in das Goodland Arts Center verwandelt. Wie sie das schafften: Harte Arbeit, Tombolas, Kuchenverkäufe, Auktionen, Wohlfahrtsveranstaltungen, Benefizfeste gehörten zu den Instrumenten der Aufbringung von Kapital.

Leute, die in großen Städten versuchen, etwas auf die Beine zu stellen, wissen genauso wie die Leute in Kansas, was Arbeitsschweiß bedeutet. Der Traum zweier Frauen aus Florida – Faith Atlass und Helene Pancoast – wurde Wirklichkeit, als Miamis alte Flowers Bakery, die in einer unruhigen Gegend in der Innenstadt liegt, zu einem fast 9000 Quadratmeter großen Areal mit Ansammlung von siebzig Künstlerateliers, Galerien, Unterrichtsräumen und Sitzungssälen wurde, das jetzt unter dem Namen Bakehouse Art Complex bekannt ist. Amerikanische Bäckereien übernahmen einen Großteil der Finanzierung, und die Gründer beschafften von der Stadt und dem Landkreis 300 000 Dollar.

Eine Studie der Rockefeller Foundation hat ergeben, daß in Dade County bis 1990 etwa 18 000 Künstler leben werden. Man ist dort dafür gerüstet.

Neue Karrieren und Geschäftschancen im Bereich der Kunst

Es gab einmal eine Zeit, da hat man gebetet, daß die eigenen Kinder keine Künstler, Musiker oder – noch schlimmer – Schauspieler werden. Aber durch den Kunstboom hat sich ein breites Spektrum neuer Karrieremöglichkeiten aufgetan. Ob sie nun in ein regionales Orchester eintreten oder sich dem Bühnenensemble in ihrer Stadt anschließen – junge Leute haben gegenwärtig bessere Chancen, ihren (wenn auch bescheidenen) Lebensunterhalt mit dem zu verdienen, was ihnen wirklich liegt.

○ »Im letzten Jahrzehnt hat sich die Zahl von Malern, Schriftstellern und Tänzern um etwa 80 Prozent erhöht – das ist eine um das

Dreifache größere Zunahme als im Durchschnitt aller Berufe, und es liegt um einiges über der Zunahme in anderen freien Berufen«, schreibt der an der University of Maryland lehrende Soziologe John P. Robinson in *American Demographs*.

○ Zwischen 1960 und 1980 ist die Zahl der Arbeitskräfte in den USA um 43 Prozent gestiegen, während die Zahl von Künstlern, Schriftstellern und Entertainern um 144 Prozent in die Höhe schoß.

○ Auch während der achtziger Jahre, als in den Vereinigten Staaten in einem beispiellosen Tempo neue Arbeitsplätze geschaffen wurden – 16 Millionen zwischen 1983 und 1988 –, hat die Zuwachsrate bei künstlerischen Berufen die allgemeine Steigerung weit übertroffen.

Nach Angaben des amerikanischen Statistischen Bundesamtes arbeiten heute 1,5 Millionen Amerikaner in künstlerischen oder verwandten Berufen. Sie arbeiten als Schauspieler, Regisseure, Rundfunksprecher, Architekten, Schriftsteller, Tänzer, Designer, Musiker, Komponisten, Maler, Bildhauer, Kunsthandwerker, Grafiker, Fotografen und an höheren Schulen und Hochschulen als Lehrer für Kunst, Theaterwissenschaften und Musik.
Aber bei dieser Zahl sind die Berufe nicht mitgerechnet, die von der Kunst abhängen; die Besitzer und Angestellten in Poster- und Rahmengeschäften, die Leute im Kulturmanagement, Museumsleiter, Kunst-Consultants sowie Ausstellungs- und Konzertveranstalter, Kulturredakteure und Musikvermarkter.
»Immer mehr Unternehmen engagieren Sachverständige, die speziell für die Kunstsammlung des Unternehmens verantwortlich sind«, sagt Judith A. Jedlicka, die Direktorin des Business Committee for the Arts. Es gibt Kunstberater, die direkt beim Unternehmen angestellt sind; andere sind als Agenten für Künstler und Galerien tätig und bekommen eine Provision.
Die New Yorkerin Judith Selkowitz ist eine solche Kunstberaterin, die Firmen berät. Das schließt alles mit ein: den Kauf von Postern genauso wie den Kauf von Gemälden und Skulpturen für fünfzigstöckige Wolkenkratzer. Tamara Thomas von der Firma Fine Arts Services in Los Angeles erwirbt jährlich Kunstwerke im Wert von 3 Millionen Dollar für Banken, Grundstücksmakler, Anwaltskanzlei-

en und Versorgungsbetriebe wie beispielsweise Telefongesellschaften.
Die Renaissance der schönen Künste verändert auch die Lehr- und Studienpläne. Das Massachusetts Institute of Technology hat erklärt, daß es künftig von seinen Studenten eine »systematischere Beschäftigung mit den Künsten und den Geistes- und Sozialwissenschaften« erwarte.
»Ein Ingenieur lebt und arbeitet in einem sozialen System, und er muß Verständnis für kulturelle und menschliche Werte und Maßstäbe aufweisen. Die Geisteswissenschaften können nicht einfach nur als der Zuckerguß auf dem Kuchen betrachtet werden«, sagt Universitätspräsident Paul Gray. Zum erstenmal in der Geschichte kann man am MIT nichttechnische Gebiete – von der Philosophie bis zu Frauenfragen – im Nebenfach studieren.

Aus der neuen kulturellen Blüte unserer Tage entwickelt sich eine Reihe neuer geschäftlicher Chancen in sozusagen »künstlerischen« Nischen.
Alle diese Gemälde, die bei Sotheby's – oder auch in einer kleinen Galerie – erworben werden, müssen ja auch von jemandem transportiert werden. Der in Boston ansässige Fine Arts Express verpackt Kunstwerke in speziell gefertigten Kartons und schickt sie in klimatisierten und mit Alarmanlagen ausgerüsteten Lastwagen auf den Weg.
Dansource in Dallas, von Tauna Hunter und Michael Gleason gegründet, ist eine Agentur, die Tänzer an Tanztruppen vermittelt. Die Tänzer bezahlen eine Gebühr von 100 Dollar, und die Firma schickt ihren Lebenslauf und Videos an interessierte Tanztruppen.
Ist es Ihnen auch schon einmal passiert, daß Sie ein Bild gesehen haben, das genau über Ihr Sofa paßt, und dann mußten Sie erfahren, daß das Museum keinen Druck davon hatte? »Print Finders«, eine Mail-Order-Firma, die in New York sitzt, macht die Kopie ausfindig, läßt sie rahmen und schickt sie Ihnen zu. Sie müssen das Bild nur noch über ihrem Sofa aufhängen. Einer der Firmengründer erklärt: »Wenn es überhaupt irgendwo auf der Welt eine Kopie gibt, dann treiben wir sie auf.«
Audio Description ermöglicht es blinden und sehbehinderten Menschen, ins Theater zu gehen. Mit Mikrophonen, Sendern und Kopf-

hörern können die Stücke durch fortlaufende Beschreibung der Vorgänge auf der Bühne, der Kostüme und des Bühnenbildes für die Blinden lebendig werden. Dr. Margaret Pfanstiehl und Cody Pfanstiehl haben diese Technik, die inzwischen in mehr als zwanzig Theatern Ohios angeboten wird, eingeführt.
Da der Stellenwert der Kunst in der Gesellschaft ständig zunimmt, werden die einzelnen Bürger, aber auch die Unternehmen und die Stadtverwaltungen ihre Entscheidungen zunehmend unter dem Eindruck der Kunst treffen unter dem Eindruck der Bilder, Personen und der Lebensmöglichkeiten, die ihnen in der Kunst begegnen.

Ob man nun Student ist oder Etatdirektor in einer Werbeagentur, ob man als Grundstücksmakler arbeitet oder eine kleine Firma besitzt – dieser Megatrend wird Einfluß haben auf die Art, wie jemand seine Karriere plant, wie er eine Werbekampagne aufzieht oder seine nächste Immobilienwerbung nutzt.

Selbstvertrauen:
Das Fundament der Erneuerung

Es gab viele Schlagzeilen über die prekäre finanzielle Situation des amerikanischen Kunstbetriebs. Mit immer geringerer Unterstützung von seiten der Bundesregierung – so wenigstens wurde argumentiert – strampelten sich die diversen kulturellen Institutionen ab und schaffen es nicht, den Kopf über Wasser zu halten. Wenn diese Beschreibung tatsächlich zutrifft, wie können sie dann die nötige Vitalität für eine Renaissance in den neunziger Jahren aufbringen?
Die Künste in den Vereinigten Staaten profitieren von den Wohltaten des wichtigsten Kunstmäzens der Welt – nämlich der amerikanischen Wirtschaft –, und die Leute in den Planungsstäben der europäischen Regierungen, die das Modell des Wohlfahrtsstaates überwinden wollen, beneiden die Amerikaner darum. Darüber hinaus haben die US-Unternehmen – wie der nächste Abschnitt zeigen wird – gerade mit den ersten Versuchen begonnen, die höheren Einkommensschichten über die Kunst zu erreichen oder sich das Prestige der Kunst für ihre Produkte zunutze zu machen.
Das Engagement der Unternehmen für die Kunst wird die neunziger

Jahre hindurch zunehmen, wenngleich die Partnerschaft sich eher zu einer kommerziellen Beziehung als zu einer selbstlosen Förderung entwickeln wird. Die Dollars der Unternehmen werden in mehr am Wirtschaftlichen orientierte kulturelle Organisationen fließen. Die Kürzungen der Bundesmittel haben die Organisationen gezwungen, größere Verantwortung für ihr wirtschaftliches Wohlergehen zu übernehmen. Obwohl dieser Wandel am Anfang schmerzvoll war, hat er auf lange Sicht die kulturellen Institutionen gestärkt.

1988 hat die US-Regierung 167,7 Millionen Dollar für kulturelle Aufgaben aufgebracht. Pro Kopf gerechnet, hat die Regierung 1988 1143 Dollar für die Verteidigung, 74 Dollar für Bildung und Erziehung und etwa 70 Cent für die Kultur ausgegeben. Obwohl viele Kunstliebhaber über diese Zahlen entsetzt sind, müssen sie doch einräumen, daß die Vernachlässigung dieses Bereichs von seiten der Regierung für die Unternehmen Anlaß war, eine Milliarde Dollar jährlich für die Künste aufzuwenden – im Vergleich dazu waren es im Jahre 1967, dem Jahr, als Lyndon B. Johnson die »Great Society« ausrief, lediglich 22 Millionen Dollar. Das bedeutet eine fünfundvierzigfache Erhöhung.

Indessen steigen auf der Ebene der Bundesstaaten und der Gemeinden die Ausgaben für kulturelle Zwecke. Auf diese Weise lassen sich die Auswirkungen auf die Wirtschaftsentwicklung ja auch am besten planen. Die fünfzig Bundesstaaten haben im Haushaltsjahr 1989 für kulturelle Zwecke 268,3 Millionen Dollar ausgegeben, das bedeutet gegenüber 1988 eine Steigerung um 11 Prozent.

Geld und Kunst: Der europäische Weg und die amerikanische Herausforderung

Die amerikanische Bundesregierung und die Regierungen der Bundesstaaten geben zusammen pro Kopf 2 Dollar für die Kultur aus. Nach Schätzungen des Kulturjournalisten Joseph McLellan von der *Washington Post* gibt die schwedische Regierung pro Kopf 35 Dollar aus, die kanadische 32, die holländische 27 und die westdeutsche ebenfalls 27. Einer anderen Quelle, dem *Economist,* läßt sich entnehmen, daß in Großbritannien pro Kopf 9 Dollar ausgegeben werden, in Frankreich etwa 30 Dollar. Die großen Opernensembles in Frankreich, der Bundesrepublik, Österreich und Skandinavien erhalten zwischen 70 und 85 Prozent ihrer Gelder von der Regierung. Großbritanniens Royal Opera wird mit etwa 46 Prozent unterstützt, und New Yorks Metropolitan Opera erhält lediglich 3 Prozent an Subventionen.

Die privaten Gelder, die in den Vereinigten Staaten in die Kultur fließen, lassen europäische Politiker ihre Tradition des staatlichen Mäzenatentums neu überdenken. Die französische Regierung hat kürzlich die Steuervorteile für gemeinnützige Organisationen so erweitert, daß jetzt auch Kunstsponsoren in den Genuß dieser Vorteile kommen. Als die Regierung Thatcher für die Kürzung von Subventionen auf dem kulturellen Sektor kritisiert wurde, erhöhte sie für 1988 und 1989 den Kuluretat um 10 Prozent, machte aber die Zuwendungen von einem leistungsorientierten System abhängig, das Initiativen auf lokaler Ebene förderte. Neue Geldquellen sollten erschlossen und die Einnahmen gesteigert werden.

Die Gelder, die britische Unternehmen für kulturelle Zwecke ausgegeben haben, sind von 10,8 Millionen Dollar im Jahre 1978 auf 46,8 Millionen im Jahre 1987 gestiegen. Die Lloyds Bank hat mit 900 000 Dollar »The Age of Chivalry« unterstützt, eine Ausstellung von Meisterwerken aus der Zeit der Plantagenets.

»Es gibt heute sehr wenig kulturelle Organisationen, die sich nicht intensiv um private Geldgeber bemühen. Die Haltung diesen Dingen gegenüber hat sich – wenn auch unter dem Druck der Notwendigkeit – drastisch verändert«, sagt Luke Rittner vom britischen Arts Council.

Der Kunstunternehmer

Die kulturellen Institutionen und Organisationen in den Vereinigten Staaten achten inzwischen mehr auf wirtschaftliche Aspekte, und sie sind findiger geworden, wenn es um die Erschließung neuer Einkunftsquellen geht. Sie haben gelernt, »Produkte« zu vermarkten, haben sogar neue »Produkte« entdeckt, die sie verkaufen können. Diese Organisationen versuchen nicht mehr nur, irgendwo Geld lockerzumachen, sondern sie gehen sozusagen selber auf den Markt. Kulturelle Institutionen gehen inzwischen professionell und sachlich ans Werk, wenn es darum geht, ein kulturbewußtes Publikum durch attraktive Vorteile der Mitgliedschaft und gezielte Kampagnen zur

Unterstützung zu bewegen. Dem San Francisco Museum of Modern Art ist es gelungen, die Mitgliederzahl von 3500 im Jahre 1974 auf heute etwa 20 000 zu erhöhen. Das Museum of Fine Arts in Boston zählte 1988 47 000 Mitglieder, während es in den siebziger Jahren 17 000 waren. Ähnlich erfolgreich sind Kampagnen im nicht kommerziellen Fernsehen oder die Arbeit der »Friends of the Symphony«-Gruppen, die es überall in Amerika gibt. Auch diese etwas konservativen Methoden bilden ein wichtiges Fundament bei der Beschaffung von Finanzmitteln.

Die Kunstmuseen wagen sich allerdings auch an unkonventionelle Dinge heran: Sie vermieten ihre Räumlichkeiten für ausgefallene Parties oder eröffnen Einzelhandelsgeschäfte, in denen sie Poster und Kunstpostkarten verkaufen und damit viele Millionen Dollar umsetzen. »Museen sind ein großes Geschäft«, sagt der New Yorker Architekt Norman Pfeiffer, der das Los Angeles County Museum of Art and Architecture umgestaltet hat. »Sie erweitern mehr und mehr ihre Funktion und werden zu beliebten Treffpunkten, zu Versammlungsorten«, sagt er.

In Deutschland sind es weniger die Museen, sondern unsere traditionsreichen Bauten wie Schlösser, Burgen, Patrizierhäuser, die für gesellschaftlich anspruchsvolle Gelegenheiten vermietet werden. Allerdings wird sehr darauf geachtet, daß keine Diskrepanz zwischen dem Charakter der Veranstaltung und dem feierlichen Rahmen besteht.

»In der Vergangenheit haben sakrale Bauten eine große Rolle in der Gesellschaft gespielt... Jetzt, wo das nicht mehr der Fall ist, nehmen die Museen ihren Platz ein«, sagt Arata Isozaki, der Architekt des Museum of Contemporary Art in Los Angeles. »Kunst zu schaffen ist so etwas wie ein religiöser Akt. Sogar das Beschaffen von Geldern und der Erwerb von Kunstwerken für das Museum hat etwas von den religiösen Verrichtungen der Vergangenheit.« Wenn es auch etwas weit geht, die Mittelbeschaffung als sakralen Akt zu bezeichnen, so gibt es doch viele kulturelle Institutionen – die erfolgreichsten nämlich –, die diesem Geschäft mit religiösem Eifer nachgehen.

Museen und andere gemeinnützige Institutionen hatten sich früher ausschließlich als *Empfänger* von Geldern gesehen, die andere aufgebracht haben. Jetzt sehen sie sich als Einrichtungen, die ihr eigenes Einkommen erwirtschaften können. Der Gewinn ist klar: größere ökonomische Unabhängigkeit und die Freiheit, seine eigenen Ziele und seine Politik zu definieren, ohne daß man Angst haben muß, Geldgeber zu vergraulen.

Rent-a-Museum

Gibt es ein schöneres Ambiente für den nächsten feierlichen Anlaß Ihres Unternehmens als ein Kunstmuseum mit seinen hohen Decken und den Wänden, an denen Gemälde im Wert von Milliarden hängen? Oder für ein Klassentreffen oder einen Hochzeitsempfang? Es ist gut möglich, daß das Museum in Ihrer Stadt auf solche Anlässe eingestellt ist. Die Smithsonian-Museen haben vor zehn Jahren, als die Regierungsgelder immer zäher flossen, damit angefangen, ihre Räumlichkeiten zu vermieten, sagt Joseph Carper, der ihr stellvertretender Direktor war und jetzt das Smithsonian National Associate Program leitet.

»Was ist denn so schlecht daran, einen Geburtstag in einem naturhistorischen Museum zu feiern?«, fragt Larry Reger, ehemaliger Direktor der Vereinigung amerikanischer Museen in Washington, D. C.

»In den Führungsetagen der Unternehmen hält man Museen für einen hervorragenden Veranstaltungsort. Und wir bekommen jeden Tag Anrufe von großzügigen Müttern, die uns sagen: »Meine Tochter heiratet«, sagt Suzanne Kalkstein vom Philadelphia Museum of Art.

Die meisten Brautmütter werden an den Summen, die man zahlen muß, wenn man ein Museum mietet, schwer zu schlucken haben. Aber das Museum will schließlich etwas dafür haben, daß es seine Schätze der Öffentlichkeit anvertraut, und letzten Endes geht es hier um »Geldbeschaffung«, oder?

Das Museum of Fine Arts in Boston vermietet seinen Westflügel für 2000 Dollar zuzüglich der Kosten für Bewirtung und Reinigung. Aber wenn ein Unternehmen das Metropolitan Museum of Art in New York mieten will, dann muß es zuerst in den Förderverein eintreten – das kostet mindestens 30 000 Dollar – und dann noch alle anfallenden Kosten tragen.

Das Chicago Field Museum of Natural History beschreibt die Einzigartigkeit seines Stanley-Fiedel-Saales so: »Die großartige Galerie im

Zentrum des Museums bietet großen und kleinen Gruppen einen unverwechselbaren Rahmen für Konversation, Musik, Tanz und kleine Erfrischungen.«

Auch das Carnegie Institute in Pittsburgh weiß, was es zu bieten hat: »Das großartige Barockfoyer stellt einen pompösen Rahmen für ein Essen, eine Cocktailparty oder eine Tanzveranstaltung dar.«

»Es gibt Leute, die dazu naserümpfend bemerken: ›Ihr werdet zu kommerziell‹«, sagt Jane Fontein, ehemalige Direktorin vom Museum of Fine Arts in Boston.»Aber sie haben nicht versprochen, uns Geld zu geben, damit wir das nicht tun müssen.«

Parties in Museen sind eine attraktive Sache, aber die Museen verdienen auch mit weit profaneren Dingen Geld. Das Kennedy Center in Washington, D. C., vermietet Parkplätze tageweise an Touristen und monatsweise an Pendler. Das California Museum of Science and Industry in Los Angeles ist eine der wenigen Kunsthallen, die McDonald's im Tausch gegen einen Umsatzanteil Parkflächen überlassen.

Big Business im Museumsladen

Aber die spektakulärsten Gewinne werden in erstklassigen Museumsläden gemacht.

Der Laden des Metropolitan Museum of Art hat 1988 Waren im Wert von 53 Millionen Dollar verkauft; 1975 waren es erst etwa 7 Millionen. Der Reinerlös betrug 9,2 Millionen und macht somit einen riesigen Anteil an den gesamten Betriebseinnahmen des Museums aus. Ein Großteil dieser Summe kam durch eine Versandaktion herein. Neben einem allgemeinen Katalog gibt es einen Poster- und Geschenkkatalog und einen nur für Kinder.

Die Smithsonian-Museen in Washington, D. C., erzielten 1988 durch Kundenverkauf Einkünfte in Höhe von 46 Millionen Dollar und wurden damit zu einem der führenden Einzelhandelsunternehmen der Stadt. Denn die Museumsläden konnten pro Quadratmeter 10 000 Dollar umsetzen, während der Umsatz der meisten Kaufhäuser im gleichen Zeitraum bei 2000 Dollar pro Quadratmeter lag. Ein profitables Geschäft also.

Die Einzelhändler, die brav ihre Steuern bezahlen, mißgönnen es vielleicht den Museumsläden, daß sie keine zahlen müssen. Aber wenn die Regierung die Kultur nicht direkt subventionieren will, dann ist es doch wohl nur fair, wenn sie ihr durch Steuerbefreiung ein bißchen Unterstützung leistet.

Während der Renoir-Ausstellung im Boston Museum of Fine Arts hat das Museum T-Shirts, Sweatshirts, Ausstellungskataloge, Poster und Taschenkalender im Wert von 8,3 Millionen Dollar verkauft. Mit den 2-Dollar-Renoir-Einkaufstaschen ließ sich ein Umsatz von 100 000 Dollar erzielen. Das Museum unterhält außerdem zwei Restaurants, eine Cafeteria und ein Sandwichbüfett.

Weitere gewinnbringende Innovationen

Durch den Erfolg der Museen ermutigt, versuchen jetzt auch Orchester, durch alle nur möglichen Marketingmethoden das öffentliche Bewußtsein auf sich zu lenken – dazu gehören Parties, Straßenfeste, Versteigerungen und T-Shirts. Das philharmonische Orchester aus Buffalo ist in seinem Bemühen um das Publikum aus der Geschäftswelt so weit gegangen, daß es in verschiedenen Büros ein Streichquartett hat spielen lassen. Das Bostoner Symphonieorchester war das erste, das mit populärer Musik um ein jüngeres Publikum warb. Bei den sogenannten »Jeans Nights« in den Konzertsälen der Symphonieorchester von St. Louis und Phoenix wird streng auf die Kleiderordnung geachtet: »Keine Krawatten«.

»Wir machen genau das, was im Sport vor zehn Jahren gemacht wurde«, sagt Louis G. Spisto, der Marketingdirektor des Symphonieorchesters von Pittsburgh war. »Nichts ist mir heilig. Wir sind von den traditionellen Werbemethoden für Orchester abgegangen. Das ist genauso wie mit Seife – ob es sich um Werbung für Kulturgüter oder für Massenprodukte handelt, es ist alles das gleiche«.

In der Abteilung, in der nichts heilig ist, veranstaltet das Pittsburgher Symphonieorchester »The Smart Set« eine spezielle Art eines Singletreffs für junge, erfolgreiche Leute. Das dahinterstehende Ziel: ein neues Publikum zu gewinnen und neue Einkommensquellen zu erschließen.

Im Fox Theatre in Atlanta kann man sich für Beträge, die zwischen zehntausend und ein paar hundert Dollar liegen, seinen eigenen Theatersitz kaufen. »Fix the Fox« heißt die Kampagne. Man bekommt seinen Namen in die Armlehnen eingraviert.

Gleichgültig, wie zu Werke gegangen wird, die Ziele sind die gleichen: neue Geldquellen aufzutun und der Kunst neue Publikumsschichten zuzuführen.
»Immer wenn ich in eine neue Stadt komme und in ein Taxi steige, frage ich, was in der Stadt so los ist. Meistens kennen sich die Fahrer nur im Sport aus«, sagt die Marketingleiterin eines Großstadtballetts, die immer Freikarten an Taxifahrer verteilt.

Telemarketing und Kultur

»Telemarketing ist die neue Verkaufstechnik der achtziger Jahre«, konstatiert Robert Schlosser vom Mark Taper Forum, einem Theater in Los Angeles. »Wir haben letztes Jahr die Zahl der Abonnenten verdoppelt, und die Reaktion auf unser Telemarketing ist fünfmal so stark wie auf unsere Postwurfsendungen. Die Einsparungen sowohl an Zeit als auch an Geld sind ganz außerordentlich.«
Die Mitarbeiter der Arena Stage in Washington, D. C., erkannten, daß sich kaum junge Leute in die Abonnentenlisten eintragen ließen, und man beschloß deshalb, seine Marketingmethoden zu verändern und sich auf ihre Kaufgewohnheiten einzustellen. Es wurde ein Telefondienst eingerichtet, damit die Karten noch in letzter Minute bestellt werden konnten, was den jungen Leuten sehr entgegenkam. Der Plan funktionierte: 90 Prozent der Einzeltickets der Arena werden heute übers Telefon verkauft.
Die kulturellen Institutionen sind sich darüber im klaren, daß sie – gleichgültig, wie einfallsreich ihre Geldakquisitionen auch sein mögen – immer noch von der Großzügigkeit ihrer Geldgeber aus der Wirtschaft abhängen. Sie haben sich deshalb auch raffiniertere Methoden einfallen lassen, wie sie ihren Mäzenen ihren Dank abstatten können. Das Lincoln Center hat den Unternehmen, die es unterstützen, auf einer ganzseitigen Anzeige im Magazin der *New York Times* seinen Dank ausgesprochen – sechzehn Unternehmen hatten 100 000 Dollar und mehr gespendet, elf zwischen 50 000 und 100 000, und ungezählte Spender hatten zwischen 1000 und 49 000 Dollar gegeben.

Vom Baseball zum Ballett

Irgendwann in den neunziger Jahren wird die Kunst den Sport in seiner Rolle als die beherrschende Freizeitbeschäftigung der Gesellschaft ablösen.

In einem Punkt ist das schon geschehen: Das National Endowment for the Arts hat in einer aufsehenerregenden Studie errechnet, daß die Amerikaner heute für den Besuch kultureller Veranstaltungen 3,7 Milliarden Dollar ausgeben, während die Ausgaben für Sportveranstaltungen bei 2,8 Milliarden liegen. Zwischen 1983 und 1987 erhöhten sich die Ausgaben für kulturelle Veranstaltungen um 21 Prozent, während die Aufwendungen für sportliche Ereignisse um 2 Prozent zurückgingen. Noch vor zwanzig Jahren wurde für Sport doppelt soviel ausgegeben wie für Kultur.

In weniger als einer Generation haben sich die Aufwendungen der Amerikaner für ihre Freizeitbeschäftigungen vollkommen umgekehrt.

Jetzt hat im dritten Jahr hintereinander die Kultur den Sport überholt.

Dieser tiefgreifende Wandel vollzieht sich parallel zum Übergang von der Industriegesellschaft zur Informationsgesellschaft, und er wird dadurch beschleunigt, daß die Babyboom-Generation jetzt erwachsen wird. Sie ist gebildet und daher auch für die Kunst aufgeschlossen.

Die Kultur und der Sport werden in einem immer heftiger werdenden Wettbewerb um die Freizeit und die Dollars der Bürger eintreten.

Wir haben an früherer Stelle schon das New Yorker Theater erwähnt, das mehr Karten verkauft als die Yankees und die Mets zusammengenommen. Wer hätte denn noch bis vor kurzem diesen Vergleich überhaupt angestellt? Aber heute ziehen Untersuchungen zum Freizeitverhalten häufig den Vergleich zwischen Sport und Kultur.

In Boston, der Heimat der Celtics, der Red Sox und der Bruins, gingen *doppelt* so viele Besucher ins Theater, in Museen oder auf Kunstausstellungen wie auf Sportveranstaltungen. In der Region um die Hauptstadt Washington ist die Freizeitbeschäftigung Nummer eins der Besuch von Museen oder Galerien: 55,3 Prozent der Bevölkerung frönen diesem Freizeitvergnügen. Die vier wichtigsten Profi-

mannschaften – die Redskins, die Bullets, die Capitals und die Orioles – haben jeweils nur zwischen 13 und 16,4 Prozent der Bevölkerung mobilisieren können. Trotz des Rummels, den der Sport veranstaltet, war die Wahrscheinlichkeit, daß die Leute sich statt Sport irgendwelche Kunstwerke anschauten, *drei- bis viermal* so groß.
Wenn man die Besucherzahlen bei sportlichen und kulturellen Veranstaltungen vergleicht, dann gewinnt die Kultur – und zwar mit riesigem Abstand. Aber die Gesellschaft erkennt diesen revolutionären Megatrend und seine Implikationen erst allmählich. Eines allerdings ist klar:
Die Unternehmen werden entscheidend darüber mitbestimmen, wie rasch und wie umfassend die Kultur die Herrschaft übernimmt.
Der Sport dominiert immer noch in den Medien, aber mit zunehmender Unterstützung durch die Unternehmen in den neunziger Jahren werden die Konsumenten es genauso attraktiv finden, sich im Fernsehen Ballett anzuschauen wie ein Baseballspiel zu verfolgen.

Kunstdollars und Sportdollars

Die Schwerpunktverlagerung vom Sport auf die Kultur ist die konsequente Weiterentwicklung einer langen Tradition. Dayton Hudson, ein Unternehmen, das seit 1946 5 Prozent seines zu versteuernden Einkommens für gemeinnützige Zwecke ausgibt, zweigt jeweils 2 Prozent davon, also 40 Prozent des Gesamtbetrags, für kulturelle Zwecke ab – das waren 1987 allein 7,4 Millionen Dollar. Exxon sponsert die alljährliche Ausstellung neuer Künstler im Guggenheim Museum. IBM unterstützt ungefähr 2500 kulturelle Institutionen in aller Welt. Die Supermarktkette J. C. Penney hat dem Seattle Art Museum Immobilien im Wert von 9,4 Millionen Dollar gestiftet.
BMW in München sponserte schon seit 1973 solche kulturellen Vorhaben wie ein Theaterfestival in Schwabing und jahrelang auch die Alabamahalle, in der Pop- und Jazzmusik ihren festen Platz in der Münchner Szene hatten. Seit 1989 finanziert BMW die erstmals eingerichtete Biennale für neues Musiktheater und wendet sich – auch vom Rahmen her – einem breiten intellektuellen Publikum zu. Für die Unterstützung dieser kulturellen Veranstaltungen stellt das Unternehmen einen Etat von 1 bis 2 Millionen DM zur Verfügung.

Die Unterstützung, die die Wirtschaft der Kultur angedeihen läßt, hat in den achtziger Jahren so zugenommen, daß schon vorhergesagt wurde, sie würde 1990 die Höhe von einer Milliarde Dollar erreichen. Die Milliardengrenze ist allerdings schon überschritten worden – bereits 1988.
Das ist eine beeindruckende Zahl. Im Vergleich mit den Aufwendungen für den Sport verblaßt sie jedoch etwas. Obwohl es fast unmöglich ist, Zahlenmaterial zu bekommen (der Sport erhält so viel Geld, daß es nur noch schwer zu zählen ist), wäre niemand überrascht, wenn er erführe, daß die Wirtschaft jährlich 5 Milliarden Dollar an Sportförderung, Vermögensübereignung und Werbung ausgibt; viele halten diese Summe für noch viel zu niedrig angesetzt. Wie groß sie auch immer sein mag, die Museumsdirektoren und Finanzchefs der Symphonieorchester können darüber nur staunen.
Obwohl inzwischen mehr Zeit und Geld für die Kultur aufgewendet wird, geben die Unternehmen immer noch um Milliarden höhere Summen für den Sport aus. Warum ist das so?
Zum Teil läßt es sich einfach einer gewissen Zeitverzögerung zuschreiben: Die meisten Firmen haben die *Existenz* einer kulturellen Blüte noch nicht wahrgenommen, ganz zu schweigen davon, daß sie noch nicht analysiert haben, wie sich dadurch Freizeitverhalten und finanzielle Gewohnheiten verändern. Und was noch wichtiger ist: Sie haben noch keine Kosten-Nutzen-Analyse durchgeführt, die ihnen zeigen könnte, daß mit der Kultur ein tolles Geschäft zu machen ist.

Ein hervorragender Zugang zu neuen Konsumentengruppen

»Die Kunst zieht Konsumenten an, die über ein hohes Einkommen verfügen – Akademiker, Selbständige und Angehörige anderer hoher Einkommensgruppen werden sehr viel eher kulturelle Veranstaltungen besuchen als andere Amerikaner«, schreibt der Soziologe John Robinson. Die Wirtschaft brauche »eine enge Beziehung zu dem Personenkreis, der sich für kulturelle Aktivitäten interessiert«, meint Alvin Reiss, Direktor des Professional Arts Management Institute und Herausgeber von *Arts Management*.
Die Kunstförderung ist vergleichsweise billig. »Und die Kostensteigerungen für andere von der Wirtschaft gesponserte Programme,

wie Rockkonzerte und Sportveranstaltungen, werden«, sagt Reiss, »zu der Erkenntnis führen, daß man mit der Unterstützung kultureller Aktivitäten auf allen Ebenen finanziell am besten fährt.«
»Eine Kunstausstellung dauert einfach länger als ein Sportereignis. Ausstellungen werden sechs oder acht Wochen lang gezeigt, und in dieser Zeit wird für den Namen des Unternehmens geworben«, sagt Carol F. Palm, die bei United Technologies für kulturelle Aktivitäten zuständig ist.

Auch bei dem deutschen Automobilhersteller BMW wird der Sport mit noch wesentlich mehr Unterstützung bedacht als die Kultur. BMW finanziert ganze Tennis- und Golf-Turniere, die eine internationale Besetzung bieten, für ein Publikum, das auch international und dazu gutsituiert ist. Doch – wie schon erwähnt – auch in diesem Unternehmen ist die Kulturförderung im Vormarsch.

Die Kultur verschafft Zugang zu einer Konsumentengruppe, deren Bedürfnisse von den Werbeleuten noch weitgehend unerforscht sind – zu den Frauen. In den Werbeagenturen müht man sich verzweifelt ab, die Frau von heute zu erreichen, die 90 Prozent aller Entscheidungen trifft, die beispielsweise mit Gesundheitsfürsorge zusammenhängen und die die Hälfte aller neuen Autos kauft; vor fünfzehn Jahren waren es erst 20 Prozent. Es ist weder die traditionelle Hausfrau noch die karriereorientierte Businessfrau, die die neue Durchschnittsfrau ausmacht. Sicher ist – sie trinkt wohl kaum nach einem verlorenen Fußballspiel ein Bier nach dem anderen.

Fest steht: Frauen sind Kulturfans; 20 Prozent mehr Frauen gehen zum Ballett, ins Musiktheater und zum Symphoniekonzert. Da verwundert es nicht, daß Ford in seinen Anzeigen für den »Scorpio« auf die Oper zurückgreift.

Kunst & TV

Das Medium Fernsehen muß erst noch entdecken, daß es auch zu seinem Auftrag gehört, seinem Publikum die Kunst und andere geistige Kost nahezubringen. Es ist kein Wunder, daß Millionen von Zuschauern nach den auf Situationskomik aufbauenden, anspruchslosen Komödien auf das Angebot der 189 nichtkommerziellen Sender zurückgreifen. Fernsehübertragungen wie »Live from Lincoln Center« und Livesendungen aus New Yorks Metropolitan Opera

»Live from the Met« erreichen jährlich über 100 Millionen Zuschauer. Die Corporation for Public Broadcasting erhält jährlich annähernd 470 Millionen Dollar an Zuwendungen.
Die Zahl der Menschen, die sich am Radio Opern anhören, steigt auf eindrucksvolle Weise. Die Metropolitan Opera erreicht über das Radio schätzungsweise ein Publikum von 140 Millionen Zuhörern. Chicagos Lyric Opera erreichte in der Saison 1985/86 40 Millionen Zuhörer –, zwei Jahre später waren es 45 Millionen. Die Zahl der Rundfunkhörer, die die Veranstaltungen der Oper in Louisville, Kentucky, verfolgten, hat sich innerhalb von zwei Jahren von 40 000 auf 75 000 in der Saison 1987/88 fast verdoppelt.
Es ist darum keine große Überraschung, daß es im kommerziellen Fernsehen keine Opernübertragungen gibt. Das Ziel der Massenmedien ist es schließlich, ein möglichst *großes* Publikum zu erreichen. Das kommerzielle Fernsehen ist ein Produkt der Industriegesellschaft und hat auf eindrucksvolle Weise Sport und Komödien – Sendungen, die für alle interessant waren – in Massen produziert. Das war auch legitim, denn in den frühen achtziger Jahren verloren die drei großen Gesellschaften ihre Zuschauer allmählich an das Kabelfernsehen, das mehr Auswahlmöglichkeiten bot.
Mitte der achtziger Jahre verringerten die großen Werbefirmen ihr Engagement bei den drei bedeutenden Fernsehgesellschaften; das behauptet wenigstens Eugene Secunda, Professor am City College in New York und ehemaliger leitender Mitarbeiter einer Werbeagentur, der bei den Recherchen für eine wissenschaftliche Arbeit unter anderem mit erfahrenen Marketing- und Werbefachleuten gesprochen hat. Wer heute noch kommerzielles Fernsehen sieht, ist in der Regel älter, hat ein niedrigeres Einkommen und einen niedrigeren Bildungsgrad als das Publikum der Kabelsender, das – wie eine von Saatchi und Saatchi veröffentlichte Untersuchung ergab – in den höheren sozialen und wirtschaftlichen Rängen zu finden ist. Die Einnahmen der Kabelsender werden 1989 um 14 Prozent steigen. Mehr als die Hälfte aller Haushalte ist bereits verkabelt. Bis 1993 werden 60 Prozent der Haushalte über einen Anschluß verfügen.
Die Werbeeinnahmen der Kabelstationen haben sich von 862 Millionen Dollar im Jahre 1987 auf 1,3 Milliarden Dollar im Jahre 1989 erhöht, und das New Yorker Cable Advertising Bureau erwartet für 1995 etwa 2,8 Milliarden Dollar.

»Wir glauben, daß das Kabelfernsehen in den Vereinigten Staaten zum wichtigsten Verbreitungsmedium von Unterhaltung wird«, sagt Steve J. Ross, Direktor der Warner Communications. Kunstliebhaber werden das Programm finden, das ihnen zusagt. Das Arts & Entertainment Network (A & E) hat in seinem Programmangebot Bühnenstücke, Live-Aufführungen und Dokumentarfilme. Es fing 1984 an mit 800 Abonnenten, einem Publikum von 9 Millionen und einem einzigen werbetreibenden Kunden. 1988 konnte A & E stolz auf 350 Firmen verweisen, die über Kabel warben, darunter Ford, Toyota und die Telefongesellschaft AT & T.
»Diese Kunden sind zu uns gekommen, weil wir ihnen genau die Zielgruppenzusammensetzung bieten können, die sie suchen«, sagt Nicholas Davatzes, der Chef des Kulturkanals. Sie sind älter (35–50), haben einen hohen Bildungsstandard und sind wohlhabend. Heute erreicht der Kanal 38 Millionen Haushalte und über 3000 Kabelstationen. Man kann auf den nichtkommerziellen Sendern und den Kabelsendern Kulturprogramme sehen, aber wird man je ein Bühnenstück oder eine Symphonie auf den kommerziellen Sendern empfangen können?
»Die meisten Amerikaner sind der Meinung, daß das kommerzielle Fernsehen nicht genug kulturelle Programme bringt«, schlußfolgerte die von Louis Harris durchgeführte Meinungsumfrage *Americans & the Arts V.* »Umfragedaten legen den Schluß nahe, daß die kommerziellen Sender für ein breiteres Publikum attraktiv werden könnten, wenn sie mehr kulturelle Sendungen anbieten würden.«

Vom Rundfunk zur individuellen Programmzusammenstellung

Für die Liebhaber der Kunst allerdings hat eine der besten Nachrichten mit dem Fernsehen überhaupt nichts zu tun. Wir meinen den Übergang vom Rundfunk zum »Hausfunk«: Videokassetten, Kassettendecks im Auto, Walkmans und CD-Geräte helfen dabei, daß man sich heute seinen eigenen Kanal schaffen kann. Die Firma Paul Kagan Associates, die Medienanalysen durchführt, hat festgestellt, daß 62 Prozent der Haushalte einen Videorecorder besitzen, und sagt voraus, daß bis zum Jahr 2000 die 100-Prozent-Marke fast erreicht wird.

Weil in den Medien so wenig Kulturelles zu finden ist, stellen sich Millionen von Fans ihre eigenen, anspruchsvollen Bibliotheken zusammen und entwerfen ihren eigenen Kulturfahrplan. Nach Angaben von *Billboard Magazine* sind die Umsätze an klassischer Musik in die Höhe geschnellt, als die ersten CDs auf den Markt kamen. Obwohl sich dieser Aufschwung etwas gelegt hat, steigen die Umsätze – nach Auskunft der New Yorker Firma J & R Music World, dem Musikladen des Jahres 1988 – weiterhin um jährlich 5 bis 10 Prozent.

1988 wurden laut Paul Kagan Associates drei Milliarden Videokassetten ausgeliehen, 1984 waren es noch 700 Millionen. »Die Kunstliebhaber haben dafür gesorgt, daß die Ausleihzahlen für Kulturvideos jährlich um 15 bis 20 Prozent steigen, also genauso schnell expandieren, wie der Markt insgesamt«, sagt Tom Adams von Kagan Associates.

Die Vertreiber von Kulturvideos haben in der Hauptsache an Museumsläden verkauft, aber in jüngster Zeit ist ihnen auch der Durchbruch in die Videoläden gelungen. Blockbuster Videos, einer der größten amerikanischen Videoläden, hat Ende 1988 eine große Zahl anspruchsvoller Videos geordert.

PMI Home Vision in Chicago vertreibt Videos von Museumsausstellungen und Dokumentarfilme mit kultureller Ausrichtung. 1988, als die Konsumenten damit begannen, Videos wie Kunstbände zu sammeln, ist der Umsatz um 30 Prozent gestiegen.

Culture in West Long Branch in New Jersey Video, der Marktführer auf dem Gebiet von Ballett- und Opernvideos und von Videos mit klassischer Musik, ist zwischen 1983 und 1987 um 1000 Prozent gewachsen und ist damit auf die Liste der fünfhundert am schnellsten wachsenden mittelständischen Unternehmen des Magazine for Growing Companies gekommen. Zwischen 1987 und 1988 hat sich der Umsatz verdoppelt. 1986 bot die Firma noch 60 Titel an, 1989 umfaßte das Angebot mehr als 155 Titel, darunter Aufnahmen mit Maria Callas und Michail Baryschnikow und Klassiker wie *Giselle* und *Don Giovanni.*

Wie jedes zukunftsorientierte Unternehmen denkt dieser Videolieferant international; er hat gerade mit der Sowjetunion einen Exklusivvertrag über die Erstrechte an Opern- und Ballettvideos von Kirow bis Bolschoi geschlossen.

Das Image in der Werbung

Die Unternehmen wenden sich vom Sport ab und den Bildern und Klängen der Kunst zu, um für ihre Produkte zu werben.
Nicht, daß die Bierwerbung jetzt von den Sportlern auf Opernsänger umgestiegen wäre, um ihren Gerstensaft zu verkaufen, aber solche Firmen haben, wie viele andere auch, ihr Image verändert und setzten nun auf Exklusivität. Werbeagenturen, in denen zunehmend Frauen arbeiten, und das mehr und mehr in leitenden Positionen, setzen beispielsweise klassische Musik ein, um ihre Produkte zu verkaufen – und sie schätzen besonders den hohen Ton der anspruchsvollsten Kunstform, der Oper.
1988 vollzog sich der Wandel, und die Konsumenten, die bis dahin in den kommerziellen Sendern keine Opern gehört hatten (und auch sonst sehr wenig klassische Musik), konnten plötzlich mindestens zehn Werbespots sehen, die mit Opernmusik unterlegt waren.
Es ist kein Wunder, daß der kalifornische Schaumweinhersteller Tott für seine Werbekampagne 1988/89 sich an die Operndiva Kiri Te Kanawa wandte, die dafür auf sehr beeindruckende Weise eine Passage aus Puccinis *Gianni Schicchi* sang. Ein teures Getränk wie Sekt verdient auch die entsprechende Musik. British Airways und Bolla Wine sind ähnlich verfahren und haben sich der Oper bedient, um einen Transfer auf die Qualität ihrer Produkte herzustellen.
Aber genauso ist auch – und das ist wirklich sensationell – mit dem Waschmittel Cheer verfahren worden. Das Liedchen zum Mitsingen (»Ring around the collar«) gibt es nicht mehr. Die Hausfrau von heute hat es statt dessen mit Mozarts *Figaros Hochzeit, Don Giovanni* und der *Zauberflöte* zu tun.
»Diese Musik dringt in tiefere Schichten vor«, sagt Gerry Miller von der Leo-Burnett-Agentur, der die Cheer-Kampagne produziert hat. »Auch wenn man sonst keine Opern hört, packt es einen.« Das liegt zum Teil an der Diskrepanz zwischen der Musik und der Alltäglichkeit der Themen.
»Die Frage ist, ob das nicht alles zu einem großen Durcheinander führt«, sagt Kevin Wolfe, der Marketingleiter für Sportwerbung bei der Miller Brewing Co. Aber Miller wird seine Baseballwerbung neu überdenken, wenn 1990 die Rechte für 175 Ligaspiele an ESPN gehen.

»Es besteht natürlich das Risiko des werblichen Kahlschlags«, sagt Dave Martin, Vizepräsident und Werbeleiter bei der Stroh Brewery Co. »Auch Opernliebhaber kriegen Durst«, das ist vielleicht ein hübscher Slogan. Aber wo bleiben denn dann die Weinhändler?

»Inzwischen sei der Markt für Profisportler ziemlich eng geworden«, kann man in einem Artikel von Brian Moran in der Zeitschrift *Advertising Age* lesen, in der auch die Ansicht vertreten wird, daß Drogenkonsum, Skandale im Privatleben bekannter Größen und heftige Auseinandersetzungen um Verträge dazu beitragen, daß Sportler für die werbenden Unternehmen weniger attraktiv geworden sind.

»Dies sind alles Dinge, die mit dem wirklichen Leben zu tun haben«, sagt Leigh Steinberg, der die Interessen von sechzig Football-Spielern der National League vertritt.

Die werbende Wirtschaft und die Öffentlichkeit suchen aber nach etwas, das ein bißchen erbauender ist. Die Antwort darauf ist die Kultur, und damit ändert sich auch die Art, wie die Unternehmen Veranstaltungen unterstützen, wie sie ihr Image definieren und auf den Kunden zugehen.

»Die Kultur ist ein natürlicher, zwangsläufiger Verbündeter für jedes erfolgreiche Unternehmen«, sagt Rawleigh Warner jr., ehemaliger Aufsichtsrats- und gegenwärtiger Vorstandsvorsitzender der Mobil Corporation. »Wir spüren in der Kunst dieselbe Suche nach einem Ideal von Qualität und Klasse, die auch bei vielen unserer unternehmerischen Entscheidungen eine Rolle spielt.«

»Kultur und Technik passen anscheinend gut zusammen«, sagt Carol Palm von United Technologies. »Beide sind Ausdruck neuer Ideen. Beide stehen für Qualität.«

Ein Wendepunkt

Die achtziger Jahre sind ein ganz außerordentlicher Wendepunkt für die Kultur. 1980 betrugen die Zuwendungen, die Wirtschaftsunternehmen, Stiftungen und Einzelpersonen für Kunst, Kultur und Geisteswissenschaften in Amerika aufbrachten, etwa 3,5 Milliarden Dollar. 1988 betrug diese Summe mit 6,41 Milliarden Dollar fast das Doppelte.

Die Dollars aus der Wirtschaft flossen in einem Tempo in die Kultur, das noch einige Jahre zuvor niemand vorausahnen konnte. In den späten achtziger Jahren haben sich die zur Verfügung gestellten Mittel der Unternehmen für Museumsausstellungen gewaltig erhöht. Die kulturelle Renaissance war ein Faktor, aber genauso wichtig war die wachsende Erkenntnis, daß die Kunst den Unternehmen dabei helfen kann, ihr Image zu formen und anspruchsvolle Konsumenten zu erreichen.

Die National Gallery of Art hat 1985 als Zuschuß für acht Ausstellungen von der Wirtschaft 2,7 Millionen Dollar erhalten. Nur drei Jahre später ist diese Zahl auf 6,3 Millionen für zwölf Ausstellungen hochgeschnellt. Unter den Sponsoren befanden sich Unternehmen wie IBM, Ford, Pacific Telesis, AT&T, GTE, DuPont und Southwestern Bell.

In München sponsert die Bayerische Hypotheken- und Wechsel-Bank – neben anderen mäzenatischen Aktivitäten auf dem kulturellen Sektor – seit 1985 die »Hypo-Kunsthalle«. Diese ist eine umgebaute, 600 Quadratmeter große ehemalige Schalterhalle, die an einer der eleganten und belebten Einkaufsstraßen liegt. Hier werden jährlich vier bis fünf Ausstellungen hochrangiger Kunst gezeigt, die ohne die Hilfe des Sponsors nicht in München stattfinden könnten. Diese »Hypo-Kunsthalle« ist zu einer attraktiven Institution und damit zu einem erstrangigen »Sympathie-Träger« geworden.

Eine Ausstellung über Goldschmiedekunst von Fabergé konnte knapp 250000 Besucher anziehen, aber auch die Magritte-Ausstellung 1987/88 ließ die Besucher geduldig in langen Schlangen auf der Straße auf den Eintritt warten. Jede der Ausstellungen wird mit einem Betrag von 250 000 bis 500 000 DM gesponsert. Auch die Deutsche Bank, das größte Geldinstitut der Bundesrepublik, tut sich auf dem Gebiet der Kunst- und Kulturförderung besonders schwer.

Die Unternehmenszuwendungen für das Lincoln Center, die 1978/79 bei 4,5 Millionen Dollar lagen, haben sich 1988/89 auf 12,2 Millionen erhöht. Alles ist vorbereitet für ein noch spektakuläreres Wachstum der nichtstaatlichen Kulturförderung in den neunziger Jahren.

Die neunziger Jahre: Vom Sport zur Kultur

Die Aufwendungen der Unternehmen für den Sport werden sich auf dem jetzigen Niveau mehr oder weniger einpendeln, während die Kulturförderung im nächsten Jahrzehnt gewaltig zunehmen wird.

Die Kulturförderung durch die Unternehmen in den neunziger Jahren wird allerdings einen entscheidenden ökonomischen Zuschnitt haben.

In der Vergangenheit sind die Kunstsponsoren der Wirtschaft mehr als Mäzene aufgetreten – und das werden sie zweifellos auch weiterhin tun. Aber der neue Förderungsschub der neunziger Jahre wird sich auf die Marketing- und Public-Relations-Aspekte der Kunst konzentrieren. Obwohl einige Puristen das geschmacklos finden, gibt dieser praktische Umgang mit der Kultur den Unternehmen die Möglichkeit, ein stärkeres kulturelles Engagement zu rechtfertigen, weil die Firmen für die Dollars, die sie in die Kultur stecken, mehr zurückbekommen.

In den neunziger Jahren werden sich in den Unternehmensspitzen mehr weibliche Kunstfans und Männer unter fünfundvierzig befinden, die nicht soviel für die altehrwürdige Verbindung von Wirtschaft und Sport übrig haben. Unter der Ägide dieser neuen Führungsschicht werden sich die Unternehmen genau überlegen, was ein Dollar, den sie für die Kultur ausgeben, einspielen kann. Die statistischen Belege dafür, daß die Konsumenten mehr Geld für Kultur als für Sport ausgeben, werden immer deutlicher werden, und man wird sie überall zu lesen bekommen, von *Advertising Age* bis *Working Women*.

In den Unternehmen selber werden die Menschen immer häufiger Metaphern aus der Kunst verwenden, wenn sie das Geschäftsleben beschreiben wollen: Arbeit ist »kreativ«; Leute, die effizient arbeiten, sind Leute, die ihr Metier, ihre »Kunst«, beherrschen – sie sind richtige »Virtuosen«; der Leiter eines großen Unternehmens ist wie der »Dirigent eines Symphonieorchesters«. Außerhalb der Unternehmen hat die kulturelle Renaissance schon jetzt zu Rekordbesuchen in der Oper, beim Ballett und im Theater geführt, und diese Entwicklung wird sich noch verstärken.

Wenn die Unternehmen eine neue Analyse ihrer mäzenatischen Tätigkeit und der Prioritäten in der Werbung durchführen, dann können sie unmöglich die neue Vitalität und gesellschaftliche Präsenz der Künste übersehen. Daß sie auch einen höchst rentablen Zugang zu einem wohlbetuchten Publikum eröffnen, das wird die Unternehmen schließlich aktiv werden lassen.

Es gibt noch keinen Supercup der Oper, keine World Symphony

Series, kein Monday Night Ballet – noch nicht. Aber irgendwann im letzten Jahrzehnt dieses Jahrtausends wird irgendeine große Produktion Geldgeber aus der Wirtschaft finden – wahrscheinlich so etablierte »Kunsthasen« wie Mobil Oil oder IBM –, die in einem Kulturprogramm auf dem Bildschirm erscheinen wollen. Und das ist dann die Bestätigung eines Megatrends, der schon lange vorher eingesetzt hat. In der Zukunft wird sich die Kultur natürlich noch stärker in den Medien ihren Platz erobert haben. Der bevorstehende große »kommerzielle« Auftritt der Kunst ist ein wichtiges Symbol, eine Anerkennung der Tatsache, daß die Kunst auch die »Massen« erreichen kann, genauso wie der Sport in der Vergangenheit.

3 Der Vormarsch des marktwirtschaftlichen Sozialismus

In den neunziger Jahren werden wir eine außergewöhnliche Umgestaltung des Sozialismus erleben. Dies geschieht direkt vor unseren Augen und läßt sich gegenwärtig von niemandem mehr aufhalten.
Die beiden Hauptakteure in diesem globalen Drama sind das unterschiedliche Gespann Michail Gorbatschow und Margaret Thatcher: Frau Thatcher demontiert den Wohlfahrtsstaat; Gorbatschow demontiert die Planwirtschaft des größten sozialistischen Landes.
In diesem Kapitel wird beschrieben, was in den sozialistischen Ländern vor sich geht, vor allem in der Sowjetunion, in China und Osteuropa. Der Rest der Geschichte – der Niedergang des Wohlfahrtsstaates in Westeuropa und in den Vereinigten Staaten – wird in einem speziellen Kapitel behandelt.
Wenn wir vom Jahr 2010 oder 2020 aus zurückblicken würden, dann wäre es für jedermann offensichtlich, daß der Sozialismus an der Schwelle zum 21. Jahrhundert eine radikale Umgestaltung erlebt hat.

1. Die Weltwirtschaft
In einem globalen Wirtschaftsraum ist es einem Land – sei es nun kapitalistisch oder kommunistisch – nicht mehr möglich, eine nach außen abgeschottete Volkswirtschaft zu unterhalten. Die relative Effizienz der kapitalistischen Volkswirtschaften erleichtert es ihm, sich an das System einer einheitlichen Weltwirtschaft anzupassen. Jedes Land, das versucht, sich auch weiterhin ökonomisch abzuschließen und sich an diesem globalen Spiel nicht beteiligen will, wird auf der Strecke bleiben.
Generalsekretär Gorbatschow hat das ganz gewiß verstanden – und diese Erkenntnis ist ja der Motor seines Handelns. Wenn ein Land an der Weltwirtschaft teilhaben will, dann muß es sich sehr viel mehr auf Wettbewerb einstellen und kann nicht in seiner geschützten Zone verharren.

2. Technologie

Die Telekommunikation hat den globalen Wirtschaftsraum ja erst ermöglicht, und ihre Weiterentwicklung läuft in einem immer rasanteren Tempo ab. Finanzielle Dienstleistungen, der am meisten entwickelte Sektor der Weltwirtschaft, haben mehr mit Elektronik zu tun als mit Finanzen oder manchen anderen Dienstleistungen, die uns ja schon seit langem vertraut sind. Das Neue daran ist, daß die hochentwickelte Telekommunikation erst die Grundlage eines globalen Wirtschaftsraums bildet.

3. Das Scheitern der Zentralisierung

Endlich leugnet niemand mehr, daß es keine erfolgreichen Volkswirtschaften gibt, die auf zentraler Planung beruhen. Seit einiger Zeit, seit Gorbatschow das Ruder in Moskau übernommen hat, geben die Sowjets zu, daß sich ihre Planwirtschaft zu einem Desaster ausgewachsen hat – und das schon seit der Stalin-Ära. Es ist allerdings leicht zu verstehen, warum ein dezentralisiertes, auf unternehmerischer Initiative basierendes, marktgesteuertes Modell in jeder Beziehung zu einem größeren Erfolg führen muß.

Der Sozialismus, von dem man einmal glaubte, er könne vielleicht die Welt erobern, steht jetzt vor einer großen Herausforderung – und die heißt: Veränderung oder Untergang.

4. Die hohen Kosten der Systeme Wohlfahrtsstaat und Sozialismus

Die Kosten für Sozialleistungen des Staates wachsen fast allen Ländern über den Kopf und haben viele schon zum Bankrott gebracht. Dieses Wort liegt vielen Regierungschefs und den für das Soziale zuständigen Ministern gegenwärtig auf der Zunge.

Die demographischen Veränderungen, die wir lange nicht genügend beachtet haben, holen uns jetzt ein. Das Verhältnis von arbeitender Bevölkerung zu dem Teil der Bevölkerung, der sich im Ruhestand befindet, hat sich seit dem Ende des Zweiten Weltkriegs drastisch verschoben: in den Vereinigten Staaten beispielsweise von 32 zu 1 auf 3 zu 1. Überall versucht man, die wachsenden öffentlichen Ausgaben zu stoppen. Viele von uns werden sich im letzten verbleibenden Jahrzehnt dieses Jahrhunderts immer wieder diese Frage stellen: Was soll die Regierung für diejenigen tun, die sich nicht selber helfen können, und wie kann sie ihren Verpflichtungen nachkommen, ohne die Staatsfinanzen zu ruinieren?

5. Veränderung der Arbeitsstruktur
Wir alle wissen, daß weltweit die Zahl und die Bedeutung der Fabrikarbeiter zurückgeht, aus denen ja die Gewerkschaften und die sozialistischen Parteien weitgehend ihre Mitglieder rekrutieren. Aber die Realität ist noch schlimmer, als man oft einzugestehen bereit ist. Der Prozentsatz an Arbeitskräften, die in der Industrieproduktion gebraucht werden, sinkt rapide. Die Theorie des Mehrwerts, die von einer Differenz zwischen Arbeitsleistung und Lohn ausging, und zur Entstehung des Sozialismus geführt hat, scheint nun nicht mehr gültig zu sein; jetzt verringert sich der Anteil der Arbeit an der Herstellung von Waren ganz drastisch. Er ist auf einen winzigen Prozentsatz des Warenwerts gesunken. Es wird darum Zeit für die Formulierung einer neuen Theorie.

6. Die Bedeutung des Individuums wächst
Die Verlagerung des Schwerpunkts weg vom Staat und hin zum einzelnen ist Teil des allgemeinen Wandels zur Informationswirtschaft. Information dezentralisiert die »Massen« auf eine ganz unglaubliche Weise. Im Gegensatz zu der verbreiteten, von Orwells Buch *1984* inspirierten Ansicht, daß Computer die Kontrolle des Staates über den einzelnen verstärken, haben wir die Erfahrung gemacht, daß Computer die Position des Individuums stärken und die Macht des Staates schwächen.
Während die Volkswirtschaften zu einem globalen Wirtschaftsraum zusammenwachsen, gewinnt die Position des einzelnen an Stärke und Wichtigkeit. Sie ist jetzt sehr viel stärker als im Industrie-Zeitalter.
Es ist eine außerordentliche Erfahrung zu erleben, wie es auch in der sozialistischen Welt Mode wird, den Primat des einzelnen vor dem Staat, vor dem Kollektiv zu beschwören.
Das Zusammenspiel dieser sechs Phänomene, die für das ausgehende 20. Jahrhundert bezeichnend sind, konfrontiert die Sowjetunion und ihre Verbündeten mit einem fürchterlichen Dilemma: Sie müssen den Sozialismus für das dritte Jahrtausend entweder neu erfinden, oder sie müssen ihn völlig abschaffen. Die Entscheidung zwischen diesen beiden Möglichkeiten wird das große Drama der neunziger Jahre sein. Es ist noch nicht abzusehen, ob das Jahr 2000 das Ende des Sozialismus erleben wird oder die Entwicklung einer neuen Mischform aus Sozialismus und Marktmechanismen.

Wir befinden uns jetzt in einer Übergangsperiode, in einer Zeit, in der praktisch alle planwirtschaftlich gelenkten Volkswirtschaften mit einem breiten Spektrum von Marktmechanismen experimentieren. Überall auf der Welt privatisieren sozialistische Länder die Produktions- und Distributionsmittel, sie schaffen Wertpapiermärkte, dezentralisieren, gestatten Bankrotte, lassen den Markt die Preise bestimmen und bauen die staatlichen Kontrollen ab.

Der französische Ministerpräsident Michel Rocard, der der sozialistischen Partei angehört, bezeichnet sich selber als einen »marktwirtschaftlich ausgerichteten Sozialisten«. Bob Hawke, der australische Ministerpräsident, sieht sich selbst als einen »vom Markt beherrschten Sozialisten«. Die Labour-Regierung des benachbarten Neuseeland ist noch sehr viel deutlicher marktwirtschaftlich orientiert. Auch in Spanien bedient sich die sozialistische Regierung des Ministerpräsidenten Felipe Gonzalez einer Reihe marktwirtschaftlicher Mechanismen, die zu dem führen, was man als »angebotsorientierten Sozialismus« bezeichnet hat. Einer von Gorbatschows Beratern, Abel Aganbegyan, sagt, daß die Menschheit nichts geschaffen hat, das besser funktioniert als der Marktplatz.

Die Veränderungen, von denen wir dauernd lesen, sind nicht auf die Sowjetunion und Osteuropa beschränkt, sie ereignen sich überall auf der Welt.

Obwohl der Begriff auf den ersten Blick wie ein logischer Widerspruch wirkt, ist der »marktwirtschaftlich orientierte Sozialismus« der Übergangszustand der sozialistischen Länder auf ihrem Weg ins 21. Jahrhundert.

Die Welt macht einen tiefgreifenden Wandel durch: die Entwicklung von Volkswirtschaften, bislang von Regierungen bestimmt, zu Volkswirtschaften, die von den Gesetzen des Marktes geprägt werden.

Gorbatschows Revolution

Nirgendwo geht die Neuorientierung des Sozialismus dramatischer vonstatten als in der Sowjetunion. Auch wenn diese neue Bewegung von Michail Gorbatschow angeführt wird, so wird sie doch durch ganz besondere weltweite Veränderungen gefördert und vorangetrieben.

Man muß sich einmal Gorbatschows Situation vor Augen halten, als er im März 1985 – nach einem knappen Abstimmungsergebnis (fünf zu vier) im Politbüro – an die Macht kam.
Schaut er nach Osten, sieht er China. Das riesige kommunistische China, das sich weiterhin auf marktwirtschaftliche Experimente einläßt und jeden Tag – so war es jedenfalls zu dem Zeitpunkt – weniger kommunistisch wirkt. Als ehemaliger Landwirtschaftsminister weiß er nur allzu gut, daß die chinesischen Bauern in den zurückliegenden fünf Jahren die größten Produktivitätssteigerungen der Welt erzielt haben. Diese wurden begünstigt durch die Auflösung der Großkollektive in der Landwirtschaft und die Förderung von Eigeninitiative. Außerdem haben die Chinesen ihre »Stadt«-Politik angekündigt, mit der die Eigeninitiative, die in der Landwirtschaft funktioniert hat, in die Fabriken der Städte transportiert werden soll.
Was ist, wenn China den Weg der wirtschaftlich so erfolgreichen »vier Drachen« beschreitet, den Weg Südkoreas, Singapurs, Taiwans und Hongkongs? Was für einen Auftrieb wird die chinesische Wirtschaft nach dem Anschluß Hongkongs im Jahre 1997 nehmen? Und wie steht es um die Möglichkeit, daß auch Taiwan sich schließlich China anschließt, wie das einige junge Chinesen sowohl auf dem Festland als auch auf Taiwan fordern? Was für Auswirkungen hätte eine große, starke chinesische Wirtschaft auf die Sowjetunion – besonders wenn dieses Land weiterhin unbeweglich bleibt?
Schaut Gorbatschow nach Westen, sieht er Europa, ein Europa, das gerade einen Monat zuvor – im Februar 1985 – angekündigt hat, daß die zwölf Länder, die die Europäische Gemeinschaft bilden, sich Ende 1992 zu einem einheitlichen Markt ohne Handelsbeschränkungen zusammenschließen werden. Dies wird dann der größte Markt der Welt sein.
Er sieht eine sich immer rascher entwickelnde Weltwirtschaft, die in hohem Maße vom Wettbewerb bestimmt werden wird. Diese Konkurrenz ist zu stark für die Sowjetunion. Ihre Binnenwirtschaft befindet sich in einem schlimmen Zustand, der an die Dritte Welt erinnert, eine Wirtschaft, in der der Militär- und Raumfahrtsektor 25 Prozent des Bruttosozialprodukts ausmachen, eine Wirtschaft, deren Industrieprodukte so schlecht sind, daß sie außerhalb des politischen Machtbereichs der Sowjetunion kaum Absatzmärkte finden.

Niemanden verwundert die Antwort, die Gorbatschow auf die Frage nach den Erfolgsaussichten seiner Reform gab: »Es kommt nicht darauf an, wie groß die Erfolgsaussichten sind, wir haben keine andere Wahl.«

Gorbatschow hat aber von Beginn an auch gesehen, daß es unmöglich ist, die Wirtschaft zu reformieren, sie umzugestalten, was Perestroika ja bedeutet, ohne Kritik an den alten Zuständen zuzulassen. Denn wie kann man etwas verändern, wie kann man etwas besser machen ohne Offenheit, ohne Glasnost? Er hat so immer wieder betont, daß Perestroika ohne Glasnost nicht zu haben ist. So tragisch auch das Massaker war, daß sich im Juni 1989 auf dem Platz des Himmlischen Friedens in Peking ereignete, es hat vielleicht Gorbatschow und seinen Reformen genutzt. Es gibt keine Perestroika ohne die Freiheit des einzelnen, und das ist die wirkliche Revolution, die jetzt in der Sowjetunion eingesetzt hat. Die Umgestaltung ist ein Seiltanz zwischen dem Bedürfnis nach ökonomischem Wachstum und den Erschütterungen, die zwangsläufig durch politische Instabilität aufkommen müssen. Die Sowjetunion und alle anderen osteuropäischen Länder haben noch einen weiten Weg auf diesem Hochseil zurückzulegen.

Unternehmer sind gerngesehen

Im November 1986 hat der Oberste Sowjet ein Gesetz verabschiedet, das zum erstenmal nach siebzig Jahren etwas zuläßt, das als »individuelle Unternehmung« bezeichnet werden kann. Zum erstenmal war es jetzt erlaubt, eine eigene Firma zu gründen – und zwar in drei verschiedenen Ausprägungen: Restaurants, Schneidereien und Autowerkstätten. Im folgenden Jahr kamen weitere Kategorien hinzu. Zwölf Monate nachdem das Gesetz über »individuelle Unternehmungen« verabschiedet worden war, existierten schon 29 Arten von Firmen und de facto 60 000 individuelle Unternehmungen im Land. Heute gibt es mehr als 50 Kategorien und 1 500 000 Privatunternehmen. Das Unternehmertum ist in der heutigen Sowjetunion zu einer gewaltigen Wachstumsindustrie geworden. Mit dem Neujahrstag 1988 wurden Staatsbetriebe zum Teil denselben marktwirtschaftlichen Kriterien unterworfen, die auch für »individuelle Unternehmungen« gelten: Profite, Leistung am Arbeitsplatz und Dezentralisierung. Zum erstenmal können Arbeiter, die den Anforderungen nicht genügen, gefeuert werden. Das »Gesetz über Staatsbetriebe«, wie es heißt, findet Anwendung – langsam und ganz allmählich.

Bankrott

Nach dem neuen Gesetz dürfen erfolgreiche Unternehmen einen Großteil ihrer Gewinne einbehalten und sie – neben anderen Dingen – auch für Lohnerhöhungen verwenden. Unrentable Betriebe müssen Bankrott machen. Das ist eine vollkommen neue Vorstellung für die Sowjetbürger.
Es ist geplant – obwohl sich dieses Vorhaben nicht realisieren läßt, aber der richtige Kurs ist bereits eingeschlagen –, bis 1991 allen Produktionsbetrieben diese Freiheit einzuräumen.
Wie die Wirtschaftsplanung vor dieser neuen »ökonomischen Verantwortlichkeit« funktioniert hat, ist den Menschen in den demokratischen westlichen Industriestaaten fast unverständlich. Bislang wurde alles zentral in Moskau entschieden. Moskau fällte ein Urteil über die jährliche Zuteilung von Ausrüstung und Rohstoffen für *jede* Fabrik im Land, und es entwickelte auch für jede einen Produktionsplan. Moskau legte ebenso fest, wie viele Dinge in jeder Fabrik jährlich produziert werden durften. Sogar die Lohnlisten kamen von den zentralen Planungsabteilungen. Kein Wunder, daß man oft von einer »Befehlswirtschaft« sprach.

Eine Bedrohung für den Gesellschaftsvertrag

Zu vielen der Veränderungen in Gorbatschows Rußland gehört der unausgesprochene Bruch des Gesellschaftsvertrags, der zwischen dem Staat und seinen Bürgern besteht. Der Staat garantierte jedem Bürger einen Arbeitsplatz, wenn auch auf einer niedrigen Lohnstufe, eine Wohnung – gefördert durch den Staat –, subventionierte Lebensmittel und kostenlose medizinische Versorgung. Der Bürger hatte dafür den Mund zu halten und Partei und Staat als absolute Autoritäten anzuerkennen. Und jetzt sagt Gorbatschow: Macht den Mund auf, übt Kritik, wir leben im Zeitalter von Glasnost. Übernehmt Verantwortung, verändert die gesellschaftlichen Strukturen, damit Raum für persönliche Initiative möglich wird, wir leben im

Zeitalter der Perestroika. Nebenbei bemerkt: Wenn ihr eure Arbeit nicht gut macht, dann werdet ihr gefeuert. Der Bruch des alten, stillschweigend geschlossenen Vertrags war ein Schlag für viele Sowjetbürger. Seit der Revolution von 1917, seit mehr als siebzig Jahren, gibt es ein lebenslängliches Recht auf Arbeit, auf einen Arbeitsplatz – und das unabhängig von der Leistung. »Wir tun so, als würden wir arbeiten, und sie tun so, als würden sie uns bezahlen«, lautet seit Generationen ein russischer Spruch. Und jetzt ändert sich plötzlich alles. Gorbatschow besteht darauf. Im Juni 1987 sagte er: »Es ist von besonderer Wichtigkeit, daß der tatsächliche Lohn jedes Arbeiters von seinem Beitrag zum Endresultat der Arbeit abhängig ist und daß es für diese Entlohnung keine künstliche Mindestgrenze gibt.«

Perestroika in der Landwirtschaft

Im Jahre 1988 leitete Gorbatschow einen revolutionären Prozeß ein, nämlich die Auflösung des Stalinistischen Kollektivsystems in der Landwirtschaft. Gefordert wurde eine Umstellung von staatlichen Landwirtschaftsbetrieben und Kollektiven auf kleine Pachtbetriebe. Gorbatschow ging sogar so weit, ein Pachtsystem für den *gesamten* landwirtschaftlichen Sektor zu fordern. »Es geht darum«, sagt er, »daß dieser Weg von der gesamten Landwirtschaft eingeschlagen wird, daß der gesamte Agrarsektor sich in diese Richtung entwikkelt.« Hier sollte an den individuellen Unternehmungsgeist appelliert werden, damit der Kleinbauer »der Herr seines Landes« wird.
Im März 1989 hat das Zentralkomitee eine Resolution zur Reform des Agrarsektors verabschiedet. Danach können mehrere Arbeiter zusammen oder Familien auf Lebenszeit Land von den Staatsbetrieben und Kollektiven pachten. Sie können das Land sogar an ihre Kinder weitergeben. Die Pächter dürfen selbst bestimmen, was sie anpflanzen wollen, und sie können den Gewinn für sich behalten.
Der Übergang zum Pachtsystem in der Landwirtschaft ist die größte Veränderung seit Stalin. Dieser begann ja 1929 damit, die russischen Kleinbauern in die Kollektive zu treiben, wobei Millionen von Bauern verhungerten oder hingerichtet wurden. Die Bauern wurden zu einem Dasein als Tagelöhner gezwungen, und man gestand ihnen nur winzige Anbauflächen zum persönlichen Gebrauch zu. Es ist

kein Wunder, daß es diese kleinen Grundstücke waren – sie machten etwa nur 3 Prozent des Ackerlandes aus –, die den Arbeitern wirklich wichtig waren. Auf diesem kleinen Fleckchen wurden fast 70 Prozent des Gemüses angebaut, das in der Sowjetunion verzehrt wurde. Die Produktivität der landwirtschaftlichen Kollektivbetriebe betrug etwa ein Neuntel der Produktivität einer vergleichbaren amerikanischen Farm.

Das Pachtsystem

Das Pachtsystem hat sich zur Leitidee beim Übergang zu einer von Marktmechanismen bestimmten Wirtschaft entwickelt.
In den ersten Jahren unter Gorbatschow war es ein großes Problem, wie die Sowjetunion alle diese wirtschaftlichen Experimente rechtfertigen sollte – viele hatten ja große Ähnlichkeit mit dem Kapitalismus –, wenn auch einer der grundlegenden Lehrsätze darin bestand, daß der Staat weiterhin Eigentümer aller Produktionsmittel bleiben muß. Dann hat Moskau das Pachtsystem entdeckt oder vielleicht wiederentdeckt. Lenin hat damit experimentiert, aber unter Stalin wurde es bis 1930 wieder völlig beseitigt, und zwar nicht nur für Bauernhöfe, sondern auch für Fabriken und Dienstleistungsbetriebe. Der Gedanke, der dem Pachtsystem zugrunde liegt, ist, Produktionsmittel an Einzelpersonen oder Kooperativen für einen Zeitraum von fünfzig bis neunzig Jahren zur Eigennutzung zu überlassen. In manchen Fällen können die Vertragsbedingungen alle sieben oder zehn Jahre neu ausgehandelt werden. Genaugenommen bleibt der Staat dabei auch weiterhin im Besitz der Produktionsmittel, aber die Pächter einer Fabrik haben das Gefühl, sie wäre ihr Eigentum. Sie zahlen Pacht an den Staat und behalten die Gewinne.
Viele sowjetische und auch marxistische Wirtschaftswissenschaftler vertreten mittlerweile die Ansicht, daß es keinen größeren Leistungsanreiz gibt als den Profit. Zu diesen zählt auch Moskaus führender Wirtschaftswissenschaftler Pawel Bunich, der der Meinung ist, daß »das Pachtsystem die wichtigste Grundlage des Sozialismus werden wird«. Er legt dar, daß die ideale sowjetische Wirtschaft zu 40 Prozent privatwirtschaftlich und zu 60 Prozent »staatswirtschaftlich« organisiert sein solle. Andere Wirtschaftler gehen da weiter und fordern Privatbesitz und nicht nur ein Pachtsystem.

Das ist eine erstaunliche Abwendung von der zentralisierten stalinistischen Befehlswirtschaft der Vergangenheit. Das Pachtsystem wird eingeführt werden. Das braucht natürlich Zeit und kostet Nerven, aber wir werden sehen, ob es einmal im ganzen Land nutzbringend angewendet werden wird.

Die Hindernisse für Gorbatschows Reformen

Gorbatschow und seine Reformen stoßen natürlich nicht bei allen auf Zustimmung. »Gorbatschow und seine Anhänger finden Rückhalt bei dem größten Teil der Intelligenz und dem größten Teil der Bevölkerung«, sagt Vadim Zagladin, Gorbatschows Assistent in dessen Eigenschaft als Staatspräsident. »Aber zwischen uns und dem Volk stehen Millionen Bürokraten, die uns bis aufs Blut bekämpfen.« Natürlich verteidigen die Bürokraten ihre Pfründe mit Klauen und Zähnen.
Den meisten Angehörigen der Intelligenz haben die Veränderungen, hat die neue Offenheit enormen Auftrieb gegeben. Der fast einhellige Kommentar lautet: »Ich hätte nicht gedacht, daß sich das zu meinen Lebzeiten noch ereignen würde.« Einige Intellektuelle sind verunsichert und schimpfen. Aber das ist eine kleine Minderheit. Alexander Gelman, einer der berühmtesten zeitgenössischen Bühnenautoren der UdSSR, hat dazu folgendes zu sagen: »Es gab Leute, die früher gesagt haben, sie könnten ihr Talent nicht entfalten, weil sie keine Freiheit hätten. Als sie die Freiheit hatten, hat sich herausgestellt, daß sie kein Talent besaßen. Und jetzt schimpfen einige von ihnen über die Freiheit.«
Es ist interessant, daß Feindseligkeit gegen Gorbatschow und Glasnost im Zusammenhang mit Stalin hervorbricht. Über Stalins Verbrechen und über das Böse – dieses Wort benutzen viele Sowjets im Zusammenhang mit Stalin –, das ihn beherrscht hat, wird heute in Zeitschriften und im Fernsehen offen diskutiert. Eine ganze Generation von Russen erfährt jetzt, daß Stalin nicht irgendein marxistischer Gott war, sondern ein böser Geist, der entsetzliche Verbrechen begangen und das Land zur Rückschrittlichkeit verdammt hat.
Wladislaw Starkow, der Herausgeber der Zeitschrift *Argument & Fakten,* die 20 Millionen Leser hat, erzählt, wie er nach dem Erscheinen einer Serie, die sich kritisch mit Stalin auseinandersetze, Tausen-

de von Zuschriften mit kritischen und protestierenden Stimmen bekommen habe. Viele dieser Leserbriefe habe er abgedruckt. Zahlreiche Angehörige der Stalin-Generation haben sich natürlich mit dieser Figur identifiziert, und jetzt erzählt man ihnen plötzlich, was für ein schrecklicher Mensch Stalin war. Eine Frau schrieb tatsächlich: »Wollen Sie mein Leben für null und nichtig erklären?«
Es gab auf der Parteikonferenz im Juni 1988 einen besonders dramatischen Augenblick, als ein Arbeiter vorschlug, man solle den Opfern Stalins ein Denkmal errichten. Das war ein äußerst kritischer Moment. Aber die Partei begreift langsam, daß man Reformen nur machen kann, wenn man die Vergangenheit nicht verdrängt. Die Diskussionen um das Denkmal gehen weiter. »Während wir unsere Zukunft verändern, verändern wir unser Gedächtnis«, sagt Alexander Gelman über die Entstalinisierung in der Sowjetunion.

Die Rolle Chinas

Ab etwa Anfang 1987 erklärten russische China-Beobachter offen, daß der *wirtschaftliche* Kurs Chinas eine zentrale Rolle bei der Entfaltung der Perestroika spiele.
»China«, behauptet Sergei Stepanow vom Institute of Economics of the World Socialist System, »ist das einzige andere sozialistische Land, in dem die Wirtschaft und die Reformvorhaben auf einem ähnlichen Niveau wie bei uns liegen. Das macht das Land der Mitte zu unserem wichtigsten ausländischen Reformlabor« allerdings nur, was die wirtschaftliche Seite betrifft. Die gewalttätige Niederschlagung der Demokratiebewegung der Studenten zeigt China als ein politisch restauratives Land.
Es gibt allerdings auch einige Punkte, die bei einem Vergleich sowjetischer und chinesischer wirtschaftlicher Experimente berücksichtigt werden müssen:

○ Ein Teil der chinesischen Strategie besteht darin, durch drastische Kürzung der Militärausgaben größere Ressourcen für Konsumgüter freizusetzen. Das wird dadurch erleichtert, daß China sein militärisches Engagement im Ausland begrenzt. Die Sowjetunion muß natürlich viel mehr militärische Gesichtspunkte berücksichtigen, aber das Beispiel Chinas hat sich auf ihre Politik ausge-

wirkt. Sie hat die Militärausgaben drastisch reduziert, um die grundlegende Versorgung der Bevölkerung gewährleisten zu können.
○ Sowohl China als auch die Sowjetunion sehen sich – auch wenn sie verschiedene Wege beschritten haben – als Vorbild für die anderen sozialistischen Länder. Die Chinesen haben wirtschaftliche Reformen zugelassen, die rigide politische Kontrolle aber nicht gelockert, wie sich 1989 an der Unterdrückung der Studentenbewegung gezeigt hat. Gorbatschow will wirtschaftliche Reformen und gleichzeitig Demokratisierung. Deng Xiaoping geht vorsichtig zu Werke, macht »zwei Schritte vorwärts und einen Schritt rückwärts«; die schrecklichen Ereignisse im Sommer 1989 machen dies deutlich. Gorbatschow ist kühner vorgegangen, hat gleichzeitig überall den Reformhebel angesetzt.
○ Chinas wirtschaftliche Liberalisierung ist trotzdem schon sehr viel weiter fortgeschritten, besonders auf dem Landwirtschaftssektor. Indem Deng Xiaoping die Großkollektive auflöste, kehrte er zum alten System zurück, in welchem Familien und kleinere Produktionseinheiten das Land bestellen. Die Nahrungsmittelproduktion und die Einkommen der Bauern sind rapide gestiegen. China hat zuerst die Landwirtschaft reformiert, hat versucht, die Mägen seiner Landsleute zu füllen, bevor es zu anderen Reformen übergegangen ist. In den Städten sieht man überall private Lebensmittelstände, daneben privat geführte Restaurants, Reparaturwerkstätten und andere Geschäfte. Fabriken dürfen heute einen Teil ihrer Profite einbehalten und können damit die Löhne erhöhen oder – nach den Vorstellungen der Fabrikleiter – die Anlagen modernisieren.
○ China hat sich nicht wie die Sowjetunion der Reinheit der Lehre verpflichtet, die in ihrer Rolle als Mentor der anderen sozialistischen Länder jede Veränderung ideologisch rechtfertigen muß. Deng sagt: »Es kommt nicht darauf an, ob eine Katze schwarz oder weiß ist, solange sie Mäuse fängt.« In der Sowjetunion kommt es besonders auf die Farbe der Katze an. Die chinesische Revolution ist jünger – sie besteht erst seit 1949 –, und deshalb gibt es auch noch viele, die wissen, wie das Leben vor Mao war. Kaum jemand in der Sowjetunion erinnert sich an die Zeit vor Lenin oder Stalin.

○ Vor 1949 hatte China ein kapitalistisches System, und China gehört seit Jahrhunderten zu den großen Handelsnationen der Welt. Die unternehmerische Tradition wurde in Rußland unter dem zaristischen Feudalsystem nur teilweise entwickelt und unter dem kommunistischen System überhaupt nicht.
○ Einige chinesische Betriebe haben bereits Aktien ausgegeben, und es gibt Anfänge eines Wertpapiermarktes in China, etwas, worüber die Sowjets erst nachdenken, das sie aber irgendwann wohl auch einführen werden.
○ 1988 hatte China schon 20 Millionen Unternehmer, während die Sowjets sie gerade erst per Gesetz zugelassen haben, wenn auch die privaten Unternehmer auf dem Schwarzen Markt immer schon ausgezeichnete Geschäfte gemacht haben.
○ China befaßt sich schon seit 1978, als Deng an die Macht kam, mit wirtschaftlichen Reformen. Gorbatschow ist erst seit 1985 an der Macht.
○ In beiden Ländern war man sich im klaren darüber, daß tiefgreifende Wirtschaftsreformen nötig sind. Die Chinesen hatten jahrzehntelang immer wieder unter Hungersnöten zu leiden und dazu auch noch unter anderen Katastrophen – wie zum Beispiel Maos »Großem Sprung nach vorn« oder der Kulturrevolution. Die Sowjetbürger dagegen haben die stalinistischen Säuberungen durchgemacht und danach die Stagnationszeit unter Breschnew.

»Wir sind viel stärker im Konservativismus verwurzelt, als es die Chinesen am Beginn der Reformphase waren«, sagt Fjodor Burlatski, ein Vertrauter Gorbatschows, der früher Reden für Nikita Chruschtschow und Andropow schrieb und jetzt als Journalist und Theaterautor arbeitet.
In Teilen der Sowjetunion macht man Versuche mit Bauernhöfen, die als Familienbetriebe geführt werden. Burlatski ist der Meinung, daß sich das chinesische Modell »in unserem Land auf breiter Basis bewähren wird«. Der große Erfolg in China, glaubt Burlatski, hängt hauptsächlich damit zusammen, daß »die Bauern ein Interesse am Ertrag ihrer Arbeit haben wie nie zuvor«.
»In Rußland hat sich unternehmerisches Denken nie entwickeln können«, sagt Burlatski. »Wir waren ja noch im letzten Jahrhundert

eine Nation von Leibeigenen, und dann wurde das neue System, der Kommunismus, auf eine Weise eingeführt, die jegliche persönliche Initiative erstickte.« Diejenigen, die unternehmerisch handeln, sehen sich noch einem anderen Hindernis gegenüber. »Das größte Problem ist der Sozialneid der Bürokraten«, erläutert Burlatski. »Die Beamten in den Behörden können den Gedanken nicht ertragen, daß es Leute gibt, die ein paarmal soviel verdienen wie sie.« »Die sowjetische Presse ist voll von Geschichten über Staats- und Parteivertreter in irgendwelchen Orten, die – anstatt das freie Unternehmertum zu fördern – jede Initiative unterdrücken. Um nur ein Beispiel anzuführen: In Krasnojarsk haben Behördenvertreter eine Taxifahrer-Kooperative verboten mit der Begründung, daß die Mitglieder zuviel Geld verdienten.«

Daß Gorbatschow sagt – und er hat es wirklich geäußert –, daß der Kapitalismus besser funktioniere als der Sozialismus, das unterscheidet ihn von allen, die vor ihm kamen, und ist gleichzeitig das Wesentliche an seiner Offenheit.

Pluralismus

Wird die Sowjetunion ein Mehrparteiensystem bekommen, in dem viele die Nagelprobe für die Existenz einer wahren Demokratie sehen? Wenn Gorbatschow auch, wenigstens öffentlich, am Einparteiensystem festhält, so gibt aber allein schon seine Freimütigkeit Grund zu Optimismus. Denn Offenheit schafft die Voraussetzung für kulturelle, wissenschaftliche und wirtschaftliche Kreativität.
Man muß nur einmal den Erfindungsreichtum betrachten, den die Chinesen im Lauf der Geschichte gezeigt haben: Sie hatten ihre größten Blütezeiten in Perioden, in denen es in China kein starres ideologisches System gab und verschiedene Philosophien wie der Taoismus und der Konfuzianismus miteinander konkurrierten. Als der starre, rigide Konfuzianismus während der Ming- und Mandschu-Dynastien zum vorherrschenden System wurde, ließ der chinesische Erfindungsreichtum nach.
Rußland erkennt, daß es von den wirtschaftlichen, wenn schon nicht von den politischen Errungenschaften Chinas lernen kann. Wenn China den Lebensstandard der Sowjetunion überträfe, dann wäre das eine Niederlage von höchstem Ausmaß.

- Chinas landwirtschaftliche Produktion hat sich in weniger als einem Jahrzehnt verdoppelt. Chinas 800 Millionen Bauern bestellen jetzt das Land als Pächter, die eine bestimmte Ertragsquote abliefern, und ihre Verträge laufen bis zu fünfzehn Jahren. Ihre Kinder können ihre Äcker und Felder erben.
- Die Bauern werden ermutigt, ihre privaten Parzellen zu vergrößern, und das mit gutem Grund. Der persönliche Grundbesitz macht nur 4 Prozent der landwirtschaftlichen Nutzfläche aus, aber von diesen 4 Prozent stammen ein Drittel der Fleisch- und Milchproduktion des Landes und die Hälfte der Kartoffelproduktion.
- Der Rest des Ackerlandes ist staatlichen Großkollektiven zugeteilt, die inzwischen ja bis zu 30 Prozent ihrer Ernte auf städtischen Märkten verkaufen können, aber nicht annähernd so produktiv sind wie die privaten Betriebe. Die 55 000 Wirtschaftskommunen, die in China unter Mao gegründet wurden, sind abgeschafft worden.

In China hat die Regierung die zentrale Planung zurückgeschraubt, gibt der Konsumgüterindustrie den Vorzug vor der Schwerindustrie, drängt auf Wettbewerb und entzieht unrentablen Unternehmen die Subventionen.

China hat in der Tat das Privatunternehmertum gefördert: Mehr als 80 Prozent von Chinas neuen Restaurants, Reparaturwerkstätten und Dienstleistungsgeschäften, die seit der Regierungsübernahme Dengs im Jahre 1979 gegründet wurden, sind heute in privater Hand.

Die Chinesen verkünden weiterhin, daß sie einen Sozialismus mit chinesischem Gesicht aufbauen. Wie der Bürgermeister der Stadt Shenjing erklärt: »Wenn sie die Entwicklung von Chinas sozialistischer Wirtschaft fördern sollen, dann sind Dinge wie Bankrott, Pachtsystem, Aktienbesitz und ähnliches nicht mehr nur Phänomene des Kapitalismus.«

Die sowjetische Allunions-Parteikonferenz vom Juni 1988

Einer der wichtigsten Meilensteine der Reform in der Sowjetunion war die Parteikonferenz Ende Juni 1988.

Parteikonferenzen fanden auch in der Vergangenheit regelmäßig alle fünf Jahre statt, aber dies war der erste Sonderparteitag, der seit 1945 einberufen wurde. Stalin hat die Parteikonferenzen abgeschafft. Die Parteikonferenz von 1945 war die 18. gewesen, deshalb wurde die von 1988 allgemein als 19. Parteikonferenz bezeichnet.
Ein Sonderparteitag wird einberufen, wenn es spezielle Belange gibt, mit denen man sich befassen muß. Der 19. Sonderparteitag wurde einberufen, weil man sich mit der politischen Reform in der Sowjetunion zu beschäftigen hatte. Er bezeichnet den Beginn der Machtverlagerung von der Partei auf die Regierung.
Die Erwartungen waren ungeheuer groß. Jeder Landesteil wählte Delegierte, unter denen viele alte »Schlachtrosse« der Partei waren, aber es gab auch viele neue Gesichter. In der Sowjetunion hatte sich die Meinung verbreitet, daß die viel beredeten ökonomischen Veränderungen nur gelingen könnten, wenn sich die Gesellschaft demokratisiere. Wirtschaftsreform und Gesellschaftsreform müßten parallel verlaufen.
Mehr als dreihundert Delegierte wollten sprechen, aber an den vier Tagen des Parteitags konnten weniger als hundert ans Mikrophon treten. Die anderen wurden gebeten, ihre Ideen in schriftlicher Form für den abschließenden Bericht einzureichen. Ein Delegierter forderte den damaligen Staatspräsidenten Andrei Gromyko, der direkt hinter ihm saß, zum Rücktritt auf, weil Gromyko zur alten Führungsgarde gehöre.
Ein Teil der Delegierten war für die Perestroika, ein anderer war dagegen. Beinahe wäre es zu Handgreiflichkeiten gekommen. Delegierte, die sich für Perestroika und Glasnost aussprachen, bekamen Applaus von der einen Hälfte der Delegierten; konservative Reaktionen wurden von der anderen Hälfte beklatscht. Gorbatschow hörte allen Rednern aufmerksam zu, auch wenn viele dabei waren, die er absolut nicht schätzte. Das ganze Land schaute am Fernsehen zu – und war wie hypnotisiert. So etwas hatten sie noch nie zuvor gesehen. Ein hochrangiges Mitglied des Zentralkomitees, Dimitri Lisowolik, sagte, der Parteitag sei für ihn »eine politische Wiedergeburt«. Und das galt für viele, die dabei waren oder am Fernsehen zuschauten.
Die 19. Parteikonferenz war wirklich der Beginn der Machtverlagerung von der Partei auf die Regierung. Hier begann der Trennungs-

prozeß von zentraler zu regionaler politischer Gewalt, von wirtschaftlicher Reform und Politik.
Dieser Parteitag ist zu einem Symbol der neuen politischen Kultur in der Sowjetunion geworden. Es gab immer wieder lange Verzögerungen, bis die Abstimmungsergebnisse verkündet werden konnten, weil es keine Computer gab, mit denen die Stimmen der fünftausend Delegierten registriert werden konnten. Sie mußten per Hand gezählt werden. Bis dahin hatte ja auch kein Bedarf an Stimmenzählapparaten bestanden, weil es selbstverständlich immer nur einstimmig angenommene Vorschläge gegeben hatte.

Die letzte Versammlung des alten Obersten Sowjet

Die politischen Reformen, die auf der 19. Parteikonferenz im Juni 1988 diskutiert worden waren, wurden in einer mehrtägigen Sitzung vom 29. November bis zum 1. Dezember 1988 vom Obersten Sowjet, dem Parlament, als Verfassungsänderungen verabschiedet.
Nach drei vollen Diskussionstagen mit Ergänzungsanträgen verlieh der Oberste Sowjet einem umgestalteten politischen System Gesetzeskraft. Das bedeutet: Die politische Macht geht von der Kommunistischen Partei auf vom Volk gewählte gesetzgebende Körperschaften über. Diese vollziehen nun die umfangreichste Neuordnung des Machtgefüges, seit Stalin vor sechzig Jahren das alte System geschaffen hatte. Drei äußerst wichtige Veränderungen wurden Gesetz:

1. Das Amt des Staatspräsidenten wurde damit geschaffen. Konzipiert als Exekutivorgan mit großer Machtbefugnis in der Innen- und Außenpolitik und nicht mit nur repräsentativen Funktionen. Im Mai 1989 wurde Gorbatschow dann auch zum Staatspräsidenten gewählt, wobei seine Amtszeit auf zwei Perioden von jeweils fünf Jahren begrenzt ist, wie übrigens die Amtszeit sämtlicher Regierungsmitglieder. Das neue Gesetz beinhaltet auch, daß der Präsident durch die Legislative aus dem Amt entfernt werden kann.
2. Es wurde des weiteren ein in zwei Kammern geteiltes Parlament geschaffen. Die erste und größere Kammer, die im März 1989 gewählt wurde, ist die Abgeordnetenversammlung, deren 2250 Mitglieder von den fünfzehn Republiken der Sowjetunion bestimmt werden.

Diese Abgeordnetenversammlung wählt auch in geheimer Abstimmung den Präsidenten, tritt einmal jährlich zusammen, um die Leitlinien der Wirtschafts- und Sozialpolitik festzulegen, und wählt ebenfalls den neuen, 422 Mitglieder umfassenden Obersten Sowjet, der zukünftig häufiger als der alte Oberste Sowjet tagen wird.
Der Oberste Sowjet wird nach einem Rotationssystem besetzt, so daß fast alle Mitglieder der Abgeordnetenversammlung einmal in den fünf Jahren der Legislaturperiode einen Sitz in diesem wichtigeren Verfassungsorgan haben.
Die Beziehung zwischen den beiden Kammern ist allerdings noch nicht ganz geklärt. Die Abgeordnetenversammlung sollte eigentlich nur den Obersten Sowjet wählen und sich dann wieder auflösen, aber sie hat sich bis jetzt geweigert, diesem Prinzip Folge zu leisten. Es scheint sich ein System aus einem Ober- und einem Unterhaus zu entwickeln – wie der Kongreß in den Vereinigten Staaten oder das Parlament Großbritanniens.
Der neue Oberste Sowjet wird eine wirklich beratende gesetzgebende Versammlung sein und den 1500 Mitgliedern zählenden alten Obersten Sowjet ablösen.
Dazu kommt, daß die fünfzehn Sowjetrepubliken in der Abgeordnetenversammlung stärker repräsentiert sind (mit einem Drittel aller Delegierten), als sie es im alten Obersten Sowjet waren. Heute darf das Kriegsrecht nur in Abstimmung mit den Republiken verhängt werden; das ist ein wichtiger Gesichtspunkt angesichts der in vielen Sowjetrepubliken immer lauter werdenden Forderung nach größerer Unabhängigkeit.
Gorbatschow, seit Lenin der erste sowjetische Staatschef, der ausgebildeter Jurist ist, drängt auf Rechtsstaatlichkeit. Der alte Oberste Sowjet hat sich praktisch auf demokratische Weise selbst abgeschafft, nicht ohne zuvor Gesetze zu billigen, die die Unabhängigkeit von Richtern garantieren sollen. Eine neu eingesetzte Kommission arbeitet an einem neuen Entwurf der sowjetischen Verfassung.
Bei den Wahlen zur Abgeordnetenversammlung im März 1989 gab es schon in den meisten Wahlbezirken mehrere Kandidaten, und es waren geheime Wahlen, die ersten wirklichen Wahlen in der Sowjetunion. Die Wahl von Delegierten in Hunderte von regionalen und lokalen gesetzgebenden Körperschaften machte es möglich, daß

jeweils mehrere Kandidaten aufgestellt wurden und daß in geheimer Wahl abgestimmt wurde.
Für Gorbatschow sind diese Veränderungen wesentlich, damit das Land umstrukturiert und die Wirtschaft auf Erfolgskurs gebracht werden kann. »Politische Reform ist eine Art Sauerstoff, den der Organismus ›Öffentlichkeit‹ braucht« – dieser Aphorismus Gorbatschows wird häufig zitiert.
Gorbatschow hat gesagt, das Ziel bestehe darin, ein System »sozialistischer Checks and Balances« zu schaffen, ein System mit einer starken zentralen Exekutive, die ihr Gegengewicht in einer starken Legislative und starken Republiken findet. Nach seiner Meinung ist die Perestroika »eine Zeit für ausgefallene, ungewöhnliche Lösungen«.
Er sagte, es sei unmöglich gewesen, »gleich im ersten Anlauf einen idealen Gesetzestext« zu erarbeiten. Es bedarf vielleicht vieler Anläufe. Zu Beginn der neunziger Jahre deutet einiges darauf hin, daß der Prozeß der Perestroika sich verlangsamt, daß es der Wirtschaft schlechter geht und daß die Probleme mit den einzelnen Volksgruppen zunehmen. Gorbatschows Macht bleibt davon unbeeinträchtigt, aber er braucht alle nur mögliche Hilfe, wenn er das Wunder zustande bringen und die sowjetische Wirtschaft retten soll. Am Ende besteht Gorbatschows Rolle vielleicht darin, daß er den Beginn einer wirklichen gesellschaftlichen Revolution eingeleitet hat, die einen sehr wirren und chaotischen Verlauf nehmen wird, bevor die neue Ordnung Gestalt annimmt. Es liegt eine gewaltige Ironie in dem Umstand, daß Ungarn und Polen, deren revolutionäre Entwicklung ohne Gorbatschow unmöglich gewesen wäre, vielleicht einen direkteren Zugang zur Marktwirtschaft finden als die Sowjetunion.

Osteuropa

Innerhalb des sowjetischen Einflußbereichs ist keine Region wichtiger als Osteuropa, und darunter sind die DDR, Ungarn und Polen sicherlich diejenigen, auf die sowohl Gorbatschow als auch der Westen ihr Augenmerk richten müssen. Daneben muß mittlerweile auch die Tschechoslowakei zu den Reformländern gezählt werden.

Ungarn

Ungarn ist mit Abstand das führende Land in Osteuropa, sofern es um die wirtschaftliche Reform des Sozialismus stalinistischer Prägung geht. Das ist schon seit 1968 so. Das Land war auch – neben China – ein Vorbild für die Sowjetunion. Heute ist es das wohlhabendste Land im Ostblock, auch wenn es mit dem Westen noch nicht konkurrieren kann.

Ungarns liberale Wirtschaft läßt persönliche Profite, Bankrotte, den Handel mit Pfandbriefen, Aktienbesitz und privaten Wohlstand zu sowie Citibank- und McDonald's-Filialen. Privatisiert sind beispielsweise Einzelhandelsbetriebe, Supermärkte, der Bau von Wohnhäusern, Konsumgüter, Nachtclubs, elegante Restaurants, Spenglereibetriebe und Taxiunternehmen. Eine privat geführte Supermarkt- und Warenhauskette mit Namen Skala ist gegenwärtig größer als die staatliche Monopolgesellschaft.

Wenn diese Aufzählung auch sehr eindrucksvoll ist, so muß Ungarn doch zu radikalen wirtschaftlichen Maßnahmen greifen, um seine stagnierende Wirtschaft wieder zu beleben. Von welchem Punkt an hört ein »marktwirtschaftlicher Sozialismus« auf, Sozialismus zu sein? Das ist eine wichtige Frage, weil die meisten der Menschen und der Länder, die jetzt in diesem Prozeß stehen, sich auch weiterhin als sozialistisch betrachten möchten. Ungarn ist in diesem Zusammenhang besonders wichtig.

Nach zwei Jahrzehnten des Experimentierens haben Ungarns Planer anscheinend den Unterschied zwischen Sozialismus und Kapitalismus aus den Augen verloren. »Wir müssen eine prinzipielle Frage klären: Wenn wir auf unserem pragmatischen Weg fortfahren, dann werden wir die Frage nie lösen können, was Sozialismus wirklich ist und inwiefern er sich vom Kapitalismus westlicher Prägung unterscheidet«, sagte Janos Hoos, Chef des Nationalen Planungsstabs und Mitglied des Zentralkomitees der Kommunistischen Partei.

Einerseits liegt der Anteil des privaten Sektors an der Gesamtproduktivität Ungarns bei 30 Prozent; es gibt sogar Millionäre. Andererseits steckt das Land mitten in einem Entscheidungsprozeß darüber, ob es eine Beschäftigungsgarantie geben muß. Es ist ein Anrennen gegen die Gitter des ideologischen Käfigs. Ungarn dehnt die Grenzen des Sozialismus bis zum Äußersten.

Die Landwirte, die zuvor nicht genug Nahrungsmittel produzieren konnten, um die eigene Bevölkerung zu ernähren, sind heute dazu leicht in der Lage und erwirtschaften noch einen großen Überschuß, der exportiert werden kann. Diese Kooperativen sind so erfolgreich, daß sie expandieren und sich neue Bereiche erschließen; das geht von der Reparatur landwirtschaftlicher Maschinen bis hin zur Computersoftware.
Gleichzeitig saugen die ungeheuren Verluste der großen verstaatlichten Industrien – Stahl, Kohle und verarbeitende Industrie – die Wirtschaft aus.
In einem Jahr hat Erno Rubik, ein ungarischer Erfinder, mehr Gewinn und harte Währungen ins Land gebracht als die gesamte Schwerindustrie Ungarns. Erno Rubik ist Millionär, und Ungarns Schwerindustrie ist eine Katastrophe.
1987 begann man ein interessantes Experiment: 10 000 Beschäftigte der großen Gummifabrik Taurus bekamen die Möglichkeit, »Gewinnscheine«, Anteilsscheine am Unternehmen, zu erwerben. Diese Scheine sichern den Besitzern eine bestimmte Beteiligung am Jahresertrag von Taurus zu. Man kann sie auf unbegrenzte Zeit behalten und sogar an Familienmitglieder weitergeben. Dieses Verfahren erinnert sehr ans Aktiengeschäft des Kapitalismus. Würde es in den meisten staatlichen Industriebetrieben praktiziert, stellte sich die Frage: Von welchem Punkt an läßt sich die Ausgabe solcher Anteile nicht mehr aus dem Sozialismus heraus rechtfertigen?
Nach Auskunft von Peter Lorincze, dem Generalsekretär der ungarischen Handelskammer, wird wahrscheinlich schon bald eine persönliche Einkommensteuer eingeführt, die die Steuerlast auf dem geschäftlichen Sektor lindern soll. Diese Maßnahme ist sicherlich der wichtigste Reformschritt seit den Wirtschaftsreformen von 1968, und sie ist ja auch eine natürliche Konsequenz daraus.
Das Programm wirtschaftlicher Liberalisierung, das 1968 in Ungarn eingeleitet wurde, bestand – grob gesprochen – in der Einschränkung zentraler Produktionsplanung, in der Stärkung der Entscheidungskompetenz der Unternehmensführungen und in der Schaffung eines Wirtschaftsbereichs, in dem sich individuelle Aktivität frei von zentraler staatlicher Planung entfalten konnte. Kleine Handels- und Handwerksbetriebe schossen aus dem Boden, und den Arbeitern wurde zugestanden, daß sie – hatten sie ihre normale Arbeitszeit in

der Fabrik abgeleistet – sich zu Arbeitsgruppen zusammenschließen und zu erhöhtem Stundenlohn für die Fabrik arbeiten konnten.
Eine neue ungarische Verfassung, die 1990 in Kraft treten soll, wird gegenwärtig ausgearbeitet. Sie soll ein Mehrparteiensystem ermöglichen, die Freiheit zu Unternehmenszusammenschlüssen, eine freie Presse, freie Wahlen und ausgedehnte Privatisierungen.
Mit der Zulassung von Oppositionsparteien, die man als »Bewegungen« bezeichnet, setzt eine neue Ära der osteuropäischen Politik ein. Parlamentswahlen, an denen mehrere Parteien teilnehmen, sollen noch vor Ende 1990 abgehalten werden. Vier der politischen Parteien, die vor vierzig Jahren von den Kommunisten aufgelöst wurden, sind wieder auf der politischen Bildfläche erschienen, und neue Parteien wurden gegründet. Die Kommunistische Partei wandelte sich in eine sozialdemokratisch orientierte Vereinigung.
Bei einer Probewahl zu den Wahlen von 1990, die in Gordollo, zwanzig Meilen nordöstlich von Budapest, abgehalten wurde, errang ein vom ungarischen Demokratischen Forum angeführtes Bündnis den ersten Sitz der Opposition im Parlament, und zwar mit 69,2 Prozent gegenüber den 29,9 Prozent, die der Kandidat der Kommunistischen Partei bekam. Die Kommunistische Partei hat keine große Hoffnung, in den Parlamentswahlen, die vor Juni 1990 durchgeführt werden müssen, die Mehrheit zu gewinnen. »Wir müssen jetzt nach vierzig Jahren die Suppe auslöffeln, die wir uns eingebrockt haben«, sagt Istvan Foldesi, Berater des Generalsekretärs der Kommunistischen Partei Ungarns.
Ungarn hat heute eine freie Presse. Im Frühjahr 1989 wurde ein neues Gesetz vorgelegt, das Gruppen und Einzelpersonen, inklusive ausländischer Unternehmen, die Möglichkeit einräumt, eine Zeitung zu gründen oder eine Rundfunk- oder Fernsehstation. Leslie Colitt von der *Financial Times* meint, die ungarische Presse biete jetzt »eine Bandbreite und Qualität der Inlands- und der Auslandsberichterstattung, wie man sie in vielen westlichen Ländern schwerlich finden dürfte«.
1969 wurde in Budapest eine internationale Wertpapierbörse eröffnet – die einzige in Westeuropa. Seit dem 1. Januar 1989 darf laut Gesetz jedes ungarische Unternehmen eine beliebige Anzahl von Aktien an jedermann verkaufen. Ein außergewöhnliches neues Gesetz ermöglicht es auch, daß sich bestimmte öffentliche und priva-

te Unternehmen bis zu 100 Prozent in ausländischer Hand befinden dürfen.

Wie ernst es den Ungarn mit allen Reformen ist, kann man an dem Ausmaß erkennen, in dem sie sich bei der Neuordnung ihrer Wirtschaft westlicher Unterstützung bedienen. Sie haben sich der Beratung durch die in New York ansässige Maklerfirma Bear, Sterns & Company versichert und außerdem der Mithilfe des Wirtschaftsberatungsunternehmens Peat Marwick und noch einer anderen Beratungsfirma namens Price Waterhouse. All diese Firmen genießen einen einwandfreien Ruf als kapitalistische Unternehmen.

»Die Reform geht hier so schnell voran, daß ich es manchmal nicht fassen kann«, sagt Ivan Lipovecz, Chefredakteur der angesehenen Wochenzeitschrift *HVG*. »Das kommt alles so plötzlich wie ein Dammbruch.«

Miklos Nemeth, ein dem Reformkurs anhängender Wirtschaftswissenschaftler, der in Harvard ausgebildet worden ist, wurde im November 1988 Ministerpräsident. Er sieht seinen Auftrag in der Förderung von Privatunternehmen und in der Demokratisierung Ungarns.

Im August 1989 versprach die ungarische Regierung einen »unwiderruflichen Übergang« zu einer marktwirtschaftlichen Ordnung und zur Integration in das westeuropäische Wirtschaftssystem. Imre Pozsgay, einer der führenden Reformer im Politbüro der Kommunistischen Partei Ungarns und Staatspräsident, erklärt, daß das politische System, welches Ungarn nach dem Zweiten Weltkrieg aufgezwungen worden ist, sich »als der gänzlich falsche Weg erwiesen hat«. Er ist der festen Überzeugung, daß Ungarn bis Mitte der neunziger Jahre eine Demokratie sein wird.

Er fordert uns auf, »die gegenwärtige Zeit als Weg zu betrachten – an dessen Ende die europäische Gemeinschaft steht«. Auch Bundeskanzler Kohl ist wie er der Ansicht, daß Ungarn bis zum Jahr 2000 Mitglied der Europäischen Gemeinschaft werden könne. Imre Pozsgay ist der Kandidat mit den größten Aussichten, aus den freien Wahlen 1990 als Präsident hervorzugehen.

Auch wenn es ein komplizierter Prozeß ist, so scheint es doch klar zu sein, daß der Kapitalismus nach Ungarn zurückkehrt.

Polen

Polen gehört mit seinen 37,8 Millionen Einwohnern zu den größten Ländern Europas. Die Erfolge der Perestroika lassen sich hier am besten ablesen. Es ist dazu noch ein Land, in dem verschiedene Strömungen, Widersprüche und Paradoxien gären, ein Land, in dem die Veränderung von unten nach oben herbeigezwungen wird – im Unterschied zur Sowjetunion, wo der Prozeß von oben nach unten verläuft.
Es gab bis vor kurzem – bis vor den Wahlen im Sommer 1989 – zwei Kulturen in Polen: zum einen die von der Regierung sanktionierte kommunistische Gesellschaft, zum anderen den Untergrund. In der kommunistischen Welt hatte es so etwas wie die polnische Subkultur, Polens zweite Gesellschaft, noch nie zuvor gegeben. Die Kraft, die davon ausgeht, ist immer stärker spürbar.

Die polnische Erneuerung

Zu Beginn der achtziger Jahre war die Solidarität die Seele der polnischen Erneuerung. Daß die Solidarität 1981 durch die Verhängung des Kriegsrechts verboten wurde, bedeutete nicht das Ende der Erneuerungsbewegung. Der Staat hatte keine Gewalt mehr über die Gedanken. Das Land erlebte eine im Sowjetblock noch nie dagewesene Blüte der Literatur und der Kunst.
In der zweiten Kultur, die sich neben der offiziellen entwickelte, erscheinen ungefähr vierhundert Untergrundzeitungen und -zeitschriften, deren Gesamtauflage in die Millionen geht, und dazu noch einige hundert Bücher im Jahr. Wie zu erwarten, gibt es politische Zeitschriften verschiedenster Couleur. Aber es gibt auch Punk-Rock-Zeitungen, Kinderzeitschriften, eine Zeitschrift für alternative Medizin. Es gibt verbotene Videos und sogar Meinungsbefragungen, die im Untergrund durchgeführt werden. Jedes Jahr werden Preise verliehen für das beste Untergrund-Buch, die beste Musik, die besten Schauspieler, Regisseure und Kunstwerke.
Etwa zweihundert inoffizielle Kunstausstellungen fanden im Laufe der Zeit in Wohnungen und in den Kellern von Kirchen statt. An unabhängigen Universitäten wurde ein unzensiertes Geschichtsbild vermittelt. Mit den schätzungsweise 500 000 Videorecordern werden verbotene Filme abgespielt. Der Untergrund verleiht solche Filme.

Der verbotene Streifen *Mann aus Eisen,* der von der Geburtsstunde der Solidarität handelt und in den letzten Jahren mit großem Erfolg im Westen gezeigt wurde, ist inzwischen schon von fast jedermann in Polen gesehen worden. Straßendemonstrationen sind dort zwar immer noch verboten, aber alle, die wegen ihrer politischen Aktivitäten in Gefängnissen saßen, sind freigelassen worden, und der Untergrund scheint zusehends an Macht zu gewinnen.
Weil der Staat sein Informationsmonopol eingebüßt hat, muß er jetzt mit den Informationen aus dem Untergrund konkurrieren, was zur Folge hat, daß in der offiziellen Presse mehr und mehr Kritik zugelassen wird – und das in einem Ausmaß, daß die Auflagenzahlen der Untergrundpresse zurückgegangen sind.

CNN zum Frühstück
In der Umgebung von Warschau gibt es schon Hunderte von Satellitenantennen. So können sich wenigstens einige Polen die neuesten Nachrichten von CNN anschauen, während sie ihr Frühstück zu sich nehmen. Nachrichtenmoderator Bobbie Batista wird allmählich eine bekannte Persönlichkeit in Polen.
Die Regierung ging gegen die Installierung von Satellitenantennen vor, und seit Mai 1987 brauchen polnische Bürger eine behördliche Genehmigung für eine solche Antenne. Dennoch ist Polen das erste Land des Ostblocks, dessen Bevölkerung zum Teil Zugang zum westlichen Satellitenfernsehen hat, wodurch die Kontrolle des Staates weiter untergraben wird.
Im Zusammenhang mit den neuen Restriktionen bei Satellitenantennen wurde in der Wochenzeitschrift *Polityka* ein Vertreter des Nachrichtenministeriums tatsächlich mit der Bemerkung zitiert: »Wie würden denn unsere Dächer aussehen, wenn jeder sich seine eigene Antenne montieren würde? Es muß doch eine gewisse Ordnung der Landschaft gewahrt werden.« Welch merkwürdiges Argument.
Während der staatliche Hersteller von Fernsehantennen die Nachfrage nicht befriedigen kann und in der Entwicklung von Parabolantennen hoffnungslos zurückliegt, stellen private Unternehmer auf westliche Programme abgestimmte Satellitenschüsseln für den inländischen Markt und für den Export her. »Wir machen die hochwertigsten Parabolantennen, die man in Europa bekommen kann, und der

Markt dafür wächst beständig«, sagt Zdislaw Zniniewicz, der Gründer der Privatfirma Svensat, die mit einer schwedischen Gruppe zusammenarbeitet. Svensat ist heute eines der größten Privatunternehmen in Polen und der größte Hersteller von Parabolantennen in Osteuropa.

Das Jahr des politischen Erdbebens
Am 5. April 1989, nach neunwöchigen Verhandlungen, unterzeichneten die Regierung und Vertreter der Solidarität ein Abkommen, in dem sie vereinbarten, daß das Verbot der Gewerkschaft aufgehoben werde und daß in Polen zum erstenmal seit dem Zweiten Weltkrieg freie Wahlen stattfinden könnten.
Im Parlament wurde eine neue Kammer geschaffen, ein Oberhaus mit hundert Sitzen, das Senat genannt wird. Die Wähler wählten in einer offenen Wahl im Juni 1989 die hundert Mitglieder.
Der neue Senat kann gegen die Gesetze des Unterhauses, des Sejm, Widerspruch einlegen. Für die Wahl vom Juni 1989 wurde das Unterhaus in zwei Teile unterteilt: 65 Prozent der Sitze wurden für die Kandidaten der Kommunisten und ihre Verbündeten reserviert und 35 Prozent für die Opposition und Unabhängige. Ab der nächsten Wahl im Jahre 1995 wird es keine vorweggenommene Sitzverteilung mehr geben.
Der Gedanke dabei war, daß die Solidarität vier Jahre lang in beiden Häusern des Parlaments als »konstruktive« Opposition vertreten sein werde, und in diesen vier Jahren könne dann General Jaruzelski, dessen Amt jetzt mit noch mehr Macht ausgestattet ist, an der Spitze einer kommunistisch geführten Regierung die harten Maßnahmen durchführen, die nötig sind, um den Zusammenbruch der polnischen Wirtschaft zu verhindern.
Dann kam der unvorhergesehene erdrutschartige Wahlsieg der Solidarität.
Die Kandidaten der Solidarität errangen praktisch alle Sitze, um die sie sich hatten bewerben dürfen: 99 der 100 Sitze im Senat und im Sejm alle 161 (von 460) Sitze, für die sie kandidieren durften.
Ein Regierungsbeamter bemerkte bitter, »wenn Walesa neben einer Kuh fotografiert worden wäre, die ein Abzeichen der Solidarität um den Hals getragen hätte, dann wäre die Kuh gewählt worden.«
Als die 161 Abgeordneten der Solidarität am 4. Juni 1989 als Mitglie-

der des Sejm vereidigt wurden, war das das erste Mal seit 1940, daß eine Oppositionspartei in einem osteuropäischen Parlament saß.
Später dann, am 19. Juli, wählten die beiden Häuser des Parlaments General Jaruzelski mit einer Stimme Mehrheit zum Präsidenten. Die meisten Mitglieder der Solidarität stimmten gegen ihn oder enthielten sich der Stimme. (Für das Parlament war die Anwesenheit einer Opposition so ungewohnt, daß eine sehr lange Zeit nur über den Wahlmodus debattiert wurde. Schließlich kam man überein, daß die Stimmen auf unterschriebenen Karten abgegeben werden sollten.)
Auf den Schock der Juni-Wahlen folgte im September das Drama der Einsetzung der ersten nichtkommunistischen Regierung in Osteuropa seit dem Zweiten Weltkrieg. Tadeusz Mazowiecki, der unerschütterliche Anhänger der Solidarität, wurde Ministerpräsident, und elf weitere Mitglieder der Solidarität traten in den Ministerrat, das Kabinett, ein. Die Kommunistische Partei bekam vier Sitze im Ministerrat – darunter das Verteidigungs- und das Polizeiministerium –, zum neuen Außenminister wurde ein unabhängiger Sympathisant der Solidarität, und die übrigen sieben Sitze gingen an die Vereinigte Bauernpartei und die Demokratische Partei. Am 12. September 1989 wurde die neue Regierung vom Unterhaus bei dreizehn Enthaltungen mit 402 zu 0 Stimmen bestätigt.
»Zum ersten Mal seit einem halben Jahrhundert hat Polen eine Regierung, die Millionen von Menschen als *ihre* Regierung betrachten«, sagte Lech Walesa in Danzig.
Während der viertägigen Anhörungen im Parlament, die der Abstimmung über die neue Regierung vorausgingen, umriß der Kandidat für das Amt des Wirtschaftsministers die Pläne für »die weitreichendsten und radikalsten marktwirtschaftlichen Reformen, die je in einem Land des Ostblocks entwickelt worden sind«.
Leszek Balcerowitz, der für das Amt des für die Wirtschaftspolitik zuständigen stellvertretenden Ministerpräsidenten vorgesehen war, sagte vor dem Parlament: »Wir haben eine einmalige Chance, nicht nur einen politischen, sondern auch einen ökonomischen Richtungswechsel herbeizuführen, der sich am Modell der freien Marktwirtschaft westlicher Prägung orientiert.«
Der neue Industrieminister, Tadeusz Syryjczyk, ist ein Marktwirtschaftler und ein Anhänger Milton Friedmans. Nach dem neuen

Plan der Regierung sollen letztlich alle Fabriken und Firmen, die sich in Staatsbesitz befinden (90 Prozent der Unternehmen), an private Unternehmer übereignet werden.
Ab 1995 wird der Präsident in allgemeinen Wahlen gewählt. Lech Walesa hat gesagt, daß er sich vielleicht um das Amt des Präsidenten bewerben wird. Das ist noch eine geraume Zeit, aber Walesa wäre dann erst zweiundfünfzig Jahre alt.
Bis dahin müssen die Solidarität und die Kommunistische Partei zusammenarbeiten und sich um die polnische Wirtschaft kümmern, die sich in einem erbärmlichen Zustand befindet. Seit dem Abkommen vom April 1989, aber auch schon zuvor, haben sowohl die Solidarität als auch der Reformflügel der Kommunistischen Partei angekündigt, sie würden eine radikale Umstrukturierung der Wirtschaft unterstützen, bei der marktwirtschaftliche Maßnahmen und privates Unternehmertum im Vordergrund stünden. Weil solche Maßnahmen zur Schließung von Fabriken, zu Arbeitslosigkeit und zu höheren Preisen für heute noch subventionierte Lebensmittel führen, wird es den Polen erst einmal schlechter gehen, bevor es ihnen besser geht.
Es gab Stimmen in der Solidarität, die nicht nur die Verantwortung für die höchst unpopulären Wirtschaftsmaßnahmen mittragen wollten, die jetzt eingeleitet werden müssen, sondern die auch Regierungsverantwortung übernehmen wollten. Aber Bronislaw Geremek, Mitglied der Solidarität, sagte, die Mehrheit innerhalb der Solidarität vertrete den Standpunkt, man solle sich wenigstens noch ein Jahr zurückhalten, bis die Medien und die Gerichte gesäubert worden seien. »Es ist nicht so«, sagte er, »daß die Solidarität nicht in der Lage wäre, eine Regierungsmannschaft aufzustellen, sondern es ist so, daß der notwendige politische Rahmen noch nicht besteht.«
Die Abkommen vom April 1989 sehen auch größere Pressefreiheit vor, lassen Privatschulen zu (das bedeutet hauptsächlich, daß die katholische Kirche eigene Schulen unterhalten kann), erweitern die Gesundheitsfürsorge (sowohl private als auch öffentliche Versicherungen), und dazu hat die Regierung sich noch verpflichtet, mehr für die Umwelt zu tun. Polens Schwerindustrie ist von allen europäischen Industrien der größte Umweltverschmutzer.
Die erste unabhängige oppositionelle Tageszeitung Polens, die *Gazeta Wyboreza*, wird seit dem 8. Mai 1989 verkauft. Die meisten

Redaktionsmitglieder kommen aus der Untergrundpresse. Der Herausgeber ist Adam Michnik, ein politischer Dissident und einer der führenden Köpfe der Solidarität, der jetzt als Abgeordneter im Sejm sitzt.
Dies alles belegt glasklar: Die polnischen Kommunisten haben ihr Machtmonopol aufgegeben. In einer anderen Zeit würde ein solcher Vorgang zu einem politischen Erdbeben führen, aber heute paßt er genau zu dem Trend, in dem sich die Welt entwickelt.
Lech Walesa sagt über die Abkommen, sie seien der »Beginn des Weges zur Demokratie und zu einem freien Polen, und deshalb schauen wir mutig und hoffnungsvoll in die Zukunft«.
Seit dem Auftauchen Gorbatschows auf der politischen Bühne können die Vertreter eines harten Kurses in Osteuropa nicht mehr Moskau rufen, damit es die Liberalisierung in ihren Ländern verhindert.
Gorbatschows Name ist auf allen Lippen. »Wenn er noch an der Macht bleibt, und sei es nur für zwei Jahre, und wenn er auch nur zum Teil Erfolg hat mit einigen seiner Reformen«, sagt ein Sympathisant, »dann müssen unsere Hardliner den Mund halten. Wenn er scheitert, dann sind wir geliefert.«
In Hinblick auf Glasnost in der Sowjetunion sagte der berühmte polnische Schriftsteller Stanislaw Lem: »Ich glaube, wenn Gorbatschow sich durchsetzt, dann lassen sich die Ergebnisse nicht mehr rückgängig machen, dann muß sich in allen anderen sozialistischen Ländern auch alles in dieselbe Richtung entwickeln.«
Ein führender Reformtheoretiker an Polens Staatsakademie für Planung hat sogar bemerkt: »Der Traum eines Wirtschaftssystems, das besser funktioniert als der Kapitalismus, ist tot. Es gibt keinen dritten Weg, kein Wirtschaftsmodell zwischen Stalinismus und Kapitalismus, das gut funktioniert. Die einzigen Gründe, die eine Rückkehr zum Kapitalismus noch etwas verzögern, sind pragmatische Gründe – und politische.«
In Osteuropa zeichnen sich drei große Trends ab: in Richtung des politischen Pluralismus, in Richtung auf eine freie Marktwirtschaft und als langfristige Tendenz die Integration mit Westeuropa.

DDR

Eines der dramatischsten Ereignisse des auslaufenden Jahrzehnts war die sich abzeichnende Annäherung der beiden deutschen Staaten. Der Druck durch demonstrierende Massen und der Überdruß innerhalb der Bevölkerung wegen unzulänglicher Lebensbedingungen zwangen die Altstalinisten innerhalb von Partei und Regierung zum Rückzug. Die neue Führung ging auf verhaltenen Reformkurs, und die Wahlen 1990 werden zeigen, ob die SED, die ihren Führungsanspruch mittlerweile aufgeben mußte, noch eine Rolle spielen wird.
Im November 1989 öffnete die DDR-Regierung die Grenzen zur Bundesrepublik und ermöglichte damit erstmals der Bevölkerung, ohne große bürokratische Hindernisse in das andere Deutschland zu reisen. Dies war ein geschichtlich ungeheuer bedeutsamer Augenblick, zumal viele die Öffnung der Grenzen nicht mehr für möglich gehalten haben. Die neue Regierung der DDR unter dem Reformer Hans Modrow hat auch im Wirtschaftsbereich Reformen angekündigt. Die DDR strebt den Zugang zu den Kapital- und Absatzmärkten der westlichen Welt an. In den nächsten Jahren sollen die Schwachstellen der ostdeutschen Wirtschaft – Monopolisierung, die geringe Arbeitsproduktivität und die fehlenden Leistungsanreize – ausgeglichen werden. Insbesondere will man den Devisen- und Kapitalmangel beseitigen. Wer auf hohem Stand der neuesten Technologie rationell produzieren will, braucht Kapital für eine kostengünstige Fertigung und Devisen für den Erwerb von speziellen Maschinen und Lizenzen. Diese Devisen aber lassen sich nur von konkurrenzfähigen Betrieben auf dem Weltmarkt verdienen.
Auch die westdeutsche Wirtschaft sitzt in den Startlöchern, um ihren ostdeutschen Kollegen wirtschaftlich auf die Beine zu helfen. Fernziel: »Wirtschaftswunder DDR«. Denn die Voraussetzungen sind gut. Es gibt in der DDR eine gut ausgebildete Facharbeiterschaft und ein attraktiv niedriges Lohnniveau.
Doch welche Wirtschaftsreformen beginnen sich in der DDR tatsächlich abzuzeichnen?

1. Eine Preisreform. Die kostspielige Subventionspolitik hat insbesondere bei den Betrieben, bei Mieten und Lebensmitteln zu einer Verzerrung des Preisgefüges geführt.

2. Eine Währungsreform. Die DDR-Bürger, die sich mit ihrer Ostmark im Westen nur wenig kaufen können, spüren, wie wenig ihr Geld doch wert ist. Die Konvertibilität der Ostmark zu einem realistischen Kurs wird angestrebt.
3. Privatisierung und Förderung privater Initiative. Nicht nur innerhalb der Großindustrie, beispielsweise in der Konkurrenz zwischen zwei Kombinaten, muß vermehrter Wettbewerb treten. Auch eine Stärkung der Unabhängigkeit des Groß- und Einzelhandels und die Schaffung von mehr Konkurrenz durch private Handelsunternehmen würde die ostdeutsche Wirtschaft voranbringen.

Zahlreiche westdeutsche Unternehmen arbeiten schon seit einiger Zeit mit der DDR zusammen. Etwa 20 Industrieunternehmen aus der Bundesrepublik lassen in der DDR produzieren. Unter anderem Beiersdorf, dessen Nivea-Creme auch in der DDR hergestellt wird, Volkswagen, das traditionell eng mit der DDR kooperiert, und mittelständische Unternehmen wie Underberg, Schiesser und Schwarzkopf. Mehr und mehr werden westdeutsche Unternehmen Produktionsstätten oder Niederlassungen in der DDR aufbauen. Insbesondere in den Bereichen Infrastruktur, Bauwirtschaft, Tourismus und Telekommunikation bieten sich für westdeutsche Firmen Chancen.

All diese Schritte mögen vielleicht zu *einem* Deutschland, möglicherweise über die Zwischenstufe einer Konföderation, führen. Bundeskanzler Kohl hat dazu einen Zehn-Punkte-Plan erarbeitet. Wie der amerikanische Wirtschaftswissenschaftler John Kenneth Galbraith betont, wäre die größte Schwierigkeit auf dem Weg zur Vereinigung die »ökonomische Kompatibilität der beiden Systeme«. Nach 45 Jahren Sozialismus könne man das Rad der Geschichte nicht einfach wieder zurückdrehen.

Andere sozialistische Länder

Alle sozialistischen Länder mit einer zentralen Planungswirtschaft mühen sich mit Reformen ab, und alle – außer Albanien und Nordkorea – experimentieren mit Marktmechanismen.

Sogar in Vietnam, das so stramm marxistisch ist, wie man es sich nur denken kann, ist ein Wandel eingetreten. Nach Jahren einer verheerenden Wirtschaftspolitik folgt Vietnam dem Beispiel Chinas und der Sowjetunion und versucht, mit marktwirtschaftlichen Maßnahmen seiner Volkswirtschaft Starthilfe zu geben.
Im Dezember 1986 wurde Hguyen Van Linh, ein 72jähriger führender Wirtschaftsreformer, zum Vorsitzenden der Kommunistischen Partei Vietnams ernannt; das ist der erste wirkliche Führungswechsel in der 56jährigen Geschichte der Kommunistischen Partei Vietnams.
Van Linh hat damit begonnen, in einem gewissen Maß kapitalistische Maßnahmen in die vietnamesische Wirtschaft einzuführen. Als er noch Parteisekretär in Ho-Chi-Minh-Stadt (Saigon) war, gelang es ihm, die Wirtschaft zu dezentralisieren und in Landwirtschaft und Industrie ein System von Leistungsanreizen zu schaffen.
Hoffnungen auf wirtschaftlichen Wandel wurden von politischer Liberalisierung begleitet. Im Gefolge neuer Reformen, die der krankenden vietnamesischen Wirtschaft auf die Beine helfen sollten, fanden am 19. April 1987 Wahlen statt, in denen die Bevölkerung eine neue Nationalversammlung wählte.
Die Wähler konnten zwischen mehreren Kandidaten wählen. Es bewarben sich 829 Kandidaten um 496 Sitze, und die Zahl der Wahlkreise wurde fast verdoppelt, so daß die Kandidaten jeweils einer geringeren Anzahl von Wählern gegenüber verantwortlich waren.
Alle Kandidaten mußten von der die Regierung vertretenden Vaterlandsfront akzeptiert werden, aber zum erstenmal konnten die Kandidaten von örtlichen Parteivertretern nominiert werden. Wenigstens drei der Kandidaten, die bei den Wahlen vom 19. April in Südvietnam kandidierten, wurden während des Vietnamkriegs an einer amerikanischen Universität promoviert.
In der Woche vor den Wahlen verkündete die offizielle Presse Vietnams, daß sich das Zentralkomitee der Partei Anfang April neun Tage lang beraten habe und zu dem Beschluß gekommen sei, daß Arbeiter und Bauern sich an quasikapitalistischen Leistungsanreizen orientieren sollten und daß dem privaten Sektor des Landes eine größere Rolle zugedacht sei.
Van Linh wird vielleicht so etwas werden wie ein wirklicher Reformer, der sein Land aus der Armut befreien kann.

Ist das noch Sozialismus?

Als sich am 22. Juni 1989 die Sozialistische Internationale anläßlich ihres hundertjährigen Bestehens in Stockholm traf, bekannte sie sich zur Marktwirtschaft und verwarf die Verstaatlichung der Industrie. Für diese Revision eines der Grundprinzipien der Sozialistischen Internationale stimmten Delegierte von achtzig linken und sozialdemokratischen Parteien aus der ganzen Welt. Der Präsident der Internationale, der frühere Bundeskanzler Willy Brandt, erklärte, die Erfahrung habe die sozialistischen Parteien überall gelehrt, daß ihr »großes Vertrauen in die Rolle, die der Staat im Wirtschaftsprozeß spielt«, nicht gerechtfertigt gewesen sei.

Der Kern der sozialistischen Wirtschaftstheorie besteht darin, daß die Regierung die Produktionsmittel besitzt und die Verteilung der Waren kontrolliert. Überall auf der Welt geben die sozialistischen Länder diese Kontrolle auf. Durch Privatisierung und Pacht übertragen sie praktisch das Eigentum an den Produktionsmitteln. Gleichgültig, zu welchen Ergebnissen das führt, es ist auf keinen Fall Sozialismus, wenigstens nicht, wenn man den Begriff genau nimmt. Seit mehr als hundert Jahren spielt sich der ideologische Wettstreit des Industriezeitalters zwischen Marxismus und Kapitalismus ab. Sollen wir die Dinge auf kapitalistische oder auf marxistische Weise regeln? Aber jetzt liegt das industrielle Zeitalter hinter uns. Im Augenblick vollzieht sich eine außerordentliche Umstrukturierung, denn wir werden zunehmend mehr von einem »marktwirtschaftlich orientierten Sozialismus« hören, der natürlich kein Sozialismus mehr ist. Der Mythos und die romantische Aura um den klassischen Sozialismus seit Marx werden seine Verwandlung noch lange überleben.

4 Internationaler Lebensstil und die Rückbesinnung auf nationale Traditionen

Dank der blühenden Weltwirtschaft entwickeln sich internationale Telekommunikation, das Reisen und der Austausch zwischen Europa, Nordamerika und dem pazifischen Raum in einem beispiellosen Tempo. Die Jugendkultur durchdringt weltweit die urbanen Zentren der Industrienationen. Wir tauschen mit einer derartigen Begeisterung unsere Eßkultur, unsere Musik und unsere Mode aus, daß wir inzwischen von einem neuen, internationalen Lebensstil sprechen können, der in Osaka, Madrid und Seattle herrscht.
Es ist ein vom Konsum bestimmter Lebensstil: Man trinkt Cappucino und Perrier, stellt sich Möbel von IKEA in die Wohnung, ißt Sushi, kleidet sich in den United Colors of Benetton, hört sich amerikanische oder britische Rockmusik an, während man im Honda mal schnell zu McDonald's rüberfährt.
»Die Welt wird immer kosmopolitischer, und wir alle beeinflussen einander«, sagt die Modedesignerin Paloma Picasso.
Für Unternehmen, die internationale Produkte verkaufen und die die Welt als einen einheitlichen Markt sehen, für diese Unternehmen ist der neue Lebensstil eine Goldgrube.
»Es gibt schon gewisse Konsumentengruppen in New York, Stockholm und Mailand, die einander ähnlicher sind als beispielsweise Konsumenten in Manhattan und der Bronx«, sagt Leif Johansson, stellvertretender Direktor der Abteilung Haushaltsgeräte in der Firmengruppe Electrolux. Electrolux hat sein weltweites Absatzgebiet in eine »Triade« geteilt – in die USA, Europa und Japan. Jedes neue Produkt ist auf alle drei Märkte ausgerichtet.
Eine Untersuchung unter dreitausend Konsumenten in neun Ländern hat ergeben, daß zu den vierzig bekanntesten Markennamen der Welt Coca-Cola und IBM gehören, Sony, Porsche, McDonald's, Honda und Nestlé. Das sind »die ersten wirklichen Weltmarken«,

sagt John Diefenbach vom Marktforschungsunternehmen Landor, das diese Untersuchung durchgeführt hat. Siebzehn der vierzig Unternehmen sind amerikanische Firmen, vierzehn kommen aus Europa und neun aus Japan.
Auf den Konsumenten wirkt das zunehmende Warenangebot anregend, und er genießt diese Situation.
Selbst wenn unsere Lebensstile immer ähnlicher werden, gibt es doch unmißverständliche Anzeichen eines mächtigen Gegentrends: eine heftige Reaktion auf die Gleichförmigkeit. Das Bedürfnis, die Einzigartigkeit der eigenen Kultur zu bewahren und fremde Einflüsse abzulehnen.
Die Kanadier hatten so große Angst davor, von den Vereinigten Staaten kulturell annektiert zu werden, daß nicht viel gefehlt hätte, und sie hätten 1988 das Freihandelsabkommen zwischen den USA und dem eigenen Land abgelehnt – ein Vertrag, von dem Kanada in hohem Maße profitiert.
Kultureller Nationalismus tritt praktisch in jedem Winkel des Globus auf:

○ Nachdem Englisch in Singapur zwanzig Jahre lang die Unterrichtssprache war, hat Singapur jetzt eine »Sprecht-Mandarin«-Kampagne eingeleitet als Versuch, alte Werte wiederzubeleben.
○ Die Waliser wollen mit dem überwiegend gewaltfrei geführten Kampf ihre Sprache und Literatur lebendig erhalten.
○ Im Nordosten Spaniens ist Katalanisch, verboten während der Diktatur Francos, wieder als offizielle Landessprache eingeführt worden.
○ In der kanadischen Provinz Quebec kann man bestraft werden, wenn man Englisch spricht. Dort sind englische Straßenschilder verboten, und die Provinz droht weiterhin mit der Abtrennung von Kanada.
○ Große Teile der UdSSR, die Sowjetrepubliken Armenien, Aserbaidschan, die Ukraine, Georgien und Lettland, Litauen und Estland betonen ihre nationale Identität und pochen auf ihre Unabhängigkeit vom Kreml.
○ Nach zehn Jahren einer bemerkenswerten Offenheit für alles Westliche kam es in China zu Studentenprotesten, in denen die

Forderung nach Demokratie laut wurde und die von der Regierung blutig niedergeschlagen wurden. Auch das ist eine Form nationalen Widerstands.

Eine der sichtbarsten dieser Gegenreaktionen ist aber, zumindest für Amerikaner, die übernationale Wiedergeburt des Islam, dessen Zentrum der von Ayatollah Khomeini geprägte Iran ist. Die Rushdie-Affäre war nur die Spitze des Eisbergs.
Obwohl der islamische Fundamentalismus mit dem Iran und dem Libanon gleichgesetzt wird, beginnen islamische Fundamentalisten auch in Ägypten, Indonesien und in der Türkei, ihre kulturelle und religiöse Identität geltend zu machen. Das ist immer eine Reaktion auf Strömungen, die als übermächtiger westlicher Einfluß empfunden werden.
Allerdings ist die Türkei als Beispiel bezeichnend. Obgleich nur ein kleiner Prozentsatz der 52 Millionen Türken als Fundamentalisten gelten kann, wird die Türkei ein Schulbeispiel für das Ineinander beider Megatrends abgeben: internationaler Lebensstil gegen kulturellen Nationalismus. Beide Tendenzen werden wir im nächsten Jahrzehnt erleben.
Die zahlreichen Widersprüche der Türkei symbolisieren die Lage des Landes als Schnittpunkt zwischen Europa und dem Orient. Edward Cody, der Auslandskorrespondent der *Washington Post,* schreibt: »Die Imams in den Minaretten schauen nach Osten in Richtung Mekka, während die Geschäftsleute in den Bürohochhäusern nach Westen in Richtung Brüssel blicken.«
Ministerpräsident Turgut Özal ist ein wirtschaftlich denkender Technokrat und ein gläubiger Moslem. Einerseits bewirbt sich die Türkei um Aufnahme in den Gemeinsamen Markt, andererseits verhüllen sich die jungen Studentinnen aus Überzeugung mit dem islamischen Kopftuch, das lange Zeit an öffentlichen Universitäten verboten war, nachdem Kemal Atatürk in den zwanziger Jahren mit weltlichen Reformen begonnen hatte. Man wollte damit religiöse Praktiken zurückdrängen. Die Einschreibung in moslemische Schulen hat sich in fünfzehn Jahren versechsfacht. Wer wird am Ende den Sieg davontragen? Der wiedergeborene Islam oder die Europäische Gemeinschaft? Oder eine gelungene Synthese aus beiden?
Fragen dieser Art sollen nun beleuchtet werden. Wir wollen den

Trend zu einem gemeinsamen internationalen Lebensstil untersuchen wie ebenso den tiefer liegenden Gegentrend zum kulturellen und sprachlichen Nationalismus oder Separatismus. Diese Trends widersprechen sich nicht, sondern ergänzen einander. Es besteht ein tiefer Zusammenhang zwischen ihnen:
Je homogener unsere Art zu leben, unser Lebensstil wird, desto stärker halten wir an tieferen, uns vertrauten Werten fest: an Religion, Sprache, Kunst und Literatur. Während die äußere Welt immer ähnlicher und gleichförmiger wird, werden uns gewachsene Traditionen und Werte immer wichtiger.

Die Entstehung eines weltweit gleichen Lebensstils

Der Handel, das Reisen und das Fernsehen bilden das Fundament des weltweit gleichen Lebensstils, denn durch Film und Fernsehen gelangen dieselben Bilder in jeden Winkel des »global village«, des Dorfes Erde.
»Sie haben amerikanische Fernsehsendungen gesehen, und jetzt wollen sie die University of California in Los Angeles und Santa Monica sehen«, meint Keiichi Tsujino vom Japanischen Reisebüro in Tokio.
Sie haben ja die nötige Menge Yens für eine solche Eskapade. 1988 haben fast 3 Millionen Japaner die Vereinigten Staaten besucht. Das ist ein Rekord. Viele von ihnen waren auf Hochzeitsreise.
Der Luftverkehr verstärkt und beschleunigt den Austausch zwischen den Kulturen. Es ist genauso einfach, von New York aus nach Frankreich zu fliegen wie nach Kalifornien. Mit der Concorde ist man genauso schnell in London wie in Houston. Ganzseitige Anzeigen in *The New York Times* versuchen, die Amerikaner zu überreden, ihre Weihnachtseinkäufe bei Harrods in London zu erledigen. Die Technik kann auch den Pazifik zusammenschrumpfen lassen. Die nächste Generation von Verkehrsflugzeugen wird die Strecke von New York nach Tokio in nur zwei Stunden fliegen können.
Es gibt keinen Jet-set mehr, aber eine wohlhabende reisende Mittelschicht von Hochzeitsreisenden, Großmüttern, Familien, Studenten und Geschäftsleuten aller Nationalitäten. In den neunziger Jahren

wird das Reisegeschäft drastisch zunehmen. Im Jahre 1989 wurden in den Vereinigten Staaten – bei täglich 23 000 Flügen – 450 Millionen Passagiere befördert. Aber im Jahr 2000 werden es 750 Millionen Fluggäste sein. Heute reisen jährlich eine Milliarde Passagiere auf den Flugrouten dieser Welt. Im Jahr 2000 muß man bereits mit 2 Milliarden rechnen, doppelt so vielen wie 1990.
Jeden Tag fliegen 3 Millionen Menschen von einem Ort auf dem Planeten zu einem anderen.
Was den Welthandel zwischen den hundertsechzig Nationen der Erde betrifft, so kann man nicht einfach nur von einer Zunahme der Handelstätigkeit sprechen. Es ist ein blühender, einheitlicher, weltweiter Wirtschaftsraum, in dem alles mit allem zusammenhängt. Früher haben wir mit handfesten Dingen gehandelt: mit Rohstoffen, Nahrungsmitteln, Stahl. Heute handeln wir mit allem. Wir sind Zeugen einer explosionsartigen Entwicklung auf dem Markt, sei es für Aktien, Anleihen oder Währungen. Auch der Kauf und Verkauf der Dinge, die wir anziehen, essen, die wir uns anschauen und anhören, der Dinge also, die unseren Lebensstil ausmachen, hat sich explosionsartig erweitert. In einer »Telefax-Welt« ist es genauso einfach, mit einem Lieferanten in Taipeh Geschäfte zu machen wie mit einem Lieferanten in Chicago.

Die Leitbilder des neuen Lebensstils verbreiten sich mit Lichtgeschwindigkeit um den Globus und setzen sich überall fest. Da Mode oft nur ein momentaner Fimmel ist, kommt es in diesen Dingen sehr auf Geschwindigkeit an: Kommt die Information zu spät an, verpaßt man die neueste Welle. Aber für gewöhnlich erreicht die Botschaft mühelos Orte, die so weit voneinander entfernt sind wie Schanghai, Prag und Buenos Aires, Städte, in denen schicke junge Leute, manchmal sehr zum Mißfallen ihrer Eltern, den gleichen Modetrends folgen.

Essen, Mode und Spaß

Trotz Haute Cuisine und Haute Couture bedürfen Entscheidungen, die Essen, Kleidung und Unterhaltung betreffen, keines großen intellektuellen Aufwands. Sie sind auf angenehme Art oberflächlich, und sie machen Spaß. Auf dieser Ebene ist es leicht, für alle möglichen ausländischen Einflüsse offen zu sein. Was die Dinge betrifft, die wir anhaben und essen, so tauschen wir uns aus, entlehnen dieses oder jenes von den anderen, spielen gewissermaßen auf dem Feld der anderen Mannschaft.

- Die Amerikaner importieren aus Italien jährlich Kleidung, Schmuck und Schuhe im Wert von 3 Milliarden Dollar.
- In den westdeutschen Großstädten sind Yuppies »in«. Wenn auch die meisten jungen Leute, die sich mit diesem Namen schmükken, die Bedeutung dieses englischen Begriffs nicht kennen.
- Währenddessen tauchen in der Sowjetunion und in Osteuropa die Yummies, die *young, upwardly mobile marxists* auf, die Kleidung und Musikgeschmack der Yuppies imitieren.
- In Japan wird Weihnachten gefeiert, obwohl weniger als 10 Prozent Japaner christlicher Konfession sind.
- Zweihundert verschiedene Käsesorten werden aus Frankreich in die Vereinigten Staaten eingeflogen.
- Essen, Mode, Musik – diese Dinge, die einen großen Teil des täglichen Lebens in Europa, in den Vereinigten Staaten und in Japan ausmachen, werden sich immer ähnlicher, vor allem in den Städten. Es gibt Leute, die würden sagen: zu ähnlich.

Auf dem Times Square, der Ginza in Tokio und auf den Champs-Élysée konkurrieren Sushi-Bars, Croissant-Läden und McDonald's um die gleichen teuren Immobilien.

Die Eßkultur

West Los Angeles ist der Sitz des Gurume, eines von Japanern geführten Restaurants, dessen Spezialität Hühnerfleisch ist, welches auf asiatische Art geschnetzelt, auf grünen Bohnen in italienischer Marinarasauce und auf Spaghetti serviert wird. Das Ganze kommt mit japanischem Kopfsalat, Texastoast und Tabascosauce aus Louisiana auf den Tisch. Gurume ist ein Sinnbild für das, was mit dem kosmopolitischen Lebensstil und der Eßkultur geschieht.
Wir essen die Speisen der anderen mit großem Genuß. Die Amerikaner exportieren Meeresfrüchte nach Japan; Tex-Mex-Restaurants sind der große Renner in Paris, und die Vereinigten Staaten importieren Sushi-Bars genauso, als handelte es sich um Toyotas.

»Vor drei Jahren wußte praktisch niemand auf der Welt, wie Lederkrabben schmecken, Krabben, die noch weiche Schalen haben, und jetzt exportieren wir diese Dinger in 22 Länder«, sagt Terrence Conway, Besitzer der John T. Handy Company, einer Firma, die 1986 etwa 270 000 Pfund Krabben exportiert hat, hauptsächlich nach Japan. 1988 wurde die Firma von einem japanischen Unternehmen aufgekauft.

In Israel werden Tex-Mex-Gerichte koscher zubereitet. Das Restaurant »Chili's«, das der aus Houston stammende Barry Ritman eröffnet hat, verfügt über eine Neonreklame für *Lone Star*-Bier, Schnitzereien, die aus dem Panzer von Gürteltieren gefertigt sind, und einen Kaktusgarten. »Es war einfach so, daß man hier nirgends die Tacos, Chilis und die Chips kaufen konnte, die ich zu Hause in Texas immer gegessen habe«, sagt Ritman, der seine texanischen Gelüste befriedigt und gleichzeitig die Israelis mit Tacos, Tortillas und Margaritas bekannt gemacht hat.

Das »Papa Maya«, dessen Hauptsitz San Antonio in Texas ist und das zu dem halben Dutzend Tex-Mex-Restaurants in Paris gehört, hat 1985 den Pariser Preis für die beste ausländische Küche erhalten. Seither ist Tex Mex dort *der* Tip unter den Liebhabern exotischer Küchen. Das schicke Pariser Publikum sorgt jetzt im »La Perl« im »Café Pacifico« und im »Studio« für volles Haus.

Nach Angaben von RE-COUNT, einem Unternehmen der Restaurant Consulting Group Inc. aus Evanston in Illinois, gab es 1988 in den Vereinigten Staaten 19 364 asiatische Restaurants. RE-COUNT berichtet, daß die Zunahme asiatischer Restaurants sehr viel stärker ist als in anderen Restaurant-Kategorien. Hier waren es in den Jahren 1987 und 1988 schon 10 Prozent, wohingegen die Gesamtzahl der Restaurants um 4 Prozent zugenommen hat.

1975 gab es in den Vereinigten Staaten nur ungefähr dreihundert Sushi-Bars, und 1980 waren es mehr als tausendfünfhundert, berichtet *Palate Pleasers of Japan,* die erste auf Essen und Trinken spezialisierte japanische Zeitschrift für Amerikaner, die in den USA gedruckt wird. Heute gibt es tausende.

»Jeden Monat werden in New York City und Los Angeles mindestens zwischen fünf und zehn neue Sushi-Bars eröffnet«, meint Susan Hirano von *Palate Pleasers*. Und der Sushi-Boom ist nicht mehr nur auf die Großstädte beschränkt.

Man kann Sushi auch mitten im amerikanischen Rindfleischgebiet herstellen: in Des Moines, Iowa oder Wichita, Kansas; und Omaha, Nebraska. Das Japanese Steak House in Grand Rapids in Michigan, rühmt sich sogar einer schwimmenden Sushi-Bar. Der Kroger-Supermarkt in Buckhead in Georgia, führt Sushi. In Georgia finden sich auch immer mehr abenteuerlustige Leute, die Tintenfisch und Aal bestellen.

So wie die Amerikaner verrückt nach Sushi sind, so haben die Japaner eine typisch amerikanische Vorliebe für Süßigkeiten entwickelt. In Tokio gibt es fast schon ein Überangebot an amerikanischen Süßwarenläden: Häagen-Dazs, Famous Amos, Mrs. Fields und David's Cookies. Sogar kleinere Unternehmen wie Steve's und Hobson's Eisdielen haben in Tokio Filialen eröffnet.

Im Restaurantgeschäft der Vereinigten Staaten sind die begehrtesten diejenigen mit ausländischer Küche. Früher bedeutete Essengehen in Amerika Steak und Kartoffeln. Heute ißt man mexikanisch, chinesisch, koreanisch, afghanisch oder äthiopisch. Zwischen 1982 und 1986 nahmen Restaurantbesuche in Amerika um 10 Prozent zu, wobei das Geschäft asiatischer Restaurants um 54 Prozent wuchs, während es bei mexikanischen Restaurants um 43 und bei italienischen um 26 Prozent anstieg.

Hauptsache »Big Mac«

Während die Amerikaner Geschmack an der thailändischen und afghanischen Küche finden, beherrscht amerikanisches Fast food die internationale Szene. McDonald's goldene Bögen werden von Aruba bis Istanbul, München, Buenos Aires und Taipeh erkannt. Gleichgültig, in welchem Land man sich befindet, der Burger ist ein »Big Mac«.

Da McDonald's auf dem amerikanischen Markt überpräsent ist, verfolgt die Firma eine aggressive Expansionspolitik: In fünfzig Ländern gibt es 10 500 McDonald's-Restaurants, die für dieselbe Qualität im Essen, denselben Service und dieselbe Sauberkeit garantieren. Standards, die die Amerikaner seit über dreißig Jahren zu schätzen wissen. 1988 sind sechshundert neue Restaurants eröffnet worden, 1989 waren es mindestens genauso viele. 1988 überschritt der Umsatz die 16-Milliarden-Dollar-Grenze, wovon 29 Prozent aus dem Auslandsgeschäft stammten.

○ In Deutschland kann man »Chicken McNuggets« in fast dreihundert McDonald's-Filialen bestellen. In Großbritannien gibt es 289, in Frankreich 84 und in Kanada 568 Filialen.
○ Selbst in Belgrad und Budapest gehören die goldenen Bögen inzwischen zum gewohnten Straßenbild.
○ In São Paulo gibt es sechzehn McDonald's-Restaurants. Auch in Osteuropa, kommt McDonald's sehr gut an, und in der Sowjetunion wurden 1989 die ersten McDonald's eröffnet. Hier liegen die größten neuen Märkte des Unternehmens.

In Peking steht ganz in der Nähe von Maos Grab das größte Fast food-Restaurant der Welt: ein *Kentucky Fried Chicken.*

Rasant steigende Fast food-Exporte nach Japan
Wenn der Kongreß auch um das amerikanische Handelsdefizit mit Japan besorgt ist, so kann er doch damit zufrieden sein, daß Japan aus den USA mehr Nahrungsmittel importiert als von woanders her.
Die Japaner haben eine außergewöhnliche Schwäche für Fast food. Japan hat auf dem Nahrungsmittelsektor mehr Franchise-Unternehmen als jedes andere Land außerhalb Nordamerikas: allein zwischen 1974 und 1984 hat sich die Zahl von 265 auf 1490 erhöht. Denny's, Mister Donuts, Dunkin' Donuts und Wendy's sind inzwischen alle ein Teil des japanischen Lebensstils geworden.
»Wir verkaufen die Vorstellung vom guten alten Amerika. Grüne Weiden, frische Luft, sauberes Wasser«, sagt Shin Ohkawara, Präsident von Kentucky Fried Chicken in Japan, das mit achthundert Filialen die meisten außerhalb der USA besitzt. Das weltumspannende Imperium betreibt über 7750 Restaurants in mehr als achtundfünfzig Ländern.
Domino's Pizza in Tokio liefert die Pizzas per Motorroller. Die Angestellten in ihren rotweißblauen Uniformen müssen gegen die Konkurrenz bestehen, die von Sushi bis zum Räucheraal alles liefert. Domino's garantiert, die Pizzen innerhalb von dreißig Minuten zuzustellen, oder man bekommt 700 Yen erstattet. Keine leichte Aufgabe im Zentrum von Tokio.
Die Japaner haben nicht nur Geschmack an Tee und Sake, sondern auch an Wein und Coca-Cola. Japan importiert heute vierhundert

kalifornische Weinsorten, 1986 waren es noch hundertfünfzig. Obwohl Wein mit 30 Prozent Zoll und 50 Prozent Steuern belegt wird, ist der Import zwischen 1987 und 1988 um 35 Prozent gestiegen. Coca-Cola ist bei den alkoholfreien Getränken mit Abstand Japans Nummer eins.

Die Japaner haben 1986 bei der größten japanischen Lebensmittelkette, den Kozozushi Honbu Sushi-Läden, Sushi im Wert von 580 Millionen Dollar gekauft. Aber sie haben noch mehr Geld für Hamburger ausgegeben: McDonald's 590 Filialen in Japan haben in der gleichen Zeit 950 Millionen Dollar umgesetzt, und dieses Jahr übersteigt der Umsatz die Milliardengrenze. Die einzige ernsthafte Konkurrenz erfährt McDonald's von der Daiei-Gruppe, die Restaurants im westlichen Stil unterhält und einen Umsatz von 780 Millionen Dollar erzielt. Der Unterschied: Die Daiei-Gruppe benötigt dafür zweitausend Filialen.

Japanische Kinder essen am liebsten Curryreis, Hamburger und Spaghetti. Wenn eine japanische Familie auf dem Heimweg noch schnell etwas einkaufen will, dann kann sie das in einem der 3200 amerikanischen 7-Eleven-Läden kaufen, die als Franchise-Betriebe geführt werden.

»In Japan entfallen von jedem Dollar, der für Nahrungsmittel ausgegeben wird, 25 Cent aufs Essengehen«, sagt Kazutaka Kato vom japanischen Gastronomieverband. »Für die nächsten zehn Jahre, wenn immer mehr Frauen berufstätig werden und das verfügbare Einkommen ansteigt, erwarten wir eine Erhöhung dieser Zahl auf 40 Cent.«

Kulinarischer Imperialismus?
Die meisten Amerikaner bewundern die unternehmerischen Anstrengungen der amerikanischen Fast food-Hersteller. Aber den Gesundheitsbewußten unter uns ist naturgemäß unwohl bei dem Gedanken an die hohe Exportrate sehr fetter und cholesterin- und natriumhaltiger Nahrungsmittel, deren Verzehr die Amerikaner selber begrenzen oder sogar völlig aufgeben wollen. Diese Besorgnis wirkt auf den ersten Blick vielleicht etwas großväterlich und bevormundend. Man darf dabei aber nicht vergessen, daß es schlagende wissenschaftliche Beweise gibt, die diese Nahrungsmittel als Hauptursache für Herzkrankungen entlarven. Unter diesem Gesichts-

punkt betrachtet, dürfte es noch schwerer sein, jemanden zu finden, der für die Aktivitäten der Tabakindustrie eine Lanze bricht. Wie viele Regierungen beklagen sich über die Gesundheitsschädlichkeit der amerikanischen Fast food-Invasion? Die Franzosen mäkeln vielleicht an der Qualität herum, aber in dem Land, das die Pastete erfunden hat, wird sich niemand über den Fettgehalt aufregen. In der kommunistischen und in der Dritten Welt ist das Cholesterinbewußtsein, das auf das gute Leben folgt, überhaupt noch nicht existent. Das Essen birgt vielleicht einige Gesundheitsrisiken in sich, aber das tangiert die inneren Werte und Überzeugungen der Menschen nicht.

Ein amerikanisches Restaurant in Paris

Bisher sind die besten Restaurants immer französische Restaurants gewesen. Aber der Trend zu einem kosmopolitischen Lebensstil hat sogar die Herzen der Franzosen für die Einflüsse anderer Küchen aufgeschlossen. Auch hier begegnen wir wieder besonders dem Einfluß der amerikanischen Küche: Schokoladenchips, Maiskolben, Erdbeertörtchen und kalifornische Weine in kleinen Mengen sind keine Seltenheit mehr. Das kürzlich von der Französischen Gesellschaft für Amerikastudien herausgegebene Heft über die amerikanische Küche ist völlig ausverkauft.
Dennoch heimsen von den Pariser Restaurants nur die französischen die begehrten Sterne von Michelin ein. Das beliebte vietnamesische Restaurant Tan Dinh bildet eine Ausnahme. Die amerikanisch orientierten Restaurants aber leiten einen neuen Trend ein. Das reicht von gegrillten Spareribs bis zu Sandwiches mit Hühnerfleisch.

- Bei Joe Allen – in der Nähe des Centre Pompidou – bekommt man traditionelle amerikanische Spareribs und Krabbenbrot. Im Restaurant wird amerikanische Musik gespielt, und an den Wänden hängen amerikanische Kinoplakate. Ketchup ist dort ein Muß.
- Claude Benouaich und Thierry Monnassier haben amerikanische Diner in Paris eingeführt. In ihrem Rival Coffee Shop gibt es einen Tresen, Nischen und alte Coca-Cola-Schilder.
- Auf der Speisekarte von Marshal's Bar & Grill in Paris, das die Zeitschrift *Gourmet* als »so amerikanisch wie Erdnußbutter«

bezeichnet hat, finden sich Steaks, Hamburger und Chili, aber auch kalifornische Pizza und Lederkrabben.
O Im Randy & Jay's am linken Seineufer bekommt man gegrillte Spareribs auf Kohlsalat serviert, und in der Chicago Pizza Pie Factory gibt es Chicagoer Pfannenpizza.

»Alles, was amerikanisch ist, gehört heute zur Mode«, sagt Elain Bourbeillon von »The General Store«, der ersten amerikanischen Lebensmittelboutique, in der es Erdnußbutter gibt, Preiselbeersauce und eine Pfannkuchenmischung aus Buchweizen. Der Laden kann die Nachfrage kaum befriedigen.

Die große Nahrungsmittelbörse
Essen hält Leib und Seele zusammen, macht uns auf unaufdringliche Art mit einer anderen Lebensweise bekannt und gibt uns Anregungen, wie wir die Küche unserer eigenen Nation bereichern können. Japanische Geschäftsleute in Tokio bestellen im Lokal eine »California Roll« – eine Art Sushi mit Krabben und Avocados, das in San Francisco erfunden worden ist. Amerikanische Küchenchefs runden gegrillten Lachs mit einer Buttersauce ab, in die etwas Wasabi, ein prickelndes japanisches Gewürz, gemischt ist.
Auf dem Gebiet der Küche befinden wir uns heute in einem internationalen Basar von nie gekanntem Überfluß.

Die internationale Mode

Die Welt ist so klein geworden wie ein Dorf. Ein Dorf, in dem der Austausch von Ideen durch Reisen und Telekommunikation beschleunigt, sofort geschieht und aus der Sünde: »Du sollst nicht begehren deines Nächsten Hab und Gut«, das Milliardengeschäft der internationalen Mode geworden.
»Mode ist international«, sagt der Modedesigner Oscar de la Renta. »An der Art, wie eine Frau sich kleidet, kann man nicht erkennen, woher sie kommt.«
Amerikanische Geschäftsleute schlüpfen in italienische Anzüge, italienische Jugendliche sind ganz in Jeansblau gekleidet, und modebewußte junge Chinesen möchten nicht einmal bei ihrer Beerdigung ein Maohemd tragen.

»Die Leute reisen heute so viel, daß sie dieselben Dinge entdecken«, sagt Laurie Mallet von WilliWear.
Internationale Modezeitschriften und das Fernsehen halten uns auf dem laufenden. Die französische Zeitschrift *Elle* wird in sechzehn Ländern in der jeweiligen Landessprache veröffentlicht. In nur zwei Jahren hat die Auflage die Millionengrenze erreicht und wird damit zu einer Herausforderung der ehrwürdigen *Vogue,* die jahrzehntelang die Mode bestimmt hat. *Elle* erscheint schon in Deutschland und erwägt jetzt vier neue Auslandsausgaben in der Türkei, in Ungarn, in Taiwan und in Thailand. Das Erscheinen von *Elle* ist als Indikator des wachsenden verfügbaren Einkommens genauso zuverlässig wie irgendeine großangelegte wirtschaftswissenschaftliche Studie. Die CNN-Sendung »Style« berichtet direkt von den Laufstegen in New York, Tokio, Mailand und Paris.
Das Kaufhaus Harrods in London könnte genauso gut Bloomingdale's sein. British Airways hat einmal an Passagiere, die von den Vereinigten Staaten nach Großbritannien flogen, Harrods-Geschenkgutscheine im Wert von 500 bis 1000 Dollar ausgegeben. Einmal wurde der Harrods-Katalog an 145 000 amerikanische Kunden geschickt, die ihre telefonischen Bestellungen gebührenfrei aufgeben konnten: eine internationale Kombination von Direktmarketing und Telefonverkauf. Heute kann dieser Katalog, der dreimal im Jahr an die Kunden in Großbritannien verschickt wird, gegen eine Gebühr auch von Kunden im Ausland bezogen werden.
»Die Zeit. Das Datum. Der Ort. Der Verkauf. Die Karte. Es gibt nur ein Harrods. Es gibt nur einen Verkauf.« So wirbt Harrods mit ganzseitigen Anzeigen in der *New York Times* für die jährlichen Verkaufsaktionen im Januar und Juli. Die »Karte« ist die Kreditkarte American Express. Wem die Verkaufsstrategie des vornehmen Hauses Harrods ein wenig zu aggressiv erscheint, der möge folgendes bedenken: Harrods tätigt mehr als 40 Prozent seines Umsatzes mit ausländischen Kunden. Die Devise heißt: Wir liefern *in jedes Land der Welt.* Auch die Produkte sind international.
Harrods' Obst- und Gemüseabteilung führt französische Pfirsiche, holländische Radieschen, englische Erdbeeren, kalifornischen Spargel, junge russische Champignons und ostafrikanisches Zitronengras. Harrods, das auch Niederlassungen in Westdeutschland und Japan hat, befindet sich zudem in ägyptischem Besitz.

Das Pariser Kaufhaus Printemps war 1987 das erste europäische Kaufhaus, das eine amerikanische Filiale in Denver, Colorado, eröffnete. »Es ist ein internationales Kaufhaus, das französischen Stil mit amerikanischem Geist ausgleichen soll«, sagt Frank Ball, Direktor der amerikanischen Filiale. Printemps ist auch in Japan, Saudi-Arabien, Finnland, Malaysia und in der Türkei vertreten.
In Mailand wollen die Teenager nichts von eleganten Modedesignern wie Giorgio Armani wissen. Sie halten sich lieber an Levi 501, Docksiders, Ralph Lauren – Kleidung, die sie in amerikanischen Filmen, im Fernsehen und in der Werbung sehen. Diese Teenager aus wohlhabenden Familien werden »Paninari« genannt, von »panino«, dem Wort für Sandwich. Sandwich steht für Fast food und für das amerikanische Ideal des aktiven Daseins. Die US-Firma »The Limited« benutzt das für ihre europäisch inspirierte Kollektion.
Überall dort in der Welt, wo das geschäftliche wie das private Leben weitgehend einen westlichen Stil angenommen hat, wird auch eine entsprechende Kleidung gesucht, weil sie eben diesen Stil zum Ausdruck bringt und ihre Trageeigenschaften ihm entsprechen.
So exportiert die Firma Bogner ihren sportlichen, unprätentiösen Stil nicht nur in alle europäischen Länder und die USA, sondern genauso nach Japan, Hongkong, Korea, Australien, Südafrika und sogar nach Saudi-Arabien und Kuwait.
Auf der anderen Seite der Welt, wo niemand seit der Revolution Rot getragen hat, ziehen die Jugendlichen jetzt modische Kleidung, auch im revolutionären Rot, vor. Chinesinnen tragen leichte Sommerkleider, die nur von Spaghetti-Trägern gehalten werden, sogar Miniröcke. Der französische Modeschöpfer Pierre Cardin veranstaltet in China Modeschauen vor Tausenden von Zuschauern.
Aber wird Chinas Flirt mit der Mode die konservative Stimmung nach den Vorfällen auf dem Platz des Himmlischen Friedens überleben? Falls ja, dann wird das ohne die Unterstützung eines der hervorragendsten Modemacher – ohne die Unterstützung von Yves Saint Laurent – geschehen.
Saint Laurents Partner Pierre Bergé ist aus Protest von seinem Amt als offizieller Berater des chinesischen Zentrums für Bekleidung und Modedesign in Peking zurückgetreten, das Beziehungen zu allen Modezentren der Welt aufnehmen und jährlich hundert bis zweihundert Studenten ausbilden sollte.

Bergé bat französische Firmen, 2800 chinesischen Studenten in Frankreich bei der Arbeitssuche behilflich zu sein. Die Laurent-Boutique in der Rue de Tournon in Paris wurde zu einem Hauptquartier für chinesische Studenten und andere Bürger umfunktioniert, die sich für die Demokratisierung Chinas engagieren. Saint Laurent, drei Jahrzehnte lang der König der französischen Mode, ist für den Rest der sozialistischen Welt immer noch offen. Raissa Gorbatschow hat ihn eingeladen, seine Mode auch in der Sowjetunion vorzustellen.
Die Mode kennt keine Grenzen. Ralph Lauren verkauft den typisch amerikanischen Look in seinem Pariser Laden, und um die Creationen der amerikanischen Designerin Donna Karan reißen sich die Leute bei Browns in London.

Der internationale Modehandel

In Tokio, Des Moines und in São Paulo wird eine modebewußte Fünfzehnjährige sehr wahrscheinlich Sachen von einer der großen internationalen Einzelhandelsfirmen kaufen: von Benetton, Esprit oder Laura Ashley, den Modefirmen der Jugendkultur, den Kleidermachern eines weltweit akzeptierten Lebensstils.

Benetton
Die Anzeigen mit dem Thema »The United Colors of Benetton« illustrieren die Vision: Die Welt besteht aus verschiedenen Rassen und Nationalitäten, die alle miteinander verbunden sind durch die gleichen farbigen Kleider, die wiederum eine friedliche, heitere Koexistenz symbolisieren.
United wie in »United Nations«, multinational wie der europäische Kontinent, die Heimat der Ladenkette, und vielrassig. Das »All the Colors of the World«-Thema von Benetton schafft ein internationales Flair, mit dem keine andere Einzelhandelsfirma mithalten kann.
Seit 1968 sind mehr als 4500 Benetton-Geschäfte in siebzig Ländern eröffnet worden. Es gab einmal eine Zeit in der Geschichte des Unternehmens, in der durchschnittlich zweimal am Tag irgendwo ein Benetton-Laden aufmachte. Inzwischen gibt es mehr als 650 Läden in Nordamerika, acht alleine auf der 5th Avenue in Manhattan.

Nach einer Phase intensiven Wachstums hat die Firma einen Schrumpfungsprozeß durchgemacht, weil es Konflikte mit Franchise-Nehmern gab, die sich darüber beklagten, daß die Geschäfte zu dicht beieinanderlägen und die Warenbestellung nicht ganz einfach sei. 1987 schlossen sieben Benetton-Geschäfte. Im Dezember 1987 hat das Unternehmen eine Beratungsfirma engagiert, die die amerikanischen Läden selbständig verwaltet.
Benetton ist trotzdem der größte Strickwarenhersteller der Welt und der größte Verbraucher von Schurwolle. Der Umsatz ist von 78 Millionen Dollar im Jahre 1978, hauptsächlich in Italien, auf eine Milliarde Dollar im Jahre 1987 gestiegen. Benettons größter Absatzmarkt außerhalb von Italien ist die USA. Dann folgen Deutschland und Frankreich. 1989 wird in Moskau der erste Laden eröffnet.
Einer der Schlüssel zum Erfolg des Unternehmens ist der kluge Gebrauch, den man von der Technologie gemacht hat. Computer entwerfen Kleider, besorgen den Versand und überwachen die Vorlieben der Verbraucher. Benetton beschäftigt mehr Computertechniker als Näherinnen.

Esprit
Die Esprit-Kundin, heißt es in einer Studie des Unternehmens, »ist eine jugendlich eingestellte Frau, die auf Fitneß bedacht und sportlich ist, kontaktfreudig, unbeschwert und gesellschaftlichen Fragen aufgeschlossen. Sie hat ein ungezwungenes Verhältnis zu sich und ihrer Sexualität und genießt ›den kleinen Unterschied‹ zwischen Männern und Frauen. Sie sieht sich nie als Sexualobjekt, und Jugend ist für sie keine Frage des Alters, sondern Ausdruck einer Haltung.«
Mit 125 Geschäften in fünfzehn Ländern und Boutiquen in Kaufhäusern und großen Bekleidungsgeschäften und Lieferungen an Tausende weiterer Läden ist Esprit mehr als eine Geisteshaltung, es ist eines der führenden Handelsunternehmen für Sportbekleidung. 1988 hat das Unternehmen mit Bekleidung und Accessoires für Frauen, Männer und Kinder einen Umsatz von schätzungsweise 1,2 Milliarden Dollar erzielt. Heute gibt es fünfzig Läden in den USA und fünfundfünfzig Geschäfte außerhalb der Vereinigten Staaten, die zwei Drittel des Umsatzes einspielen.
»Esprit ist ein internationales Unternehmen«, sagt Dourg Tomkins,

Mitbegründer der Firma. »Der Leiter der grafischen Abteilung ist ein Japaner, unser Fotograf ist Italiener, unsere Architekten sind Italiener und Franzosen. Wir haben deutsche, schwedische, englische, holländische und chinesische Designer. Wenn wir alle zusammen sind, dann sind wir wie eine kleine Ausgabe der Vereinten Nationen.«
Die Unternehmensverwaltung von Esprit befindet sich auf einem vier Hektar großen Gelände in San Francisco. Hier können die Angestellten von der Firma bezuschußten Sprachunterricht nehmen oder Tennis trainieren und zu verbilligten Preisen im Esprit-Café essen.

Laura Ashley
Laura Ashley präsentiert die englische Lebensart. Ladenfassaden aus Holz beschwören das viktorianische London herauf, und in den Geschäften findet man Laura-Ashley-Kleider und Stoffe, die die Stimmung eines englischen Gartens widerspiegeln. Verkäuferinnen tragen die blumengemusterten Kleider, die sie ihren Kundinnen verkaufen. Sie bieten auch Heimtextilien, Kinderbekleidung und Tapeten an. Kein Wunder, daß die Firma eines von Margaret Thatchers Lieblingsbeispielen für britisches Unternehmertum ist.
Im Jahre 1953 begann die inzwischen verstorbene walisische Zeichnerin Laura Ashley damit, im Seidensiebdruck Muster auf Geschirrtücher zu drucken, die ihr Mann in den Geschäften der Umgebung verkaufte. Obwohl der erste Laden erst 1968 eröffnet wurde, gab es Anfang der siebziger Jahre schon Geschäfte in Australien, Japan und Kanada. In den USA wurde 1974 ein Laden eröffnet. Heute gibt es in Nordamerika 174 Filialen. Weltweit findet man 425 Geschäfte, die zusammen einen Umsatz von etwa 400 Millionen Dollar erzielen. Das Unternehmen unterhält Fabriken in Wales, Holland, Irland und Kentucky.

Habitat/Conran's
Der britische Unternehmer Terence Conran, der Gründer von Habitat, verkauft weltweit in mehr als hundert Geschäften anspruchsvolle moderne Möbel zu erschwinglichen Preisen. Im Vereinigten Königreich gibt es siebenundfünfzig seiner Geschäfte, und über ganz Europa sind Dutzende seiner Zweigstellen verstreut. Die Firma ver-

kauft auch in Japan, Singapur, Hongkong und in den Vereinigten Staaten, wo sie unter dem Namen Conran's bekannt ist. Conran ist 1983 in Anerkennung seines Erfolges geadelt worden.

IKEA

»Champagner für das Geld von Bier«, verspricht die schwedische Möbelfirma IKEA. Sie verkauft Möbelbausätze, die um dreißig Prozent billiger sind als vergleichbare zusammengebaute Möbel. IKEA betreibt achtzig Geschäfte in neunzehn Ländern ganz gleich ob in Westeuropa, Saudi-Arabien, auf den Kanarischen Inseln, in Kanada oder Australien. IKEA-Kataloge, ihre Auflage beträgt weltweit mehr als 50 Millionen Exemplare, erscheinen in zwölf Sprachen. Die Verpackungskartons sind englisch, dänisch, deutsch, französisch und schwedisch bedruckt. 1988 betrug der Gesamtumsatz über 2,6 Milliarden Dollar; allein in den drei amerikanischen Filialen wurden 93 Millionen Dollar umgesetzt. Im Jahre 1990 soll in Budapest eine Filiale eröffnet werden.

Viele Kunden halten sich zwischen zwei und vier Stunden bei IKEA auf, lange genug, um Appetit auf die Dinge zu bekommen, die es im schwedischen Restaurant gibt, das zu jeder Filiale gehört.

Internationale Preisgestaltung

Der internationale Handel hat mit Hilfe der Elektronik zu weltweit einheitlicher Preisgestaltung geführt. Vor ein paar Jahren noch konnte die modebewußte New Yorkerin nach Mailand fliegen und in den Tempeln der Haute Couture an der Via Napoleone so preiswert einkaufen, daß der Preisunterschied die Hotel- und Flugkosten abdeckte. Das geht heute nicht mehr. Und nicht nur, weil der Dollar nicht mehr so günstig steht.

Um alle Filialen eines Unternehmens vor Wechselkursschwankungen zu schützen, die dem Geschäft schaden könnten, werden die Preise heute elektronisch reguliert. Chanel beispielsweise paßt die Preise in allen Läden auf der Welt einander an und berücksichtigt dabei Veränderungen im Währungsgefüge. Ein Kostüm oder eine Handtasche von Chanel kosten mehr oder weniger dasselbe, ob man sie nun in der Avenue Montaigne kauft, in der Boutique in Hongkongs Peninsula Hotel oder am Rodeo Drive.

Ob schwedische, amerikanische, italienische und britische Einzelhandelsketten oder Modedesigner der High-Society – entscheidend ist es, weltweit präsent zu sein. Vertretungen vielerorts bedeuten für die große Mehrheit einen Zuwachs an Auswahlmöglichkeiten auf dem Gebiet der Mode, das wie die internationale Küche ein wunderbares Terrain für den internationalen Austausch ist. Aber bedeutet der Erfolg dieser Firmen nicht ein Zuviel an Homogenität, an Eintönigkeit? Wenn man dieselben Läden in Honolulu, São Paulo und zu Hause im Einkaufszentrum findet, wo bleiben denn dann die Vielfalt, das Lokalkolorit, die Dinge, die man nur in ganz bestimmten Gegenden findet?
Der neue globale Lebensstil bewegt sich auf dem schmalen Grat zwischen größerer Auswahlmöglichkeit und zunehmender Gleichförmigkeit.

Die kulturelle Zahlungsbilanz

Die Amerikaner trifft harte Kritik, weil sie nicht mehr Waren exportieren. Niemand stellt jedoch ihre Begeisterung in Frage, mit der sie Fernsehsendungen, Unterhaltung, Musik und Filme in fast jedes Land der Welt ausführen.

Film

Im Jahre 1982 hielt der französische Kultusminister Jack Lang eine aufrüttelnde Rede über ein Phänomen, das er als »US-amerikanischen Kulturimperialismus« bezeichnete. Obwohl er manchmal fast genauso klingt wie Lee Iacocca, wenn dieser über japanische Autoimporteure herzieht, gibt es doch eine Menge Dinge, über die Minister Lang sich mit Recht Sorgen macht. Alkoholfreie Getränke, Fast food und gewalttätige Fernsehsendungen sind ja Gott sei Dank nicht die einzigen kulturellen Exportgüter der Vereinigten Staaten. Die USA produzieren und vertreiben neben den üblichen nicht so guten Streifen auch einige hervorragende Filme.
In den fünfziger und sechziger Jahren haben die Franzosen die Filmszene beherrscht, aber heute dominieren die Vereinigten Staaten. Im Jahre 1986 kamen in Frankreich hundertzwanzig amerikanische

Filme in die Kinos und hundertfünfzig französische. Während der ersten drei Monate des Jahres 1988 gelang es den französischen Filmen nicht, auf dem heimatlichen Filmmarkt einen Anteil von 30 Prozent zu erobern. Amerikanische Filme hielten den Marktanteil von 50 Prozent.
Die Traumfabrik Amerikas hat auch einen 50prozentigen Anteil des italienischen, holländischen und dänischen Filmmarktes erobert. In Deutschland sind es sogar 60 und in Großbritannien 80 Prozent. Der weitaus *größte* Markt für Hollywoodfilme außerhalb der Vereinigten Staaten ist aber Japan.

Musik und Unterhaltung

Die französischen Radiosender und die Videoshows mit Rockmusik werden von Kulturimporten beherrscht. Im Januar 1987 waren in Frankreich zwanzig der fünfzig populärsten Singles ausländische Schallplatten.
»Vom Jazz bis zur Discomusik – die Massenkultur aus den USA hat die Welt erobert. China ist das letzte Schlachtfeld, aber wir leisten kaum Widerstand«, sagt Li Delun, der musikalische Direktor des Chinesischen Philharmonieorchester, eine ganze Zeit bevor der einen harten Kurs verfolgenden chinesischen Regierung Zweifel an der »Offenheit« kamen.
Wie die jungen Leute in der Sowjetunion lieben auch die jungen Chinesen Jeans und Rockmusik der westlichen Gesellschaft. »Wham!« war die erste Superband, die 1985 in China auftrat. Amerikanische und britische Rockmusik sind die Grundlagen der internationalen Jugendkultur. Genesis, Billy Joel und die Rolling Stones sind auf der ganzen Welt berühmte Stars.
Es ist noch nicht abzusehen, ob nach der blutigen Niederschlagung der Studentenproteste durch die chinesische Regierung der Einfluß der westlichen Kultur wieder zurückgehen wird. Aber vor dem Juni 1989 gab es einen großen Spielraum für *kulturelle* Selbstdarstellung, wenn auch nicht für politische:

○ Mittwoch und Samstag abends lädt der Chongwenmen Kulturpalast zum Breakdance ein.
○ Mehr als dreihundert Jugendliche haben im Mai 1988 an Pekings

erstem, von der Regierung gesponserten Breakdancewettbewerb teilgenommen.
○ Mehr als tausend ältere Bürger beteiligten sich im April 1988 an Pekings erstem Discowettbewerb für alte Menschen.

In Japan allerdings zeigen die Liebhaber des amerikanischen Lebensstils wenig Zurückhaltung, wenn es um die »Heiligtümer« der amerikanischen Kultur geht – das geht von Nachtclubs bis hin zu Disneyland.
In den frühen neunziger Jahren werden in Japan fünfundzwanzig Rock-'n'-Roll-Clubs eröffnen, die den Namen *Studebaker's* tragen und deren Möbel und sonstige Ausstattung aus den Vereinigten Staaten eingeführt werden.
Das erste richtig amerikanische Disneyland, das außerhalb der Vereinigten Staaten eröffnet wurde, liegt natürlich in Japan. »Wir haben uns schließlich überlegt, daß es hier so aussehen und daß man sich hier so fühlen soll, als sei man in den Vereinigten Staaten«, sagt Toshio Kagami von Tokios Disneyland, in dem viele Straßenschilder eine englische Beschriftung tragen. »Wir glauben jetzt, daß das der wichtigste Grund für unseren Erfolg war.«
In den frühen Stunden des Jahres 1987 trotzten 130 000 Japaner Temperaturen nahe dem Nullpunkt, um das neue Jahr in Tokios Disneyland einzuläuten.

Globale Verlagsaktivitäten

»Haben Sie amerikanischen Stil?« – diese Frage stand jüngst auf der Titelseite der Zeitschrift *M*. Wie *Vanity Fair, Style, Taxi, Passion* und *Elle* visiert auch *M* die Zielgruppe der ständig in der Welt herumreisenden Jet-setter an. *European Travel & Life, Travel & Leisure* und der *Traveler* des Verlags Condé Nast, alle werben um die Gunst der anspruchsvollen internationalen Reisenden und derer, die es sein möchten.
Jahrzehntelang war die *International Herald Tribune* das einzige und eigentliche weltweite Sprachrohr. In Paris herausgegeben, meistens amerikanische Quellen verwendend, wurde die Zeitung überall auf der Welt gedruckt und vertrieben. Dann kamen die asiatischen und europäischen Ausgaben des *Wall Street Journal*. Schon 1986 wurden

die Zeitschrift *US News & World Report* auf chinesisch und *Newsweek* auf japanisch gedruckt.

Das System der Satellitenübermittlung macht die Veröffentlichung unterschiedlicher Printmedien auf verschiedenen Kontinenten zur gleichen Zeit möglich. Zeitungen und Zeitschriften wie *Wall Street Journal, Financial Times, USA Today, Die Zeit, China Daily, The Economist, Time* und *Newsweek*. *The Economist* wird von Menschen in hundertsiebzig Ländern gelesen. Nur ein Viertel davon leben in Großbritannien. Darüber hinaus hat sich auf dem Gebiet der Printmedien eine Revolution ereignet: Publikationen aus einer ganzen Reihe von Ländern sind heute an sehr viel mehr Orten erhältlich als früher. In dem Geschäft *Newsroom* in Washington, D. C., kann man Zeitungen, Zeitschriften, Schallplatten, Tonbandkassetten und Bücher in hundert verschiedenen Sprachen kaufen.

»Die Nachfrage bei uns schwankt nur sehr wenig«, sagt ein Newsroom-Verkäufer. Der Laden führt die altbewährten europäischen Blätter wie *Le Monde* und den *Corriere della Sera*, aber auch exotischere Kost wie *Al Ahram, China Daily, Polityka, La Nación, Prawda, Die Welt* und *De Telegraaf*. Außerdem findet man hier *African Business, West Afrika, Nigerian News* und *African Concord*.

Fernsehen

»Der internationale Fernsehmarkt ist wirklich ein Wachstumsbereich«, sagt Sam Roberts, einer der geschäftsführenden Direktoren bei CBS News. Die Abendnachrichten von CBS mit Dan Rather werden täglich um 8 Uhr morgens in Paris ausgestrahlt. Auch die Japaner schauen sich Dan Rather an und dazu noch »The MacNeil/Lehrer News Hour« und »Nightline« mit Ted Koppel. 75 Prozent aller weltweit importierten Fernsehprogramme kommen aus den Vereinigten Staaten. Die meisten sind allerdings keine Nachrichtensendungen.

- ○ »Dallas« wird in 98 Ländern gesehen.
- ○ 40 Prozent des neuseeländischen Fernsehprogramms wurden 1986 von amerikanischen Sendungen bestritten.
- ○ Die amerikanischen Serien »Matlock« und »Spenser« waren im Januar 1989 die meistgesehenen Fernsehsendungen in Südafrika.

- Mickey Mouse und Donald Duck, auf Mandarin synchronisiert, werden jede Woche in China gezeigt.
- Die Sesamstraße wurde 1989 in 84 Ländern gesehen.
- »La Roue de la France«, die französische Version des amerikanischen Vorbilds »Wheel of Fortune«, ist die beliebteste Spielshow im französischen Fernsehen. Nach Auskunft der Verleihfirma King World gibt es noch vier andere ausländische Versionen, und weitere sollen noch folgen.

Die Vereinigten Staaten sind ganz offensichtlich ein aggressiver Exporteur von Fernsehsendungen, aber sie haben wenig Erfahrung mit dem *Import* von Fernsehbeiträgen – von ein paar Sendungen der BBC abgesehen. Sie könnten also durch den Import von künstlerisch wertvollen Filmen und anspruchsvollen Kulturprogrammen sehr profitieren. Das trägt dann vielleicht auch zum Ausgleich des kulturellen Handelsbilanzüberschusses bei.

Europas multinationale TV-Sender, die über Satellit ausgestrahlt werden, sind ja schon so etwas wie globales Fernsehen. Aber auch sie unterliegen dem Trend zu einem globalen Lebensstil und dem gleichzeitigen Gegentrend des kulturellen Nationalismus und der Betonung sprachlicher Unterschiede.

Eine einzige dieser Sendestationen kann ein riesiges internationales Publikum erreichen. Aber zunehmend zieht das Publikum ein Programm vor, das auf die jeweiligen Gegebenheiten eines Landes oder einer Region abgestimmt ist. Die britischen Sender haben sich diese Lektion zu Herzen genommen.

Die erste gesamteuropäische Nachrichtensendung im Fernsehen, die britischen *Independent Television News,* wurden ab 1987 vom britischen Super Channel ausgestrahlt. Die Sendung erreichte eine potentielle Zuschauerzahl von 20 Millionen Kabelkunden in vierzehn Nationen. Die Nachrichten wurden in einem leicht verlangsamten Englisch verlesen, damit sie von den Millionen Zuschauern verstanden werden konnten, die zwar Englisch sprechen, aber eben nicht als Muttersprache.

Aber das war anscheinend nicht genug. *Independent Television News* stellte im November 1988 den Sendebetrieb ein. Der *Super Channel* verlor 100 Millionen Dollar in den ersten beiden Jahren. Rupert Murdochs Sender *Sky Television,* der eine Reihe von europäischen

Ländern erreichte, erging es nicht viel besser. Die meisten Europäer zogen Satellitensender vor, die in ihrer Sprache sendeten.

Die Fernsehzuschauer überall auf der Welt sind offensichtlich bereit, sich so viele amerikanische Fernsehsendungen zu Gemüte zu führen, bis ihre Aufnahmefähigkeit erschöpft ist. Aber der Tag, an dem irgendein Megasender weltweit denselben Eintopf ausstrahlt, wird – Gott sei Dank – nie kommen. Der Grund dafür liegt im kulturellen Nationalismus.

Viele Polen sind besser informiert als ihre sowjetischen Nachbarn. Diejenigen, die eine Parabolantenne besitzen, können zwischen einundzwanzig nordamerikanischen und westeuropäischen Kanälen wählen. Über private Antennen kann man beispielsweise BBC World Service oder den Nachrichtensender CNN empfangen.

Obwohl sie aus der UdSSR weggegangen sind, haben die 100 000 aus der Sowjetunion eingewanderten Juden in Israel immer noch die Möglichkeit, sowjetisches Fernsehen zu sehen. Die Nachrichten kommen über Satellit ins Haus.

Die Möglichkeiten des Fernsehens in den am dichtesten bevölkerten Ländern der Welt sind schwindelerregend.

»Lateinamerika ist die Region der Welt mit der höchsten Importrate von Fernsehsendungen«, sagt Rafael Roncagliolo, Direktor des Center for Studies about Transnational Culture. »Etwa 60 Prozent der Sendungen werden importiert, und davon stammen wieder 80 Prozent aus den Vereinigten Staaten.«

In Ocobamba, einem winzigen peruanischen Dorf mit vierhundert Einwohnern, gab es schon batteriegetriebene Fernsehapparate, noch bevor es fließendes Wasser, eine regelmäßige Postzustellung oder gar Elektrizität gab. »Noch vor dem Telefon wollen die Menschen in diesem Teil der Welt Fernsehen haben«, sagt Carlos Romera, Leiter des peruanischen Instituts für Telekommunikationsforschung und -ausbildung.

Die Tuareg, der größte Nomadenstamm in der Sahara, haben 1983 den Aufbruch zu ihrem jährlichen Wanderzug um zehn Tage verschoben, weil sie die letzte Folge von *Dallas* nicht verpassen wollten.

In den verhältnismäßig armen Ländern wie China und Indien, in denen 40 Prozent der Weltbevölkerung leben, werden die Menschen beständig mit Bildern des hochentwickelten Westens bombardiert.

Indien hat 400 Millionen potentielle Fernsehzuschauer. In China gibt es etwa 100 Millionen Fernsehapparate für schätzungsweise 600 Millionen Zuschauer. Schon 1986 hatte in Peking und Schanghai jeder zweite Haushalt einen Fernsehapparat, berichtet der *World Press Review*.
Die Tendenz zum globalen Fernsehen und die massenhaften Exporte amerikanischer Fernsehsendungen werfen viele Fragen auf: Wird das weltweite Fernsehen zu einer Nivellierung kultureller Unterschiede führen? Führt es zu einer Programmgestaltung, die unter dem Diktat des kleinsten gemeinsamen Nenners steht? Werden die Unterschiede, die die einzelnen Länder interessant machen, eingeebnet? Wird es die ohnehin schon bestehende Tendenz fördern, daß mächtige Länder wie die Vereinigten Staaten den Ländern der Dritten Welt und auch anderen Industrienationen ihre Maßstäbe aufzwingen?

Kulturimperialismus

»Kulturimperialismus« – dieser Vorwurf wurde den Vereinigten Staaten in Zusammenhang mit ihren enormen kulturellen Exporten gemacht.
Zusammen mit Disneyland und der Sesamstraße exportiert die amerikanische Unterhaltungsindustrie auch gewaltverherrlichende Filme und Fernsehserien. Viele Amerikaner sind entsetzt, wenn sie sehen, daß dieselben Filme, die sie zu Hause kritisieren, ins Ausland verkauft werden, wo sie als realistische Darstellung amerikanischen Lebens aufgenommen werden.
»Wenn wir eine Cheeseburgerkultur akzeptieren, dann bekommen wir nur Bauchweh«, sagt Richard Pawelko, ein walisischer Filmemacher und Kritiker der amerikanischen Massenkultur. Die »Cheeseburgerkultur« kann auch zu etwas mehr als Bauchweh führen.
Wenn schon gebildete Menschen in den Industrienationen das Gefühl haben, die Technologie dränge sich in ihr Leben und »alles gehe einfach zu schnell«, ist es dann ein Wunder, wenn sich die Entwicklungsländer durch das Eindringen westlicher Werte und westlicher Technologie bedroht fühlen?
Im Iran, in dem Modernität mit dem Westen in Verbindung gebracht wird und als »satanisch« verschrien ist, drohen die Menschen im

Namen der Religion mit gewalttätigen Aktionen, um den Einfluß von außen abzuwehren. Natürlich drücken sie damit auch ihre Enttäuschung aus.

»Kulturimperialismus«, schreibt die Kolumnistin Georgie Anne Geyer, »dringt in ein Land durch Radio und Fernsehen, durch Touristen und Angehörige des Friedenscorps. Er kommt in ein altes und geschundenes Land wie den Iran auf den Katzenpfoten vermeintlich wohlwollender Männer aus Sioux-City, die in Wirklichkeit ›satanische‹ Wesen sind und die Big Macs, Frauenrechte und eine relativistische, tolerante Moral einschleppen.«

Im Unterschied zu Cheeseburgern und Jeans birgt die Globalisierung des Fernsehens eine ganze Menge Sprengstoff, weil das Fernsehen wie die Literatur mit ethischen Werten zu tun hat. Unterhaltung, die sich des Mediums der Sprache und der Bilder bedient, verläßt den Bereich oberflächlichen kulturellen Austausches und berührt die Domäne der ethischen Werte, der Moral. Sie zielt direkt auf das Zentrum einer Kultur, auf den Geist, der hinter allen Handlungen und Überzeugungen steht. Die Sprache ist eine wichtige Brücke für die Kultur.

Englisch als Weltsprache

Der wichtigste Faktor bei der raschen Ausbildung eines einzigen weltweiten Lebensstils ist die Ausbreitung der englischen Sprache. Sprache ist ein hervorragendes Mittel der kulturellen Angleichung. Sie ist die Frequenz, auf der Kultur vermittelt wird. Wenn Englisch zur allgemein gesprochenen Weltsprache aufsteigt, dann sind die Folgen klar: Die Kultur der englischsprechenden Länder wird noch stärker zur dominierenden Kultur werden.

Englisch wird die erste *wahre* Weltsprache werden. Es ist die Muttersprache von etwa 400 Millionen Menschen in zwölf Ländern. Das sind sehr viel weniger als die etwa 800 Millionen, die Mandarin sprechen. Aber noch einmal 400 Millionen Menschen sprechen Englisch als zweite Sprache. Und unzählige Menschen verfügen über gewisse Kenntnisse der englischen Sprache, die in etwa sechzig Ländern offizielle oder halboffizielle Landessprache ist.

Obwohl die verschiedenen chinesischen Dialekte von vielleicht

genauso vielen Menschen gesprochen werden wie die englische Sprache, ist doch das Englische von der geographischen Ausbreitung her gesehen die universellere Sprache. Und sie breitet sich auch noch mit außerordentlicher Geschwindigkeit aus.
Heute gibt es etwa eine Milliarde Menschen auf der Welt, die Englisch sprechen, und bis zum Jahr 2000 wird diese Zahl wahrscheinlich 1,5 Milliarden übersteigen.
Englisch ist die Sprache, die am häufigsten gelernt wird. Es ersetzt aber andere Sprachen nicht, sondern sie ergänzt sie:

○ Ein Viertel der 1,2 Milliarden Bewohner Chinas – mehr also als die gesamte Bevölkerung der Vereinigten Staaten – lernt Englisch.
○ In 89 Ländern ist Englisch entweder eine verbreitete zweite Sprache oder sie wird von vielen Menschen gelernt.
○ In Hongkong lernen neun von zehn Schülern höherer Lehranstalten Englisch.
○ In Frankreich müssen die Schüler der höheren staatlichen Schulen entweder vier Jahre Englisch oder Deutsch lernen; mindestens 85 Prozent entscheiden sich für Englisch.
○ In der Bundesrepublik wird gegenwärtig in jedem Schultyp Englisch gelehrt. Es gibt also theoretisch keinen Schüler, der nicht wenigstens mit mageren Englischkenntnissen die Schule verläßt.
○ In Japan müssen die Schüler höherer Schulen bei der Abschlußprüfung sechs Jahre Englisch nachweisen.

In der Sowjetunion ist Sprachunterricht obligatorisch. Auch hier lernen die meisten Kinder Englisch. In Norwegen, Schweden und Dänemark ist Englisch Pflichtfach. Holland ist in Europa, von Großbritannien natürlich abgesehen, das Land mit dem höchsten Standard in Englisch. Seit dem Eintritt Portugals in die Europäische Gemeinschaft wird weniger Französisch gelernt und zunehmend mehr Englisch.
»Es gibt in den meisten Ländern der Welt bei Studenten, jungen Freiberuflern, Pädagogen, Geschäftsleuten und Regierungsbeamten ein großes Bedürfnis danach, sich auf Englisch fließend und locker ausdrücken zu können«, sagt Charles Wick, ehemaliger Leiter der

United States Information Agency, USIA, die in etwa zweihundert Kulturzentren in hundert Ländern Englischkurse anbietet. Fast eine halbe Million Menschen hat von USIA subventionierte Kurse besucht.

In Tokio gibt es mehr als tausend Schulen und Institute, an denen man Englisch lernen kann, und jedes Jahr machen hundert neue Schulen auf. Berlitz bietet sowohl britisches als auch amerikanisches Englisch in zweihundertfünfzig Sprachschulen in sechsundzwanzig Ländern an. Weltweit lernen 80 bis 90 Prozent der Berlitz-Studenten Englisch. Zwischen 1983 und 1988 haben die Einschreibungen für Englisch um 81 Prozent zugenommen.

Medien und Verkehr
Im internationalen Verkehr und in den Medien ist Englisch die vorherrschende Sprache. Die Reise- und Kommunikationssprache auf den Ätherwellen ist Englisch. Piloten und Fluglotsen auf allen internationalen Flughäfen sprechen Englisch. In der Seefahrt werden Flaggen- und Lichtsignale verwendet, aber »wenn verbale Kommunikation zwischen Schiffen nötig wird, werden sie als gemeinsame Sprache Englisch verwenden«, sagt Werner Siems von der Küstenwache.

Fünf der größten Rundfunk- und Fernsehanstalten CBS, NBC, ABC, die BBC und die CBC, Canadian Broadcasting Corporation, erreichen im Ausland mehr als 100 Millionen Menschen mit englischsprachigen Sendungen. Englisch ist auch die Sprache des Satellitenfernsehens.

Das Informationszeitalter
Auch die Sprache des Informationszeitalters ist Englisch. Die Computer sprechen auf Englisch miteinander.
Mehr als 80 Prozent aller Informationen in den über 100 Millionen Computern, die es auf der Welt gibt, sind auf Englisch gespeichert.
Anweisungen für Computerprogramme und die Software selbst sind oft nur auf Englisch zu bekommen.

85 Prozent der internationalen Telefongespräche werden in Englisch geführt; dasselbe trifft auf drei Viertel des Postverkehrs, der Telexe und Telegramme zu.

Früher war Deutsch die Sprache der Naturwissenschaften – heute ist es Englisch. 80 Prozent aller wissenschaftlichen Arbeiten werden heutzutage zuerst auf Englisch publiziert. Über die Hälfte der technischen und naturwissenschaftlichen Periodika, die weltweit erscheinen, sind in Englisch abgefaßt, der Sprache der Medizin, der Elektronik und der Raumfahrttechnik.

Internationales Geschäftsleben
Englisch ist die Sprache des internationalen Geschäftslebens.
Wenn ein japanischer Geschäftsmann irgendwo in Europa ein Geschäft abschließt, dann führt er die Verhandlungen höchstwahrscheinlich auf Englisch.
»Made in Germany«, und nicht »Hergestellt in Deutschland«, heißt es auf Englisch zur Bezeichnung des Herkunftslandes deutscher Produkte. Englisch ist die Sprache der multinationalen Unternehmen. Die unternehmensinternen Mitteilungen und die Aktennotizen bei Datsun und Nissan sind englisch abgefaßt. Nach einer 1985 durchgeführten Untersuchung konnten 80 Prozent der Beschäftigten des japanischen Unternehmens Mitsui und Co. Englisch sprechen, lesen und schreiben; bei Toyota gehören Englischkurse zur innerbetrieblichen Fortbildung. In Saudi-Arabien erhalten die Arbeiter von Aramco Englischunterricht, und auf drei Kontinenten können die Beschäftigten der Chase Manhattan Bank ihre Englischkenntnisse erweitern.
Beim italienischen Lastwagenhersteller Iveco ist Englisch die internationale Verkehrssprache. Beim holländischen Elektronikkonzern Philips werden alle Vorstandssitzungen auf Englisch geführt. Das französische Unternehmen Cap Gemini Sogeti SA, einer der größten Softwareproduzenten Europas, hat Englisch zu seiner offiziellen Unternehmenssprache gemacht.
Sogar in Frankreich, das für andere Sprachen wenig übrig hat, wird eine der führenden wirtschaftswissenschaftlichen Hochschulen Englisch als Unterrichtssprache einführen. Die École des Hautes Études Commerciales bietet jetzt ihren klassischen zweijährigen Studiengang Management in englischer Sprache an. Es ist das erste Mal, daß einer der Vorreiter französischer Hochschulbildung ein Fach in einer fremden Sprache unterrichtet.
Wenn die Telefonistin bei Alcatel in Paris, der zweitgrößten Telefongesellschaft der Welt, den Hörer abnimmt, dann meldet sie sich nicht

auf französisch, sondern mit: »Alcatel, good morning.« Wenn die Franzosen auf sprachlichem Gebiet nachgeben, dann sind sie immer unwiderstehlich.

Diplomatie
Englisch ersetzt die europäischen Sprachen, die über Jahrhunderte bestimmend waren. Englisch hat Französisch als die Sprache der Diplomatie abgelöst; es ist die offizielle Sprache internationaler Hilfsorganisationen wie der Unicef, dem Weltkinderhilfswerk, und es ist auch die Sprache der UNESCO, der NATO und der UN.

Lingua franca
Ländern, in denen die Bevölkerung viele verschiedene Sprachen spricht, dient Englisch als »Lingua franca«. In Indien, wo zweihundert verschiedene Sprachen gesprochen werden, sprechen nur 30 Prozent der Bevölkerung die offizielle Sprache Hindi. Als Rajiv Gandhi sich nach der Ermordung seiner Mutter an sein Volk wandte, sprach er englisch. In der EFTA, der Organisation der europäischen Freihandelszone, wird nur englisch gesprochen, obwohl Englisch für alle sechs Mitgliedstaaten eine Fremdsprache ist.

Offizielle Landessprache
Englisch ist die offizielle oder doch halboffizielle Landessprache in zwanzig afrikanischen Ländern, unter anderem in Sierra Leone, Ghana, Nigeria und Südafrika und Unterrichtssprache an der Makerere-Universität in Uganda, an der Universität von Nairobi in Kenia sowie an der Universität von Daressalaam in Tansania. Englisch ist die ökumenische Sprache des Weltkirchenrats, die offizielle Sprache der Olympischen Spiele und der Miß-Universum-Wahlen.

Jugendkultur
Englisch ist die Sprache der internationalen Jugendkultur. Auf der ganzen Welt singen junge Leute die Texte der Songs von U2, Michael Jackson und Madonna, vielleicht ohne sie ganz zu verstehen. »Breakdance«, »Rap«, »Bodybuilding«, »Windsurfen« und »Hakker« sind auch in das Vokabular der jungen Bundesrepublikaner oder Spanier eingegangen.

Fremdsprachenunterricht in den USA

Bedeutet der Aufstieg des Englischen zur Weltsprache die Vernachlässigung des Fremdsprachenunterrichtes in den Vereinigten Staaten? Anscheinend nicht. Ein Drittel aller Schüler an den staatlichen High-Schools in Amerika – das sind fast 4 Millionen Schüler – lernen heute Fremdsprachen; das ist der größte Prozentsatz seit siebzig Jahren und bedeutet gegenüber 1982 eine Zunahme von 21,3 Prozent.
Das klingt eindrucksvoll, aber in dieser Zahl sind noch nicht die Schüler an den Juniorhigh-Schools und an den privaten höheren Schulen mitgerechnet. In nur einem Staat, in Arkansas, und im District of Columbia, also in der Hauptstadt Washington, stehen Fremdsprachen als Pflichtfächer auf dem Stundenplan. Die High-Schools in Virginia weisen den höchsten Anteil, nämlich 44 Prozent, an Schülern auf, die Fremdsprachen lernen.
Zwischen 1986 und 1987 haben sich die Einschreibungen an den Berlitz-Schulen um die eindrucksvolle Quote von 27 Prozent erhöht. Die privaten Sprachschulen in den Vereinigten Staaten haben 1987 etwa 100 Millionen Dollar umgesetzt. Fremdsprachen bringen auch den Hochschulen Geld ein. Die New York University verdient mit Fremdsprachenkursen eine Million Dollar.
Überdies werden heute auch andere Sprachen gelernt als noch vor fünfzig Jahren. Im Schuljahr 1988/89 haben in Kalifornien tausendfünfhundert Schüler der Sekundarstufe Japanisch gelernt. Auf Hawaii wird keine Sprache so oft gewählt wie das Japanische.
Der Prozentsatz amerikanischer Collegestudenten, die Japanisch lernen, ist zwischen 1980 und 1987 um 103,8 Prozent gestiegen, in absoluten Zahlen: 23 454. Die Anzahl der Studenten, die Chinesisch lernen, ist um 48,6 Prozent auf 16 891 gestiegen und die Zahl derer, die Russisch lernen um 41,6 Prozent auf 33 961.
»Ich glaube, der Trend ist einfach nicht aufzuhalten«, meint William F. Cipolla, der an der New York University Direktor des Departments für Sprache und Übersetzung ist. »Es findet eine beträchtliche Verlagerung von den europäischen zu den asiatischen Sprachen statt.«
Wenn auch die Zahlen für Spanisch nur um 8,4 Prozent gestiegen sind, so lernen doch noch die meisten Schüler und Studenten Spanisch: 411 293. Spanisch hat im Jahre 1970 Französisch von seinem

Spitzenplatz verdrängt und ist jetzt die Sprache, die an amerikanischen Hochschulen am häufigsten unterrichtet wird.

Die Ausbreitung des Englischen

Die Japaner belegen zwar einige Importe mit restriktiven Maßnahmen, es gibt jedoch keine Beschränkungen für den Import der amerikanischen Sprache. Englische Wörter und Floskeln sind beliebt, selbst wenn man manchmal nicht genau weiß, was sie bedeuten sollen, wie zum Beispiel bei folgenden Wendungen: »I feel Coca-Cola« und »I like every music, including noises«. »Japlish«, die Kombination von Englisch und Japanisch, hat schon zu sehr lustigen Reklameplakaten, Einkaufstaschen und T-Shirts geführt.
»Es ist nicht wichtig, daß die Wörter etwas bedeuten, wichtig ist, daß sie gut klingen«, sagt Tim Mayfield, Direktor einer amerikanischen Werbeagentur. Englisch hat viele andere Sprachen durchdrungen. So gibt es beispielsweise »Franglais«, die Kombination aus Englisch und Französisch, die ein beständiger Dorn im Auge der *Académie française* ist. Andere Schöpfungen heißen Spanglish, Sovangliski mit Russisch, Hinglish mit Hindi.
Für ausländische Diplomaten in Washington gibt es einen Kurs für amerikanische Umgangssprache. Wo sonst kann man denn erfahren, was »Let's do lunch« bedeutet oder »networking«, »knee-jerk« und noch tausend andere Amerikanismen?
»Im gebildeten Teil der Welt ist Englisch bald die erste oder zweite Sprache«, prophezeit Richard Lewis von der Sprachschule Linguarama. »Englisch breitet sich in Europa anscheinend noch schneller aus als irgendwo sonst.«
Was Englisch als Weltsprache vor allem so beliebt macht, ist der Umstand, daß man es ziemlich leicht und ziemlich schnell schlecht sprechen kann.
»Englisch ist die internationale Sprache«, sagt Akira Nambara von der Bank of Japan. »Oder sollte ich sagen: gebrochenes Englisch ist die internationale Sprache.«
Englisch wird zwangsläufig auch die zukünftige Sprache Europas sein: Es wird sowohl das Französische als auch das Deutsche, die meistgesprochenen europäischen Sprachen, verdrängen. Der Grund dafür heißt 1992, und der Trend hat erst angefangen.

Während Englisch zur universalen Sprache, zur Weltsprache wird, gibt es eine Gegenbewegung, die sich ebendieser Universalität widersetzt: Die Menschen wollen ihre traditionellen Sprachen und ihre Kultur lebendig erhalten.

Kultureller Nationalismus

Von Alor Star in Malaysia über Soweto in Südafrika bis nach Xian in China schwärmen junge Menschen für die Produkte der westlichen Kultur. In Nairobi, Kairo, Buenos Aires und Katmandu kann man an fast jeder Straßenecke die Klänge amerikanischer Musik hören. Der massenhafte Export westlicher Kultur, insbesondere der amerikanischen Kultur, sowie die Ausbreitung des Englischen als Weltsprache, haben einen gegenläufigen Trend provoziert, eine heftige Gegenreaktion.
Vor der Kulisse aus Rockmusik, Blue jeans und amerikanischem Fernsehen taucht ein neuer kultureller und sprachlicher Chauvinismus auf: Man besinnt sich auf Traditionen und Werte zurück, die in Jahrhunderten langsam gewachsen sind und in Religion, Kunst und Sprache ständig weitergegeben werden.
Nicht nur in den Industrienationen, auch anderswo wird die allgemeine Verbreitung der englischen Sprache zunehmend kritisch betrachtet. Auf den Philippinen, in Malaysia und im Sudan ist Englisch an den Schulen gewissen Beschränkungen unterworfen. In mehr als zwölf Ländern wird versucht, den Gebrauch des Englischen einzudämmen. Wie die Dinge liegen, wird man damit wohl genausoviel Glück haben wie die Académie française, die immer wieder damit gescheitert ist, wenn sie die französische Sprache vor dem Ansturm der Fremdwörter, speziell solcher englischer Herkunft, bewahren wollte.
Trotzdem ist die Sprache der Weg ins Herz einer Kultur. Wenn die Bewohner eines Landes der Dritten Welt spüren, daß eine fremde Kultur übermäßigen Einfluß gewinnt, dann haben sie das Gefühl, ihre Werte seien bedroht, und sie verteidigen ihre Sprache oder Religion mit großer Heftigkeit, genauso wie sie einer politischen oder militärischen Invasion mit verstärktem politischen Nationalismus begegnen würden.

Fallbeispiel Islam

Man braucht ja nur den markantesten Fall von kulturellem Nationalismus zu betrachten, den revolutionären Iran, in dem die Macht, aus der sich das neue kulturelle Selbstbewußtsein speist, die Religion ist und nicht die Sprache. Millionen schiitischer Anhänger, für die der Name des mittlerweile verstorbenen Ajatollah Khomeini steht, bekennen sich wieder zu traditionellen religiösen Prinzipien und lehnen jeden westlichen, speziell amerikanischen Einfluß ab, weil er die konservative Ordnung des islamischen Gesetzes untergrabe.

Für den Iran ist der Westen gleichbedeutend mit allem, was modern und profan ist (die Technik eingeschlossen), und deshalb gottlos, ja sogar »satanisch«. Die USA und der Iran waren in einen »Kulturkampf« verstrickt, der manchmal gewalttätige und tragische Züge angenommen hat: der Abschuß eines iranischen Flugzeugs durch die USA, der sich im Sommer 1988 im Persischen Golf ereignete, die wahrscheinliche Beteiligung des Iran am Absturz einer *Pan Am*-Maschine im Dezember 1988.

Für viele aber wurde der schwerste Schlag der kulturellen Gegenbewegung auf einem passenden Schlachtfeld geführt: auf dem Gebiet der Literatur. Ebenso wie andere fundamentalistische religiöse Bewegungen beharrt auch die islamische Bewegung auf dem Primat der Schrift, in diesem Fall des Heiligen Koran, in dem das Wort Allahs von Mohammed, seinem Propheten, aufgezeichnet wurde. Als ein paar auf den Propheten bezogene blasphemische Äußerungen in dem Roman *Die satanischen Verse* von Salman Rushdie vorkamen, einem sunnitischen Moslem, der im Westen lebt und arbeitet, forderte ein empörter Ajatollah Khomeini seine Anhänger in aller Welt auf, den Autor hinzurichten.

Die westlichen Errungenschaften der Rede- und Pressefreiheit prallten mit dem islamischen Begriff von Respekt und Verehrung zusammen. Die Saat, die hier aufging, hatte schon mindestens zehn Jahre lang gekeimt.

Nachdem Khomeini die Massen fünfzehn Jahre lang von außerhalb, ironischerweise von Paris aus, aufgewiegelt hatte, rief er seine Landsleute dazu auf, den proamerikanischen Schah zu stürzen, der dann im Januar 1979 tatsächlich ins Exil ging. Der am Westen orien-

tierte Schah wurde durch sein genaues Gegenteil ersetzt: durch einen alternden, graubärtigen Kleriker, der von Scharen fanatischer junger Studenten angebetet wurde.
Die Revolution setzte eine Welle antiamerikanischer Ressentiments frei, die ihren Höhepunkt in der Belagerung und Besetzung der amerikanischen Botschaft im darauffolgenden November fand. Die dort anwesenden zweiundfünfzig Amerikaner wurden von iranischen Revolutionären 444 Tage lang gefangengehalten. Beim Regierungsantritt der Reagan-Administration 1987 wurden sie freigelassen.
Wie Moorhead Kennedy, eine der damaligen Geiseln, berichtet, wunderte sich ein höherer Beamter des amerikanischen Außenministeriums, wieso der Sturz des Schahs und die Besetzung der Botschaft religiöse Gründe haben könnten. Mit Blick auf die realitätsferne Haltung des Außenministeriums fährt Kennedy fort: »Religion paßt nicht ins System. Deshalb wurde ihr auch keine Bedeutung zugemessen. Das Auswärtige Amt war durch nichts in seiner langen Erfahrung auf eine übernationale religiöse Bewegung vorbereitet, wie sie der Ajatollah Khomeini anführte.«
Wir fangen eben gerade erst damit an, die Tiefe und das Ausmaß des kulturellen Nationalismus zu begreifen. Er ist eine Herausforderung, der sich nicht nur die Industriestaaten stellen müssen. Je mehr wir einander beeinflussen, desto stärker werden wir auf die Bewahrung unserer Traditionen bedacht sein. Wir werden das nicht mit der Brutalität einiger iranischer Revolutionäre tun, aber mit einem Eifer, der dem ihren um nichts nachstehen dürfte.
Je stärker wir uns einer zunehmenden Angleichung der Lebensstile gegenübersehen, desto mehr werden wir versuchen, unsere Identität zu bewahren, sei es nun unsere religiöse, kulturelle, nationale, sprachliche oder rassische Identität.
Die heutige Generation junger Japaner begeistert sich für traditionelle japanische Kleidung, Küche und Kultur. »Die jungen Leute dichten wieder Haiku-Verse«, schreibt der Londoner *Economist*, »genau wie ihre Großeltern, aber im Gegensatz zu ihren Eltern.«
Betrachten wir nun andere ethnische und regionale Gruppen, die gegenwärtig darum kämpfen, sich in einer immer gleichförmiger werdenden Welt ihre kulturelle Identität zu erhalten.

Wales

Man vergißt leicht, daß die europäischen Nationalstaaten durch den Zusammenschluß zahlloser ethnischer Gruppen entstanden sind: darunter Flamen, Bayern, Provençalen, Andalusier, Katalonen und Waliser.

In Wales, wo praktisch jeder Englisch spricht, erlebt die walisische Sprache, das Kymrische oder Cymraeg, wie es auf Walisisch heißt, ein Comeback, nachdem es fast ausgestorben war. Ende des 19. Jahrhunderts sprachen 80 Prozent der Bevölkerung Walisisch. Bis zu den dreißiger Jahren unseres Jahrhunderts sank der Anteil auf 30 Prozent. Und 1983 waren es nur noch 20 Prozent.

Seit den siebziger Jahren gibt es allerdings eine breite Bewegung zur Neubelebung des Walisischen:

- Erwachsene lernen Walisisch in Intensivkursen. Sie kommen an fünf Abenden in der Woche zusammen.
- Selbst Kinder im Vorschulalter zwischen zweieinhalb und fünf Jahren lernen Walisisch.
- Die politisch unabhängige *Welsh League of Youth,* deren 750 Untergruppen über 45 000 Mitglieder zählen, ermuntert junge Leute, die Sprache zu lernen.

Heute gibt es Radiosender, die ihr Programm auf Walisisch senden, und walisische Zeitungen wie Y Cymro und Y Faner. Im Jahre 1982 wurde ein Fernsehsender eingerichtet, der ausschließlich auf Walisisch ausstrahlt.

»Je mehr das Fernsehen zu einem globalen Medium wird, desto größer wird die Bedrohung für die Sprachen von Minderheiten«, sagt Emlyn Davies, der beim walisischsprachigen Sender die Programmaufsicht hat. »Mein Sohn ist 13 Jahre alt. Er ist ein Fan der Rockgruppe Queen. Solange er über Queen auf Walisisch erzählt, empfinde ich das nicht als eine Bedrohung seiner kulturellen Identität.«

Eltern bringen große Opfer, damit ihre Kinder Schulen besuchen können, an denen Walisisch gesprochen wird. Manche müssen ihre Kinder zwanzig Meilen bis zur Schule fahren. In 20 Prozent der fast vierhundert Grundschulen ist Walisisch die einzige oder doch die dominierende Unterrichtssprache. In etwa tausend weiteren Schulen wird es als zweite Sprache unterrichtet. In nur 343 Schulen wird überhaupt kein Walisisch angeboten.

Die Hälfte der Bevölkerung besucht das Eisteddfod, ein Festival für walisische Bräuche, das jeden August veranstaltet wird. »Die meisten Teilnehmer berichten übereinstimmend, daß nur auf dem Festival ihre walisische Identität jedes Jahr erneuert wird«, schreibt Bud Kleif in seinem Buch *Language, Ethnicity, and Education in Wales.*

Das *Junior Eisteddfod,* eine für Kinder organisierte Variante des Festivals, bietet Musikwettbewerbe, Dichter-, Sänger- und Schauspielwettstreite. Einmal lehnte es einer der Gewinner ab, sich auf Englisch interviewen zu lassen.

Das Wiederaufblühen des Walisischen zeigt, daß die kulturelle und sprachliche Identität sehr viel tiefer gehen kann als die Politik. Wales ist ja schon seit *fünfhundert Jahren* nicht mehr unabhängig. Es ist ein Teil Großbritanniens und keine eigene Nation. Jan Morris schreibt dazu in *The Matter of Wales:* »Wales ist ein Land, aber kein Staat; es hat eine Hauptstadt, aber keine Regierung; es hat eigene Briefmarken, aber keine eigene Währung; eine Flagge, aber keine Botschaften; eine eigene Sprache, aber keine eigenen Gesetze.«

Im Jahre 1979 stimmten in einem Referendum 20 Prozent der walisischen Wähler für eine Abtrennung vom Vereinigten Königreich. Wie dieses Abstimmungsergebnis zeigt, ist der walisische Nationalismus eher kultureller als politischer Natur, und im Mittelpunkt dabei steht die Sprache.

Quebec

In der kanadischen Provinz Quebec sprechen 85 Prozent der 6,5 Millionen Einwohner Französisch. Jahrzehntelang redete man vom Wunsch Quebecs, sich vom Rest Kanadas loszulösen. 1976 errang die separatistische Bewegung Quebecs einen Teilerfolg, als sie die Wahlen gewann und die Provinzregierung stellen konnte, die allerdings immer noch der Bundesregierung verantwortlich ist. Kurz danach wurde in Quebec ein Gesetz verabschiedet, das die Bürger verpflichtet, am Arbeitsplatz Französisch zu sprechen. Firmenschilder und andere öffentliche Hinweise dürfen nicht mehr auf Englisch abgefaßt sein. Eine »Sprachpolizei« belegt Verstöße mit Bußgeldern. Das Gesetz schreibt überdies den Kindern vor, französische Schulen zu besuchen. Eine Ausnahme ist dann gestattet, wenn ein Elternteil früher auf eine englische Schule in Quebec gegangen ist.

In einem Referendum, in dem 1980 über die Loslösung von Kanada abgestimmt wurde, stellten sich 60 Prozent gegen die Abtrennung. Heute sehen die Bewohner Quebecs die wirtschaftlichen Kosten ihres sprachlichen Nationalismus.

In den ersten acht Jahren nach Quebecs »Sprachengesetz« hat eine Viertelmillion Menschen, darunter 14 000 leitende Angestellte, die Provinz verlassen. Sie gehörten fast alle dem englischsprachigen Teil der Bevölkerung an. Eine der beiden englischen Tageszeitungen der Stadt Quebec ist eingegangen und die Versicherungsgesellschaft Sun Life war eines der ersten Unternehmen, das seine Verwaltung aus der Stadt abzog. Banken und Maklerfirmen sind nach Toronto gegangen, und die Immobilienpreise sind gesunken.

Quebecs sprachlicher Nationalismus bewahrt das französisch-kanadische Erbe. Die Einschreibungszahlen an französischen Universitäten sind von 20 000 vor 1960 auf 130 000 im Jahre 1988 gestiegen, ein Vorgang, der dann zu einigen französischen Investitionen geführt hat. Aber überwiegt der Preis, den die Nationalisten zahlen, nicht die Vorteile?

Im Jahre 1987 hat das Revisionsgericht Quebecs das Provinzgesetz bestätigt, das nur französische Straßenschilder zuläßt. 1988 allerdings hat der Oberste Gerichtshof Kanadas das Urteil der vorhergegangenen Instanz revidiert und das Gesetz für verfassungswidrig erklärt. Man bemüht sich jetzt in Quebec, eine Kompromißlösung zu finden, die sowohl das Gericht als auch die französischsprachige Mehrheit Quebecs befriedigt.

1987 wurden siebzehn Firmen mit Bußgeldern belegt, weil sie Schilder mit englischer Aufschrift benutzten und damit gegen das Provinzgesetz verstießen, das ja nur Französisch zuläßt:

○ Als ein Ladenbesitzer ein »Merry Christmas«-Schild aufhing, wies ihn die »Sprachpolizei« an, den Text französisch abzufassen oder das Schild abzunehmen.

○ Die Regierung schickt Agenten in Firmen, die darauf achten sollen, daß am Arbeitsplatz französisch gesprochen wird.

○ Als jemand Anzeige erstattete, weil zwei Angestellte eines Fastfood-Lokals Englisch gesprochen hatten, setzte die Regierung Agenten auf das Lokal an, die herausfinden sollten, ob dort möglicherweise gegen das Gesetz verstoßen wurde, das vorschreibt, daß am Arbeitsplatz nur Französisch gesprochen werden darf.

1987 hat Quebec die kanadische Verfassung unterzeichnet und offiziell erklärt, daß es sich nicht mehr als vom übrigen Kanada losgelöst betrachtet. Aber nach neuesten Informationen ist die aufs Französische eingeschworene *Parti Quebecois* dabei, die separatistische Bewegung neu zu organisieren.

Katalonien

Das kastilische Spanisch ist Spaniens offizielle Sprache. Sie gilt aber nicht für Katalonien, eine autonome Region mit 6 Millionen Einwohnern, in den Katalanisch zur offiziellen Landessprache erklärt worden ist und das eine neue Blütezeit erlebt. Fast 70 Prozent der Bevölkerung sprechen Katalanisch, und 85 Prozent verstehen es. Katalanische Zeitungen, Zeitschriften und Bücher, die in der Diktatur Francisco Francos verboten waren, finden ungeheuren Zuspruch.
Die Sprache spielt für Katalonien und für die Bewohner Kataloniens eine enorm wichtige Rolle. Katalonien und seine Hauptstadt Barcelona gelten seit Jahrhunderten als das wirtschaftliche Zentrum Spaniens. Sie haben heute an der spanischen Wirtschaft einen Anteil von 20 bis 25 Prozent.
Ohne meine Sprache habe ich keine Kultur, und Kultur ist die beste Waffe, die der Mensch gegen Unterdrückung hat, sagt Joan Brossa, ein katalanischer Lyriker.»General Franco und seine Faschisten haben das sehr genau gewußt. Sie wollten uns unsere Sprache rauben, aber das ist ihnen nicht geglückt. Ich glaube, jetzt ist die schlimmste Zeit für uns vorbei.«

○ Die Renaissance des Katalanischen hat Zeitungen wie *Avui* und Zeitschriften wie *El Mon* und *Serra d'Or* großen Auftrieb gegeben.
○ Dem katalanischen Verlegerverband gehören fünfundsiebzig Ver-

lage an, darunter Unternehmen wie Ediciòns 62, Editorial Empuries und Editorial Laia. Ediciòns 62 bringt Übersetzungen von Büchern William Faulkners, Graham Greenes und von F. Scott Fitzgerald heraus. Die Leser greifen auch gerne zu Übersetzungen von Science-fiction-Titeln und zu betriebswirtschaftlichen Büchern.
○ *La Vanguardia,* die wichtigste Tageszeitung Barcelonas, druckt bestimmte Artikel in Katalanisch.
○ Es gibt 21 Radiosender, die in katalanischer Sprache senden, und drei Fernsehsender, die wenigstens einige Stunden pro Tag ein katalanisches Programm bringen.

Manchmal versammeln sich die Menschen Sonntag mittags spontan vor der gotischen Kathedrale Barcelonas, und an den Sonntagabenden finden sich auf der Plaza Sant Jaume Hunderte von Katalanen zu Volkstänzen ein.
Die gegenwärtige Renaissance der katalanischen Sprache kommt aus einer jahrhundertealten Tradition. Die Katalanen sind seit den Tagen von Christoph Kolumbus mit Spanien verbunden. Aber nachdem sie im 18. Jahrhundert ihre Unabhängigkeit an Philipp V. verloren hatten, strebten sie nach größerer Autonomie, und oft war dabei die Sprache die einigende Kraft. In der literarischen Renaixensa der fünfziger und sechziger Jahre des vergangenen Jahrhunderts erlebte die Sprache der Region in der Lyrik und auf Festivals eine triumphale Renaissance, die ihrerseits wieder den sprachlichen Nationalismus verstärkte.
Katalonien erlangte 1932 die politische Autonomie, bevor es im Spanischen Bürgerkrieg an Franco fiel. Politische und gesellschaftliche Institutionen wurden abgeschafft, Sprache und Kultur wurden unterdrückt.
1980 durften die Katalanen zum erstenmal nach zweiundvierzig Jahren Repräsentanten für ihre Landesverwaltung wählen: die Generalitat.
»Wir akzeptieren, Spanier zu sein, aber wir sind es auf eine andere Weise als die übrigen Spanier. Wir sind Spanier, die Katalanen sind«, sagte Jordi Pujol, der Präsident der katalanischen Regierung. »Wir wollen Spanier bleiben, wollen aber gleichzeitig unsere Sprache behalten, unsere Kultur, unsere historisch gewachsenen politischen

Institutionen, und wir wollen auch anerkannt wissen, daß wir ein anderes Volk sind.«

Katalonien ist heute wahrscheinlich das beste Beispiel für ein ausgewogenes Verhältnis von regionaler Eigenart und der Zugehörigkeit zu einem nationalen Verbund: Es zeigt beispielhaft, wie man gleichzeitig individuelle Identität aufrechterhalten und einem Kollektiv angehören kann. »Ein Land, das seine Sprache verteidigt, verteidigt sich selbst« – so sagt ein altes katalanisches Sprichwort.

Singapur

In Singapur, wo die Internationalisierung gar nicht schnell genug gehen kann, wächst die Sorge, man könne zu sehr verwestlicht werden. Ministerpräsident Lee Kuan Yew ängstigt sich um den Verlust »zentraler asiatischer Werte« und darum, daß die jüngere Generation »sich mehr um sich selbst kümmert als um die Gemeinschaft«. Er sagte kürzlich in einer Rede: »Es wäre ein großes Unglück, wenn wir zu einer pseudowestlichen Gesellschaft würden.« Er initiierte die »Sprecht Mandarin«-Kampagne, die den Zweck verfolgt, der Verwestlichung durch die Zurückdrängung des Englischen zu begegnen. Seit 1979 ist jeder Oktober ein »Mandarin-Monat«.

Die Sowjetunion

Über die Sowjetunion, das größte multinationale Land, das es je gegeben hat, geht eine Woge des Nationalismus hinweg. Es gibt in der Sowjetunion fünfzehn Republiken, hundertvier Volksgruppen, hundert Sprachen und dreizehn Zeitzonen.
In der Umbruchszeit überspült diese Woge des Nationalismus die riesige sowjetische Nation:

○ Schon 1986 kam es in Kasachstan zu Unruhen, als ein einheimischer Parteiboß durch einen Russen ersetzt wurde.
○ 1987 demonstrierten achthundert Krimtataren auf dem Roten Platz gegen die 1940 von Stalin aus durchgeführte Deportation aus der Krim nach Zentralasien.
○ In zwei alten christlichen Nationen, in Armenien und Georgien, finden unzählige Demonstrationen statt.

○ Die alten baltischen Republiken Estland, Lettland und Litauen, die bis 1940 unabhängig waren, haben ihre Unabhängigkeit erklärt und alles nur Erdenkliche unternommen, um sich von der Sowjetunion loszulösen.

Im Namen der Perestroika beschwören die baltischen Republiken den Geist von Gorbatschows Reformen. Sie geben damit ihrer lang unterdrückten nationalen Selbstbestimmung Ausdruck. Anfang 1989 hat die gesetzgebende Versammlung Estlands in einer Abstimmung das Estnische, eine Sprache, die mit dem Finnischen verwandt ist, zur offiziellen Landessprache erklärt. Sie wird nun das Russische ersetzen. Die Russen in Estland müßten gewissermaßen als Neuauflage der Sprachkriege, die wir aus Quebec kennen, nun Estnisch lernen. Das estnische Gesetz ist allerdings liberaler: Auf Straßenschildern und auf den Schildern in Geschäften steht in kleiner Schrift die russische Übersetzung. Ebenfalls 1989 hat das Parlament der Moldauischen Republik das Moldauische zur offiziellen Sprache erklärt. Das Moldauische ist eigentlich ein rumänischer Dialekt, und die Schrift folgt dem kyrillischen Alphabet. Auch in einigen anderen Republiken, in Armenien, Georgien, Aserbeidschan und in der Moldauischen Sowjetrepublik, wird überlegt, ob das Russische nicht durch die eigene Sprache ersetzt werden soll.
Der kulturelle Nationalismus schlummert tief im verborgenen, doch wird er unterdrückt, entwickelt er starke Gegenkräfte.

Internationaler Lebensstil und Menschenrechte

»Die weltweit einheitliche Kultur, die sich jetzt herausbildet, besteht Gott sei Dank nicht nur aus T-Shirts und Fast food«, schreibt Walter Truett Anderson, Journalist beim Pacific News Service und Autor von *Rethinking Liberalism,* »sie besteht auch darin, daß die Prinzipien der Menschenrechte eine sehr viel breitere Akzeptanz finden als früher. Sie werden allmählich weltweit zur Norm. Es sind gefährdete Prinzipien, die oft nur in Sonntagsreden hochgehalten und in der Praxis mit Füßen getreten werden. Dabei handelt es sich doch um klare Aussagen über die Dinge, welche die Völker der Welt für sich verlangen und die andere Völker von ihnen erwarten.«
Von zentraler Bedeutung für die Ausbreitung der Menschenrechte

ist die Wiener Übereinkunft über Menschenrechte von Anfang 1989. Hier wurde, der Vereinbarung von Helsinki von 1975 folgend, ein neues Menschenrechtsabkommen von fünfunddreißig Staaten unterzeichnet. Sie legten das feierliche Versprechen ab, die Rede- und Pressefreiheit, die Versammlungsfreiheit sowie die Freiheit zur Emigration zu waren. Das Abkommen wurde – mit Ausnahme Albaniens – von allen europäischen Staaten unterzeichnet, zudem von der Sowjetunion, den Vereinigten Staaten, Kanada und Japan.

Der Trend zum globalen Lebensstil und der Gegentrend zur jeweils kulturellen Selbstbehauptung stellen ein klassisches Dilemma dar: Wie lassen sich Einzigartigkeit und Vereinheitlichung miteinander vereinbaren? Wie läßt sich Individualität innerhalb einer Familie oder Gruppe bewahren?

Je mehr sich die Menschen als Bewohner eines einzelnen Planeten sehen, der im All seine Bahnen zieht, desto stärker wird für jede Kultur auf dieser Erdkugel das Bedürfnis nach einem einmaligen, unverwechselbaren Erbe. Es ist wünschenswert, die Küche der anderen zu probieren, es macht Spaß, in blauen Jeanssachen herumzulaufen, es ist bis zu einem gewissen Grad schön, sich von den gleichen Dingen unterhalten zu lassen, von denen die anderen sich unterhalten lassen. Wenn aber dieser äußere Prozeß zur Erosion der tieferliegenden kulturellen Werte führt, dann werden wir als Gegenreaktion die Unterschiede wieder stärker betonen. Die Geschichte, die Sprache und die Tradition jedes einzelnen Landes sind einzigartig. Und so können wir einen paradoxen Vorgang beobachten: Je ähnlicher wir uns werden, desto stärker betonen wir unsere Individualität.

Die Waliser, die Frankokanadier und die Katalanen sind keine Ausnahme, ganz im Gegenteil, sie sind die Vorreiter. Die Bedrohung der kulturellen Identität existiert für diese Länder schon sehr viel länger als für die meisten von uns. Während wir in einen globalen Lebensstil hineinwachsen, werden auch wir, genau wie sie, für unsere kulturelle Identität oder unsere kulturellen Eigenarten einstehen.

Die wirtschaftliche Zusammenführung Europas, die 1992 beginnt, wird für den Rest der neunziger Jahre von einem Ausbruch kulturellen Selbstbehauptungswillens begleitet werden. Und diese Selbstbehauptung wird der Beginn einer weltweiten Renaissance in der Kunst und in der Literatur, in der Lyrik und auf dem Gebiet des Tanzes und der Musik sein.

5 Das Ende des Wohlfahrtsstaates

Von nur wenigen politischen Führungspersönlichkeiten in der Geschichte kann behauptet werden, daß sie den grundlegenden Entwicklungskurs ihres Landes geändert haben. Margaret Thatcher ist eine von ihnen. Sie hat als einzige daran geglaubt, daß sich das Vorrücken des Sozialismus stoppen läßt: »... daß das, was wie der zwangsläufige Gang der Geschichte aussieht, aufgehalten oder umgekehrt werden kann.«
Sie hat nie ein Hehl aus ihrer Meinung gemacht, »den Sozialismus zu begraben«. Es war ihr ideologisches Ziel, Großbritannien zu einer Nation zu machen, in der es allen möglich ist, Grundbesitzer und Aktionär zu werden. Margaret Thatcher verkündete, es sei darum die Aufgabe der Konservativen, das Land in die neunziger Jahre zu führen.
»Wir wollen, daß das Eigentum an Häusern und Aktien und eine Altersversorgung, die auf persönlichem Leistungswillen beruht, noch breiter gestreut werden, als das ohnehin schon der Fall ist. Wir werden damit fortfahren, verstaatlichte Betriebe wieder an die Bürger, an Privatleute zu verkaufen«, heißt es in der Wahlkampferklärung der Tories für die britischen Unterhauswahlen 1987. »Wir wollen den Menschen mehr Macht zurückgeben, mehr Möglichkeiten zur Selbstbestimmung bieten. Im Jahre 1979 befand sich das gesamte Aktienkapital der britischen Industrie im Besitz von weniger als 7 Prozent der Bevölkerung, und weniger als 50 Prozent unserer Bürger waren Wohnungs- oder Hauseigentümer. Heute besitzen mehr als 20 Prozent der Bevölkerung Aktien, und mehr als 66 Prozent wohnen in Häusern und Wohnungen, die ihnen auch gehören.«
Diese Pläne trafen bei den Briten auf offene Ohren, und im Herbst 1987, nach der dritten sensationellen Wiederwahl der Eisernen Lady, wurde sie sogar von der Labour Party kopiert.

Großbritannien hat Modellcharakter

Großbritannien hat zwischen 1980 und 1988 mehr als 40 Prozent der staatlichen Betriebe in Privatunternehmen verwandelt. Allein schon aus diesem Grund muß das Land als Vorbild für die gelungene Abkehr von Wohlfahrtsstaat und Sozialismus betrachtet werden.

○ Sechzehn unter staatlicher Aufsicht stehende Unternehmen, darunter British Telecom, British Gas, The Trustee Savings Bank, Jaguar und British Airways, wurden privatisiert.
○ Mehr als 600 000 Arbeitnehmer waren ehemals bei Staatsbetrieben beschäftigt und sind nun im privaten Sektor tätig.
○ Das führte dazu, daß sage und schreibe 400 000 Arbeiter Aktien ihrer Unternehmen erwarben, und das zu sehr günstigen Bedingungen.
○ Der soziale Wohnungsbau wurde reformiert, und eine Million ehemaliger Mieter wurden zu Eigentümern ihrer Häuser und Wohnungen.
○ Durch Privatisierung hat der Fiskus mehr als 11 Milliarden Dollar eingenommen.

Wir haben es, kurz gesagt, mit einer sozialen Revolution zu tun. »Das ist die phantastischste Geschichte des 20. Jahrhunderts«, nennt Madsen Pirie, Direktor des Adam Smith Institute in London, einer Denkfabrik, die sich mit Fragen des freien Unternehmertums beschäftigt. »Das ist noch phantastischer als der Zusammenbruch des Keynesianismus. Das ist die Wendemarke, die die Abkehr von hundert Jahren Kollektivismus bezeichnet.« Nicht einmal der sowjetische Sozialismus existiert so lange.

Das Programm der Tories

Nach ihrem erdrutschartigen Wahlsieg im Jahre 1987 erklärte die Premierministerin Margaret Thatcher, daß »freies Unternehmertum und Wettbewerb« eine nationale Wiedergeburt herbeigeführt hätten, seit sie 1979 Premierministerin geworden sei. Es sei jetzt ihr Ziel, »den Sozialismus auf Gemeindeebene« zu demontieren.
»Wir werden die Mieter aus ihrer Abhängigkeit von den öffentlichen

Vermietern in den Stadtverwaltungen befreien«, sagte Margaret Thatcher. »Wir werden den Eltern zu ihrem Recht verhelfen, ihre Kinder auf die Schulen zu schicken, die sie für sie aussuchen.«
Im Jahre 1987 versprach sie, das Wohneigentum von 62 auf 75 Prozent aller britischen Haushalte zu erweitern, den National Health Service – den staatlichen Gesundheitsdienst – verstärkt zu privatisieren und bei den Leistungen der Sozialhilfe strengere Maßstäbe einzuführen.
Sie sagte, es sei die wichtigste Aufgabe des Parlaments, die Qualität der Schulbildung zu erhöhen. Neue Schulgesetze sollten es den einzelnen Schulen ermöglichen, sich dem Einfluß der Kommunalverwaltungen, in denen häufig die Labour Party die Mehrheit hat, zu entziehen und zu »unabhängigen staatlichen Schulen« zu werden.
Es entspricht ihrer konservativen Haltung, wenn Margaret Thatcher plant, die Zahl privater Fernsehkanäle auszuweiten und gleichzeitig das Broadcasting Standards Council ins Leben zu rufen, eine Art Kontrollbehörde für Sex und Gewalt am Fernsehen.
Formiert sich irgendeine Opposition gegen diese mächtige Lady? 1989 gab es bei Meinungsumfragen den in der Mitte der Amtszeit üblichen Rückfall. Aber dieser Einbruch drei Jahre vor den Parlamentswahlen war nicht so groß wie die Einbußen vor ihrer Wiederwahl 1983 und 1987.
Die Kabinettsmitglieder sind alle Thatcheranhänger, und niemand – so jedenfalls der Exminister John Biffen – wird sich »auf eine kurzfristige und unüberlegte Suche nach einem alternativen Katalog liberaler Maßnahmen« machen.
»Es ist unsere erklärte Absicht als Konservative«, sagte die Premierministerin, »Chancen und Möglichkeiten auch denen zu eröffnen, denen sie bis jetzt verwehrt geblieben sind.«
Margaret Thatcher gibt sich nicht damit zufrieden, auf ihre Leistungen hinzuweisen oder das Erreichte zu festigen. Sie ist eine Kreuzzüglerin, die ihr Revier noch erweitern will.
Premierministerin Thatcher nimmt sich selbst sehr ernst. »Unser dritter Wahlsieg war nur eine Zwischenstation auf einer sehr viel längeren Reise. Ich spüre mit jeder Faser, daß es verhängnisvoll wäre, wenn wir da stehenblieben, wo wir jetzt sind«, sagte sie. »Wessen Pulsschlag erhöht sich denn, nur weil er die Aussicht auf fünf Jahre der Konsolidierung hat? Natürlich werden wir das, was wir erreicht

haben, sichern. Aber wir gehen weiter auf unserem Weg und wenden uns noch größeren Herausforderungen zu.«
»Es ist interessant, daß keine Partei offen zu sagen wagt, sie wolle den Menschen das wieder wegnehmen, was wir ihnen zurückgegeben haben.«

Die Labour Party kopiert die konservative Premierministerin

Neil Kinnock, der Vorsitzende der Labour Party, hat ganz offensichtlich ein Problem: Margaret Thatchers Programm zur Förderung des Wohneigentums und zur Privatisierung staatlicher Industriebetriebe hat bei vielen alten Labour-Wählern Anklang gefunden. Wie also soll Neil Kinnock das politische und wirtschaftliche Konzept der Labour Party umformen, ohne daß es so aussieht, als würde er einfach nur Margaret Thatchers Politik kopieren?
Kinnock drängt darauf, daß die Partei ihre sozialistischen Prinzipien im Lichte der neuen »Realitäten« betrachtet, die durch die neun Jahre des »Volkskapitalismus« der Premierministerin Thatcher geschaffen worden seien. Die Labour Party, so seine Schlußfolgerung, stehe vor der Wahl, sich entweder an »eine sich verändernde Wirtschaft und an eine sich verändernde Wählerschaft« anzupassen oder zu einer Partei »ewiger Kondolenzbriefschreiber« zu werden. Im Jahre 1988 verließen etwa 8 Prozent der Mitglieder die Partei, das ist der stärkste Mitgliederschwund seit 1981.
»Was sagt man denn zu einem Dockarbeiter, der sehr gut verdient, ein eigenes Haus hat, ein neues Auto, einen Mikrowellenherd und einen Videorecorder und dazu noch ein kleines Häuschen in der Umgebung von Marbella? Zu dem sagt man doch nicht: ›Komm, ich befreie dich aus deinem Elend, Bruder.‹«
Labour hat die Forderung nach einer konsequenten staatlichen Lenkung der Wirtschaft schon längst aufgegeben: Neil Kinnock räumt sogar ein, daß Margaret Thatchers marktwirtschaftliches Konzept »ein angemessenes System« ist, mit dem sich die Bedürfnisse der Verbraucher befriedigen lassen. Seine Partei findet sich allmählich mit den Veränderungen, die Margaret Thatcher herbeigeführt hat, ab.
Eine Resolution auf dem Parteitag der Labour Party, in der gefordert wurde, daß alles, was die Tories privatisiert hatten und noch privatisie-

ren würden, wieder verstaatlicht werden solle, wurde mit überwältigender Stimmenmehrheit abgelehnt.
Die Debatte innerhalb der Labour Party ging einmal darum, inwieweit der Thatcherismus abgelehnt werden sollte, und dann wieder darum, inwieweit man diese Politik akzeptieren solle. Die Labour Party produziert keine eigenen neuen Ideen, die sie dem Thatcherismus entgegensetzen könnte.
In der von Kinnock veranlaßten Zukunftsstudie *Moving Ahead* wird eingeräumt, daß die Labour Party auf dem wirtschaftlichen Sektor ein großes Defizit an Glaubwürdigkeit aufweise. Die Studie empfiehlt, die Partei solle gegen den Thatcherismus kämpfen, indem sie auf derselben Schiene von »Eigeninteresse und Wohlstand« argumentiere.
Die Wähler sind anscheinend davon überzeugt, daß ein Labour-Kabinett aus Ministern bestehen würde, »die ganz versessen darauf sind, mit Geld um sich zu werfen wie betrunkene Matrosen«. Die Partei muß sich in den nächsten vier Jahren ein neues Ziel suchen. Sonst ist es, wie ein gewisser Clive Wolman in der *Financial Times* schreibt, »wahrscheinlich, daß Labour nie wieder an die Macht kommt«.
Aber vorübergehende Erfolge bei Nachwahlen – und bei den Wahlen zum europäischen Parlament – werden die Labour Party – und das hat sie mit den Demokraten in den Vereinigten Staaten gemeinsam – zu dem Gedanken verleiten, sie könne wieder an die Macht kommen, ohne sich wirklich zu verändern.

Die Demokratie der Aktionäre

Margaret Thatcher erklärt, sie betrachte die Ausdehnung des Aktienbesitzes auf breitere Bevölkerungsschichten als eine der Errungenschaften, auf die sie am stolzesten sei. Das kann sie auch sein. Es ist der Teil ihres Programms, der aus allen anderen herausfällt und letztlich auch den sichtbarsten Wandel bewirkt hat.
Zwischen 1979 und 1989 hat sich die Zahl der Briten, die Aktien besitzen, fast verdreifacht: von 7 auf 20 Prozent der erwachsenen Bevölkerung. Viele haben bei der Privatisierung der großen Versorgungsunternehmen British Telecom, British Gas und später British Airways ihre Aktien erworben. In der Hinterhand verbleiben noch

die dreizehn Flughäfen der British Airports Authority und die zehn Wasserbehörden in England und Wales. Der Vermögenswert der Wasserbehörden allein beläuft sich auf 47 Milliarden Dollar.
In der Zeit, in der die Aktien von British Telecom in Umlauf gebracht wurden, haben die Gewerkschaften die Arbeiter aufgefordert, keine der Papiere zu kaufen. Aber 96 Prozent haben das doch getan.
Eine der größten Erfolgsgeschichten dieser Politik ist der Verkauf des National Freight Consortium (NFC). Als die Aktien ausgegeben wurden, haben etwa 10 000 der bei NFC Beschäftigten Papiere erworben. Heute beläuft sich die Zahl der Aktienbesitzer auf 27 000, das ist praktisch die gesamte Belegschaft. Der Wert einer Aktie ist gegenwärtig 47mal so hoch wie der Ausgabekurs. Seit sie 1982 an ein vom Management geführtes Konsortium aus Belegschaftsangehörigen und Rentnern veräußert wurde, sind die Gewinne der Spedition vor Abzug der Steuern um das Neunfache gestiegen. Das Image des Unternehmens bei den Kunden hat sich außerordentlich stark gebessert. »Als National Freight staatlich war, war einfach alles entsetzlich. Unsere Händler mußten die Fahrer bestechen, damit geliefert wurde«, sagt Sir John Egan, Aufsichtsratsvorsitzender von Jaguar, einem Unternehmen, das 1984 auch in private Hand überging. »Jetzt ist National Freight ein sehr zuverlässiger Lieferant.«
Die freimütigsten Anhänger der Privatisierung findet man unter den Topmanagern der Unternehmen, die früher unter staatlicher Kontrolle standen. Sie sind einem starren System entronnen, in dem sie dauernder amtlicher Einmischung unterworfen waren. Sie mußten politische, soziale und ökonomische Auflagen akzeptieren, die für die Unternehmensziele unwesentlich waren oder ihnen sogar entgegenstanden.
Im Jahre 1988 gab es in Großbritannien eine symbolische Gewichtsverlagerung: Zum ersten Mal in der Geschichte wurden mehr britische Aktienbesitzer als Gewerkschaftsmitglieder gezählt.
Auf dem Parteitag der Konservativen im Oktober 1988 versprach Cecil Parkinson, der Minister, der für den Energiesektor verantwortlich ist, daß das Parlament den Kohlenbergbau privatisieren würde.
Über die Privatisierung der Wasser- und Stromversorgung berät das Parlament zur Zeit. Zu den potentiellen weiteren Anwärtern für eine Privatisierung gehören die Forstwirtschaft, die Gefängnisse, die

Stahlindustrie, der Kohlenbergbau und die Post. Madsen Pirie kann sich sogar vorstellen, daß die Regierung Grundstücke verkauft, die sich in ihrem Besitz befinden. Da diese Grundstücke einen potentiellen Wert von 336 Milliarden Dollar haben, könnte durch den Verkauf dieses Landes die Privatisierung – bei der gegenwärtigen jährlichen Quote von 7,5 Milliarden Dollar – noch vierzig Jahre fortgesetzt werden. »Von den Tagen, in denen die Führer der Grubenarbeiter dachten, das Land gehöre ihnen – bis zu dem Tag, an dem jedem Kumpel ein Stück seiner Grube gehört«, sagte er, während seine Parteigenossen ihm stehend applaudierten. »Das ist die Wende. Das ist die britische Revolution.«

Auf ins Jahr 2000

Die Krämerstochter Margaret Thatcher, der erste weibliche Premierminister in der Geschichte Englands, war im Mai 1989 zehn Jahre lang im Amt; so lange war in diesem Jahrhundert niemand zuvor ohne Unterbrechung Inhaber dieser Stellung gewesen.

Unter ihrer Regie geht es den meisten Briten besser als früher. Die durchschnittlichen Realeinkommen sind um mehr als ein Drittel gestiegen, während sie in den siebziger Jahren, als Labour regierte, stagnierten. Zwei Drittel der britischen Bevölkerung wohnen in ihren eigenen Häusern und Wohnungen; 1980 waren es erst 50 Prozent. Die Arbeitslosigkeit sank von der Rekordhöhe von 13 Prozent im Jahre 1983 auf 6,3 Prozent im Jahre 1989.

Wenn die Premierministerin noch eine Legislaturperiode im Amt bleibt, dann wäre sie am Ende dieser Amtsperiode zweiundsiebzig Jahre alt und käme bis auf drei Jahre an Sir Robert Walpole (1721 bis 1742) heran – den britischen Premierminister, der am längsten im Amt war. Sie wäre dann immer noch jünger als Churchill bei seinem ersten Amtsantritt als Premierminister.

Die Privatisierung greift weltweit um sich

Weltweit gesehen liegt der Schlüssel zur Umformung des Sozialismus und des Wohlfahrtsstaates in der Methode, die in Großbritannien Erfolg hatte: in der Privatisierung staatlicher Betriebe und in der breiten Streuung des Aktienbesitzes. Etwa hundert andere Länder – von China bis zur Türkei und von Brasilien bis Bangladesch – haben ebenfalls schon damit begonnen, die Einflußsphäre des Staates zu verkleinern. Von Italien bis Tansania verkaufen sie ihre Unternehmen an Privatbesitzer. Sie haben dabei ganz verschiedene Beweggründe. Einige machen es aus politischen Erwägungen, andere lediglich, um schnell Geld in die Staatskasse zu bekommen.

O *Nigeria* hat vor, seine Anteile an 160 staatlichen Banken, Brauereien und Versicherungen zu verkaufen und außerdem die Stromversorgungsbetriebe des Landes zu veräußern.
O Die *Türkei* möchte ihre 263 Staatsunternehmen privatisieren.
O *Pakistan* hat schon mehr als 2000 landwirtschaftliche Betriebe privatisiert, in denen Reis, Mehl und Baumwolle verarbeitet werden.
O Die Regierung der Premierministerin Benazir Bhutto beabsichtigt, 1990 einige große staatliche Unternehmen zu verkaufen, darunter *Pakistan International Airlines*.
O Die neue Regierung in *Argentinien* sieht in der Privatisierung einen zentralen Programmpunkt ihrer Wirtschaftsreformen. *ENTel*, die staatliche argentinische Fernmeldegesellschaft, wird im Juni 1990 verkauft.
O In *Mexiko* konnte die Regierung die Zahl der Unternehmen in Staatsbesitz von 1155 im Jahre 1982 auf weniger als 700 reduzieren. Sie hat die *Nacional Hetelera*, eine Hotelkette mit Fünf-Sterne-Hotels, verkauft und sich mit dem Verkauf der beiden Autofirmen *Vehiculos Automotores Mexicanos* und *Renault de Mexico* aus der Automobilindustrie zurückgezogen. Im Mai 1989 hat Mexiko angekündigt, daß es seine Aktienmehrheit an der führenden Fluggesellschaft des Landes, der *Mexicana*, an mexikanische und ausländische Investoren veräußern will. Der Verkauf der staatlichen Telefongesellschaft steht als nächstes an.
O Kurz nachdem Corazon Aquino auf den *Philippinen* an die Macht kam, kündigte sie ein ehrgeiziges Privatisierungsprogramm an. Sie versprach, alle die staatlichen Unternehmen zu verkaufen, »bei denen staatliche Mitsprache unnütz und unangebracht ist«. Sie sagte, sie wolle, »daß die Regierung sich aus der Wirtschaft zurückzieht, und das ganz schnell«.

○ In der *kanadischen* Provinz Quebec gibt es speziell einen Minister für Privatisierung.

Ganze Nationen von neuen Aktionären

In Großbritannien läuft die Privatisierung unter dem Begriff »popular capitalism« – Volkskapitalismus, Kapitalismus für alle. »Wir sind entschlossen, der ganzen Nation den Besitz von Aktien zu ermöglichen«, heißt es in der Grundsatzerklärung der konservativen Partei. »Ebenso wie Autos, Fernsehapparate, Waschmaschinen und Ferien im Ausland soll auch der Besitz von Aktien nicht mehr das Privileg einiger weniger sein; Aktienbesitz wird für viele möglich sein.« Margaret Thatcher nennt dies manchmal eine »Demokratie der Aktienbesitzer«.

Auch in einigen anderen westeuropäischen Ländern wird der Besitz von Aktien für jedermann attraktiv. In *Frankreich* beispielsweise hat sich die Zahl der privaten Aktionäre verdreifacht, seit Ende 1983 das erste staatliche Unternehmen privatisiert worden ist. An der Pariser Börse machen die Transaktionen privater Aktionäre 80 Prozent des gesamten Verkehrswerts aus. In den letzten drei Jahren sind 138 Unternehmen – die zusammen einen Wert von 20,4 Milliarden Dollar darstellen und mehr als 300 000 Menschen beschäftigen – privatisiert worden. Der Verkauf der Handelsbank Paribas hat die erstaunliche Zahl von 3,81 Millionen Investoren angezogen.

Die Sozialisten, die 1988 wieder an die Macht gelangten, haben keine der privatisierten Gesellschaften wieder verstaatlicht.

In *Portugal* hat Anibal Cavaco Silva den dramatischsten Wahlsieg in der portugiesischen Geschichte errungen. Sein Programm: alle Verstaatlichungen der sechziger Jahre wieder rückgängig zu machen. Er kündigte unmittelbar nach den Wahlen an, daß alle gesunden staatlichen Betriebe privatisiert werden sollen, eine staatliche Brauerei und eine Tabakfabrik, Zementhersteller, Papierfabriken und Banken.

Der Ministerpräsident mußte allerdings eine Entscheidung über die Verfassungsmäßigkeit seiner Planungen abwarten, weil die kommunistisch orientierte Verfassung von 1976 die verstaatlichten Unternehmen als »unantastbar« erklärt hatte. Es gibt aber eine neue Strömung in Portugal, so glaubt der Ministerpräsident, die für Privatisierung und private Investitionen offen ist. Er ist davon überzeugt, daß die jungen Geschäftsleute »eine andere Einstellung haben, daß sie innovativer sind, risikofreudiger und daß sie weniger auf Zuwendungen und Subventionen der Regierung warten, die sowieso ihre Probleme nicht lösen«.

Die *Niederlande* sind weltweit für ihren üppigen Wohlfahrtsstaat berühmt, aber der neue Ministerpräsident hat große Popularität erlangt, weil er diese Tradition umgekehrt hat. Ruud Lubbers wurde mit zweiundvierzig Jahren der jüngste Ministerpräsident der holländischen Geschichte. Er ist der erste holländische Premier in der Geschichte, der damit beginnt, den Versorgungsstaat zu beschneiden, die Regierungsausgaben zu kürzen, das Haushaltsdefizit zu reduzieren und die Steuerlast zu mindern – und das alles gleichzeitig. Sogar die Beamtengehälter sind gekürzt worden. Als er 1986 seine zweite Amtszeit antrat, war klar, daß er Teil der konservativen Welle war, die über Europa hinwegging. Im Jahre 1989 wiederholte er seinen Wahlsieg und konnte die Zahl der Parlamentssitze für seine Partei noch erhöhen.

Der holländische Ministerpräsident glaubt, daß man zur Finanzierung eines zunehmend kostspieliger werdenden Wohlfahrtssystems vom Modell des »Versorgungsstaates« abrücken muß, und daß eine – wie er es nennt – »Gesellschaft des Miteinanders« vonnöten ist. Er meint damit eine Gesellschaft, in der die einzelnen auf dem Gebiet der sozialen Dienstleistungen mehr Verantwortung übernehmen müssen, um die finanziell ausgelaugte Regierung zu entlasten.

»In den Zeiten, in denen es uns finanziell gut ging, war es üblich, daß die Regierung alles subventionierte – und das zu 100 Prozent. Ich glaube, wir sind dabei ein bißchen zu weit gegangen«, sagt er.

Im Jahre 1986 hat die *Türkei* angekündigt, sie plane, 100 Prozent ihrer verstaatlichten Betriebe zu reprivatisieren.

»Die Bürger, und nicht der Staat, werden von jetzt an die Hauptrolle in der Industrie und bei den Dienstleistungen spielen«, sagte Ministerpräsident Turgut Özal, der schon lange ein solches Programm versprochen hatte, um »die ökonomische und soziale Landschaft der Türkei zu verändern« und »dazu beizutragen, das Niveau der hochentwickelten westlichen Länder zu erreichen«.

Die Anteile an den Staatsbetrieben werden zuerst der eigenen

Belegschaft angeboten, dann der Bevölkerung in der Umgebung der Unternehmen und schließlich den türkischen Arbeitern, die im Ausland arbeiten. Der Rest wird an der Istanbuler Börse, die 1986 eröffnet wurde, ausländischen Investoren offeriert.
Auch *Kanada* ist von einer wahren Privatisierungswelle erfaßt worden. Die Regierung hat die Aktienmehrheit an Air Canada verkauft, zwei andere Fluggesellschaften und eine Telefongesellschaft zu 100 Prozent, und im Augenblick wird erwogen, ob nicht die Anteile an Petro-Canada abgegeben werden sollen. Die Provinz Quebec allerdings geht beim Verkauf ihrer Handelsunternehmen bei weitem am entschlossensten vor. Seit 1986 hat die liberale Regierung von Ministerpräsident Robert Bourassa eine Fluggesellschaft, eine Zuckerrübenraffinerie, ein Unternehmen der Fischverarbeitung, ein Goldbergwerk und den Mehrheitsanteil an einem großen forstwirtschaftlichen Unternehmen verkauft. Alle diese Transaktionen zusammen haben einen Wert von 600 Millionen Dollar.
»Wir wollen nicht mehr soviel staatliche Einmischung wie in der Vergangenheit«, sagt Pierre Fortier, Quebecs Minister für Privatisierung. »Wir wollen eher eine Art Katalysator und nicht selbst Unternehmer sein.«
Unter dem Einfluß der marktwirtschaftlich orientierten Chicago School of Economics ist in *Chile* der Prozeß der Privatisierung schneller und weiter vorangeschritten als in allen anderen südamerikanischen Ländern. Etwa dreihundertfünfzig kleine und mittlere Unternehmen wurden zwischen 1973 und 1975 an ihre ursprünglichen Besitzer zurückgegeben. Weitere hundert Unternehmern und Banken konnten für insgesamt 916 Millionen Dollar verkauft werden. In den Jahren 1986 und 1987 wurden für annähernd 500 Millionen Dollar Aktien von dreiundzwanzig Unternehmen veräußert, darunter eine Telefongesellschaft, die nationale Telefongesellschaft (CTC), das Stromversorgungsunternehmen Endesa, die Computerfirma Ecom und Lan Chile, eine der beiden staatlichen Fluggesellschaften.
Chile hat sich von 65 Prozent einer Salpetermine getrennt sowie von 49 Prozent eines Elektrizitätswerks, von einem medizinisch-chemischen Labor und von 100 Prozent der Stromversorgungsbetriebe, die die Großräume Santiago und Valparaiso versorgen. 1987 beschloß die Regierung den Verkauf von 100 Prozent an Pacific

Steel, einer Holdinggesellschaft, die sich hauptsächlich mit der Integration von Stahlproduktion und der Ausbeutung von Eisenerzlagern befaßt und die außerdem eines der größten Unternehmen in Chile ist. Der Umsatz belief sich 1986 auf 319 Millionen Dollar; 120 Millionen Dollar wurden im Exportgeschäft erzielt, hauptsächlich durch Erzlieferungen nach Japan. Etwa 9000 Personen haben Aktien der Pacific Steel gekauft, darunter 4000 der 6500 Beschäftigten. Das Unternehmen gewährte seinen Angestellten dafür auch Darlehen.

Jorge Bugueno, der für die Eisenerzgewinnung zuständige Verkaufsmanager bei Pacific Steel, sagt, es sei zu Beginn schwer gewesen, bei Bergleuten und Fabrikarbeitern Interesse am Erwerb von Aktien zu wecken. Aber als die Kurse hochgingen und Dividenden ausbezahlt wurden – etwa in doppelter Höhe des niedrigsten Monatslohns im Unternehmen –, da wuchs das Interesse, sagte Bugueno.

Das Zauberwort heißt auch in Afrika Privatisierung

Nach der Unabhängigkeit von den europäischen Kolonialmächten bestand auf dem schwarzen Kontinent zuerst einmal der Trend, Privatfirmen zu verstaatlichen oder staatliche Unternehmen zu gründen, die sehr schwerfällig waren. Heute kehrt sich dieser Trend um. Verstaatlichung ist nicht mehr in Mode; das Wort, das jetzt in aller Munde ist, heißt Privatisierung.

○ Nigeria plant, seine Anteile an 160 staatlichen Banken, Brauereien und Versicherungsgesellschaften zu verkaufen.
○ In Kenia hat man vor, die Anteile aufzugeben, die die Regierung an mehr als 400 Firmen besitzt, die sich ganz oder teilweise in Staatsbesitz befinden.
○ Das marxistische Mosambik hat seit 1985 mehr als 20 Fabriken privatisiert.
○ Tansania, das einmal Vorbild für einen afrikanischen Sozialismus war, sucht nach ausländischen Managern, die die staatlichen Hotels und Lodges in den Safariparks übernehmen könnten.
○ Die vom Leninismus geprägten Parteien, die in Angola, Benin und im Kongo die Regierung stellen, bereiten den Verkauf unrentabler Staatsbetriebe vor. Angola treibt besonders die Privatisie-

rung seiner verstaatlichten Bergwerke, der Fischindustrie und der verstaatlichten Bauunternehmen voran.
O Togo leitete 1988 die Privatisierung von achtzehn Unternehmen ein. Dieses westafrikanische Land war das erste, das eine solche Politik wagte und das sie auch am weitesten vorangetrieben hat. »Wir haben den Beschluß gefaßt, daß wir eine vollkommen liberale Wirtschaftsordnung haben wollen; der Staat wird keinen einzigen Franc mehr in die Staatsbetriebe stecken«, sagt Koffi Djondo, Togos für staatliche Handels- und Industrieunternehmen zuständiger Minister.

In den achtziger Jahren wurden schätzungsweise 5 Prozent der staatlichen Unternehmen Afrikas privatisiert. Afrika hat noch einen weiten Weg vor sich. Die Privatisierung wird in vielen afrikanischen Ländern wahrscheinlich durch den Mangel an Kapital auf lokaler Ebene und durch den Mangel an Führungskräften beschränkt und dazu wohl auch noch durch eine Anzahl anderer politischer und wirtschaftlicher Hindernisse.
Aber der Boden ist vorbereitet. In den letzten Jahren wenden sich afrikanische Länder zunehmend von den Prinzipien der zentralen Planung und der staatlichen Kontrolle ab. Je stärker sich die Privatisierung ausbreitet und je mehr der Erfolg dieser Maßnahmen bekannt wird, desto mehr Länder werden sich auf neue Experimente einlassen und den Versuch wagen, die Verstaatlichung rückgängig zu machen.

Die Vereinigten Staaten und die Privatisierung

Die Vereinigten Staaten haben zwar ein paar Eisenbahngesellschaften privatisiert, aber sie haben sonst auf diesem Gebiet nie eine besondere Rolle gespielt, weil in den USA ja ohnehin kaum Betriebe verstaatlicht gewesen sind.
Auf der Ebene der einzelnen Staaten und der Gemeinden allerdings ist der Privatisierungstrend sehr ausgeprägt. Mitte 1989 haben beispielsweise 36 Prozent der Gemeinden Privatunternehmen engagiert, die die Müllabfuhr und Straßenbauarbeiten übernehmen. Eine der neuesten Entwicklungen auf diesem Gebiet ist die Verwaltung von Gefängnissen durch Privatfirmen.

Auf nationaler Ebene kommt immer stärker die Privatisierung der amerikanischen Post und der Sozialversicherung ins Gespräch; hier sollen zumindest private Lösungen gefördert werden. Einer der wichtigsten Befürworter eines privaten Sozialversicherungssystems ist Peter Ferrara, der während der ersten Amtszeit Präsident Reagans dem White House Office of Policy Development angehörte und der heute für zwei konservative Denkfabriken – das Cato Institute und The Heritage Foundation – über sozialpolitische Themen schreibt.
Privatversicherungen wie Lebens-, Invaliditäts-, Krankenversicherungen und andere erfüllen dieselben Aufgaben wie die Sozialversicherung. »Warum verwehrt man es denn den Arbeitern, frei unter diesen Möglichkeiten auf dem privaten Sektor zu wählen, warum müssen sie in die staatliche Sozialversicherung?« fragte Ferrara. Diese Frage ist heute sehr viel wichtiger, als sie es 1949 war, als die Beitragsobergrenze zur Sozialversicherung gerade mal bei 60 Dollar lag, oder 1958, als sie 158 Dollar betrug und sogar noch 1965, als man dafür 348 Dollar aufbringen mußte. Im Augenblick liegt sie bei 3600 Dollar und wird wohl in den darauffolgenden drei Jahren auf über 8000 Dollar steigen.
Arbeiter dazu zu zwingen, in die Sozialversicherung zu investieren, bedeutet »eine ziemlich deutliche Einschränkung ihres Rechts, über ihr Einkommen zu bestimmen«, glaubt Ferrara. Er beklagt auch, daß die Sozialversicherung »ein starres, öffentliches, dirigistisches Regierungsmonopol« sei, während das, wodurch dieses Monopol ersetzt werden solle, eine private Alternative sei, die einen privaten, auf Wettbewerb beruhenden, flexiblen, denzentralisierten freien Markt voraussetze.
Darüber hinaus bezweifelt Ferrara, ob den jungen Arbeitern von heute die versprochene Altersversorgung tatsächlich auch ausgezahlt wird. Und wenn sie sie bekommen sollten, sagt er, dann werden sich die Abzüge für die Sozialversicherung wiederum um 50 bis 150 Prozent erhöhen; Arbeitnehmer- und Arbeitgeberbeiträge würden dann zusammen 35 Prozent des Einkommens betragen, verglichen mit heute 14 Prozent.
»Was wir brauchen, ist ein neuer Generationenvertrag, der für das 21. Jahrhundert taugt«, meint Ferrara, der die Ansicht vertritt, daß die Älteren ihre Renten bekommen sollten, daß die Jungen aber die

Freiheit zu anderen Entscheidungen haben sollten, weil das »ein unabdingbarer Bestandteil des marktwirtschaftlichen Trends ist, der jetzt die ganze Welt erfaßt hat: Erweiterung wirtschaftlicher Freiheit und Steigerung des Wirtschaftswachstums durch weniger Staat.«

Die Privatisierung der Post

Das Monopol der amerikanischen Regierung, Briefe zu befördern, ist ein ökonomischer Anachronismus, dessen Tage gezählt sind.
Die Löhne der Postangestellten liegen um 40 Prozent höher als der Durchschnittslohn amerikanischer Arbeiter. Die Post arbeitet langsam und unzuverlässig. 9 Prozent aller Drucksachen erreichen nie ihr Ziel, und mehr als 80 Prozent des Zeitungsversandes erfolgt zu spät, obwohl sich die Zahl der Postbeschäftigten seit 1981 um 100 000 erhöht hat.
Das Porto für einen normalen Brief ist fortwährend gestiegen – von 6 Cent, die das Porto noch 1970 gekostet hat, auf 25 Cent im Jahre 1988. Das ist mehr als das Doppelte der Inflationsrate in den zwei vergangenen Jahrzehnten.
Nicht so bekannt ist die Tatsache, daß die Post selber die Privatisierung vorantreibt. Mehr als 10 Prozent des Haushalts geht heute für Transport, Sortieren und für die Zustellung auf dem Land an private Unternehmer.
Die von Präsident Reagan eingesetzte Kommission für Privatisierungsfragen empfahl 1988, die Regierung solle das Eisenbahnunternehmen Amtrak und die Post verkaufen.
Wenn man die Leistungen bedenkt, die von privaten postähnlichen Unternehmen wie Federal Express und United Parcel Service erbracht werden, und dazu noch die Dinge, die über Telefax und elektronische Post abgewickelt werden, dann wird klar, daß der postalische Bereich in den Vereinigten Staaten wenigstens schon zur Hälfte privatisiert ist.

Privatisierung der Arbeitslosenversicherung

Zwei britische Autoren haben vorgeschlagen, man solle die Arbeitslosenversicherung privatisieren. Michael Beenstock von der Londoner City University Business School und Valerie Brasse machen in

einem Buch mit dem Titel *Insurance for Unemployment* den Vorschlag, daß die Prämien für die Arbeitslosenversicherung dem Risiko, arbeitslos zu werden, entsprechen sollten. Die Kosten für eine Lebens- oder Gebäudeversicherung hängen davon ab, warum sollte es bei der Arbeitslosenversicherung anders sein? Im Augenblick ist es so, daß eine Buchhalterin, deren Risiko, ihren Arbeitsplatz zu verlieren, nicht sehr groß ist, einen Arbeiter in der Stahl- oder Bauindustrie subventioniert, der ein hohes Arbeitsplatzrisiko hat. In einem privatisierten System hätte der einzelne die Freiheit, soviel Versicherung zu bezahlen, wie er will. Miteinander konkurrierende Versicherungsgesellschaften könnten billigere und angemessenere Leistungen bieten als ein staatliches Monopolunternehmen.
Natürlich wirft so ein System alle möglichen Probleme auf, aber man sieht daran, daß die Begeisterung für marktwirtschaftliche Lösungen vor fast keinem Aspekt unseres Lebens halt macht.
Der Gedanke der Privatisierung hat wieder an Bedeutung gewonnen. Die große Bewegung der Nachkriegszeit, die auf Verstaatlichung und staatliche Teilnahme am Wirtschaftsleben hinauslief, kehrt sich um.

Das Aufblühen des Marktplatzes Italien

Seit einem Jahrzehnt verliert Italien mehr als 100 000 Arbeitsplätze in der Industrie. Der harte Kern der Arbeiterschaft, die kommunistisch wählt, schrumpft mit der Automatisierung der Fabriken und dem Aufschwung des Dienstleistungssektors zusammen. Heute sind zwei Drittel aller Industriearbeiter in Betrieben mit hundert oder weniger Beschäftigten tätig, ein Umstand, der es der Partei schwermacht, ihre traditionelle Wählerschaft zu erreichen. Aber in Italien bedeuten der Niedergang der Kommunistischen Partei und der Kräfteschwund der Gewerkschaften keinen Verlust für die Linke insgesamt. Bei den Wahlen im Juni 1987 entschieden sich etwa die Hälfte der Wähler für Parteien, die deutlich links von der Mitte stehen. Aber bei denselben Wahlen hat die Kommunistische Partei Italiens mehr als eine Million Stimmen an Parteien verloren, die quer durch das politische Spektrum angesiedelt sind, von den Christlichen Demokraten auf der Rechten bis zu den Proletarischen Demokraten auf der Linken.

»Das war nicht einfach nur eine Niederlage, sondern eine deutliche Zurückweisung der Glaubwürdigkeit und ein Anzweifeln des Bildes, das die Partei von sich vermittelt«, sagte Stefano Draghi, der die Wahlen für den Parteisekretär der Kommunistischen Partei analysiert hat. Noch entmutigender für sie ist die Tatsache, daß sie einen Teil der größten Stimmenverluste in den Industriestädten des Nordens hinnehmen mußte, die als rot gelten, und daß ihr auch viele junge Wähler davongelaufen sind.
Die Reformen innerhalb des sowjetischen Sozialismus sind da auch nicht gerade hilfreich. »Wenn Gorbatschow Italiener wäre, würde er die Sozialisten wählen«, sagt Massimo Pinik, ein Mailänder Geschäftsmann, der der Sozialistischen Partei sehr nahesteht.
Jedenfalls müssen im neuen Italien die Ideologien hinter der Wirtschaft zurücktreten. Eine überraschend große Anzahl von Italienern ist offenkundig davon überzeugt, daß das, was gut ist für Fiat, Montedison oder Olivetti, auch gut ist für Italien.
Für viele Italiener sind heute Industrielle und Unternehmer die Superstars und Rollenvorbilder der Nation; sie sind so bekannt wie die besten Fußballspieler und verbreiten soviel Glamour wie die bekanntesten Film- und Fernsehstars. Was sie denken und tun, wird in Gesellschafts- und Sportkolumnen genauso behandelt wie im politischen Teil und auf der Wirtschaftsseite der Zeitungen und Zeitschriften.
Bocconi, Mailands Handelsuniversität, war einmal die am wenigsten angesehene Hochschule Italiens. Mittlerweile hat unter den aufstiegsorientierten Familien ein dort erworbenes Diplom in Maschinenbau einen hohen Wert. Es ist das Studienziel mit dem höchsten Prestigewert. Bocconi ist ganz oben. Sein Graduiertenkolleg, das erst vor vierzehn Jahren eingerichtet wurde, kann es sich leisten, neun von zehn Bewerbern abzulehnen.
Es gibt heute in Italien so viele wohlhabende Taxifahrer, Restaurantbesitzer, Handwerker, kleine Geschäftsleute und andere selbständige »kleine Leute«, daß Soziologen und Journalisten schon vom neuen »italienischen Traum« als einer Reinkarnation des »amerikanischen Traums« sprechen, während die wohlhabende Schicht Italiens sozusagen in die oberen Ränge der Weltelite aufsteigt.
»Die Italiener – ein Volk von reichen Leuten« wurde neulich auf der Titelseite vom *Mondo Economico,* einem angesehenen Wirtschafts-

blatt, verkündet. Die Titelgeschichte berichtete davon, daß die Italiener gerne ihren Reichtum zur Schau stellen, riesige Summen für Schmuck, teure Autos und andere Luxusdinge ausgäben und ihren Urlaub an den entlegensten und exotischsten Orten verbringen.
Die jungen Linken der späten sechziger und der siebziger Jahre sind zu Unternehmern und Managern geworden, die mit ganzem Einsatz die verlorene Zeit und den Ausbildungsrückstand wettmachen wollen. Sie bevölkern die wachsende Zahl von betriebswirtschaftlichen Seminaren und Instituten, die Fortbildungsprogramme für das mittlere Management anbieten. Ihre jüngeren Geschwister haben im Gegensatz zu ihnen überhaupt keine linke Phase durchgemacht.
Sogar Gewerkschaftsführer finden inzwischen, daß »Profit«, das einmal ein schmutziges Wort war, inzwischen in Italien gesellschaftsfähig geworden ist.

Skandinavien

Der Wohlfahrtsstaat in Skandinavien hat mit Recht die Beschreibung »Wohlfahrtsstaat von der Wiege bis zur Bahre« verdient. Die Schweden kommen in staatlichen Krankenhäusern zur Welt, gehen dann in staatliche Krippen und Kindergärten, bekommen staatliche Stipendien für das Universitätsstudium, absolvieren staatliche Umschulungsprogramme, wenn sie ihre Arbeit verlieren und beenden ihre Tage in staatlichen Altenheimen.
Aber die Steuern und Abgaben, die für diese Leistungen bezahlt werden müssen, werden natürlich nicht gerne bezahlt. Viele Bürger fordern steuerliche Verbesserungen, die etwa auf der Linie der Reformen liegen, die kürzlich in den Vereinigten Staaten durchgeführt worden sind. Steuerhinterziehung greift um sich, besonders in Schweden, das den höchsten Steuersatz der Welt hat. Ebenso häufen sich Klagen über den sinkenden Standard auf dem Gebiet der Gesundheitsfürsorge und dem Bildungssektor. Überall in Dänemark, Norwegen und Schweden macht sich Ernüchterung breit. Viele fragen sich allmählich, ob ein Wohlfahrtsstaat wirklich Vorteile für sie bringt, und fordern eine Steuerreform nach amerikanischem Vorbild.
Die Zweifel dieser Kritiker finden in Schweden ihren Ausdruck in einer neuen politischen Kraft der Mitte, die sich für das freie Unter-

nehmertum stark macht und für wenig Unterstützung von seiten der Regierung.
Wählerstimmen für die Liberale Volkspartei, die von Bengt Westerberg geführt wird, haben sich seit 1985 fast verdreifacht; damals gewann sie fast 13 Prozent hinzu. Die Sozialdemokraten blieben zwar an der Macht, aber Westerberg und die Liberalen beherrschten die Schlagzeilen.
»Wir in der liberalen Partei stehen auf zwei Beinen«, sagt Westerberg. »Das eine ist der Glaube an die freie Marktwirtschaft und der Glaube an die Freiheit des einzelnen; das andere ist der Glaube an die soziale Gerechtigkeit.«
Westerberg ist nicht gegen Sozialleistungen, aber für ihn riecht der riesige öffentliche Sektor sehr nach »Big Brother«. Der Staat ist seiner Ansicht nach nicht in der Lage, Sozialleistungen unter günstigen wirtschaftlichen Bedingungen zu erbringen, und er lähmt die Privatinitiative. Westerbergs Lösung sieht vor, daß Privatunternehmen mit den staatlichen Monopolunternehmen in Bereichen wie Kindertagesstätten und Gesundheitsfürsorge in Wettbewerb treten.
Was genau ist denn diese neue Kraft, und wofür steht sie? Einige Beobachter sehen Westerberg als den nächsten nichtsozialistischen Ministerpräsidenten Schwedens an. »Er kam aus dem Nichts und hat die Partei übernommen«, sagt Daniel Tarshys, liberaler Parlamentsabgeordneter und Professor für Politologie. »Seine Politik, eine Mischung aus Marktwirtschaft und gesellschaftlicher Solidarität, ist bei vielen angekommen.«
In *Schweden,* das den Wohlfahrtsstaat am weitesten fortentwickelt hat, sind die Staatsausgaben von 31 Prozent im Jahre 1960 auf einen Höchststand von 67 Prozent im Jahre 1982 gestiegen – das ist der höchste Anteil unter den Industrieländern (61,5 Prozent 1988). Schwedens Wirtschaft funktioniert allerdings noch immer ziemlich gut. Das steht im Widerspruch zu einer verbreiteten Meinung der achtziger Jahre: daß nämlich ein großer, aufgeblähter öffentlicher Sektor die wirtschaftliche Leistungsfähigkeit hemmt. Die Sozialdemokraten haben das Wachstum eher gesteigert als gedrosselt, und das hat den Märkten nur gutgetan. Der kapitalistische private Sektor Schwedens maximiert die Produktion, während der öffentliche Sektor den Wohlstand mit Hilfe von Steuern und anderen Lenkungsmaßnahmen umverteilt.

Das »schwedische Modell« bestand im wesentlichen aus fünf Punkten.

1. Einer ziemlich straffen Steuerpolitik.
2. Staatlicher Nichtintervention bei der Warenproduktion. Die Regierung überließ es den Kräften des Marktes zu entscheiden, welche Unternehmen scheitern mußten und welche Erfolg hatten. Das Eigentum an Industriebetrieben liegt in privater Hand.
3. Einer Lohnpolitik, die Einkommensunterschiede nivellieren sollte.
4. Arbeitsbeschaffungsprogramme gegen die Arbeitslosigkeit.
5. Verbesserung der Mobilität durch Umzugsbeihilfen und Umschulung. Wenn ein Arbeitsloser sich weigert, die Maßnahmen wahrzunehmen, erhält er nicht die volle Unterstützung.

Mit dieser Politik ist Schweden gut gefahren, bis es Mitte der siebziger Jahre durch die Ölkrise und den Wandel von einer Industriegesellschaft zu einer Informationsgesellschaft hart getroffen wurde. Seit damals überdenken die Schweden ihr System mit großem Ernst. Als Gorbatschows wirtschaftlicher Berater, Abel Aganbegyan, vor einiger Zeit gefragt wurde, welches westliche Land als Vorbild für die Sowjetunion wohl am interessantesten sei, sagte er ohne Zögern: »Schweden ist für uns am interessantesten.«

Der Niedergang des Wohlfahrtsstaates in den USA

Das vielleicht beste Beispiel für den Trend zur Privatisierung in den Vereinigten Staaten ist die landesweit zu beobachtende Entwicklung, die Menschen aus dem Wohlfahrtsprogramm herauszulösen und ihnen Arbeitsplätze auf dem privaten Sektor zu beschaffen. Bis heute haben neununddreißig Bundesstaaten sogenannte *Workfare*-Programme eingeführt. Der Kongreß hat entschieden, daß bis Ende 1990 alle Bundesstaaten ein Arbeitsbeschaffungsprogramm haben müssen.

Das ist die drastische Umkehrung einer fünfzigjährigen Entwick-

lung, in deren Verlauf die staatliche Hilfe – von der New-Deal-Ära und dem Social Security Act des Jahres 1935 bis zu Lyndon Johnsons *Great Society* – stetig zugenommen hat.
Aus der Sicht der Amerikaner ist es berechtigt, sich darüber zu beklagen, daß der Wohlfahrtsstaat aus dem Ruder läuft.
Diese neue Haltung, die auf Arbeitsbeschaffung abzielt und nicht auf Sozialhilfe, findet ihren Ausdruck in einem Statement der National Governor's Association (28 Demokraten und 22 Republikaner): »Es ist unsere Absicht, ein System zu schaffen, in dem der Anreiz zu arbeiten stärker ist als die Versuchung, sich auf die öffentliche Unterstützung zu verlassen ... die Bereitstellung wirklicher Arbeitsmöglichkeiten ist für die Minderbemittelten unseres Landes der sicherste Weg aus der Armut heraus.«

Neue Werte und eine neue Politik

In der Politik des *Workfare*-Programms spiegelt sich eine neue Kombination amerikanischer Werte wider:

1. Der Glaube, daß es den Menschen besser geht, wenn sie selbst für sich sorgen, als wenn sie von Regierungsmitteln abhängig sind.
2. Der Trend zur Berufstätigkeit von Müttern aus der Mittel- und Oberschicht.
3. Der Gedanke, daß diejenigen, die Sozialhilfe annehmen, es der Regierung schuldig sind, sich ernsthaft um Arbeit zu bemühen. Das läuft letztlich auf einen neuen Gesellschaftsvertrag hinaus.

Wir haben es hier mit einem klassischen Beispiel für das Zusammenfallen sich verändernder Werte (es ist richtig, daß Frauen arbeiten) und wirtschaftlicher Notwendigkeit zu tun (der Haushalt muß ausgeglichen werden, und viele freie, durch Arbeitskräftemangel entstandene Stellen müssen besetzt werden).
Im Unterschied zu den Programmen der New-Deal-Ära und der Zeit der *Great Society,* die von Washington aus der Nation verordnet worden sind, hat sich das *Workfare*-Programm nach und nach in den verschiedenen Staaten entwickelt. Es wurde immer wieder verändert, neu ausprobiert und wieder daran herumgebastelt, und schließlich hat *Workfare* inzwischen eine stattliche Erfolgsbilanz vorzuweisen.

Im Augenblick beziehen etwa 11 Millionen Menschen Sozialhilfe, die unter der Bezeichnung »Aid to Families with Dependent Children« (AFDC) läuft. Im Jahre 1988 betrug das AFDC-Budget 16,6 Milliarden Dollar. Die Höhe der monatlichen AFDC-Zuwendungen ist von Bundesstaat zu Bundesstaat unterschiedlich: Der höchste Betrag für eine vierköpfige Familie wird mit 784 Dollar in Alaska bezahlt, der niedrigste mit 136 Dollar in Mississippi.
Es gibt einen direkten Zusammenhang zwischen Bedürftigkeit und dem Umstand, daß Paare nicht heiraten, daß Väter ihre Nachkommen nicht unterstützen. Daher kommt es, daß 90 Prozent der erwachsenen Wohlfahrtsempfänger Mütter mit abhängigen Kindern sind. 67 Prozent aller Wohlfahrtsempfänger sind Kinder unter achtzehn.
Zerstört die Sozialhilfe den Antrieb zu arbeiten? Fördert sie Schwangerschaft bei Minderjährigen? Verhindert sie Eheschließungen und ein stabiles Familienleben? Verstärkt sie den Teufelskreis, der dazu führt, daß Familien in einer Generation nach der anderen von staatlicher Hilfe abhängig sind?

Verlorener Boden

Niemand hat diese Fragen mit mehr Nachdruck gestellt als Charles Murray, Autor von *Losing Ground: American Social Policy 1950–1980,* der die Behauptung aufstellt, daß die Bevölkerungsgruppen, denen der Wohlfahrtsstaat helfen sollte, 1980 schlechter dastanden als vor den Sozialhilfeprogrammen der *Great Society.*
Im Jahre 1968, argumentiert Murray, konnten 13 Prozent der Amerikaner als arm eingestuft werden. 1980 – nachdem die Vereinigten Staaten die Ausgaben für Sozialhilfe vervierfacht hatten – betrug der Prozentsatz immer noch 13 Prozent. Aber zwischen 1950 und 1980 haben sich die Kosten für die Sozialhilfe verdreizehnfacht.
Man kann sich wohl schon darüber beklagen, daß uns der Sozialstaat zu teuer kommt. Kann man aber, wie Murray das tut, so weit gehen und die Behauptung aufstellen, daß die Ausgaben für die Sozialhilfe keinerlei wirklichen sozialen Wandel bewirken? Aber mit jeder Seite, mit jeder Statistik seines Buchs drängt sich ein beunruhigender Schluß auf: Je mehr Amerika für den Wohlfahrtsstaat ausgegeben hat, desto schlechter ist es den Armen gegangen.

Man muß nicht eigens betonen, daß Murrays Schlußfolgerungen einigermaßen umstritten waren; einige Liberale haben seine Behauptungen in Wort und Schrift diskutiert.
Aber jene, die für *Workfare* eintreten – und das ist die große Mehrheit sowohl der Liberalen als auch der Konservativen, sowohl der Schwarzen als auch der Weißen –, tun das, weil sie Murrays Schlußfolgerungen teilen, ob sie nun kontrovers sind oder nicht.

Die Fragen werden neu formuliert

Auch jetzt, wo Amerikaner für eine Reform der Sozialhilfe eintreten, wird plötzlich die Forderung laut, daß den Obdachlosen und anderen nicht nur von privater Seite, sondern auch von seiten der Bundesregierung und der einzelnen Bundesstaaten geholfen werden müsse. Der Wohlfahrtsstaat ist also noch nicht ganz tot.
Irgendwo zwischen Seid-nett-zueinander-Liberalismus (der möglicherweise sehr wenig erreicht) und hartherzigem Konservativismus (der in Wirklichkeit vielleicht ein ausgemachter Rassismus in fiskalischem Gewand ist) stehen die Fragen, auf deren Beantwortung die Menschen wirklich warten:
Welche sind die begründbaren Verpflichtungen der Regierung gegenüber denen, die sich selber nicht helfen können?
Und wie kann man Menschen helfen, ohne sie dabei in Abhängigkeit von der Regierung zu bringen?
Die Antwort darauf lautet: Man muß so vielen Sozialhilfeempfängern wie möglich dabei helfen, auf dem privaten Sektor Arbeit zu finden, man muß das Wohlfahrtssystem privatisieren.

Workfare in den einzelnen Bundesstaaten

An der vordersten Front von *Workfare* steht das Programm des Staates Massachusetts, das dem Steuerzahler mehr als 281 Millionen Dollar aufzubringen erspart hat. Es ist eine freiwillige Initiative, die 1983 ins Leben gerufen wurde und 60 000 ehemaligen Sozialhilfeempfängern Arbeitsplätze verschafft hat, durch die bei Ganztagsarbeit ein durchschnittliches Jahreseinkommen von 15 000 Dollar verdient werden kann, gut das Doppelte des durchschnittlichen AFDC-Satzes.

»Ich finde, unser Programm ist weder liberal noch konservativ«, sagt Gouverneur Michael Dukakis, der – schon bevor er die Präsidentschaft verlor – wußte, was es heißt, wenn man Arbeit sucht. Nach seiner ersten Amtszeit als Gouverneur verlor er 1978 die Wahlen. Er verbrachte einen Teil seines »Exils« damit, das Wohlfahrtssystem zu studieren, das er »den Nahen Osten der Innenpolitik« nennt. Als er 1982 wieder zum Gouverneur gewählt wurde, hatte er einen Plan zur Sozialhilfereform in der Tasche, der unter der Bezeichnung *Employment and Training* lief oder auch *E. T.* genannt wurde. Er legte die Ausführung dieses Plans – und das war sehr wichtig – in die Hände eines Mannes mit Erfahrungen auf dem Gebiet der Berufsausbildung und nicht der Sozialhilfe.

Dieser sieht vor, daß ein Sozialhilfeempfänger in Massachusetts die vom Staat finanzierte Krankenversicherung für die Übergangsperiode von einem Jahr behält und vom Staat Zuschüsse für Kinder sowie Fahrkosten bekommt, wenn er eine Arbeit annimmt.

86 Prozent dieser Beschäftigten, die in der Privatwirtschaft arbeiten, sind auch ein Jahr nach ihrer Einstellung nicht wieder zu Sozialhilfeempfängern geworden.

Mehr als 10 000 Firmen in Massachusetts beschäftigen Arbeitnehmer, die durch dieses Programm gefördert werden. Achtzig Prozent der Arbeitsplätze sind auf dem privaten Sektor und werden nicht aus Regierungsmitteln subventioniert.

Obwohl das Programm gut angeschlagen hat, bestreiten einige Kritiker den Erfolg von ET. Der Volkswirtschaftler Professor Bary Schiller meinte, der Erfolg des Massachusetts-Programms sei »in Wirklichkeit das Ergebnis einer robusten Volkswirtschaft«. Die Arbeitslosenquote lag für den größten Teil der achtziger Jahre bei etwa 3 Prozent und war damit die niedrigste Quote aller Bundesstaaten.

Andere Kritiker des Massachusetts-Programms fragen: Wenn man ein großzügiges *Workfare*-Programm ins Leben ruft – das medizinische Versorgung umfaßt, Kinderbetreuung, Schulbildung –, schafft man dann nicht einen Anreiz für diejenigen, die arbeiten, aber arm sind (und arbeitswillig), zu kündigen und einen Antrag auf Sozialhilfe zu stellen?

Das Büro des Gouverneurs reagiert auf die Einwände von Kritikern mit dem Hinweis, daß das Programm dem Steuerzahler eine Menge Geld spart – 8000 Dollar im Jahr an AFDC-Unterstützung, Lebens-

mittelmarken und Krankenversicherung für jeden Sozialhilfeempfänger, der an dem Programm teilnimmt. Die Kosten für einen Arbeitsplatz betragen durchschnittlich 5600 Dollar.
»Bei jedem Dollar, den wir auf der einen Seite investieren, sparen wir auf der anderen 2 Dollar durch die Verminderung der Sozialhilfekosten und durch ein höheres Steueraufkommen«, sagt der Leiter des staatlichen Wohlfahrtsbüros, Charles Atkins. Gegenwärtig kostet das Program etwa 100 Millionen Dollar im Jahr.

Andere Bundesstaaten
Durch das Oklahoma Education, Training and Employment Program, das 1982 begann, wurden fast 45 000 Menschen an unsubventionierten Arbeitsplätzen untergebracht. Durch das *Project Chance* des Staates Illinois wurde bis März 1988 fast 160 000 Menschen, hauptsächlich Müttern mit Kindern unter sechs Jahren, Arbeit verschafft.

Michigan
In Michigan, wo der industrielle Niedergang Männer und Frauen, die in der Automobilindustrie gut verdient haben, zu Sozialhilfeempfängern gemacht und die Arbeitslosenrate auf 12 Prozent hochgetrieben hat, funktioniert das *Workfare*-Programm trotzdem. Das bringt vielleicht die Stimmen zum Schweigen, die den Erfolg Massachusetts's ausschließlich der niedrigen Arbeitslosenrate, die einmal sogar bei 3 Prozent lag, zuschreiben.
Das Michigan Opportunity and Skills Training (MOST) bietet Kinderbetreuung an und sieht die Übernahme der Krankenversicherung genauso wie das Massachusetts-Programm vor. Der Unterschied besteht darin, daß Arbeitgeber dafür »bezahlt« werden, wenn sie Leute einstellen. Das heißt, Arbeitgeber, die Sozialhilfeempfänger einstellen und ihnen normale Löhne und Gehälter bezahlen, bekommen für einen Zeitraum von einem halben Jahr bis zur Hälfte des jeweiligen Lohns vom Sozialamt erstattet.
Im Jahre 1983 hat MOST 53 Millionen Dollar gekostet und dem Staat netto 81 Millionen Dollar gespart. Seit das Programm 1984 anlief, sind 150 000 Sozialhilfeempfänger in Ganztagsstellen untergebracht worden, und die dadurch entstandenen Einsparungen beliefen sich auf 730 Millionen Dollar.

In Kalifornien, dem Bundesstaat mit dem größten Anteil an Sozialhilfeempfängern, wurde ein neues Gesetz zur Reform der Sozialhilfe vorgelegt. Zwei Abgeordnete, von denen der eine für seine ultrarechte und der andere für seine ultralinke Haltung bekannt war, haben es gemeinsam ausgearbeitet.

Große Beachtung fand 1985 eine Studie der Manpower Demonstration Research Corporation (MDRC), die zu dem Ergebnis kam, daß *Workfare* »funktioniert«. Die Studie untersuchte die Situation von 35 000 Personen in elf Bundesstaaten und kam zu dem Schluß, daß der am schwersten zu vermittelnde Personenkreis am meisten von *Workfare* profitiert. Die Studie kam weiter zu dem Ergebnis, daß wenigstens die Hälfte aller vermittelbaren arbeitsfähigen Sozialhilfeempfänger in den nächsten Jahren einen Arbeitsplatz finden oder sich an Umschulungsmaßnahmen beteiligen wird.

Ihre Zahl um die Hälfte zu reduzieren ist kein kleines Kunststück. Auch wenn zu Beginn ansehnliche Investitionen nötig sind, würde eine Halbierung der Anzahl der Sozialhilfeberechtigten eine ungeheure Ersparnis an Finanz- und Humankapital bedeuten.

Die Stimmung im Land: Berufstätige Frauen

Die Probleme von Wohlfahrt und *Workfare* wurden mitten in einer umfassenden Neubewertung der Rolle geklärt, die Frauenarbeit im amerikanischen Bewußtsein einnimmt. Der angesehene Kolumnist William Raspberry erinnert sich in einer Kolumne aus dem Jahre 1986, daß in den siebziger Jahren die Ansicht vorherrschte, »erzwungene Arbeit« sei ein unannehmbarer Anschlag auf die menschliche Würde. »AFDC-Mütter hatten das Recht – vielleicht sogar die Pflicht –, zu Hause bei ihren Kindern zu bleiben«, schreibt er. Heutzutage sind die meisten Frauen berufstätig, ob sie nun ein höheres, mittleres oder niedrigeres Einkommen beziehen. Die Politiker sind heute überwiegend der Ansicht, Mütter mit niedrigem Einkommen sollten arbeiten, sobald ihre Kinder das Schulalter erreicht haben.

Als der Staat New York ein Arbeitsbeschaffungsprogramm für Sozialhilfeempfänger mit kleinen Kindern ankündigte, stellte Ilene Margolin – die für sozialpolitische Maßnahmen zuständige Mitarbeiterin des Gouverneurs und Mutter eines dreijährigen Kindes – fest,

daß die Hälfte aller Frauen mit Kindern unter sechs Jahren berufstätig ist.
»Also, warum soll man den Sozialhilfeempfängerinnen unter den Müttern diese Möglichkeit nicht bieten?« fragt sie. Zu dem Programm gehört deshalb auch das Angebot von Kindertagesstätten.

Der neue Gesellschaftsvertrag

Die Einführung und Entwicklung von *Workfare* in Amerika bedeutet eine tiefgreifende Veränderung in der Beziehung zwischen einer Regierung und ihren Bürgern, eine neue Konzeption des Gesellschaftsvertrags.
Lawrence M. Mead, Lehrbeauftragter für Politologie an der New York University und Autor des Buches *Beyond Entitlements: The Social Obligations of Citizenship,* vertritt die Ansicht, daß die Gesellschaft »klare, eindeutige Maßstäbe für arbeitsfähige Sozialhilfeempfänger aufstellen« sollte.
Er ist der Meinung, daß grundsätzlich Hilfe gewährt werden sollte, aber nicht ohne gewisse Auflagen. »Die Menschen, die Sozialhilfe erhalten, müssen anfangen, nach denselben Regeln der Gegenseitigkeit zu leben – man muß auch etwas geben, wenn man etwas bekommen will – wie alle anderen Amerikaner, die nicht von Sozialhilfe leben«, sagt er. »Das Wort Wohlfahrt darf nicht mehr nur Nutzen zu haben bedeuten, sondern auch, Pflichten zu übernehmen.« Wir, die Regierung, unterstützen dich finanziell; und du, der Sozialhilfeempfänger, mußt dich dafür ernsthaft um Arbeit bemühen.
»Ich glaube, daß das Prinzip der Arbeitswilligkeit als Voraussetzung für die Sozialhilfe inzwischen ein wesentlicher Bestandteil des Wohlfahrtssystems geworden ist«, sagte Mitchell J. Ginsberg, emeritierter Dekan der School of Social Work an der Columbia University.
Wie reagieren denn nun die Sozialhilfeempfänger auf diesen neuen Gesellschaftsvertrag? Mit Begeisterung, erfahren wir von einem Beamten. Michael J. Dowling, der stellvertretende Leiter der für Sozialhilfe zuständigen Dienststelle des Staates New York, sagt: »Wenn ich die Leute frage, was ich für sie tun kann, dann sagen sie als erstes: ›Können Sie sich das denn nicht denken? Ich will Arbeit. Helfen Sie mir, Arbeit zu finden.‹« Und genau dafür gibt es ja *Workfare*.

Unterstützung durch beide Parteien

Die *Workfare*-Programme geben sowohl Liberalen als auch Konservativen Gelegenheit, Gemeinsamkeiten zu entdecken und eine neue einheitliche Basis zu finden. Für die Konservativen ist es das Arbeitsethos und der neue Gesellschaftsvertrag: *Workfare* ist nicht einfach ein System zur Verteilung von Almosen, sondern es beruht auf Gegenseitigkeit. Und den Liberalen gefällt, daß das Schwergewicht auf Arbeitsvermittlung und Berufsausbildung liegt und daß die meisten *Workfare*-Programme freiwilliger Natur sind.

Mario Cuomo, der bei vielen als ultraliberal verschriene Gouverneur des Staates New York, hat diesen Konsens auf den Punkt gebracht. Er definierte die Begriffe »Mitgefühl« und »Gefühllosigkeit« neu und bemerkte dazu, »die sich über Generationen hinziehende Abhängigkeit von öffentlicher Unterstützung« sei gefühllos. Ausbildung und Umschulung verrate sehr viel Mitleidsfähigkeit. Sowohl Liberale als auch Konservative finden dabei Befriedigung, daß Menschen durch ihre eigene Arbeit den Weg aus der Armut finden.

Heute ist der »Wohlfahrtsstaat« – der inzwischen Versorgung von der Wiege bis zur Bahre bedeutet – in den skandinavischen Ländern, in den Niederlanden, in Australien und Neuseeland voll realisiert, obwohl diese Länder ihre Haltung zum sozialstaatlichen Konzept neu überdenken und definieren. Aus amerikanischer Sicht sind auch die meisten europäischen Länder, in denen der Staat die Krankenversicherung und weite Teile der höheren Bildung organisiert und finanziert, wohlfahrtsstaatlich orientierte Länder. Etwa hundertvierzig Länder haben irgendeine Art von Wohlfahrtsprogramm. Von 1945 bis 1980 haben die Wohlfahrtsprogramme überall auf der Welt zugenommen. Heute kann man allerdings einen gegenläufigen Trend beobachten.

Die Neuschöpfung des Wohlfahrtsstaats

Die beachtlichen Siege der republikanischen Partei bei den Präsidentschaftswahlen 1984 und 1988 sind nicht mit einer Abwendung von den Menschen, die sich in Not befinden, gleichzusetzen, wie der liberale Flügel der Demokraten das gerne interpretiert. Aber diese

Wahlsiege sind eine deutliche Zurückweisung des liberalen Wohlfahrtskonzepts. Die meisten Bürger halten es nicht für richtig, daß die Regierung ungeheure Geldsummen für Programme ausgibt, die nicht funktionieren. Sie sehen es lieber, wenn die staatlichen Mittel zusammen mit privaten Geldern für ganz bestimmte, genau durchdachte Projekte eingesetzt werden. Das sollte dann erwogen werden, wenn die Betroffenen Bereitschaft zur Mitarbeit signalisiert haben oder zur Eigeninitiative fähig sind wie die Mütter in Massachusetts. Die Regierung und ihre privaten Partner können sozusagen die finanzielle Saat auslegen und ihr Geld wie Wagniskapital einsetzen. Damit fördern und unterstützen sie die Anstrengungen der Betroffenen.

Ursprünge des Wohlfahrtsstaats

Der Begriff »Wohlfahrtsstaat« ist – definiert man ihn als einen Staat, der finanzielle Mittel einsetzt, um seine Bürger vor Armut zu schützen und um ihr soziales Wohl zu fördern – ein relativer Begriff. In Skandinavien gilt der amerikanische Wohlfahrtsstaat als Beispiel fast unverfälschten Laisser-faire.
Man hat sich ganz gewiß schon im Griechenland der Antike und im Römischen Reich um die Wohlfahrt seiner Mitmenschen gesorgt. In der frühchristlichen Zeit wurden die mildtätigen Zuwendungen für die Armen teilweise durch den Zehnten – bei den Moslems durch die »Zakat« – aufgebracht.
Aber soziale Hilfe von seiten des Staates, so wie wir sie kennen, gibt es erst seit etwa hundert Jahren. Der deutsche Kanzler Otto von Bismarck führte 1883 die vom Staat finanzierte Sozialversicherung ein. Das Bismarcksche System funktionierte so, daß Beschäftigte, die krank wurden und nicht arbeiten konnten, kostenlose ärztliche Versorgung und finanzielle Unterstützung erhielten, beides wurde aus einem Fonds finanziert, in den sowohl Arbeitgeber als auch Arbeitnehmer einbezahlten. 1889 wurde ein Gesetz verabschiedet, das praktisch jedem Arbeiter ab dem Alter von siebzig Jahren eine Rente garantierte.
Historiker behaupten, Bismarcks wirkliches Motiv dabei sei gewesen, »den Sozialismus zurückzudrängen und die Revolution zu verhindern«. Trotzdem war sein System der Sozialversicherung das

erste moderne Beispiel staatlichen Schutzes gegen die wirtschaftlichen Fährnisse des Lebens.
Überall auf der Welt läßt sich heute eine deutliche Schwerpunktverlagerung von der Klasse oder der Gruppe – beispielsweise unterprivilegierter Schwarzer oder lediger Mütter – hin zum einzelnen ausmachen. In der Vergangenheit hat es geheißen: Wir wollen dieses tun und sollten jenes tun für *sie,* für die armen Bedürftigen. Jetzt rückt das Individuum wieder stärker ins Blickfeld. Am besten funktioniert natürlich ein Programm, das auf individuelle Stärken und Bedürfnisse zugeschnitten ist. Der Staat stellt sich, im Zusammenspiel mit der privaten Wirtschaft, auf den einzelnen Menschen ein und konzentriert sich nicht auf Klassen, Gruppen oder irgendwelche anderen Kategorien.
Unter der Führung Margaret Thatchers, die den Wertewandel erkannt und darauf reagiert hat, wird das System des Wohlfahrtsstaates im 20. Jahrhundert überall neu durchdacht und definiert.
Eine Schwerpunktverlagerung läßt sich weltweit nachweisen, und zwar:

○ Von der zentralen Regierungsgewalt hin zur Stärkung der Eigeninitiative,
○ Von der Bereitstellung von Sozialwohnungen zur Schaffung von Wohneigentum,
○ Von der staatlichen Krankenversicherung zur privaten Absicherung,
○ Von staatlichen Eingriffen in den Markt zum freien Spiel der Kräfte,
○ Von der Sozialhilfe zur Förderung von Eigeninitiative, das heißt von Welfare zu Workfare,
○ Vom Kollektivismus zum Individualismus,
○ Vom Regierungsmonopol zu Wettbewerb und freiem Unternehmertum,
○ Von staatlichen Industriebetrieben zu privaten Unternehmen,
○ Von Staatsunternehmen zu Firmen, die Beteiligungen für Arbeiter und Angestellte vorsehen,
○ Von der staatlichen Sozialversicherung zu privaten Versicherungen und Investitionen,
○ Von der Steuerlast zur Steuerentlastung.

Während wir uns dem nächsten Jahrhundert nähern, sind die Regierungen auf der ganzen Welt dabei, die Verantwortung der Gesellschaft gegenüber ihren Bürgern zu überdenken, besonders die Verpflichtung gegenüber denjenigen, die sich tatsächlich selber nicht helfen können.
Dieser Prozeß der Neudefinition dessen, was den Wohlfahrtsstaat einmal ersetzen soll – wie das Sozialgefüge nach dem Wohlfahrtsstaat aussehen wird –, wird sich wohl sicher noch über das letzte Jahrzehnt dieses Jahrhunderts hinziehen.

6 Die Zukunft gehört dem pazifischen Raum

Vor fünfhundert Jahren hat sich das Handelszentrum der Welt allmählich vom Mittelmeer zum Atlantik verlagert. Heute verlagert es sich vom Atlantik zum Pazifik. Die Städte des pazifischen Raums – Los Angeles, Sydney und Tokio – lösen die alten etablierten Städte des atlantischen Raums ab: New York, Paris, London.
Der pazifische Raum ist zweimal so groß wie Europa und Amerika zusammen. Heute lebt in Asien die Hälfte der Weltbevölkerung. Im Jahre 2000 werden es zwei Drittel sein, während der europäische Anteil nur noch 6 Prozent betragen wird. Asien ist ein Markt von 3 Billionen Dollar, der jede Woche um 3 Milliarden wächst. Wie man es auch betrachtet, geographisch, demographisch oder ökonomisch – der pazifische Raum ist ein Machtzentrum von globaler Bedeutung.
Der pazifische Raum ist eine riesige Region, die sich von der Westküste Südamerikas über die Beringstraße bis zur UdSSR erstreckt und im Süden bis nach Australien und alle Länder umfaßt, die von den Wassern des Pazifischen Ozeans berührt werden.
Der Aufstieg des pazifischen Raums vollzieht sich wie der Aufstieg eines dynamischen jungen Amerika, aber in einem sehr viel größeren Maßstab.
»Das Mittelmeer ist das Meer der Vergangenheit, der Atlantik das Meer der Gegenwart, der Pazifik das Meer der Zukunft«, sagte um die Jahrhundertwende der amerikanische Außenminister John Hay. Heute ist diese Prophezeiung Wirklichkeit geworden. Die fünf wichtigsten Fakten, die man sich im Zusammenhang mit dem pazifischen Raum vergegenwärtigen sollte, sind:

1. Die Schwerpunktverlagerung zum pazifischen Raum wird durch starke wirtschaftliche Kräfte vorangetrieben. Sie vollzieht sich in

einem Tempo, das weder gegenwärtig noch irgendwann in der Geschichte schon einmal zu beobachten war.
2. Diese Verlagerung ist nicht nur wirtschaftlicher, sondern auch kultureller Natur. In den Ländern des pazifischen Raums werden mehr als tausend Sprachen gesprochen, und dort ist die größte Variationsbreite an religiösen und kulturellen Traditionen zu finden, die man auf der Welt antreffen kann.
3. Obwohl Japan heute die wirtschaftliche Führung in der Region innehat, wird schließlich der ostasiatische Raum – China, Südkorea, Taiwan, Hongkong und Singapur – die größte Bedeutung haben. Es gibt Voraussagen, nach denen im Jahre 2010 China sich nach den USA durch die größte Wirtschaftsproduktion der Welt auszeichnen soll.
4. Die ökonomische Schubkraft wird noch durch das Engagement auf dem Bildungssektor verstärkt. Schon 1985 besuchen mehr junge Koreaner als junge Briten höhere Lehranstalten und Universitäten.
5. In einem globalen Wirtschaftsraum bedeutet der Aufstieg des pazifischen Raums nicht notwendigerweise den Niedergang des Westens, es sei denn, der Westen versäumt es, die Bedeutung dieses Trends zu erkennen und die sich daraus ergebenden Chancen auszuschöpfen.

Vor allem die amerikanischen Bundesstaaten, die dem pazifischen Raum angehören, haben eine so günstige Lage, daß sie aus dem Übergang ins Jahrhundert des Pazifiks Nutzen ziehen können.

Eine gewaltige ökonomische Verschiebung zum pazifischen Raum

Weil wir schon soviel über den pazifischen Raum gehört haben, könnten wir vielleicht der Versuchung erliegen, zu glauben, wir hätten seine Bedeutung begriffen. Das wäre ein großer Fehler. Den meisten ist noch nicht klar geworden, daß diese gewaltige wirtschaftliche Schwerpunktverlagerung die Welt völlig verändern wird. Und nur wenige von uns haben eine Vorstellung, wie wir davon profitieren können.

Im pazifischen Raum vollzieht sich heute die schnellste wirtschaftliche Expansion in der Geschichte mit einer Wachstumsrate, die fünfmal so groß ist wie während der industriellen Revolution.
»Es sieht so aus, als sei Asien das Beste, was dieser Welt seit dem Aufstieg Amerikas widerfahren ist«, stand jüngst in einem Artikel des *Economist* zu lesen. Aber ein Symbol dieses Wandels ist für viele – speziell für Amerikaner – schwer zu verkraften. Nach Zahlen, die das Finanzblatt *American Banker* veröffentlicht hat, befindet sich zum ersten Mal seit Jahrzehnten kein amerikanisches Geldinstitut unter den sechsundzwanzig größten Banken der Welt. Vor zehn Jahren war nur eine einzige japanische Bank unter den ersten zehn. 1989 nahmen japanische Banken die ersten zwölf Plätze ein, und auf den ersten fünfundzwanzig Plätzen waren siebzehn japanische Banken zu finden. Die New Yorker Citibank, das größte amerikanische Geldinstitut, lag auf Platz siebenundzwanzig. Die Bank of America, einst die größte Bank der Welt, landete auf Platz vierundvierzig.
Vor dreißig Jahren machte das Bruttosozialprodukt der Länder des pazifischen Raums nur die Hälfte des amerikanischen und ein Drittel des europäischen Bruttosozialprodukts aus. Im Jahr 2000 wird es so groß sein wie das amerikanische, und es wird das europäische Bruttosozialprodukt übersteigen.
Zur Jahrtausendwende wird sich das Bruttosozialprodukt der Welt mehr oder weniger in vier Teile aufteilen: in den Anteil des pazifischen Raums, in den europäischen Anteil, in den Anteil der Vereinigten Staaten und in den Anteil der übrigen Welt.
Die exportorientierten Volkswirtschaften des pazifischen Raums wachsen dreimal schneller als die meisten Volkswirtschaften der Welt. Zwischen 1975 und 1988 haben die vier Drachen ihren Anteil am Weltexport von Fertigerzeugnissen von 4 Prozent auf 11 Prozent gesteigert. Zwischen 1985 und 1987 haben sie ihren Anteil am Weltexport von Unterhaltungselektronik von 15 auf 30 Prozent erhöht.
Der wirtschaftliche Einfluß des pazifischen Raums läßt sich an den amerikanischen Handelsbeziehungen deutlich ablesen. Die Vereinigten Staaten verkaufen mehr Waren an Südkorea als an Frankreich und mehr an Taiwan als an Italien und Schweden zusammengenommen. Schon 1986 betrug – pro Kopf gerechnet – der amerikanische Warenverkauf an Taiwan 286 Dollar – und lag damit höher als der Verkauf an Japan (222 Dollar) oder Frankreich (131 Dollar).

Acht von zehn Arbeitsplätzen in Taiwan hängen vom Export ab. Zwei Drittel der gesamten Güterproduktion und der Dienstleistungen Singapurs werden exportiert. Die Devisenreserven der vier Drachen (Südkorea, Singapur, Taiwan und Hongkong) betragen jetzt zusammengenommen 100 Milliarden Dollar – und sie wachsen noch weiter.

Im Jahre 1960 war das Handelsvolumen Amerikas mit Asien etwa halb so groß wie der Umfang des Handels mit Westeuropa. Seit 1983 übersteigt der pazifische Handel der USA den atlantischen, und 1988 lag das Handelsvolumen mit Asien um 50 Prozent über dem mit Europa und erreicht 1988 die 300-Milliarden-Dollar-Grenze.

Wenn sich die Dinge so weiterentwickeln, dann wird irgendwann in den neunziger Jahren das amerikanische Handelsvolumen mit Asien zweimal so groß sein wie das mit Westeuropa.

Taiwan muß den Handel mit China – der 1988 einen Umfang von 2 Milliarden Dollar erreichte – verstärken, oder es wird hinter die anderen Drachen zurückfallen. Die meisten taiwanesischen Unternehmer wollen nichts lieber als das Kriegsbeil begraben und den Umsatz steigern. Zeitungsberichten aus Tokio und Peking zufolge gibt es allein in den beiden Festlandprovinzen Fujian und Guangdong mehr als achtzig Fabriken, die sich zumindest teilweise in taiwanesischem Besitz befinden. In den vergangenen drei Jahren sind Dutzende von Schuh- und Textilfabriken sowie von Herstellungsbetrieben für elektronische Bauteile von Taiwan nach China umgesiedelt.

Eine kulturelle und nicht nur eine ökonomische Verlagerung

»Seit die avantgardistischen japanischen Modedesigner in den Vordergrund getreten sind, ist Paris – zumindest auf dem Konfektionsmarkt – nicht mehr das, was es einmal war«, schrieb die *Washington Post,* als im Frühjahr 1987 die Herbstmode präsentiert wurde. »Sie haben die Modemacher in der ganzen Welt beeinflußt.« Ein halbes Jahr später bei der Präsentation der Frühjahrsmode 1988, lautete die Schlagzeile: »Paris verbeugt sich vor den Japanern.«

Die berühmtesten japanischen Modemacher, die ihre Kreationen in

Paris präsentieren, sind Rei Kawakubo, Issey Miyake und Yohji Yamamoto, aber es sind jetzt acht, die ihre Sachen in der Gesellschaft von St. Laurent und Givenchy präsentieren. Kawakubos Kleider kann man in Japan in 249 Geschäften kaufen, die ihm entweder gehören oder wo er als Franchisegeber auftritt. Außerhalb Japans sind es 84 Läden.
In den fünfziger Jahren hat New York von Paris die Führungsrolle in der Kunst übernommen.
In den neunziger Jahren wird Tokio die führende Rolle in der Mode, im Design und in der Kunst spielen.
»Der japanische Einfluß in der Mode ist keine vorübergehende Erscheinung; er wird bleiben«, sagt Bernard Portelli vom Okyo Haarstudio in Washington, D.C. »Mit dem französischen Stil ist es vorbei. Die Franzosen bringen nichts Neues, weder in der Küche, noch in der Mode. Alle folgen den Japanern.«
»Paris ist immer noch vom Geist des Jahres 1789 durchdrungen«, meint der französische Architekt Richard Bliath. Tokio ist »die einzige Stadt mit einer Architektur, die das Hier und Jetzt widerspiegelt«.
»Die Zukunft gehört den Japanern«, sagt der in Manhattan lebende Innenarchitekt Jay Specter. »Wenn ich in Frankreich bin, dann bin ich fasziniert von der Kultur, der Innenarchitektur, den Möbeln, der Kunst. Aber unwillkürlich beschleicht mich doch das Gefühl, daß vieles davon der Vergangenheit angehört. Japan kommt mir vor wie die Zukunft, wie das Morgen, wie ein Blick ins 21. Jahrhundert.«
Seit den sechziger Jahren hat Japan zweihundert neue Museen gebaut.
Schon heute besuchen bedeutende Sammler und Künstler Japan, so wie frühere Generationen eine Wallfahrt nach Paris oder Rom unternommen haben. Es wird geschätzt, daß gegenwärtig 30 Prozent aller Kunstkäufe von Japanern getätigt werden.
Tokio besitzt neun Symphonieorchester.
Mittlerweile verwenden amerikanische Museen einen immer größeren Anteil ihrer Mittel darauf, japanische Kunst auszustellen – ein Anzeichen ihres steigenden Einflusses im Westen. Das Los Angeles County Museum of Art hat 12,5 Millionen Dollar in einen Anbau investiert, in dem speziell japanische Kunst ausgestellt wird; auch im Metropolitan Museum of Art in New York gibt es eine neue japanische Galerie.

Zeitgenössische japanische Künstler finden mehr und mehr Beachtung. »Es gibt bei vielen Museen hier in Amerika ein noch nie dagewesenes Interesse an Japan«, sagt die New Yorker Galeriedirektorin Alexandra Munroe.

Die erste große Ausstellung japanischer Künstler seit achtzehn Jahren wurde im Juni 1989 im San Francisco Museum of Modern Art eröffnet und wird noch in fünf weiteren amerikanischen Städten gezeigt.

Der kulturelle Einfluß Nippons auf den Westen wird im Aufstieg des japanischen Architekten Arata Isozaki sichtbar, der das Los Angeles Museum of Contemporary Art entworfen hat, die Innenräume des Palladiums in New York und den Erweiterungsbau des Brooklyn Museum.

Singapur hat begriffen, daß die Kultur eine wichtige Rolle spielt, wenn man mehr Besucher anziehen will. 1988 wurde der Palast der Kaiserin eröffnet, ein großes Kulturzentrum, auf dessen erster Ausstellung zum ersten Mal außerhalb Chinas 312 Kunstwerke aus der Ming-Dynastie gezeigt wurden.

Hongkong ist die Heimat einer vor Lebendigkeit vibrierenden Kunstszene geworden, die besonders reich ist, weil sie die chinesische und die westliche Kultur in sich aufgenommen hat – von der Kanton-Oper bis zum Hong Kong Philharmonic Orchestra findet man hier alles. In der Kronkolonie sind die besten Kunstfestivals Asiens zu Hause, und in den vergangenen fünf Jahren hat die Stadt eine außerordentliche Blüte an bedeutender Architektur erlebt: unter anderem wurde das neue Kulturzentrum errichtet.

An der Akademie der darstellenden Künste, einem architektonischen Paradestück, wird Tanz, Theater und Musik unterrichtet – immer unter Einbeziehung traditioneller chinesischer und westlicher Eigenheiten. Besonders betont wird auch der interdisziplinäre Aspekt: Musikstudenten beschäftigen sich mit Tanzfiguren, Tänzer mit der Darstellungskunst des Theaters, und jeder muß sich einige technische Fähigkeiten der anderen Gebiete aneignen.

Die Chinesen sind große Kinofans. Jeder Einwohner der Stadt geht elfmal jährlich ins Kino. Die durchschnittliche Zahl der Vorstellungsbesuche in Hongkong liegt somit an dritter Stelle in der Welt, während das chinesische Festland mit der erstaunlichen Zahl von 21 Kinobesuchen pro Kopf und Jahr die Liste anführt. Die UdSSR liegt mit 15 Kinobesuchen an zweiter Stelle. Und alle Anzeichen weisen darauf hin, daß das Filmgeschäft in China noch gigantische Ausmaße annehmen wird. 1988 sind dort 158 Spielfilme produziert worden, und 31 chinesische Filme sind auf internationalen Filmfestivals mit Preisen ausgezeichnet worden.

Obwohl viele westliche Modedesigner in der Stadt präsent sind, bringt Hongkong auch seine eigenen Modemacher hervor, wie beispielsweise Eddie Lau, der ausgefallene Kleider entwirft, sie in Hongkong herstellen läßt und damit Boutiquen in Europa und Japan beliefert.

»Hongkong und China werden zusammen zum neuen Weltzentrum der Mode«, prophezeit er. »Wenn China die Stadt übernimmt, dann haben wir eine Identität, die unserem Können entspricht und die wir brauchen. China braucht Modemacher, wenn es die Welt da draußen erreichen will, und es wird die Designer hier finden.«

»Ich glaube, der pazifische Raum wird über die nächsten zweihundert Jahre einen dominierenden Einfluß in der Kunst haben, so wie die europäische Kunst eine unglaubliche Periode der Vorherrschaft erlebt hat, die jetzt gerade zu Ende geht«, sagt der avantgardistische Regisseur Peter Sellars vom Los Angeles Festival.

Ostasien: Giganten des 21. Jahrhunderts

Wenn auch Japan das am höchsten entwickelte Land des pazifischen Raums ist, so sind doch Ost- und Südostasien die am schnellsten wachsenden Regionen der Welt. China und die vier Drachen verwalten ein großes kulturelles und wirtschaftliches Erbe. Wenn China weiterhin einen kapitalistischen Kurs steuert, dann kann es irgendwann im 21. Jahrhundert die Führungsrolle Japans gefährden.

Die wirtschaftliche Strategie im pazifischen Raum heißt: Japan mit seinen eigenen Waffen zu schlagen.

Länder, die wie Südkorea vor einigen Jahrzehnten noch völlig verarmt waren, sind heute auf dem Exportmarkt für Automobile, Fernsehapparate, Schiffe, Computer und Videorecorder ernsthafte Konkurrenten für die Vereinigten Staaten und Japan und lassen Europa alt und kraftlos aussehen.

Südkorea, Taiwan, Singapur und Hongkong haben die Theorie wirtschaftlicher Entwicklung revidiert, indem sie der Welt gezeigt haben, wie man die Industrialisierungsphase teilweise überspringen und direkt ins Informationszeitalter springen kann. Es ist zu erwarten, daß ihre jährlichen Wachstumsraten sich zwischen 7 und 10 Prozent bewegen, wohingegen die Wachstumsrate der Vereinigten Staaten bei etwa 3 Prozent liegen wird.
Ursprünglich waren billige Arbeitskräfte die wirtschaftliche Grundlage der vier Schwellenländer, aber heute wenden sie sich der Produktion hochwertiger Computer und anderen komplizierten Aufgaben und Gebieten zu, auf denen die USA und Japan die Führungsrolle beanspruchten. Neue Wachstumsregionen wie Thailand, Malaysia, Indonesien und die Philippinen, in denen die Lohnkosten niedriger sind, werden die weniger anspruchsvollen wirtschaftlichen Aufgaben übernehmen. Wer hätte denn 1970 vorhersagen können, daß Malaysia heute auf dem Stand ist, auf dem es sich befindet und hochentwickelte technische Produkte exportiert?

Hongkong: Das reichgeschmückte Tor zu einem riesigen Drachen

Das moderne Hongkong verbindet auf beeindruckende Weise Konfuzianismus und Laisser-faire mit allen Annehmlichkeiten Manhattans: ein Handelszentrum mit supermodernen Gebäuden sowie hochentwickelten Finanz- und Kommunikationssystemen. Mit einem Bruttosozialprodukt, das – pro Kopf der Bevölkerung gerechnet – bei 9604 Dollar liegt, ist Hongkong sehr viel wohlhabender als Griechenland oder Portugal.
Hongkong ist schon jetzt eines der großen Finanzzentren der Welt. Mitte der achtziger Jahre war es – nach einem Bericht des *Wall Street Journal* – Sitz von 284 Versicherungsgesellschaften, 142 Investmentfonds, 900 Maklerbüros und 1300 eingetragenen Wertpapierhändlern. Praktisch alle großen Banken haben Zweigstellen in Hongkong. Sein Markt für Termingeschäfte ist der zweitgrößte der Welt, und seine Börse ist, gemessen am Volumen der Geldanlage, die Nummer elf. Die britische Kronkolonie ist im Export von Spielwaren und Textilien führend und hat einen Containerhafen mit der zweitgrößten Umschlagfrequenz der Welt.

Aber Hongkongs Bedeutung wird heute noch durch die Tatsache geprägt, daß es das Tor nach China ist. Innerhalb von lediglich zehn Jahren ist China von Platz 46 unter den wichtigsten Handelspartnern Hongkongs auf den ersten Rang vorgerückt. Hongkong ist der wichtigste ausländische Investor Chinas, und 75 Prozent aller chinesischen Auslandsprojekte werden von Hongkong aus gesteuert.
Während das Jahr 1997 näherrückt (in dem Hongkong von der britischen in die chinesische Oberhoheit zurückkehrt), betrachtet die Bevölkerung Hongkongs das chinesische Versprechen, Hongkong könne eine Demokratie bleiben und das marktwirtschaftliche System beibehalten, mit Skepsis. Tausende sind bereits nach Kanada und in die Vereinigten Staaten emigriert.
Hongkong muß sich seinen privilegierten Zugang zum chinesischen Riesen erhalten, wenn es die anderen Schwellenländer als ein führendes Produktions- und Finanzzentrum überflügeln will. Und China braucht Hongkong, um ausländische Investitionen anzuziehen.

○ China erhält 30 bis 40 Prozent seiner Deviseneinnahmen von oder über Hongkong.
○ China hat zwischen 6 und 10 Milliarden in Hongkong investiert – also mehr als die Fünf-Milliarden-Investition der Vereinigten Staaten.
○ Seit 1985 ist China der bedeutendste Handelspartner Hongkongs; die Vereinigten Staaten kommen an zweiter und Japan an dritter Stelle.

»Es gibt in Hongkong fast keinen Industriezweig, der nicht schon mit einem Bein in China stünde«, erzählt ein westlicher Diplomat. Einige Industrien sind schon fast vollständig aus Hongkong abgezogen: Mehr als 50 Prozent der Spielwarenproduzenten haben sich jenseits der Grenze niedergelassen.
In der Provinz Guangdong arbeiten Kapitalisten aus Hongkong und chinesische Kommunisten bei einem großen wirtschaftlichen Kooperationsprojekt zusammen.
80 Prozent der gesamten Investitionen in Guangdong stammen aus Hongkong. Im chinesischen Perlenflußdelta beschäftigen Fabrikanten aus Hongkong mehr als eine Million Chinesen, während die

Gesamtzahl der Beschäftigten in Hongkong selbst nur bei 900 000 liegt. Mehr als 2 Millionen Arbeiter sind in die Provinz Guangdong gezogen, um Arbeit zu finden.
»Das ist der Ort, von dem aus man nach China hineinkommt«, sagt T. W. Wong, stellvertretender Generaldirektor des Industrieverbands in Hongkong.
»Durch unsere Lage sind wir als Bindeglied zwischen China und dem Westen geradezu prädestiniert«, erklärt Stephen Cheong, ein Politiker aus Hongkong, der am Bau einer 8 Millionen Dollar teuren Fabrik in China beteiligt ist, in der Schaltkreisplatten hergestellt werden sollen, die natürlich den Standards von IBM entsprechen. »Seit dreißig Jahren nehmen wir alles auf, was an moderner Technologie entwickelt wird, während China das überhaupt nicht mehr tut. Und jetzt haben wir die entsprechend ausgebildeten Leute, die Techniker und die Manager, die Chinas Ressourcen und Märkte erschließen können. Das ist unsere Rolle in der Zukunft.«

Südkorea: Erbe der Krone des Samurai

Vor zwanzig Jahren noch eine Nation aus armen Bauern, natürlich mit dem Hauptexportartikel Reis, ist Südkorea heute das am weitesten entwickelte Schwellenland Asiens. 1965, als Südkorea ein vom Krieg ausgelaugtes Land war, lag das Bruttosozialprodukt pro Kopf der Bevölkerung bei jährlich 120 Dollar. Bis 1988 wuchs es auf die erstaunliche Höhe von 4040 Dollar an. Obwohl andere der vier Drachen höhere Einkommen erzielten, ist Korea wegen der Größe seiner Bevölkerung der Stärke und Vielfalt seiner Wirtschaft die Nummer eins.
Die südkoreanische Wirtschaft ist heute leistungsfähiger als die Wirtschaft Dänemarks oder Österreichs.
1988 erzielte Korea ein erstaunliches Exportvolumen von 59,7 Milliarden Dollar, unter anderem mit Autos von Hyundai, Daewoo-Computern und Videorecordern von Samsung – 40 Prozent des Exports gingen in die Vereinigten Staaten.
Seit 1965 ist die Industrieproduktion um das Fünfzigfache gestiegen, das Exportvolumen ist um das Hundertfache gewachsen. Allein zwischen 1986 und 1987 ist die Exportrate um 30 Prozent hochgeschnellt.

Kein Wunder, daß man Korea als das Land bezeichnet hat, in dem am härtesten gearbeitet wird. 1987 hat das koreanische Institut für Wirtschaftsentwicklung hochgerechnet, daß Ende des Jahrhunderts das Bruttosozialprodukt pro Kopf die 5000-Dollar-Marke überschreiten wird. Das war eine ziemlich vorsichtige Schätzung. Das reale Bruttosozialprodukt steigt nach wie vor *jährlich um zehn Prozent.* Bei dieser Zuwachsrate verdoppelt sich das Bruttosozialprodukt alle sieben Jahre. Nach den Leitlinien der Vereinten Nationen gehört die Einkommensverteilung in Korea zu den gerechtesten der Welt. Jedes Entwicklungsland der Welt fragt sich, wie Südkorea das nur fertigbringt.

Mit diesen verblüffenden Rekorden scheint Südkorea gerüstet, Japans Status als die führende Industriemacht der Welt gefährden zu können. Der Nachbar Japan betrachtet diese Entwicklung darum auch mit wachsendem Unbehagen.

»Japan und die Japaner haben großen Respekt vor der wirtschaftlichen Potenz der Amerikaner und Europäer, aber sie haben eine Heidenangst vor den Koreanern«, weiß *Tokyo Business Today* zu berichten. »Die Republik Korea wird zwar meistens als eines der Schwellenländer in einen Topf geworfen mit Taiwan, Hongkong und Singapur, aber von allen vier Ländern entwickelt sich in Korea die stärkste und vielseitigste Wirtschaft.«

Das Land setzt auf das Auto, so wie Deutschland das in den fünfziger und Japan in den siebziger Jahren getan hat, und es wird am Ende des Jahrhunderts zu den fünf größten Autoproduzenten der Welt gehören.

1987 waren die bedeutendsten fünf Herstellerländer Japan, die Vereinigten Staaten, die Bundesrepublik, Frankreich und Italien; Südkorea lag auf Platz zehn. Im Jahre 1987 wurden dort 800 000 Autos produziert, achtmal mehr als 1982. Zwei Drittel davon gingen in den Export. Bis 1993 wollen die fünf Autohersteller Koreas die Produktion verdoppeln.

Südkorea besitzt das größte Stahlwerk und das größte Trockendock der Welt. Nachdem es Japan bei den Industrieerzeugnissen schon einen ansehnlichen Marktanteil abgenommen hat, dringt Südkorea jetzt mit aller Kraft ins Informationszeitalter vor. Südkorea investiert 2 Prozent seines Bruttosozialprodukts in Forschungs- und Entwicklungsprojekte, während dieser Anteil in den USA und Japan

nur bei 3 Prozent liegt. Und bis zum Jahr 2001 will das Land die Ausgaben dafür auf 5 Prozent anheben. In den Jahren 1987 und 1988 haben koreanische Unternehmen 2,5 Milliarden Dollar in Halbleiter investiert.
Korea hat den Japanern den amerikanischen Markt für Fernseher und Videorecorder der unteren Qualitätskategorie abgenommen. Im Jahre 1987 hat die Produktion elektronischer Erzeugnisse einen Wert von 17,4 Milliarden Dollar erreicht, was eine Steigerung um 44 Prozent gegenüber 1986 bedeutet. Der gesamte Export belief sich auf ein Volumen von 11,2 Milliarden Dollar. »Die Elektronikindustrie wird sich vielleicht noch zum größten Sektor der koreanischen Industrieproduktion entwickeln und die Automobil- und Werkzeugmaschinenindustrie übertreffen«, ist vom koreanischen Institut für Elektronik zu vernehmen.
Wenn auch die meisten Menschen im Westen den Unterschied nicht wahrnehmen, so ist es doch so, daß Südkorea und Japan sehr verschieden voneinander sind. Koreas Abneigung gegenüber Japan ist allgemein bekannt; schließlich hatte das Land vierzig Jahre lang unter einer brutalen japanischen Besatzung zu leiden. Korea ist noch ehrgeiziger und erfolgshungriger als Japan und will den alten Samurai auf seinem eigenen Feld schlagen. Die Planer in den Regierungsbüros haben eine Zielvorgabe für das Jahr 2000 ins Auge gefaßt, die davon ausgeht, daß ein Drittel des Exports dann im Bereich der Hochtechnologie angesiedelt sein soll: Computer, Software, Halbleiter, Fernmeldeanlagen und biotechnologische Erzeugnisse.
Es klingt wie eine Reaktion auf den Rivalen Japan, wie ein Echo auf Äußerungen, die vor zwanzig Jahren in Japan gemacht wurden, wenn Kim Young Soo, Vizepräsident von Samsung Semiconductor Telecommunications, sagt: »Wir haben keine natürlichen Ressourcen. Wir können nur durch Technologie überleben.«
Professor Hsieh Shih-hui von Japans Tokai-Universität prophezeit, daß Korea bis zum Jahr 2010 Japan überholt haben wird.
1986 lag der durchschittliche Stundenlohn in Korea noch bei 1,55 Dollar. Die koreanischen Arbeiter – die im Durchschnitt 54 Stunden in der Woche arbeiten – haben zwischen 1986 und 1988 Lohnerhöhungen von etwa 40 Prozent erreicht. Die Produktivität hat aber mit dem Lohnwachstum Schritt gehalten – ein Umstand, der in Asien

voller Neid erkannt wird. Zwischen 1982 und 1986 ist die Produktivität um 8,4 Prozent gewachsen, während sie in Taiwan um 7 Prozent und in Japan um 3,5 Prozent zugenommen hat. Koreas wirtschaftlicher Erfolg ist um so eindrucksvoller, bedenkt man, daß es 6 Prozent seines Bruttosozialprodukts für Verteidigungsaufgaben ausgibt – etwa denselben Prozentsatz wie die Vereinigten Staaten und sehr viel mehr als das eine Prozent, das Japan für die Verteidigung ansetzt. Der Grund für diesen hohen Verteidigungsaufwand ist natürlich in der Existenz des kommunistischen Nordkorea zu suchen. Aber die Stimmen, die für eine Wiedervereinigung eintreten, werden lauter. »Wenn wir ein wiedervereinigtes Volk sind, dann können wir im Wettbewerb noch besser bestehen«, sagt Professor Ji Byung-Moon von der Chonnam-Universität in Kwangdschu.

Singapur: Der Super-Stadtstaat

Singapur, ein Stadtstaat mit 2,6 Millionen Einwohnern auf einem Gebiet, das kleiner ist als New York City, besitzt eine wohlhabende Bevölkerung mit einem hohen Bildungsstandard. Es ist eine Hochburg der politischen Stabilität in einer Region, die unter einigen der schlimmsten politischen Auseinandersetzungen des 20. Jahrhunderts gelitten hat. Lee Kuan Yew, ein wohlwollender Diktator, hat eine Nation geschaffen, die unabhängig ist, kapitalistisch, wohlhabend, stabil und verhältnismäßig frei von Korruption.
Singapur erfreut sich einer hohen Wachstumsrate (10 Prozent im Jahre 1988), einer niedrigen Inflation, und es herrscht Vollbeschäftigung; die Stadt hat eine positive Zahlungsbilanz, große finanzielle Reserven und mit die höchste Sparquote der Welt – 42 Prozent im Jahre 1988. In den zehn Jahren bis 1988 stieg das Pro-Kopf-Einkommen von 2810 Dollar auf etwa 7500 Dollar. 1988 lag das Bruttosozialprodukt (pro Kopf gerechnet) bei 8772 Dollar. Die einzige dunkle Wolke am Horizont ist der akute Mangel an Arbeitskräften. Das Arbeitskräftepotential Singapurs beträgt lediglich 1,1 Millionen Menschen.
»Singapur ist aufgebaut wie ein einziges großes Unternehmen und wird auch so geführt«, sagt Gary Fowler, der sich in fünf südostasiatischen Ländern umgesehen hat, bevor er Singapur als Standort für *Silicon Systems* auswählte, die Firma, deren Manager er ist und die

Silizium-Chips herstellt. Steuerliche Anreize, ausreichend Raum für die Fabrik und eine aufgeschlossene Regierung – das alles hat bei seiner Entscheidung eine Rolle gespielt.

»Wir gewähren den Unternehmen Steuerbefreiung, die uns dabei helfen, daß wir im technologischen Wettrennen weitere Punkte machen und den wirtschaftlichen Vorsprung von fünfzehn bis zwanzig Jahren behalten, den wir gegenüber anderen Ländern der Region haben«, sagte Peng Yuan Hwang, der Vorsitzende von Singapurs Ausschuß für wirtschaftliche Entwicklung, 1985.

Heute machen multinationale Firmen, darunter IBM und Johnson & Johnson und mehr als sechshundert amerikanische Unternehmen, den größten Anteil an Singapurs industrieller Kapazität aus. Zwei Drittel der Diskettenlaufwerke, die in den Vereinigten Staaten benutzt werden, werden in Singapur hergestellt, da die Lohnkosten dort nur 2 oder 3 Prozent der Produktionskosten ausmachen.

Aber die Regierung versucht, auch Unternehmer im eigenen Land zu fördern und heranzuziehen, und sie gewährt ihnen Steuererleichterungen, Darlehen zu niedrigen Zinssätzen und stellt ihnen Wagniskapital zur Verfügung.

»Wir können uns doch nicht dauernd an die Multis anhängen«, sagt Eddie Foo, geschäftsführender Direktor von *Singatronics,* einem einheimischen Elektronikunternehmen. »Sie empfinden doch uns gegenüber keine Loyalität, keinerlei Verpflichtung. Wenn wir überleben wollen, müssen wir unsere eigenen Unternehmen entwickeln, unsere eigene Technologie, unsere eigenen Marketingmethoden.«

1980 hat Eddie Foo *Singatronics* übernommen, eine Firma, die Rechner und elektronische Spiele herstellte. Nachdem man zuerst in moderne Herstellungsanlagen investiert hatte, verlegte sich die Firma sodann auf die Herstellung elektronischer Geräte für den medizinischen Bereich. Ihre Healthcheck-Geräte machen nun 25 Prozent des Jahresumsatzes von 33 Millionen aus.

»In den nächsten fünf oder zehn Jahren wird im Zentrum unserer Wirtschaft Spitzentechnologie stehen, die hier in Singapur entwickelt wird«, sagte Vincent F. S. Yip, leitender Direktor des offiziösen Wissenschaftsrats von Singapur, der Zeitschrift *High Technology.*

Die Stadt wird – und das ist schon so etwas wie tragische Ironie – vielleicht noch einen weiteren Wirtschaftsaufschwung erleben. Chinas hartes Durchgreifen gegenüber den Studenten und die neue harte

Linie kann sehr wohl zu verstärkter Investitionstätigkeit in Malaysia und Thailand führen – in Ländern also, für die Singapur und nicht Hongkong der natürliche Zugang ist.

Taiwan: Der kleine Riese

Taiwan macht Geschäfte mit jedem, der etwas kaufen oder verkaufen will, auch mit den hundertzwanzig Staaten, die Taiwan nicht anerkennen, und sogar mit einem Land, dem Taiwan die Anerkennung verweigert – dem chinesischen Festland, Rotchina.
Was dieser Insel mit ihren 20 Millionen Einwohnern an diplomatischer Anerkennung fehlt, das gleicht sie durch wirtschaftliche Schlagkraft wieder aus.
Das Bruttosozialprodukt pro Kopf liegt bei jährlich 6000 Dollar und ist damit höher als das griechische oder das portugiesische Bruttosozialprodukt. Der Außenhandel hat 1988 ein Volumen von 110,3 Milliarden Dollar erreicht; damit lag Taiwan unter den Handelsnationen der Welt auf Platz zwölf, Kopf an Kopf mit Schweden und Südkorea. Der Handelsbilanzüberschuß ist von 1,8 Milliarden Dollar im Jahr 1981 auf 10,9 Milliarden Dollar im Jahre 1988 gewachsen.
Die Devisenreserven Taiwans beliefen sich 1988 auf 74 Milliarden Dollar, eine Summe, die nur noch von den 87 Milliarden Dollar Devisenreserven Japans überboten wird, aber Japan hat sechsmal so viele Einwohner.
Das Jahr 1987 war ein Wendepunkt für Taiwan – politisch, gesellschaftlich und wirtschaftlich. Zum ersten Mal seit 1949 wurde das Kriegsrecht aufgehoben und das Verbot oppositioneller politischer Parteien. Die dramatischste Veränderung bestand darin, daß einige der schon lange bestehenden Barrieren zwischen Taiwan und dem Festland aufgehoben wurden und das Reisen zwischen beiden Ländern wieder erlaubt wurde.
Aber auch schon vor dieser großen Tauwetterperiode hatte der über Dritte abgewickelte Handel mit dem Festland ein Volumen von 2 Milliarden Dollar erreicht. Die Handelstätigkeit wird sich ungeheuer ausdehnen, sobald China sich stabilisiert.
Arbeitsintensive Industrien wie die Schuh- und die Bekleidungsindustrie sowie Unterhaltungselektronik der unteren Qualitätskatego-

rie haben – über Bürger aus Drittländern wie beispielsweise Hongkong – ihre Werke nach China verlagert.
Taiwans langfristiges Ziel ist eine Veränderung seiner Wirtschaftsstruktur von leicht zu produzierenden, arbeitsintensiven Gütern wie Bekleidung, Schuhen und Spielwaren zu elektronischen Produkten der gehobenen Qualitätsstufe. Inzwischen ist der Anteil der Landwirtschaft an Taiwans Bruttosozialprodukt von 32 Prozent im Jahre 1952 auf heute 6 Prozent gesunken.
Ebenso wie Japan investiert auch Taiwan in den Vereinigten Staaten. Im März 1988 hatten Taiwans Investitionen in den USA eine Höhe von 1,25 Milliarden Dollar erreicht.
Im Unterschied zu den von großen Mischkonzernen beherrschten Volkswirtschaften Japans und Koreas liegt der Schlüssel zu Taiwans Wirtschaft in der Vielfalt kleinerer Einheiten: 1987 gab es dort 316 712 Fabriken; 1968 waren es noch 28 800. Kleine Industriebetriebe dieser Art können sich schneller an eine sich verändernde Welt und neue Marktbedingungen anpassen, und Taiwan gewinnt dadurch einen wirklichen Wettbewerbsvorteil.
Im sich schnell entwickelnden pazifischen Raum liegen die wirtschaftlichen Vorteile, vielleicht mehr als in irgendeiner anderen Region, auf der Seite derer, die sich durch höchste Dynamik auszeichnen, die schnell reagieren.

China

Von den großen Zivilisationen der Welt, die noch bestehen, ist China die älteste. Die frühesten Zeugnisse sind 3500 Jahre alt. In den vergangenen hundert Jahren seiner Geschichte hat China allerdings eine so tiefgreifende Verwandlung erfahren wie jede andere moderne Macht auch.
Im Jahre 1949 hat der Vorsitzende Mao ein kommunistisches Regime in China installiert. Dreißig Jahre später wurden von Deng Xiaoping die ersten primitiven marktwirtschaftlichen Mechanismen ins Wirtschaftsleben eingeführt, und die Chinesen, die schließlich vor 1949 Kapitalisten waren, haben die Marktwirtschaft mit großer Begeisterung aufgenommen.

○ Schanghais erster freier Marktplatz wurde 1979 mit 30 Ständen an

der Jiao-Straße eröffnet. Inzwischen gibt es dort mehr als 500 Stände, und täglich besuchen 30 000 Menschen den Markt.
- In den letzten Jahren hat sich Chinas Bruttosozialprodukt jährlich um durchschnittlich 10 Prozent erhöht.
- Zwischen 1978 und 1988 hat sich Chinas Bruttosozialprodukt fast vervierfacht.
- Das Exportvolumen ist von 30,9 Milliarden Dollar im Jahre 1986 auf 45 Milliarden im Jahre 1988 angewachsen, und China wurde zum zwölftgrößten Handelspartner der Vereinigten Staaten.
- Ungefähr 12 Millionen Firmen sind privatwirtschaftlich organisiert. Davon beschäftigen etwa 225 000 Unternehmen mehr als acht Mitarbeiter (das sind, nach chinesischen Maßstäben, große Firmen). Auf dem privaten Sektor sind etwa 20 Millionen Menschen beschäftigt.
- Fabrikbesitzer, die zu Chinas Elite zählen, können in einem Land, in dem das Durchschnittseinkommen bei 278 Dollar liegt, 3000 Dollar im Jahr verdienen.

Aber der rasche Fortschritt Chinas setzte Kräfte frei, die die Regierung nicht steuern und beherrschen konnte. Die Korruption griff um sich. In den ersten fünf Monaten des Jahres 1989 erhöhte sich die Inflationsrate – aufs Jahr umgerechnet – um 25 Prozent. Die jungen Menschen machten sich den westlichen Lebensstil zu eigen, und die Kluft zwischen der Mehrheit der Armen und der Schicht der Neureichen wurde immer deutlicher. Am schwersten tat sich die Regierung mit der neuen Forderung nach mehr Demokratie.
Wie alle Welt weiß, endete Chinas langer Marsch in die Freiheit am 3. und 4. Juni 1989 in einer Sackgasse, als Regierungstruppen die unbewaffneten Studenten angriffen, die gegen die Korruption protestierten und größere demokratische Freiheiten verlangten. Hunderte, vielleicht sogar Tausende, kamen ums Leben.
In den Monaten nach der blutigen Niederschlagung der Demonstrationen sah sich China weltweiter Ächtung ausgesetzt. Botschaften und multinationale Unternehmen zogen ihr Personal ab, Angestellte schickten ihre Angehörigen nach Hause, und die Unternehmen stoppten ihre Investitionen. Die Weltbank und andere Geldinstitute setzten die Gewährung von Darlehen aus – allein Japan hielt 6 Milliarden Dollar zurück. Chinas Einkünfte aus dem Tourismus gingen

stark zurück; das Land büßte 1989 Millionen Dollar an dringend benötigten Devisen ein. Investoren aus Taiwan und besonders aus Hongkong zogen sich schaudernd zurück.
Und überall versuchte man sich auszumalen, was geschehen könnte:
Würden Hardliner wie Ministerpräsident Li Peng ihre Position in einem Machtkampf nach oder sogar noch vor dem Ableben Deng Xiaopings stärken? Würden die Studentenführer, die in den Westen entkommen sind, im Exil eine erfolgreiche Bewegung gründen können?
Streben sie eine Reform an, oder wollen sie das kommunistische Regime stürzen? Welche Rolle würden wohlhabende, im Ausland lebende Chinesen für die Zukunft des Landes spielen? Konnte Hongkong nach dem Massaker im Juni noch Chinas Versprechen glauben, daß es kapitalistisch und frei bleiben könne?
China wirft sehr viel mehr Fragen auf, als es Antworten gibt, und für westliche Ohren klingen die Berichte aus China unendlich vieldeutig:
Deng verspricht immer noch, daß die Wirtschaftsreform fortgesetzt wird, wohingegen Li Peng mehr zentrale Planung fordert. Deng wählt sich Jiang Zemin als seinen Nachfolger, den Parteichef Schanghais, der für seine westlich orientierte Wirtschaftspolitik bekannt ist, und gleichzeitig läßt er es zu, daß Studenten und Arbeiter, die im Verdacht stehen, mit den Demonstranten zu sympathisieren, schikaniert werden wie zur Zeit der Kulturrevolution.
Im Herbst 1989 werden an der Universität Peking achthundert Studenten ihr Studium aufnehmen – im Jahr zuvor waren es noch zweitausend –, und sie müssen sich erst einem Indoktrinationsprozeß unterziehen, bevor sie wirklich mit ihrem Studium beginnen können. Einige Absolventen der Universität bekommen erst dann Arbeit, wenn sie ein Jahr auf dem Land gearbeitet haben.

Goldküste
Westliche Geschäftsleute fragen sich oft, was wohl aus Chinas »Goldküsten«-Programm wird, dessen Ziel es war, in Küstenprovinzen wie Guangdong und Fujian so rasch wie möglich exportorientierte Niedriglohnindustrien anzusiedeln. China folgt damit dem Beispiel der vier Drachen. Mit der Hilfe von Unternehmern aus Hong-

kong hat die Provinz Guangdong – die für den Export wichtigste Region Chinas – 1987 Waren im Wert von 5,5 Milliarden Dollar exportiert. Im selben Jahr beliefen sich die ausländischen Investitionen in der Provinz auf 5,3 Milliarden Dollar, das ist mehr als die Hälfte aller ausländischen Investitionen in China.
In Guangdong sitzen 60 000 Firmen und die wohlhabendsten Verbraucher Chinas. Der monatliche Durchschnittsverdienst in Guangdong liegt bei 100 Dollar, das ist zweimal so hoch wie der Verdienst in der Nachbarprovinz Hunan und etwa genauso hoch wie das Pro-Kopf-Einkommen in Thailand, das oft als Asiens fünfter Drache bezeichnet wird, und in der Türkei, die sich um Aufnahme in die Europäische Gemeinschaft beworben hat.
Etwa 5 Prozent der Einwohner in den wohlhabenden Regionen Ostchinas verdienen im Jahr mehr als 10 000 Yuan, das sind 2700 Dollar.
Praktisch alle der 30 000 Einwohner der Küstenstadt Shishi, die nördlich von Xiamen in der Provinz Fujian liegt, verfügen über Kühlschränke und Fernsehapparate. In Xiamen kommen 42 Prozent der Industrieproduktion aus dem privaten Sektor: in Shishi liegt die Quote bei 82 Prozent.
Schon lange vor den Vorfällen auf dem Tiananmen-Platz, auf dem Platz des Himmlischen Friedens, war die Kluft zwischen der Goldküste und den ärmeren Regionen im Landesinneren offenkundig geworden. Die Regierung wollte die »goldene Gans« – wie die *Washington Post* die Küstenregion bezeichnete – nicht schlachten, aber sie versuchte, sie zu zähmen. Sie strich oder verschob – um die Inflation und das industrielle Wachstum einzudämmen – Tausende von Bauvorhaben und Investitionsprojekten.
Obwohl Peking einige korrupte Beamte an der Goldküste verfolgte, sind die meisten Bewohner der Region den Indoktrinationskursen entgangen, die nach den Vorfällen auf dem Platz des Himmlischen Friedens eingeführt wurden. Man hat sie im großen und ganzen in Ruhe gelassen, hat sie das tun lassen, was sie am besten können: Geld verdienen.
Obwohl 80 Millionen Chinesen von der Landwirtschaft in die Industrie abgewandert sind, wird die Wirtschaft Chinas immer noch überwiegend von der Landwirtschaft geprägt: 800 Millionen Chinesen sind Bauern. Begünstigt durch eine Politik, die Kleinbauern förder-

te, hat sich das Einkommen aus landwirtschaftlicher Tätigkeit innerhalb eines Jahrzehnts verdreifacht. Aber immer noch ist ein Zehntel von Chinas Bevölkerung nicht in der Lage, sich angemessen zu ernähren und zu kleiden. Eine konservative Wende wird ihre Lage wohl kaum verbessern können.

Eine Frage der Politik
Es sieht so aus, als wolle Deng die wirtschaftliche Freiheit erhalten und die politische Freiheit beschränken. Er braucht sich nur bei einigen seiner Nachbarn nach Vorbildern für diese Kombination umzusehen: in Singapur beispielsweise, und bis vor kurzem wären auch Taiwan und Südkorea geeignete Vorbilder gewesen.
Und das Beispiel der vier Drachen scheint ja wirklich darauf hinzudeuten, daß wirtschaftliche Freiheit die Grundlagen für eine größere politische Freiheit legt. Im Umgang des Westens mit China spielt heute die Hoffnung auf langfristige Veränderungen eine große Rolle.
Präsident Bush hat gegen den Widerstand des Kongresses nur begrenzte Sanktionen über China verhängt, und zwar mit dem Hinweis darauf, daß Sanktionen den 1,1 Milliarden Menschen Chinas mehr schaden als ihrer kompromißlosen Regierung. Die Studenten und Dissidenten möchten allerdings nicht, daß der Druck nachläßt. »Wenn man die Sanktionen gegen China erleichtert, dann ist das Sauerstoff für Li Pengs Regierung«, sagt Chen Zizi, einer der höchsten Beamten, denen die Flucht aus China gelang. Er war ein Kollege des seines Amts enthobenen Liberalen Zhao Zivang.
Washington scheint dem Rat des alten kalten Kriegers Richard Nixon zu folgen, der die Ansicht vertritt, daß größere Repressalien die Chinesen in eine »zornige Isolation« treiben werden und »die Aussichten der Menschen auf weiteren wirtschaftlichen Fortschritt und schließlich auf eine *politische Reform* zunichte machen«.
Er vertritt den Standpunkt, der Westen solle statt dessen seine Politiker dazu bewegen, die Reformen wieder in die alten Bahnen zu lenken und eine friedliche politische Erneuerung anzustreben.
Das ist anscheinend auch die vorherrschende Verfahrensweise: Weltbankpräsident Barber Conable hat im Herbst 1989 erklärt, er hoffe, er könne die Kredite, die im Juni eingefroren wurden, wieder freigeben. Auch die japanischen Unternehmen gehen wieder nach China

zurück: 80 Prozent der 333 japanischen Unternehmen, die China verlassen hatten, waren drei Monate später schon wieder im Land.
Die Demokratisierungstendenzen sollten durch private Kanäle unterstützt werden, meint Nixon. Eine mögliche Vermittlerin wäre Anna Chennault, die chinesisch-amerikanische Witwe des Generalmajors Claire Chennault, die in den fünfziger und sechziger Jahren für die alte nationalistische Sache eingetreten ist. Sie ist eine alte Freundin von George Bush, hat Zugang zu den höchsten Führungskreisen Chinas und hat China oft bereist.
Obwohl sie weiß, daß China sein Gesicht wahren muß, äußert sie sich im privaten Gespräch mit chinesischen Politikern sehr offen. Wenn China in der Weltpolitik eine Rolle spielen will, sagt sie ihren chinesischen Gesprächspartnern, dann muß es den internationalen Kodex akzeptieren, und dazu gehören auch die Menschenrechte.

Chinas Jahrtausendwende
Welche Fragen auch immer offenbleiben mögen – und es sind viele –, es gibt breite Übereinstimmung darüber, daß Chinas wirtschaftlicher Aufstieg ein ganz außerordentliches Ereignis war.
Bis jetzt haben sich wirtschaftliche Erfolge hauptsächlich aus der Zusammenarbeit mit Hongkong ergeben. Sobald China sich stabilisiert und aus der Stagnation aufbricht, werden die Beziehungen zu Taiwan ins Zentrum rücken. Chinas Wirtschaft, die ohnehin schon Starthilfe bekommen hat, wird sozusagen den Rückstoß eines doppelstrahligen Raketentriebwerks verspüren – und die Triebwerke heißen Hongkong und Taiwan.
Eine angesehene amerikanische Regierungskommission hat 1988 prognostiziert, daß Chinas Wirtschaft in nur zwei Jahrzehnten nur noch von der amerikanischen Wirtschaft übertroffen werde.
Im Jahre 1980 hatte China nur etwa das halbe Volumen der japanischen und etwa ein Drittel des Volumens der sowjetischen Wirtschaft. Im Jahre 2010 übertrifft sie vielleicht beide, sagte die Commission on Integrated Long-Term Strategy voraus. Die Berechnungen, die auf Zahlen der Rand Commission beruhen, sind konservative Hochrechnungen, die von einem jährlichen Wachstum von unter 5 Prozent ausgehen. Die Wachstumsrate Chinas betrug in den letzten Jahren jeweils etwa 10 Prozent.

Die tragischen Ereignisse auf dem Platz des Himmlischen Friedens und ihre wirtschaftlichen Nachwirkungen entwerten diese Vorhersage nicht. Auch wenn die Hardliner ihre Macht festigen und zu den handfesten Methoden der Kulturrevolution zurückkehren, tun sie das ohne Unterstützung der Öffentlichkeit. Der Vorsitzende Mao und seine Frau haben Mitte der sechziger Jahre Studentenbanden mobilisiert, die die schmutzige Arbeit der Kulturrevolution verrichteten, aber die Studenten von heute haben ihr Leben für mehr Demokratie riskiert.
Eine Rückkehr zur zentralen Planwirtschaft wird das Wirtschaftswachstum ohne jeden Zweifel bremsen, zu einer Verknappung von Konsumgütern führen und damit die Unruhe in der Bevölkerung nur noch erhöhen. Während das alte Regime ausstirbt –, im wahrsten Sinne des Wortes ausstirbt –, wird es auf die eine oder andere Art durch eine neue Generation ersetzt, die schon Erfahrungen mit wirtschaftlichen Leistungsanreizen, mit dem Leistungsprinzip, hat und die sich nach der politischen Freiheit sehnt, die zu diesem Leistungsprinzip paßt.
Es gibt auf der ganzen Welt einen Trend zu mehr Demokratie, und China wird sich diesem Trend anschließen. Chinas Hardliner müssen einsehen, daß wir 1990 schreiben und nicht 1968. China hat sich in der Zwischenzeit der Welt geöffnet. Der Bildungsstandard der Bevölkerung ist höher geworden. Seine Diplomaten und Studenten haben den Westen gesehen. Die Bewohner der Goldküste schauen sich regelmäßig das Fernsehprogramm aus Taiwan und Hongkong an. Hunderte von Millionen haben am Fernsehen gesehen, wie die Welt aussieht. Die Einschüchterungsstrategie der Kulturrevolution wird – so massiv sie auch sein mag – unter diesen veränderten Bedingungen nicht mehr so gut funktionieren.
Deng Xiaoping hat gesagt, sein Land werde bis zum Jahre 2050 »ein Land auf einer mittleren Entwicklungsstufe« sein, mit einem jährlichen Pro-Kopf-Einkommen von 4000 Dollar. China muß mit Malaysia und Thailand in einen Wettbewerb um die Wegwerfindustrien der Schwellenländer eintreten – wie beispielsweise die Spielwaren- und die Textilindustrie. Die Regierung wird weiterhin die Wirtschaft auf die gewohnte diskontinuierliche Weise »regeln«, wird liberalisieren und dann wieder die Zügel anziehen, und sie wird sich noch deutlicheren Forderungen nach politischer Freiheit gegenübersehen.

Langfristig ist der Kurs festgelegt. China kann nicht mehr zurück. Und es kann da, wo es sich im Augenblick befindet, nicht sehr lange bleiben. Der Riese ist von seinen Fesseln befreit.

Malaysia

Nach der Rezession der Jahre 1985 und 1986 wurden die Staatsausgaben gekürzt, die Vorschriften für ausländische Investitionen gelockert, und es wurde ein neuer Anfang gemacht, indem staatliche Unternehmen an private Unternehmer verkauft wurden. Malaysia erfreut sich heute eines robusten Wirtschaftswachstums. 1988 konnte das Land die größte Wachstumsrate des Jahrzehnts (8,7 Prozent) verzeichnen. Die Wirtschaft kann für 1989 und 1990 mit einem zumindest gleich guten Ergebnis rechnen. In den letzten beiden Jahren ist das Exportvolumen um 26 beziehungsweise 23 Prozent gewachsen (was bedeutet, daß sich die Exporte alle drei Jahre verdoppeln). Obwohl Malaysia vorwiegend ein Agrarstaat ist, hat es sich – nach den Vereinigten Staaten und Japan – zum drittgrößten Hersteller von integrierten Schaltkreisen entwickelt. Halbleiter und andere elektronische Produkte machen außerordentliche 53,8 Prozent von Malaysias industriellen Exporten aus. Das Land erlebt im Augenblick auch ein rasches Wachstum bei der Produktion von Klimaanlagen, Radios und Fernsehapparaten.
Die malaysische Regierung bereitet ein großes Privatisierungsprogramm vor, und zwar in einem Ausmaß, an das sich bis jetzt noch wenige Regierungen herangewagt haben. Für den ersten Privatisierungsschub, der in den neunziger Jahren durchgeführt werden soll, sind fast 500 Unternehmen benannt worden; weitere 1400 Kandidaten stehen sozusagen noch auf der Warteliste. Die Privatisierung betrifft das gesamte Spektrum der Wirtschaft: versorgungswirtschaftliche Einrichtungen, herstellende Betriebe, Finanzwesen, Landwirtschaft, Transport, Bauwesen. Die nationale Elektrizitätsgesellschaft ist der größte Brocken dabei. 30 Prozent der Aktien werden für die Bürger Malaysias reserviert. Mit diesem Engagement für den freien Markt, mit einem guten Erziehungssystem und einem Pro-Kopf-Einkommen von heute schon 1920 Dollar – höher als das Pro-Kopf-Einkommen Thailands – wird sich Malaysia bei ausländischen Investoren zunehmender Beliebtheit erfreuen.

Thailand

1988 wuchs Thailands Wirtschaft um 11 Prozent und war damit neben Singapur die am schnellsten wachsende Volkswirtschaft Südostasiens. Das *Asean Wall Street Journal* hat die Börse Thailands als »eine der heißesten der Welt bezeichnet«.
Thailand bietet niedrige Löhne, ein großes Potential an Arbeitnehmern, politische Stabilität und ein wirtschaftsfreundliches Klima, in dem Ausländer willkommen sind. Ein weiteres Plus: Thailand gesteht seinen Bürgern mehr politische Freiheit zu als jedes andere Land in Südostasien. Kein Wunder, daß das Land Investoren aus Europa, den USA, Japan und den Schwellenländern, den vier Drachen, anzieht. Ist Thailand auf dem Weg, der fünfte Drache Asiens zu werden?
Es sieht ganz danach aus. Noch vor ein paar Jahren kamen 80 Prozent der Exporterlöse durch ein paar Rohstoffe und Grundnahrungsmittel wie Reis, Kautschuk und Zinn herein. Aber 1985 war der Anteil von Fertigerzeugnissen an den Exporterlösen zum erstenmal höher als der Anteil der Agrarprodukte. 1988 haben sich die thailändischen Exporte um 36 Prozent auf 16 Milliarden Dollar erhöht. Der Export von Fertigerzeugnissen hat sich in den letzten Jahren um jährlich durchschnittlich mehr als 40 Prozent erhöht.
Die Einkünfte aus dem Tourismus sind höchst eindrucksvoll. Im Jahre 1987, dem Jahr, das zum »Visit Thailand Year« erklärt wurde, haben 3,5 Millionen Touristen der Volkswirtschaft 2 Milliarden Dollar eingebracht: damit war der Tourismus die wichtigste Devisenquelle.
Obwohl der weitaus größte Teil des Bruttosozialprodukts durch Fertigerzeugnisse und Dienstleistungen aufgebracht wird, stellt Thailand im großen und ganzen immer noch eine Agrargesellschaft dar; 60 Prozent der Thailänder sind immer noch in der Landwirtschaft beschäftigt. 1965 lebten nur 13 Prozent der Bevölkerung in Städten, und 1985 waren es auch erst 18 Prozent. Zum Vergleich: In Malaysia leben 38 Prozent der Bevölkerung in Städten, und in Brasilien sind es 73 Prozent.
Thailands Bruttosozialprodukt lag 1988, pro Kopf der Bevölkerung gerechnet, bei 1045 Dollar, aber es ist ungleich verteilt. Durch weitere Arbeitsplätze in der Industrie werden die Einkommen steigen und

gleichmäßiger verteilt werden, »Die Produktivität ist hier in unseren Fabriken höher als in Japan, weil die Arbeitnehmer hier durchschnittlich nur ungefähr zwanzig Jahre alt sind, viel jünger als in Japan«, sagt Makoto Ikeda, der Direktor des thailändischen Zweigwerks von Minebea.

»Wir denken voraus. Korea und Taiwan haben zuerst mit dem Export von Textilien begonnen und haben sich dann auf Elektronik und Computer verlegt. Genau diesen Weg wollen wir auch einschlagen«, sagt Damri Darakananda von Saha-Union mit Bestimmtheit. Darakananda hat Saha-Union 1961 als Joint-venture zusammen mit dem japanischen Unternehmen YKK gegründet, das er später aufkaufte. Das Unternehmen ist heute Thailands größter Exporteur von Fertigerzeugnissen; das Programm reicht von Textilien bis hin zu Nike-Schuhen.

Im Jahre 1988 erklärte die Regierung, sie glaube, daß Thailand innerhalb der nächsten zehn Jahre zu einer entwickelten Industrienation werden wird. Aber so lange dauert es vielleicht gar nicht mehr: 1988 wurden in Thailand fast 4900 Fabriken gegründet, und die Investitionen erreichten ein Volumen von 1,33 Milliarden Dollar. Investmentfonds, die mit Investitionen in Thailand zusammenhängen, werden inzwischen an den Börsen von New York, London und Singapur notiert.

Thailand wird 1993 ein Industrieland sein, sagt Edward Chen, ein Experte für Asienstudien an der Universität Hongkong. Doch Thailands Drang zur Industrialisierung wird von vielen sachkundigen Beobachtern als nicht sehr günstig eingeschätzt. Thailand sei anscheinend dazu entschlossen, sich zu einem Schwellenland zu entwickeln, klagt der *Economist.* Und während das Land dieses konventionelle Ziel anstrebe, vernachlässige es sein größtes Potential – den Dienstleistungssektor. Thailand könne das erste Land werden, das sich – unter vollständiger Umgehung der Industrialisierungsphase – von einer Agrargesellschaft direkt zu einer Dienstleistungsgesellschaft entwickelt, zu einer SSE – einer *straight to services economy.*

Thailand geht es gut, sagt Mr. Kamchorn, Direktor der Bank von Thailand, dazu, weil man hier dem buddhistischen Grundsatz vom *majhima patipada* folgt, der Lehre vom goldenen Mittelweg, der die Extreme vermeidet.

Jenseits von Asien

Die Sowjetunion ist im pazifischen Raum höchst präsent: Ihre sibirische Ostküste erstreckt sich am Pazifischen Ozean entlang 2200 Meilen weit von Norden nach Süden, von Alaska bis Japan, und Michail Gorbatschow möchte, daß die Sowjetunion am Wirtschaftswunder Asiens teilhat. Er hat seine pazifischen Nachbarn eingeladen, bei der Erschließung Sibiriens mitzuhelfen. Um dieses »Wunder« möglich zu machen, sind die Sowjets sowohl auf Technologie als auch auf Investitionen aus den Vereinigten Staaten oder Japan angewiesen. Wenn die Sowjets wirtschaftliche Verbündete gewinnen wollen, dann müssen sie »das gegenwärtige politische und strategische Gleichgewicht in der Region akzeptieren und nicht beständig nach Wegen suchen, wie sie es verändern können«, schreibt Richard Holbrooke, ehemaliger stellvertretender Staatssekretär für asiatische Angelegenheiten und geschäftsführender Direktor von Shearson Lehman Hutton. Das sei, so glaubt er, für die Sowjetunion der einzige Weg, wie sie am wirtschaftlichen Aufschwung des pazifischen Raums partizipieren könne.

Der pazifische Raum entwickelt sich wirtschaftlich immer ungestümer, und das ist für Australien ein Anlaß, asiatisch zu denken. Australien hat sich lange Zeit in seiner Geschichte mit Großbritannien identifiziert. Das ist natürlich verständlich, weil es seine Wurzeln im Commonwealth hat. Seit dem Zweiten Weltkrieg nähern sich die Australier den Amerikanern etwas mehr an, da es ja schließlich die USA waren, die Australien vor den Japanern beschützt haben.

Aber während wir ins pazifische Zeitalter eintreten, spürt man im fünften Kontinent schon überall, welche Schlüsselrolle Australien in der Wirtschaft des pazifischen Raumes spielen kann, denn allmählich identifiziert sich das Land mit seinen asiatischen Partnern.

Der Kontinent der Antipoden ist reif für ausländische Investitionen. In dem im Juni 1988 endenden Haushaltsjahr hat Australien ausländische Investitionen in Höhe von 4 Milliarden Dollar angezogen; 20 Prozent davon kamen aus Japan. Fast nirgendwo wächst der Tourismus schneller als in Australien. Andere Wachstumsbranchen sind unter anderen das Immobiliengeschäft, der Finanzsektor, die verarbeitende Industrie und die Versicherungsbranche.

Wenn wir erst einmal das nächste Jahrtausend erreicht haben, dann werden wir die Leistungsfähigkeit noch anderer Länder des pazifischen Raums spüren – Mexiko gehört dazu und Ecuador, Nordkorea, Vietnam und alle die anderen –, aber heute liegt das Schwergewicht eindeutig auf Asien.

Der Wettbewerbsvorsprung des pazifischen Raums liegt im Bildungsbereich

In der neuen ökonomischen Ordnung werden die Länder, die am meisten in die Bildung investieren, auch die Länder sein, die im internationalen Wettbewerb am besten bestehen.
Im pazifischen Raum – in dem die Wachstumsrate sehr viel schneller steigt als in den vollentwickelten westlichen Volkswirtschaften – besteht ein ungeheurer Bedarf an gut ausgebildeten Arbeitskräften.
Die Menschen im Westen, und besonders in den Vereinigten Staaten, sind vom Bildungseifer der Länder des pazifischen Raums ganz selbstverständlich überzeugt: In den USA haben 44 Prozent der Amerikaner asiatischer Abstammung einen College-Abschluß, verglichen mit etwa 25 Prozent der erwachsenen Bevölkerung Amerikas.
In einer Informationsgesellschaft zahlt sich die Investition in Bildung aus. Obwohl die Amerikaner asiatischer Abstammung nur 1,5 Prozent der amerikanischen Bevölkerung ausmachen, liegt ihr Einkommen auf demselben beziehungsweise auf einem höheren Niveau als das der Weißen – unter der Voraussetzung, daß man den Anteil der hispano-amerikanischen Bevölkerung nicht einschließt. Wenn man bedenkt, daß fast alle Asiaten Einwanderer sind, dann ist das schon eine beachtliche Statistik. Chinesische, japanische, indische und philippinische Familien verdienen nach einer Studie der Civil Rights Commission mehr als 26535 Dollar; ihr Durchschnittseinkommen liegt also höher als das weißer amerikanischer Familien.
Die koreanischen Haushalte lagen mit 25234 Dollar etwas darunter. Unter den im Ausland geborenen Asiaten sind nur die Vietnamesen mit 15859 Dollar deutlich unter dem Einkommen der durchschnittli-

chen weißen Familie anzusetzen. Und japanische Familien übertreffen das Einkommen einer weißen Familie um fast 8000 Dollar im Jahr.
Aber wieviel investieren die einzelnen Länder des pazifischen Raums tatsächlich in Bildung?

Japan

In Japan lernen 94 Prozent der Schüler über das Volljährigkeitsalter hinaus weiter, in den USA sind es 86 Prozent – das ist eine eindrucksvolle Leistung, wenn man das beispielsweise mit dem Vereinigten Königreich vergleicht, wo der Wert unter 50 Prozent liegt.
Von allen Ländern haben die Japaner die höchste Examensquote in den Naturwissenschaften: 68 Prozent aller Universitätsabschlüsse werden in den naturwissenschaftlichen Fächern gemacht. In den USA sind es nur 25 Prozent.
Japanische Schüler gehen an zweihundertvierzig Tagen im Jahr zur Schule, fünfeinhalb Tage die Woche – in den Vereinigten Staaten sind es hundertachtzig Tage. Aber den meisten genügt das noch nicht: Fast 50 Prozent der Mittelschüler ergänzen ihre Studien in »Jukus« – Nachhilfeschulen, die auf die Aufnahmeprüfung für die Oberschule vorbereiten. Die meisten Experten stimmen darin überein, daß ein Zusammenhang zwischen dem wirtschaftlichen Erfolg Japans und der Strenge und Effizienz seiner Grundschulen und seiner weiterführenden Schulen besteht.
Es ist andererseits aber auch wohlbekannt, daß das japanische Hochschulsystem nicht sehr leistungsfähig ist. »Das amerikanische Hochschulsystem ist das beste der Welt«, sagt Julia Ericksen, stellvertretende Verwaltungschefin der Temple University in Philadelphia, die als erste US-Hochschule eine Außenstelle in Tokio gegründet hat. »Die Japaner geben das auch zu.«
Deshalb versuchen die Japaner auch im stillen, verschiedene kleine amerikanische Colleges zu kaufen, häufig welche in ländlichen Gebieten. Langfristig ist geplant, für japanische Studenten Studienmöglichkeiten in den Vereinigten Staaten zu schaffen.

Korea

Wie die Japaner legen auch die Koreaner hohen Wert auf Hochschulbildung. Etwa ein Drittel der jungen Koreaner geht nach der Schule auf die Universität. Mehr als 85 Prozent der Siebzehn- bis Achtzehnjährigen bleiben auf weiterführenden Schulen; das sind mehr als in Großbritannien (mit 46 Prozent) und Frankreich (mit 75 Prozent). Seit 1985 besuchen mehr junge Koreaner als junge Briten Universitäten und Hochschulen.
Die Hälfte der erwachsenen Bevölkerung Seouls sind entweder Akademiker oder sie studiert noch. Und die Bildung endet noch lange nicht mit dem Collegeabschluß, denn die koreanischen Firmen legen großen Wert auf die innerbetriebliche Fortbildung ihrer Angestellten.
Korea hat nach Auskunft von Jacqueline Y. Pak vom Il Hae-Institut pro Kopf der Bevölkerung die höchste Anzahl promovierter Universitätsabgänger. Die Daewoo-Gruppe alleine braucht bis 1990 etwa tausend Promovierte, von denen viele zweifellos in Amerika ausgebildete Koreaner sein werden.
Jährlich schließen 32 000 Koreaner ein Studium in den Ingenieurwissenschaften ab; das sind prozentual mehr als in Amerika und fast so viele wie in Japan.
Allerdings entfallen auf 10 000 Beschäftigte in Südkorea nur 32 Ingenieure. In den USA sind es 160 auf 10 000, und in Japan liegt der Anteil mit 240 ganz außerordentlich hoch. Erstaunlich daran ist, daß in Japan in einer Zeit, in der das Pro-Kopf-Einkommen in etwa so hoch war wie jetzt in Korea, auch schon 240 Ingenieure auf 10 000 Beschäftigte kamen.
Als die Regierung, wie es in einer Publikation des koreanischen Wirtschaftsinstituts heißt, aus »Mangel an finanziellen Mitteln« den Bedarf an Studienplätzen nicht mehr decken konnte, hat sich der private Sektor »eingeschaltet«. Heute befinden sich 206 der 256 Universitäten Koreas voll und ganz im Besitz von Unternehmen wie Hyundai, Daewoo und Korean Air.

Taiwan

Das bildungspolitische Engagement Koreas und Taiwans ist – mit Ausnahme der USA und Japans – dem Engagement der Industriestaaten zumindest ebenbürtig, wenn nicht überlegen. In Korea gehen 36 Prozent auf die Hochschule; in Taiwan sind es fast 30 Prozent.
In Taiwan bleiben 80 Prozent der Siebzehn- bis Achtzehnjährigen an der Schule, und der Anteil wächst noch. Allerdings kann nur etwa ein Drittel der High-School-Abgänger an den Hochschulen untergebracht werden. In zwanzig Jahren wird sich diese Quote auf 40 Prozent erhöhen.
Jedes Jahr gehen mehr als 7000 taiwanesische Studenten ins Ausland, um dort zu studieren; das Problem dabei ist, daß durchschnittlich nur 1600 von ihnen wieder zurückkommen. Taiwan hat insgesamt fast 100 000 Studenten in die USA geschickt, damit sie dort ihren Universitätsabschluß machen können. Von den 10 000, die promoviert haben, sind 85 Prozent in Amerika geblieben.

Die Bildungsherausforderung

Das chinesische Festland hat genau dasselbe Problem: Von den 36 000 chinesischen Studenten, die in die Vereinigten Staaten gegangen sind, um dort zu studieren, sind seit 1979 nur 8800 wieder zurückgegangen.
Die Länder des pazifischen Raums sehen sich darum auf dem Bildungssektor ungeheuren Herausforderungen gegenüber. Bevölkerungsreiche Länder – China beispielsweise, und Indonesien – müssen sich neue Wege für die Ausbildung ihrer Studenten einfallen lassen.
Während sich die Länder des pazifischen Raums auch weiterhin darum bemühen, diesen enormen Bildungsbedarf zu decken, werden sich die Menschen dieser Region zunehmend an den USA und an Japan orientieren. Den Vereinigten Staaten wird sich dadurch die Möglichkeit bieten, ihren Einfluß in dieser Region auszuweiten, was vor allem in Hinblick auf die japanische Konkurrenz wichtig ist.
Durch Zusammenarbeit auf dem Bildungssektor können die Vereinigten Staaten dazu beitragen, daß Asiaten in *Asien* ausgebildet werden und nicht nur in den USA.

Amerikas pazifische Präsenz

Die Vereinigten Staaten sollten den pazifischen Raum nicht als fernen und exotischen Schauplatz betrachten. Die Bundesstaaten an der amerikanischen Westküste machen einen großen Teil der pazifischen Region aus, und ihre Lage ist so günstig, daß sie vom Jahrhundert des Pazifik in besonderem Maße profitieren können. Sie werden in Zukunft eine noch wichtigere Rolle übernehmen.
An der Mount Edgecumbe High School in Sitka in Alaska müssen die Schüler ein Jahr lang Japanisch oder Chinesisch lernen, und sie müssen mindestens noch ein anderes Fach wählen – Geschichte oder Geographie –, in dem der pazifische Raum schwerpunktmäßig behandelt wird. Mehr als ein Drittel aller Schüler nehmen außerdem die weiteren Angebote, die den pazifischen Raum thematisieren, wahr. Gouverneur Steve Cowper wünscht sich solche Programme an allen Schulen Alaskas.
Einer von sechs Arbeitsplätzen im Staate Washington ist auf die eine oder andere Art mit dem Außenhandel verknüpft. »Die Japaner sind zu einem noch stärkeren wirtschaftlichen Engagement in den Vereinigten Staaten bereit, und wir stehen einer Zusammenarbeit mit ihnen genauso positiv gegenüber wie jeder andere Bundesstaat«, sagt John Anderson, ehemaliger Leiter des Amts für Handel und Wirtschaftsentwicklung in Washington.
Die Bank of the Orient, mit Sitz in San Francisco, ist das erste amerikanische Geldinstitut, das in China eine komplette Zweigstelle eröffnet hat. Die mit zwanzig Angestellten besetzte Filiale in Xiamen, dreihundert Meilen nördlich von Hongkong, ist seit vierzig Jahren die einzige Eröffnung einer unabhängigen amerikanischen Bankniederlassung in China.

Kalifornien: Amerikas Megastaat

De facto ist Kalifornien ein *Land* des pazifischen Raums und nicht einfach nur ein amerikanischer Bundesstaat, der am Pazifik liegt. Nimmt man nur Kalifornien für sich, ohne den Rest der Vereinigten Staaten, dann hat es die sechstgrößte Volkswirtschaft der Welt vorzuweisen. Nur der Rest der Vereinigten Staaten, die Sowjetunion,

Japan, die Bundesrepublik und Frankreich produzieren mehr als Kalifornien. Bis zum Jahr 2000 wird es auf den vierten Platz vorrücken. Kaliforniens Bruttosozialprodukt hat 1988 die 600-Milliarden-Dollar-Grenze erreicht, wobei es sich in den letzten fünf Jahren jährlich im Durchschnitt um 10 Prozent erhöht hat.
Dieser US-Bundesstaat zeichnet sich durch die höchste Exportquote sowohl an Fertigerzeugnissen als auch an Agrarprodukten aus und ist führend in der Raumfahrt- und Rüstungsindustrie, im Tourismus, im Baugewerbe und in der Hochtechnologie. Ein Drittel von Amerikas High-Tech-Unternehmen hat ihren Sitz in Kalifornien. Ebenso etwa ein Drittel der biotechnischen Unternehmen.
In Kalifornien gibt es bedeutend mehr Naturwissenschaftler und Ingenieure als in jedem anderen Bundesstaat der USA.
New Yorks Tage als führendes Finanzzentrum der Welt sind offensichtlich gezählt. Die zwölf größten Spar- und Kreditbanken des Landes haben ihre Zentralen in Kalifornien; drei in Los Angeles und zwei in Beverly Hills. Zwischen 1980 und 1986 haben sich die Bankeinlagen in Los Angeles um 65 Prozent auf 145 Milliarden Dollar erhöht, während sie in New Yorker Banken nur um 7 Prozent auf 192 Milliarden gestiegen sind.
Kalifornien ist mittlerweile das Mekka für japanische Unternehmen und Kapitalanleger. Mit mehr als 750 Tochtergesellschaften japanischer Firmen hat es mehr als 40 Prozent des gesamten japanischen Investitionsvolumens an sich gezogen. Es gibt neun Zweigunternehmen japanischer Banken, deren Vermögen mehr als 10 Milliarden Dollar beträgt. Fünf der zehn größten kalifornischen Banken gehören japanischen Finanziers, und acht von Japans größten Automobilherstellern haben ihre Zentralen im Raum Los Angeles; das gilt auch für das südkoreanische Unternehmen Hyundai.
Kalifornien ist unbestritten das wichtigste Tor Amerikas zum pazifischen Raum. Das Handelsvolumen der kalifornischen Häfen hat sich von 8,7 Milliarden Dollar im Jahre 1970 auf 118 Milliarden Dollar im Jahre 1987 erweitert, und 80 Prozent dieser Aktivitäten bestehen aus Geschäften mit den Ländern des pazifischen Raums. Neben den Vereinigten Staaten insgesamt ist Kalifornien der größte Handelspartner Japans – 1987 betrug das Handelsvolumen 41,5 Milliarden Dollar, etwa die Hälfte des Handelsumfangs aller anderen Bundesstaaten mit Japan zusammengenommen. Und auch bei den aus-

ländischen Investitionen ist Kalifornien der Spitzenreiter unter den Bundesstaaten – 100 Milliarden Dollar werden hier jährlich investiert.
1986 und 1987 wurden etwa 35 Prozent des gesamten Handels zwischen den USA und Asien über kalifornische Häfen abgewickelt.
In Los Angeles und Long Beach befinden sich Amerikas größte Umschlaghäfen für Containerfracht, und sie werden inzwischen von mehr Schiffen angelaufen als die Häfen New Yorks. Das Greater Los Angeles World Trade Center, das 550 Millionen Dollar gekostet hat und im Mai 1989 eröffnet wurde, wird dieses Wachstum nur noch beschleunigen.

Los Angeles
Mit einer Einwohnerzahl von über 7 Millionen ist Los Angeles die zweitgrößte Stadt in den USA, und sie wächst weiter. New York, das mit 8,8 Millionen die Nummer eins ist, verliert an Einwohnern. Man rechnet, daß Los Angeles im Jahr 2000 mit schätzungsweise 8,8 Millionen Einwohnern New York überholen wird, das dann wahrscheinlich 8,4 Millionen Einwohner haben wird.
»Für Los Angeles ist eine große Zeit angebrochen«, sagt der New Yorker Architekt Norman Peiffer von Hardy Holzmann Pfeiffer Associates. »In der Stadt spiegelt sich die Kraft des pazifischen Raums und Asiens wider, so wie New York vor zweihundert Jahren die Bedeutung Europas widergespiegelt hat.«
Los Angeles hat sich zu einer der innovativsten Städte der Welt entwickelt, zu einer bestimmenden, erneuernden Kraft in der Kunst, Architektur, Kosmetik, Eßkultur, Musik – speziell in der Popszene – und natürlich in der Filmindustrie. Die Kunstgalerien in Hollywood, besonders in West Hollywood und Santa Monica, haben Los Angeles – nach New York – zum zweitwichtigsten Markt für zeitgenössische Kunst gemacht.
»Alle jungen Künstler hier sind von der Dynamik dieser Stadt beeindruckt«, sagt Ronald Chase, ein Maler, der seit 1974 in San Francisco arbeitet. »Jeder, der hierher kommt, ist einfach hingerissen.«
In den 250 000 Firmen von Los Angeles sind 6,5 Millionen Menschen beschäftigt. Hier findet man die größte Konzentration an Mathematikern, Naturwissenschaftlern, Ingenieuren und Technikern in den Vereinigten Staaten. Los Angeles produziert jährlich Waren und

Dienstleistungen im Wert von 250 Milliarden Dollar. Zehn Prozent der Arbeitsplätze in Los Angeles hängen auf die eine oder andere Art mit dem Außenhandel zusammen; bis zum Jahre 2010 wird sich dieser Anteil auf 20 Prozent erhöhen.

San Francisco

San Francisco wird den harten Kampf mit Los Angeles im kalifornischen Rennen um Rang und Titel einer pazifischen Hauptstadt wohl kaum bestehen können.

»Der Pazifik ist heute der wichtigste Teich der Welt, und die Stadt Nummer eins im pazifischen Raum ist Los Angeles«, sagt James P. Miscoll, Bereichsleiter für Südkalifornien bei der Bank of Amerika, die ihren Stammsitz in San Francisco hat. »Wir alle lieben und schätzen San Francisco, aber der bei weitem überwiegende Teil unserer Geschäfte wird hier in Los Angeles abgewickelt.«

Japanische und andere asiatische Investoren ziehen Los Angeles vor, das eine bessere Infrastruktur, ein wachstumsfreundliches Klima bietet und – was vielleicht am wichtigsten ist – wo eine große Zahl asiatischer Einwanderer lebt. Die Menschen, ihre Lebenseinstellung und ihr Geschäftsstil machen diese Stadt attraktiv. Die Häfen von Los Angeles und Long Beach haben nicht umsonst den größten Teil des blühenden pazifischen Handels von San Francisco und Oakland an sich reißen können.

San Francisco ist sich der Tatsache bewußt, daß es sich mit Los Angeles im Wettbewerb um den asiatischen Handel befindet, und es denkt noch nicht daran, den Kampf aufzugeben. Bürgermeister Art Agnos hat James Ho – einen vierzigjährigen chinesischen Auswanderer, der in Hongkong und in den USA studiert hat – zu seinem stellvertretenden Bürgermeister mit dem Aufgabengebiet Handel und Wirtschaftsentwicklung ernannt. James Ho koordiniert die wirtschaftlichen Aktivitäten der Stadt und macht den Japanern und den Chinesen sowohl in Taipeh als auch in Peking den Hof. San Francisco hat zumindest einen wirklichen Vorteil: Im Verhältnis zur Bevölkerungszahl entstehen dort mehr neue Unternehmen als in Los Angeles.

»Wir suchen nicht nach spekulativen Investitionen wie dem Kauf und Verkauf von Bürogebäuden«, sagt Mark Chandler vom Büro des Bürgermeisters. »Wir wollen, daß neue dynamische und innovative Unternehmen gegründet und neue Arbeitsplätze geschaffen werden.«

Einwanderung: Die Brücke zum Pazifik
Durch die Einwanderer, die aus Asien nach Kalifornien kommen, entsteht neue Vitalität, und es werden wichtige Verbindungen über den Pazifik geschaffen. »Es ist heute üblich, den internationalen Flughafen von Los Angeles als das Ellis Island der achtziger Jahre zu bezeichnen«, schreibt Tom Brown, der für die *Seattle Times* schreibt und oft als »Reporter des pazifischen Raums« apostrophiert wird. »Die Kinder an den Schulen von Los Angeles sprechen sozusagen 84 verschiedene Sprachen.«

○ Monterey Park, eine Vorstadt von Los Angeles mit etwa 65 000 Einwohnern, wird nach der Hauptstadt von Taiwan als »Klein Taipeh« bezeichnet. Die Hälfte der Einwohner sind Asiaten, und sie stellen hier den höchsten Anteil an Asiaten von allen amerikanischen Städten.
○ Gleich im Westen des Zentrums von Los Angeles, am Olympic Boulevard, gibt es zahllose Häuserblocks, an denen praktisch alle Schilder in koreanischer Schrift bedruckt sind. In Teilen des Orange County ist Vietnamesisch eine verbreitete Sprache.
○ Im Großraum Los Angeles wohnen mehr Koreaner als irgendwo sonst außerhalb Koreas und mehr Filipinos als irgendwo außerhalb Manilas. Es gibt dreihundert thailändische Restaurants, fünfhundert Sushi-Bars und sechshundert koreanische Speiselokale.

Die Bevölkerungszahl Kaliforniens – des am schnellsten wachsenden Bundesstaates – wird im Jahre 2000 etwa 33 Millionen betragen. Die günstige Lage in der Nähe der Märkte des pazifischen Raums wird in den kommenden Jahren der größte Pluspunkt Kaliforniens sein.

Washington
Der Staat Washington fängt jetzt allmählich an, seinen geographischen Vorzug, die Nähe zum pazifischen Raum, auszunutzen – ein Schiffstransport aus Asien ist sechsunddreißig Stunden eher in Seatt-

le als in Los Angeles. »Wir sind der nächste Anlaufhafen für asiatische Importe, und das ist ein ganz enormer Vorteil«, sagt Carol Jones, stellvertretende Verkaufsleiterin der Firma Code Bleu.
Seattle nutzt die sich daraus ergebenden Chancen und mausert sich zu einem Modezentrum. Zu Seattle Pacific Industries, einem Unternehmen mit einem Jahresumsatz von 160 Millionen Dollar, gehören Marken wie Union Bay, Reunion, Heet. Unter anderem sitzen in Seattle folgende Firmen: Generra Sportswear Inc., Shah Safari, Code Bleu, Fresh Squeeze und Motto. In den meisten Fällen werden die Kleidungsstücke dort entworfen und in Asien hergestellt. Seattle ist der viertgrößte Bekleidungsmarkt der Vereinigten Staaten.
Dreimal im Jahr veranstaltet die Bekleidungsindustrie Seattles die sogenannte *Preline-Show*, die so heißt, weil sie vor den Messen in New York und Los Angeles stattfindet. In zunehmendem Maße diktiert diese Messe, was junge Männer tragen.
Sony erwägt wegen des günstigen Zeitvorsprungs von sechsunddreißig Stunden die Errichtung eines Ersatzteilzentrums in Seattle, von dem aus Nord- und Südamerika versorgt werden können.
An der University of Washington haben sich die Einschreibungen für die Seminare im Bereich Ostasienstudien seit 1984 um 53 Prozent erhöht. Das Erziehungsministerium zählt diesen Studiengang zu den besten überhaupt, die in den Vereinigten Staaten angeboten werden, und er findet soviel Zuspruch, daß die Wartezeit oft ein ganzes Jahr beträgt und an den einzelnen Veranstaltungen dann doppelt so viele Studenten teilnehmen wie an den anderen Universitäten.
»Wenn unsere Achtzehnjährigen anfangen, sich Gedanken über ihre berufliche Zukunft zu machen, dann spielt in ihren Plänen Ostasien eine sehr viel größere Rolle als andere Regionen der Welt«, sagt John Haley, Leiter der Jackson School für internationale Studien an der University of Washington.

Der Aufstieg des Ostens bedeutet nicht den Niedergang des Westens

Der außergewöhnliche Aufstieg des pazifischen Raums signalisiert westlichen Geschäftsleuten, die mit Asien ins Geschäft kommen wollen, große Möglichkeiten. Für den Rest dieses Jahrhunderts und noch bis ins nächste Jahrtausend hinein ist Asien der Kontinent der großen neuen wirtschaftlichen Möglichkeiten, wobei Tokio und Los Angeles um den ersten Platz unter den Weltstädten ringen werden.

Die eindrucksvolle Macht des Yen macht sich weltweit bemerkbar: Wie schon bemerkt, sind die zehn größten Banken der Welt japanische Geldinstitute, und unter den fünfundzwanzig größten Banken findet man siebzehn. Auch im Kapitalexport hat Japan die Spitze übernommen – eine Liste, die seitenlang fortschreibbar wäre.

Es hat den Anschein, als sei der Yen in den Rang der Weltwährung aufgerückt. Die Deutsche Mark ist zwar immer noch weiter verbreitet als der Yen, zwei Drittel der offiziellen Währungsreserven der Welt bestehen in Dollar, und 70 Prozent des Welthandels werden immer noch in der US-Währung abgewickelt, doch der Vormarsch der japanischen Währung ist nicht aufzuhalten.

Es ist leicht, den Aufstieg des Yen zu beklagen und Szenarien des Untergangs der westlichen Wirtschaft zu entwerfen, wie so viele Wirtschaftswissenschaftler das gerne tun, denn es bedarf eines größeren Einfallsreichtums, zu analysieren, welche Vorteile sich für den Westen im Zeitalter des Pazifik ergeben und was man daraus machen kann.

Dazu muß der Westen die wachsende Angst vor der wirtschaftlichen Stärke Nippons und NICs der Schwellenländer, bekämpfen und ganz kühl abschätzen, was diese neue Wirtschaftsordnung für ihn hergeben könnte.

Der Aufstieg des Ostens bedeutet nicht automatisch den Niedergang des Westens, und zwar aus folgenden Gründen:

1. Die Wirtschaftsentwicklung des pazifischen Raums schafft neue Märkte für westliche Produkte und Dienstleistungen für diejenigen, die bereit sind, sich auf die veränderten Bedingungen einzulassen.
2. Trotz der Schauergeschichten, die überall zu vernehmen sind und die das Gegenteil behaupten, ist es de facto so, daß die asiatischen Länder des pazifischen Raums schon 1987 und 1988 damit begonnen haben, Handelshindernisse abzubauen und westlichen Produkten ihre Tore zu öffnen.
3. Der günstige Wechselkurs des Yen macht für Japaner den Bau von Produktionsanlagen im Ausland attraktiv, und weil Japans

zweite Sprache Englisch ist, werden viele dieser Anlagen in englischsprachigen Ländern stehen.
4. Japan und die Schwellenländer müssen ihren wachsenden Reichtum ja irgendwo investieren: Die USA und Europa bieten attraktive und sichere Anlagemöglichkeiten.

Die Amerikaner jammern gerne über die wachsende wirtschaftliche Macht des Ostens, und sie tun sich schwer, die Vorzüge dieser Entwicklung zu erkennen.

Neue Märkte für den Westen
Die meisten übersehen leicht den Wettbewerbsvorteil, den amerikanische Güter gegenüber japanischen Waren bei den Schwellenländern des pazifischen Raums haben. Statt dessen werfen Amerikaner die Schwellenländer mit Japan in einen Topf, weil sie alle im Handel mit den USA große Überschüsse erzielen. In Wirklichkeit haben die Schwellenländer wegen ihrer Handelsprobleme mit Japan einige gute Gründe, sich an die Losung »Buy American« zu halten.
»Amerikanische Geschäftsleute sind einfach nicht aggressiv genug, wenn es darum geht, unsere natürliche Vorliebe für amerikanische Waren auszunutzen«, sagt John Ni von Taiwans Industrial Development and Investment Center.
Die Regierung Taiwans appelliert sogar an die taiwanesischen Unternehmen und Verbraucher, amerikanische Waren zu kaufen, wann immer es möglich ist. Wegen des ungeheuren Defizits im Handel mit Japan besteht in Taiwan ein Einfuhrverbot für japanische Autos.
Inzwischen richtet Taiwan seinen Blick zum anderen Ufer des pazifischen Raums und sucht dort nach Investitionsmöglichkeiten. In etwa dreißig kleinen kalifornischen Unternehmen im Silicon Valley steckt Geld aus Taiwan, schätzt K. Y. Lee, der für Produktwerbung und Marketing zuständige Vizepräsident der Acer Group, einem Computerhersteller, der seinen Sitz in Taiwan hat.
In dem Kapitel über den Wirtschaftsaufschwung der neunziger Jahre haben wir den Standpunkt vertreten, daß die Vereinigten Staaten mit dem Rest der Welt eigentlich kein Handelsdefizit haben. Aber allgemein herrscht die Meinung vor, das wichtigste Thema in der Beziehung zwischen den USA und den pazifischen Ländern sei das Handelsdefizit der Vereinigten Staaten. Dazu ein kleines, aber aus-

sagekräftiges Beispiel: Mehr als die Hälfte der Exporte Singapurs in die Vereinigten Staaten wird von Firmen bestritten, die sich in amerikanischem Besitz befinden. Das spricht schließlich für sich.
Ob man nur den Reichtum oder die Bevölkerungszahl zum Maßstab nimmt – im Osten eröffnen sich denen, die sich darauf einlassen wollen, neue Märkte. Die sehr niedrigen Geburtenraten in den europäischen Ländern deuten nicht gerade auf künftige Wachstumsmärkte für amerikanische Unternehmen hin.
Im Jahr 2000 wird es in Europa 11 Millionen neue Verbraucher geben. Allein in den wohlhabendsten Ländern des Pazifiks – in Japan und in den Ländern, die als die vier Drachen bezeichnet werden – werden es mehr sein: nämlich 13 Millionen. Dazu kommen noch 68 Millionen aus der nächsten Welle der Entwicklungsländer – Thailand, Malaysia, Indonesien und die Philippinen. In China dürften es 100 Millionen Menschen mehr sein, bei denen man von so etwas wie einem »verfügbaren Einkommen« sprechen kann.
Die USA investieren in Europa heute noch zehnmal mehr Geld als in Japan, obwohl in den kommenden dreißig Jahren das Bevölkerungswachstum dort stagnieren und die Bevölkerung Asiens um 50 Prozent wachsen wird. Auf lange Sicht wird sich dieser Trend nur noch verstärken.
Gleichzeitig werden Millionen von Asiaten reich. Die Sparquote ist ja in Asien bekanntlich sehr hoch, aber es wird langsam allgemein üblich, sein verfügbares Einkommen in Konsumgüter umzusetzen. Die Regierungen unterstützen diese Haltung. **Der über Jahre angehäufte Reichtum ist heute eine gute Voraussetzung dafür, daß Japan und die vier Drachen sich zu reiferen, vom Konsum bestimmten Volkswirtschaften entwickeln.**
Hochwertige Konsumgüter wie Designermode, kulinarische Spezialitäten, Möbel und Haushaltsgeräte werden dort künftig die absoluten Renner sein, meint Reymond Voutier, Leiter des Aseantrade Center in Los Angeles.
Der wachsende Wohlstand Koreas hat das Bedürfnis nach importierten Luxusgütern geweckt, beispielsweise nach Burberry-Trenchcoats, nach Tennisschlägern der Firma Wilson und Stereoanlagen von Sanyo. Im Kaufhaus Hyundai in Seoul können Koreas Neureiche alle diese Sachen finden.
Japan macht jetzt genau das, was früher viele im Westen für unmög-

lich hielten: Es baut darauf, daß ein großer Teil der 5,7prozentigen Wachstumsrate des Bruttosozialprodukts durch die Inlandsnachfrage erwirtschaftet wird. 1988 sind die US-Exporte nach Japan gegenüber 1987 um fast 34 Prozent auf 37,7 Milliarden gestiegen.

Die USA müssen nicht nur auf anderen asiatischen Märkten mit Japan konkurrieren, sondern auch den oft vernachlässigten, aber sehr hohen Marktanteil an den japanischen Lebensmittelimporten gegen die Schwellenländer verteidigen. Allein 1988 haben sich die amerikanischen Agrarexporte nach Japan um 34 Prozent erhöht.

Halbwüchsige japanische Jungen geben – nach einer Untersuchung der Ajinomoto Company in Tokio – als ihre Lieblingsspeisen Schweinefleisch, Eis und Sorbet an. Die Mädchen dagegen essen am liebsten Hamburger, Pudding und Eis.

Heinz Japan, eine Tochtergesellschaft von H.J. Heinz, hat 1984 in Japan tiefgekühlte Pommes frites erfolgreich eingeführt. Heute ist das Unternehmen der Marktführer bei tiefgekühlten Kartoffelprodukten.

Trotz des eindrucksvollen amerikanischen Marktanteils an den japanischen Lebensmittelimporten ist der Druck der Konkurrenz von allen Seiten sehr groß. Die Lebensmittelimporte aus Thailand und Taiwan sind 1986 um mehr als 50 Prozent gestiegen, während die Lebensmittelimporte aus den USA nur um 2 Prozent zugenommen haben.

Für 122 Millionen Japaner ist Mineralwasser mittlerweile ein Getränk, welches sie täglich konsumieren. In den ersten fünf Monaten des Jahres 1987 haben die japanischen Verbraucher – nach Auskunft der Zollbehörden – neunmal soviel davon gekauft wie in allen zwölf Monaten des Jahres 1986. *Perrier, Evian* und *Canadian Rocky* beherrschen den Markt – und kein amerikanisches Mineralwasser.

Ähnlich verhält es sich bei amerikanischen Weinen, die bei den japanischen Verbrauchern gegenüber den französischen Weinen nur langsam mehr Beachtung finden. Die Deutschen und die Franzosen halten in Japan zusammen einen Marktanteil von 68 Prozent. In den vergangenen fünf Jahren konnten amerikanische Weine aus Kalifornien ihren Marktanteil allerdings um 15 Prozent steigern. Und das Okura Hotel in Tokio, das beste Hotel der Stadt, hatte 1988 auf seiner Weinkarte nicht mehr nur zwei kalifornische Weine, wie noch 1986, sondern zwanzig.

Die Japaner werden weiterhin französische Weine trinken, wenn sich die kalifornischen Weinhändler nicht stärker um den japanischen Markt bemühen. Im November 1988, als der Beaujolais Nouveau ausgeliefert wurde, schickte Japan Airlines fünf Boeing 747-Transportmaschinen nach Frankreich, ließ sie mit 540 Tonnen Wein beladen und nach Tokio zurückfliegen. Die amerikanischen Weinhändler sollten sich an der alljährlichen Novemberschwemme von meist ziemlich mittelmäßigem Beaujolais Nouveau ein Beispiel nehmen und so etwas auch versuchen. Es ist sicher einer der besten Werbegags aller Zeiten.

Der Westen muß nicht nur die prosperierenden asiatischen Märkte beobachten, sondern er sollte auch ein Auge auf das Kaufverhalten der Konsumenten in China haben.
Nur eine Handvoll amerikanischer Geschäftsleute machte sich die Mühe, den Bericht des amerikanischen Statistischen Bundesamtes über Konsumtrends in China zu lesen, aber mehr als siebenhundert japanische Unternehmen erwarben die 500 Dollar teure Studie. Die Amerikaner sollten deshalb nicht überrascht sein, daß China aus Japan zweimal so viele Waren importiert wie aus den Vereinigten Staaten. Die amerikanischen Firmen können ganz gewiß nicht den starken Yen für diese trostlose Bilanz verantwortlich machen.

Wenn sie vom pazifischen Jahrhundert profitieren wollen, müssen die USA und andere westliche Länder ein sehr viel aggressiveres Exportverhalten an den Tag legen.
Und das Spiel ist nicht nur für die Großen gedacht. Engagierte Führungskräfte, ob nun von großen oder kleinen Unternehmen, verschaffen sich bereits die Informationen, die sic brauchen, um im Pazifik Geschäfte zu machen. Das Aseantrade Center, in der Nähe des internationalen Flughafens Los Angeles, steht mittelständischen, am Welthandel beteiligten Unternehmen auf beiden Seiten des Pazifischen Ozeans jederzeit offen.
»Kleinere Firmen müssen exportorientiert denken, ob sie das nun wollen oder nicht«, bemerkt L. Fargo Wells, Direktor des California Export Finance Office dazu treffend.
Es wird viel Aufhebens von der Tatsache gemacht, wie schwer es ist, etwas an Japan zu verkaufen. Und es stimmt, daß der größte Teil des US-Exports nach Japan von nur neun Handelsgesellschaften abgewickelt wird. Aber das Handelsministerium teilt allen Unternehmen

auf Anfrage mit, welche Gesellschaft für ihre Produkte am ehesten in Frage kommt. Im Augenblick werden mehr als 50 000 verschiedene amerikanische Produkte auf dem japanischen Markt angeboten.

»Dort ist das große Geld zu holen«, sagt Maureen Smith vom amerikanischen Handelsministerium. »Die Handelsbarrieren verschwinden allmählich, und die japanischen Verbraucher konsumieren wie nie zuvor.«

Coca-Cola ist das alkoholfreie Getränk, für das sich 62 Prozent der Japaner entscheiden. Polaroid hält in Japan bei Sofortbildkameras und den dazugehörigen Filmen einen Marktanteil von 70 Prozent. 71 Prozent der Naßrasierer sind Schick-Rasierapparate von Warner Lambert. Japans starke Vorliebe für amerikanische Lebensmittel und andere Konsumgüter ist allgemein bekannt. Nicht so klar ist, wie es sich mit der Nachfrage nach High-Tech-Produkten verhält.

Imatron, ein Unternehmen in San Francisco, stellt Computertomographen her. Die Firma verkauft jährlich in den USA etwa zehn Geräte, die pro Stück etwa eine Million Dollar kosten. Die Firmenleitung glaubt, daß sie in Japan fünf bis zehn Tomographen verkaufen kann, was eine fünfzig- bis hundertprozentige Umsatzsteigerung bedeuten würde.

In Banff in der kanadischen Provinz Alberta kann es passieren, daß – mitten im offiziell zweisprachigen Kanada – eine dritte Sprache das Französische verdrängt, und das ist das Japanische. 40 Prozent der Hotelgäste in Banff sind Japaner; von allen Besuchern Kanadas geben sie das meiste Geld aus. Die Speisekarten im Banff Springs Hotel sind auf Japanisch abgefaßt, und ein Kaufhaus am Ort führt Bildbände mit japanischem Text. Kyosen Ohashi, in Japan eine bekannte TV-Persönlichkeit, hat außerdem einen seiner OK-Geschenkläden in Banff.

Diese Tatsachen sollten den maßgeblichen Leuten in amerikanischen Wintersportorten zu denken geben: Die japanischen Skiläufer entwickeln nämlich schon ein positives Vorurteil über den *kanadischen* Teil der Rocky Mountains.

Die Beseitigung der asiatischen Handelsbarrieren

Der Umfang der amerikanischen Exporte nach Japan wird schon seit langem unterschätzt – sowohl von denjenigen, die gerne protektionistische Gesetze zur Eindämmung der Wareneinfuhr aus Japan und anderen asiatischen Ländern sehen würden, als auch von »Wirtschaftsführern«, die sich ihre minderwertige Warenqualität oder ihr mangelhaftes Marketing nicht eingestehen wollen.
Wenn westliche Unternehmen in der pazifischen Region Wettbewerbsvorteile erringen wollen, dann müssen sie sich ansehen, was sich an der Welthandelsfront getan hat.
Zwischen 1980 und 1986 sind die amerikanischen Exporte in die vier größten europäischen Handelsnationen – die Bundesrepublik, Frankreich, Italien und das Vereinigte Königreich – um 7 Prozent gesunken, während die Exporte nach Japan um 21 Prozent zugenommen haben. Obwohl nach 1986 der Export nach Europa zugenommen hat, sind gleichzeitig auch die Exporte nach Japan gestiegen. Im Jahre 1988 haben die USA an Japan mehr Waren (Wert: 37,7 Milliarden Dollar) verkauft als an die Bundesrepublik, Frankreich und Italien zusammengenommen.
Die amerikanischen Agrarprodukte, immer schon ein Exportschlager in Japan, werden 1989 eine neue Rekordmarke erreichen. Zum ersten Mal wird der Gesamtexport nach Japan 8,3 Milliarden Dollar erreichen und damit das Volumen des Exports in alle zwölf Mitgliedsländer der Europäischen Gemeinschaft übertreffen, das 7,3 Milliarden Dollar beträgt. Der größte Importeur von amerikanischem Weizen ist übrigens China.
Kenichi Ohmae, der Leiter des Tokioter Büros von McKinsey & Co., hat errechnet, daß die Japaner 1984 für amerikanische Produkte 583 Dollar pro Kopf ausgegeben haben (6 Prozent ihres Einkommens), während die Amerikaner pro Jahr nur 2 Prozent ihres Einkommens für japanische Güter investieren, nämlich 289 Dollar.
Amerikanische Waren haben 1987 und 1988 auf allen asiatischen Märkten Fortschritte gemacht. Zwischen Juli 1987 und Juli 1988 haben die amerikanischen Exporte in die Länder der vier Drachen um mehr als 40 Prozent zugenommen – die Goldkäufe Taiwans im Werte von 1,5 Milliarden Dollar nicht eingerechnet.
Die US-Importe nach Taiwan sind von 5,5 Milliarden Dollar im Jah-

re 1986 auf 7,4 Milliarden im Jahre 1987 angewachsen. Aber 1988 haben einige Veränderungen den Boden für ungeheure Zuwachsraten vorbereitet. Im Februar 1988 hat Taiwan die Einfuhrzölle für 3500 verschiedene Artikel um durchschnittlich 50 Prozent gesenkt: Der Preis für einen Mercury Sable ist um etwa 4000 Dollar gefallen und der Preis für einen Kühlschrank von General Electric um etwa 500 Dollar. 1988 haben die amerikanischen Automobilhersteller 17 518 Fahrzeuge nach Taiwan exportiert; 1987 waren es 3735 Fahrzeuge.

1988 wurde Taiwan zum fünftgrößten Handelsparter der USA: Die amerikanischen Importe erreichten eine Höhe von 12,1 Milliarden Dollar; das ist eine Zunahme um 200 Prozent seit 1986.

1987 und im Verlauf des ersten Halbjahrs 1988 hat Südkorea die Einfuhrzölle auf achthundert Artikel um durchschnittlich 40 Prozent gesenkt. 1988 hatten die US-Importe ein Volumen von 11,3 Milliarden Dollar erreicht, was gegenüber 1986 eine gewaltige Steigerung um 77 Prozent bedeutet.

Warum haben wir so wenig über die großen Fortschritte gehört, die 1988 im Handel zwischen den USA und Asien erzielt worden sind, wo sich doch die amerikanischen Exporte nach Korea, Taiwan, Hongkong, Singapur und China um durchschnittlich 40 Prozent erhöht haben?

Der Aufstieg des Yen kann Amerika neue Möglichkeiten eröffnen

In einer Weltwirtschaft, die von gegenseitiger Abhängigkeit bestimmt ist, ist es schwer, Gewinner und Verlierer zu unterscheiden. Die Stärke des Yen führt dazu, daß japanische Unternehmen auf der Suche nach »billigen« Arbeitskräften den Blick nach Amerika richten, so wie vielleicht vor zehn Jahren ein amerikanischer Unternehmer sich in der Dritten Welt nach kostengünstigen ausländischen Produktionsstätten umgesehen haben mag.

Nach dem Jahresbericht der japanischen Außenhandelsorganisation gab es im Mai 1988 in den USA 837 Firmen, die Tochterfirmen japanischer Unternehmen waren, 287 mehr als im Jahre 1987.

Durch die unternehmerischen Aktivitäten Taiwans in den USA sind einige Dinge in Gang gekommen: die automatische Spinnerei von

Taiwan Textile, die 55 Millionen Dollar gekostet hat, das Abkommen zwischen Multitech und Texas Instruments, im texanischen Austin Computer herzustellen, und die zwölf Fabriken von Formosa Plastics.

Mehr als 300 000 Amerikaner arbeiten für japanische Unternehmen; 100 000 Japaner arbeiten für *amerikanische Firmen in Japan.*
Das Ministerium für internationalen Handel und Industrie in Tokio prognostiziert, daß in den nächsten Jahren durch japanische Investitionen noch einmal 840 000 Arbeitsplätze in Amerika entstehen, das heißt insgesamt eine Million innerhalb von zehn Jahren. Vierzig amerikanische Staaten unterhalten mittlerweile Verbindungsbüros in Japan.

Wenn amerikanische Banken zwischen New York und Los Angeles Geld brauchen, dann sind japanische Banken bereit, es ihnen zu leihen. 1986 zeichneten japanische Geldinstitute fast die Hälfte der amerikanischen Kommunalobligationen – Papiere im Wert von 18 Milliarden Dollar. Einer Verlautbarung der Industrial Bank of Japan zufolge hat Japan in der ersten Hälfte des Jahres 1988 mehr als 9 Milliarden Dollar in den Kauf ausländischer Unternehmen investiert, von denen sich viele in den Vereinigten Staaten befinden.

»Sie wollen nicht, daß unsere Gesellschaft (die Vereinigten Staaten) Schaden nimmt, weil wir ihr größter Kunde sind«, sagt Robert S. Ingersoll, ehemals Botschafter in Japan.

Im Frühjahr 1989 beliefen sich die japanischen Portefeuille-Investitionen in den USA auf insgesamt 160 Milliarden Dollar, und die Japaner haben sich zu wichtigen Geldgebern für Forschungsvorhaben an wichtigen amerikanischen Universitäten entwickelt. Die Mitsubishi Corp. und Mitsui & Co., die regelmäßig pro Jahr etwa 4 Millionen Dollar ausgeben, um Zugang zu Forschungseinrichtungen zu erhalten, haben am Massachusetts Institute of Technology sechzehn Lehrstühle mit je etwa 1,5 Millionen Dollar ausgestattet.

Das Chemieunternehmen Hitachi Chemical Co. kann gegen eine Spende von 12 Millionen Dollar einen Großteil des biotechnologischen Labors an der University of California in Irvine für seine Zwecke verwenden.

Nach Angaben des Japan Center for International Exchange investieren die Japaner noch zusätzliche Millionen in amerikanische Forschungsvorhaben.

○ Toshiba hat 3,5 Millionen Dollar für Forschungen auf dem Gebiet der digitalen Radiographie – dabei werden Computertechnologie und Röntgenapparate für detaillierte medizinische Diagnosen kombiniert – an der University of Arizona investiert.
○ Zwei andere japanische Unternehmen unterstützen die Entwicklung eines synthetischen Materials, mit dem sich Katalysatoren in Autos verbessern lassen; dieses Projekt wird vom Georgia Institute of Technology in Atlanta durchgeführt.
○ Das MIT und Johns Hopkins unterhalten Büros in Tokio, damit sie leichter an japanische Gelder herankommen.

»In Japan stolpert bei der Jagd nach dem großen Geld schon fast jeder über jeden«, sagt Patricia Steinhoff, Direktorin des Center for Japanese Studies an der University of Hawaii.
In Anerkennung ihrer Verdienste haben zwei ehemalige japanische Ministerpräsidenten, Noboru Takeshita und Yasuhiro Nakasone, die Ehrendoktorwürde der Columbia University beziehungsweise der Johns Hopkins University verliehen bekommen.

Einfluß im Pazifik

Japan ist der wichtigste Handelspartner für mehr als die Hälfte der Länder des pazifischen Raums. Die japanischen Importe aus Korea, Taiwan und Hongkong sind 1987 um fast 50 Prozent gestiegen. Im gleichen Jahr hat Japan die USA überholt und wurde das Land, das den größten Anteil an Entwicklungshilfe leistet; zwei Drittel davon gingen an asiatische Länder. 1988 erreichte die Auslandshilfe Japans ein Volumen von 10 Milliarden Dollar, und Japan hat für die nächsten fünf Jahre insgesamt eine Hilfe von 50 Milliarden Dollar zugesagt.
Die japanischen Investitionen im asiatischen Teil des Pazifiks haben sich in nur zwei Jahren auf mehr als 6 Milliarden Dollar verdoppelt. Sony hat inzwischen die Produktion von vielen seiner Konsumgüter, darunter auch CD-Player, auf sieben asiatische Länder verteilt.
1988 wurde im Durchschnitt an jedem Wochentag eine japanische Firma in Thailand eröffnet. Alleine in Thailand hat sich die Zahl der Investitionsanträge zwischen 1986 und 1988 fast vervierfacht auf zweihundert Projekte im Wert von 353 Millionen Dollar. 1987 ver-

drängte Taiwan die Vereinigten Staaten aus ihrer Position als zweitgrößter Investor in Thailand.
Business Week hat es so ausgedrückt: »Nachdem sie jahrzehntelang von Amerika den Anstoß zu wirtschaftlichem Wachstum erwartet haben, konzentrieren sich die Länder Ostasiens jetzt auf Japan, obwohl die schmerzhaften Erinnerungen an die japanische Besatzung noch immer sehr tief sitzen.«
Handel und Wirtschaftshilfe sind wichtig, wenn man Einfluß ausüben will; dasselbe gilt auch für den Bereich der Bildung. Die Länder des pazifischen Raums werden sich bei den Bemühungen, ihren ungeheuren Bildungsbedarf zu decken, zunehmend an die USA und Japan wenden.
Gegenwärtig studieren etwa 26 000 ausländische Studenten in Japan, die in ihrer Mehrzahl aus Taiwan, Südkorea und China kommen. Japan will diese Zahl bis zum Jahr 2000 auf 100 000 erhöhen.
Auf diesem wichtigen Gebiet ist der amerikanische Einfluß größer als der Einfluß Japans: In den USA studieren mehr als 50 000 Studenten, die aus China, Taiwan und Hongkong kommen. In Kalifornien gibt es 50 000 ausländische Studenten, von denen die meisten aus Asien kommen. Nach Auskunft des amerikanischen Außenministeriums stammen 39 Prozent aller ausländischen Studenten in den USA aus Ostasien. 1988 haben mindestens 20 000 japanische Schüler und Studenten amerikanische High-Schools oder Colleges besucht.
Der wichtigste Punkt dieses Kapitels ist die Aufforderung, daß die amerikanische Wirtschaft ihren Schwerpunkt von Europa an den Pazifik verlagern soll. Diese Entwicklung ist natürlich für Europa von gleicher Wichtigkeit. Die europäische Wirtschaft muß einsehen, daß der Binnenmarkt schrumpft. Sie darf nie vergessen, daß Asien im Jahr 2000 etwa 80 Millionen Verbraucher mehr haben wird als bisher.
Das wachsende Einkommen, das Millionen von ihnen schon heute besitzen, und die hohe Meinung, die der Osten von der Qualität europäischer Waren hat, sind zwei Faktoren, die die Europäer in Zukunft stärker beachten müssen.
Stellt die westliche Welt sich wirklich schon darauf ein, den gesamten pazifischen Raum den Japanern zu überlassen? Oder wird sie sich in den neunziger Jahren und noch bis ins nächste Jahrhundert hinein

auf eine Auseinandersetzung mit Japan um Einfluß und Marktanteile einlassen? Denn darum geht es ja: um gesellschaftlichen, politischen Einfluß und um Marktanteile in der am schnellsten wachsenden Region der Welt.

Wenn die Bedeutung der westlichen Welt abnimmt, dann müssen die Politiker und die Wirtschaftsführer die Schuld bei sich selber suchen. Die Märkte Asiens wurden wirklich vernachlässigt. Japan und die Schwellenländer, die NICs, wurden mit ihren unterschiedlichen Chancen kaum wahrgenommen, ganz zu schweigen von der destruktiven Nervosität, die durch japanische Investitionen in den Vereinigten Staaten geschürt wurde.

Am Ende wird sich der Trend zur globalen Interdependenz durchsetzen.

»Der Aufstieg Asiens sollte dem Westen keine Angst machen«, schreibt der *Economist*. »Die Exporte Asiens bedeuten billigere und bessere Waren für die Verbraucher. Asiens wachsender Wohlstand heißt wachsende Märkte, auf denen andere Länder ihre Waren absetzen können. Daß es die Armut und die Zerstörungen des Kriegs überwunden hat, sollte allen zur Ermutigung dienen – und denen, die noch nicht so weit sind, als Anregung und Vorbild.«

Asien hat allen gezeigt, daß auch arme Länder sich zu Industrienationen entwickeln können, selbst wenn sie nicht über reiche Bodenschätze verfügen. Sie müssen nur woanders investieren – in ihre Arbeitskräfte.

7 Frauen erobern die Führungsetagen

Die neunziger Jahre werden das Jahrzehnt der beträchtlichsten Herausforderungen sein, die die Wirtschaft je erlebt hat. Große und kleine Unternehmen aus den Vereinigten Staaten, aus den zu Wohlstand gekommenen asiatischen Ländern und aus Europa, das bald der größte Markt der Welt sein wird, werden sich gegenseitig um die Erschließung ausländischer Geschäftsbereiche schlagen, während sie zugleich versuchen, zu Hause ihren Heimvorteil zu wahren.

Gerade als der Westen die Sowjetunion als hoffnungslos bürokratisch und rückständig – verknöchert – abschreiben wollte, entdeckten die Sowjets das Pachtsystem, Leistungsanreize wie auch das Gewinnstreben. Der Ausdruck »marktwirtschaftlich orientierter Sozialismus« trägt dieser Umorientierung Rechnung. So betrachtet, ist China die Heimat von 1,2 Milliarden potentieller Konsumenten.

Zum großen Mißfallen aller Schwarzseher wird es ausgerechnet die amerikanische Wirtschaft sein, die sich diesen Herausforderungen mit neuem Führungsstil stellt. Er wird die Wirtschaft neu beleben und die Konkurrenz auf dem Weltmarkt genausosehr anspornen, wie es in den siebziger Jahren das japanische Unternehmensmanagement tat. Diesmal werden die Führungsimpulse zu einem großen Teil von Frauen ausgehen.

Das Jahrzehnt der Frauen in der Wirtschaft

Unternehmen, wie wir sie üblicherweise kennen, wurden für Männer geschaffen. Nach dem Zweiten Weltkrieg vertauschten die amerikanischen Soldaten ihre Uniformen mit Krawatten und grauen Flanellanzügen, während das bürokratische, ja autoritär-militärische Modell aus dem 19. Jahrhundert die bestens bekannte Grundlage lieferte, nach der die ehemaligen Kämpfer ihre Unternehmen organisierten.

Nun hat sich seit dem Zweiten Weltkrieg die Zahl der berufstätigen Frauen um 200 Prozent erhöht.

Seit zwanzig Jahren besetzen Frauen zwei Drittel der unzähligen neuen Arbeitsplätze, die durch den Einbruch des Informationszeitalters entstanden sind. Diese Entwicklung wird sich bis weit in das nächste Jahrtausend hinein fortsetzen.

Die Zeiten, in denen Frauen die Minderheit im Berufsleben darstellten, sind vorbei. Die Wahrscheinlichkeit, daß kinderlose Frauen im Berufsleben stehen, ist heute größer als die Wahrscheinlichkeit, daß Männer arbeiten. Gegenwärtig sind 74 Prozent aller Männer berufstätig. Aber von den Frauen, die keine Kinder unter achtzehn haben, sind 79 Prozent berufstätig. Der Prozentsatz bei den Frauen mit Kindern liegt bei 67 Prozent, ist also fast so hoch wie der prozentuale Anteil der Männer. Von den Frauen mit kleinen Kindern ist die Hälfte berufstätig.

In der Wirtschaft und den freien Berufen ist die Anzahl berufstätiger Frauen von einer 10-Prozent-Minderheit noch vor zwanzig Jahren gegenwärtig auf 30 bis 50 Prozent in den juristischen Berufen, im Bankwesen, als Steuerberaterinnen und in der Informatik angewachsen.

Die Geschichte der Zeitschrift *Working Woman* spiegelt diese Entwicklung ganz deutlich wider. Ihre Auflage stieg von 450 000 im Jahre 1981 auf 900 000 im Jahre 1988 und hat damit *Fortune, Forbes* und schließlich, als die Auflage 850 000 betrug, auch *Business Week* überflügelt. Das einzige Wirtschaftsblatt mit einer größeren Auflage ist das *Wall Street Journal*.

Neue Unternehmen werden doppelt so oft von Frauen gegründet als von Männern. In Kanada gehört ein Drittel der kleinen Unternehmen Frauen. In Frankreich ist es ein Fünftel. In Großbritannien hat sich seit 1980 die Zahl der selbständigen Frauen dreimal so schnell erhöht wie die Zahl der selbständig erwerbstätigen Männer.

Der Anteil der Frauen in selbständigen Berufen, d. h. selbständige Architekten, Rechtsanwälte, Ärzte etc. sowie Schneiderinnen, Friseure und andere handwerkliche Berufe, ist in der Bundesrepublik seit 1950 mit leichten Schwankungen dazwischen um ganze 5,4 Prozent gestiegen. Das signalisiert einen Trend der zunehmenden Anteilnahme der Frauen in selbständigen Berufen, obwohl er noch nicht so stark ist, wie er eigentlich sein sollte.

1950	1961	1971	1987
18,9%	22%	20,4%	24,3%

Doch allgemein gilt, daß die Frauen als Arbeiterinnen, Freiberuflerinnen und Unternehmerinnen die Informationsgesellschaft dominieren.

Eine männliche Sozialisation wird kein Vorteil mehr sein, wenn man eine Führungsposition in der Wirtschaft anstrebt.

Wenngleich wir uns dessen noch nicht ganz bewußt sind: Männer und Frauen der amerikanischen Wirtschaft treten auf denselben Gebieten und nach denselben Regeln an. Frauen haben dabei heute vielleicht sogar einen leichten Vorteil. Sie müssen nicht erst überkommen-autoritäres Verhalten ablegen, um ihre Abteilungen und Unternehmen zu leiten.

Wie ihre männlichen Kollegen, die eventuell nicht mehr durch den Drill des Militärs gegangen sind, müssen sie lernen, ihre Mitarbeiter zu leiten und zu motivieren, ihre Einsatzfreude zu wecken und durch das eigene Beispiel zu überzeugen.

Nach zwei Jahrzehnten der Vorbereitung im stillen, in denen die Frauen viele Erfahrungen gesammelt haben und in denen sie immer wieder durch das männliche Management in die Knie gezwungen oder aber entmutigt wurden, ist jetzt der Punkt erreicht, an dem sich die Entwicklung qualitativ verändert. Älter, weiser, zahlreicher, in den entscheidenden Branchen wie in der Computerindustrie, im Finanzwesen und in der Werbung gut vertreten, sind die Frauen heute endlich soweit, daß sie die Hürde nehmen, die sie von der Spitze ferngehalten hatte. Im Verlauf der neunziger Jahre wird sich allgemein die Überzeugung durchsetzen, daß Frauen und Männer für leitende wirtschaftliche Positionen gleichermaßen befähigt sind. Die Frauen werden die Spitzenpositionen einnehmen, die ihnen in der Vergangenheit verwehrt wurden.

Vom Management zur Unternehmensführung

Gemeinsam mit männlichen Kollegen, die ähnliche Werte und Maßstäbe vertreten, werden Frauen auf ein Fundament bauen können, das ihnen große Unternehmerpersönlichkeiten hinterlassen haben – aus historischen Gründen leider fast ausnahmslos Männer. Doch auch Männer wie der inzwischen verstorbene Bill Gore, der Gründer von W. L. Gore & Associates, und Jan Carlzon, der Chef der SAS, lehnten das traditionell hierarchische System ab. Mit einer Vision und ungebeugtem Engagement bauten sie außerordentlich erfolgreiche Unternehmen auf. Sie waren bereit, Macht und Verantwortung zu teilen. Genau das sind die Werte, von denen auch Managerinnen und ein Teil ihrer männlichen Kollegen heute überzeugt sind.
Einige wenige Unternehmerpersönlichkeiten machten den Anfang. Als aber etliche Branchen in den achtziger Jahren eine neue Blüte erlebten, als Frauen auf den Arbeitsmarkt drängten und innerhalb der kürzesten Zeit im Informationssektor das Sagen hatten, da warfen Millionen von Unternehmen, ob nun von Männern oder Frauen gegründet, ihre verstaubten Regelbücher über Bord, um mit alternativen Methoden und neuen Unternehmensphilosophien zu experimentieren.
Ein Jahrzehnt später haben sich die Versuche zu einer logisch schlüssigen Personalpolitik ausgeformt, deren Kern sich etwa so beschreiben läßt:
Der Schwerpunkt der Unternehmensorganisation hat sich verlagert. War früher ein Management, das ein ganzes Unternehmen kontrollierte, gefragt, so wird heute eine Unternehmensführung verlangt, die fähig ist, Menschen zu motivieren und sich rasch auf Veränderungen einzustellen.
Spricht man gegenwärtig von »Führung« oder »Führungspersönlichkeiten«, dann will man eben keine Vaterfigur mehr, die einem alle Probleme abnimmt. Vielmehr denkt man an eine demokratisch orientierte, anspruchsvolle Unternehmensführung, die dem einzelnen mit Achtung begegnet, selbstverantwortliches Arbeiten fördert und die Bildung unabhängiger Teams und kleinerer unternehmerischer Gruppen innerhalb des gesamten Betriebes unterstützt.
Es gibt einen entscheidenden Unterschied zwischen dem alten

Management und dem, was wir heute unter Unternehmensführung verstehen. Führungspersönlichkeiten und Manager unterscheiden sich in ihrer Zielsetzung, in der Einschätzung ihrer beruflichen Aufgabe, in ihrem Verhalten, in der Mitarbeiterauswahl und nicht zuletzt in den Ergebnissen.

Führung bedeutet heute, Menschen überwiegend durch »sanfte Methoden«, nicht durch Zwang, dahin zu bringen, bestimmte Dinge zu tun, meint John P. Kotter von der Harvard Business School. Kotter ist auch Autor des Buches *Erfolgsfaktor Führung*.

»Es gibt eine Menge verschiedener Typen von Managern: solche, die kurzfristig denken, andere, die auf Kontrolle abzielen und wieder andere, die auf ein gutes Image Wert legen«, sagt Russel E. Palmer, Dekan der Wharton School of Business an der Universität in Pennsylvania. »Führungspersönlichkeiten denken langfristig, haben einen Blick für größere Zusammenhänge, denken an Umgestaltung, haben politische Fähigkeiten, geben Anstöße zu Veränderungen, haben bestimmte Wertvorstellungen und erzielen Einigkeit.«

Abgesehen von einem Management, das nach militärischem Vorbild organisiert ist, sind Männer und Frauen gleichermaßen fähig, in anderen Engagement und Leistungsbereitschaft zu wecken.

Führungspersönlichkeiten sind sich der Tatsache bewußt, daß Kapital und Technologie für ein Unternehmen sehr wichtig sind, daß ein Unternehmen aber mit den Menschen steht und fällt. Sie wecken in anderen Eigeninitiative und sind bereit, Macht und Autorität zu teilen. Sie reagieren auf den Mangel an Arbeitskräften flexibel, indem sie den Firmen allein schon durch ihre Struktur die Möglichkeit geben, die besten Leute anzuziehen. Sie ermöglichen ihren Mitarbeitern Erfüllung und Befriedigung im Beruf. Zu einer effektiven Unternehmensführung gehört aber auch der prüfende Blick auf die Außenwelt. In einer zunehmend globalen Wirtschaftsordnung muß man neuen Trends immer auf den Fersen bleiben, genauso wie neuen Märkten, technologischen Innovationen und Produktlebenszyklen.

Neue Aufgaben für einen neuen Managertyp

Die Aufgaben der Wirtschaft haben sich verändert, und genauso hat sich die Struktur der Berufe verändert. Das ist vielleicht einer der ausschlaggebenden Gründe für die Schwerpunktverschiebung vom Management zur modernen Unternehmensführung in der Wirtschaftswelt. Damit wurde ja auch den Frauen der Weg an die Spitze ermöglicht.

Man sollte nun allerdings das Management-Modell nicht einfach in Grund und Boden verdammen. Es hat im industriellen Zeitalter seinen Zweck erfüllt, und es hat ihn gut erfüllt. Nach dem Zweiten Weltkrieg stellte eine männliche Arbeiterschaft mit High-School-Bildung oder einem niedrigeren Bildungsstand jene Güter her, die die Vereinigten Staaten zur führenden Wirtschaftsmacht der Welt gemacht haben. Um diesen Erfolg zu erzielen, brauchten die Arbeiter das Management. Man brauchte jemanden, der einem sagte, was zu tun sei, und dessen Anweisungen man Folge leisten konnte. Am Fließband war Kreativität das letzte, was gefragt war.

Für die Arbeiter handelte es sich um Aufgaben, die von außen angeordnet wurden, mechanisch waren und daher leicht zu überwachen. Es hatte schon seinen Sinn, wenn Macht und Wissen in den Händen von Managern lagen und nicht bei den Arbeitern.

Heute, mehr als vierzig Jahre später, da die Informationsindustrie in den führenden Wirtschaftsnationen den Alltag beherrscht, haben sich die Arbeitsplätze völlig verändert.

War der Mann ein prototypischer Industriearbeiter, so ist die Frau die typische »Informationsarbeiterin«.

Allein schon durch ihr zahlenmäßiges Übergewicht dominieren Frauen in der Informationsgesellschaft. 84 Prozent von ihnen arbeiten im Informations- und Dienstleistungsbereich. In den höheren oder akademischen Berufen, im Unterschied zu den Büro- oder technischen Berufen, sind die Frauen in der Mehrzahl. 44 Prozent aller berufstätigen Frauen zwischen 25 und 64 Jahren haben ein College besucht. 1965 waren es erst 20 Prozent.

Die Arbeiten auf dem Informations- und Dienstleistungssektor, in der Finanzwelt und im Computerbereich, in der Biotechnologie und im Gesundheitswesen können aber nicht wie am Fließband verrichtet werden, sie können überhaupt nicht einfach mechanisch erledigt werden.

Zudem ist es fast unmöglich, Arbeit im Informationsbereich zu »überwachen«. Intellektuelle Aufgaben haben mechanische abgelöst. Arbeit ist heute das, was im Kopf von Leuten vorgeht, die am

Schreibtisch sitzen, in Flugzeugen, bei Besprechungen, beim Essen. Arbeit ist die Art und Weise, wie sie mit ihren Kunden verkehren, was sie sich notieren oder was sie bei Besprechungen sagen.
»Wir führen heute Menschen, die für ihr Wissen bezahlt werden. Das haben wir noch nie getan, und wir wissen nicht, wie wir es machen sollen«, sagt Peter F. Drucker.

Die gut ausgebildeten Arbeitskräfte von heute

Der allgemeine Verfall des Bildungsstandards wird oft beklagt. Dabei wird allerdings rasch übersehen, wie drastisch sich in den vergangenen zwanzig Jahren die Zahl der gebildeten und gut ausgebildeten Menschen erhöht hat.
Ein Viertel der berufstätigen Bevölkerung zwischen fünfundzwanzig und einundsechzig hat zumindest Collegeabschluß. Prozentual gesehen ist das ein doppelt so großer Anteil wie vor zwanzig Jahren. Noch einmal 20 Prozent haben zwischen einem und drei Jahren ein College besucht; das sind abermals doppelt so viele wie vor zwanzig Jahren. Das bedeutet: Fast die Hälfte, 45 Prozent, aller Berufstätigen hat ein College besucht. 40 Prozent haben außerdem die HighSchool abgeschlossen. Somit bleiben lediglich 15 Prozent Erwachsene übrig, die in ihrer Jugend vorzeitig von der High-School abgegangen sind. Vor zwanzig Jahren waren das noch 41 Prozent!
Wer eine gute Schulbildung hat, der hat selbstverständlich mehr berufliche Möglichkeiten. »Während die Arbeiter durch Angst, Mangel an Fähigkeiten und Unwissenheit an ihre Arbeit gekettet waren, haben die jungen Menschen heute einen weiten Horizont; sie können auch woanders hingehen«, sagt Peter F. Drucker.
»Die Berufstätigen haben heute durchschnittlich eine bessere Bildung, und sie sind wohlhabender«, sagt Mark Sussman von Jackson, Lewis, Schnitzler & Krupman, einer New Yorker Anwaltskanzlei, die sich auf Arbeitsrecht spezialisiert hat. »Sie haben nicht das Gefühl, froh sein zu können, überhaupt einen Job gefunden zu haben. Ihre Erwartungen sind höher und die Perspektive größer.«

Die Rolle der Loyalität

Eine vor kurzem durchgeführte Untersuchung hat bestätigt, worüber sich Unternehmensleitungen schon seit Jahren beklagen. 70 Prozent der Manager berichten, die Angestellten, insbesondere die jungen leitenden Angestellten, zeigten ihren Unternehmen gegenüber nicht mehr dieselbe Loyalität, die in den fünfziger Jahren noch an der Tagesordnung gewesen war. Zu diesem Ergebnis kommt eine Studie der Züricher Beraterfirma Egon Zehnder International, die ein Büro in New York unterhält.

Die Zeitschrift *Success* fand bei einer Befragung der jungen Leute heraus, daß sie Loyalität zwar schon für wichtig halten, aber lange nicht für so wichtig wie die persönliche Entfaltung.

»Ich kann etwas, und ich will reisen«, scheint das Motto dieser häufig den Arbeitsplatz wechselnden Generation zu sein, und das paßt ja auch genau zum Stereotyp des egoistischen Yuppies. Andererseits zwingt das Tempo des schnellen sozialen und technologischen Wandels die jungen Leute zur raschen Anpassung und Veränderung. In einer Studie des Arbeitsministeriums heißt es, daß die Amerikaner, die heute ins Berufsleben eintreten, ihren *Beruf* – und nicht ihren Arbeitsplatz – dreimal wechseln werden. Private Experten meinen, daß man sich sogar auf fünf verschiedene Laufbahnen einstellen kann.

Was kann ein Unternehmen tun, um die Bereitschaft zur Loyalität zu fördern?

Diese Frage wurde in einer Untersuchung hundert Führungskräften der größten amerikanischen Aktiengesellschaften vorgelegt. Hiervon empfahlen 74 Prozent eine Verbesserung der Unternehmensführung.

Aber wie soll man sie verbessern? Die Untersuchung zeigte zunächst, daß die besten Führungskräfte Loyalität erwarten. Also verhalten sie sich auch so, daß sie Loyalitätsgefühle wecken. Frauen, die sich in der Geschäftswelt beweisen mußten, kennen dieses ungeschriebene Gesetz in- und auswendig.

Der neue Unternehmertyp: »Just like a woman...«

Michael Maccoby, Autor von *The Gamesman* und *The Leader*, beschreibt einen neuen unternehmerischen Urtypus, der ziemlich genau mit dem Unternehmerbild übereinstimmt, das die Zeitschrift *Success* entworfen hat. Maccoby schildert jemanden, den er als »Selbstverwirklicher« bezeichnet, einen Menschentyp, der Wert auf Unabhängigkeit legt, eine Abneigung gegen Bürokratie hat und versucht, die Arbeit mit anderen wichtigen Dingen wie Familienleben und Erholung in Einklang zu bringen.

In *Why Work* beschreibt er eine neue Generation von Ingenieuren, die in ihrer Arbeit in erster Linie die »Selbstverwirklichung« suchen. Davon ausgehend, daß sich die Unternehmen um ihre Beschäftigen ohnehin nicht kümmern, sehen sie die einzige Sicherheit in den persönlichen Fähigkeiten, die man besitzt. Denn diese kann man an seinem nächsten Arbeitsplatz oder in einem anderen Beruf auch verwenden.

Die den Frauen oft zugeschriebene Fähigkeit, die wichtigen Dinge wie Karriere, Familie und andere persönliche Bereiche miteinander in Einklang zu bringen, entwickelt sich zu einem generationstypischen Merkmal.

Die meisten Selbstverwirklicher gehören der Generation des Babybooms an: Sie sind etwa vierzig und jünger. Dieser neue Unternehmertyp ist unter den Zwanzig- bis Dreißigjährigen sogar noch stärker vertreten.

Eine Herausforderung für die Unternehmensführung

Angesichts der komplexen Aufgaben des Informationszeitalters und einer selbstbewußten, schwierigen Elite in den Unternehmen ist die Leitung eines Unternehmens zu einer großen Herausforderung geworden.

Der Unternehmensleiter besitzt keinerlei Macht über seine Mitarbeiter. Bei der Armee werden Deserteure ins Gefängnis gesperrt. Desertiert man im Wirtschaftsleben, dann wird man nach zwei Wochen Kündigungsfrist entlassen. Befolgt man einen militärischen Befehl nicht, wird man vor ein Kriegsgericht gestellt. Wenn einer der Leutnants im Wirtschaftsleben nicht damit einverstanden ist, wie

man einen bestimmten Kunden behandelt, dann kann er oder sie schon morgen aussteigen und sich eine andere Arbeit suchen, die wahrscheinlich ohnehin besser bezahlt wird.
Ein Unternehmen ist eine Freiwilligenorganisation.
Man kann mit autoritärem Auftreten kein Unternehmen mehr leiten, und Workaholics sind ziemlich schnell ausgelaugt.
Loyalität ist eine idyllische Erinnerung an die industrielle Vergangenheit. Sie ist wie eine Gräte, die Tausenden und Abertausenden von Automobil- und Stahlarbeitern im Hals steckengeblieben ist. Arbeitern, die gedacht hatten, Loyalität gelte für beide Seiten.
Das militärische Managementmodell verfügt über Autorität und kann Macht ausüben. Heute muß eine Unternehmensführung die Loyalität der Mitarbeiter gewinnen, ihr Engagement mobilisieren und sich ihren Respekt erst verdienen.
Sind die Mitarbeiter nicht loyal und hat man keine Macht mehr über sie, wie soll man denn dann irgend etwas zustande bringen?
Wenngleich sie schwer zu überwachen sind und jederzeit gehen können, sind paradoxerweise Menschen, die selbständig denken und Autorität nicht fraglos hinnehmen, der beste Rückhalt eines Unternehmensleiters und die einzige Hoffnung, daß das Unternehmen die gesteckten Ziele erreicht.
Solche Mitarbeiter bekommt man nicht auf Bestellung. Sie sprechen auf demokratischen Führungsstil an, auf finanzielle Anreize und auf eine Firma, die anerkennt, daß ihre Mitarbeiter auch noch einem anderen Bereich angehören: der Familie.
Der neue Mitarbeitertyp wird das Unternehmen voranbringen, wenn er dabei gleichzeitig seine persönlichen Ziele nicht aufgeben muß.
Eine erfolgreiche Führungspersönlichkeit entwirft eine Vision, die den Mitarbeitern des Unternehmens zeigt, wohin die Reise geht und wie sie verlaufen soll. Eine solche Persönlichkeit wird zur bewegenden Kraft hinter jeder einzelnen Unternehmensentscheidung.
»Wir haben gelernt, daß man von einem Angestellten keine Höchstleistung erwarten kann, solange es der Unternehmensführung nicht gelungen ist, ihm den großen Entwurf nahezubringen«, sagt T. Stephen Long, stellvertretender Marketingdirektor bei Trans Hawaiian, einem Touristikunternehmen in Honolulu, das auf Busreisen und Gepäcktransporte spezialisiert ist und einen Jahresumsatz von 26 Millionen Dollar erzielt.

Ganz entscheidend ist der »Verkauf« dieses Entwurfs an die Leute, die ihre eigenen Ziele verwirklichen, indem sie die Ziele des Unternehmens in die Tat umsetzen. Ohne ihren energischen Einsatz wird nur wenig erreicht.

Es ist unglaublich, aber einige vermeintliche Experten und betriebswirtschaftliche Gurus glauben, es sei gönnerhaftes Getue, im Grunde herablassend, wenn man Menschen wie Partner und Mitglieder eines Teams behandelt. Sie vertreten ferner die Ansicht, die bedeutende Akzentverlagerung von der Autorität des Unternehmers zur Einsatzfreude der Mitarbeiter, vom Management zur modernen Unternehmensführung sei lediglich ein kurzlebiger Trend. Bald schon, so erzählen sie den glücklosen Managern der alten Schule, die sich nach der Vergangenheit sehnen, bald schon werden die neuen Ideen Schnee von gestern sein, bald werden wir zu unserem guten alten Zwangssystem zurückkehren.

Die Revisionisten an den Universitäten und in den Medien übersehen, womit die Leute, die Unternehmen leiten, jeden Tag konfrontiert sind: Die hochqualifizierten Kräfte können das Unternehmen *jederzeit* verlassen, um für die Konkurrenz zu arbeiten, oder sie plündern die Kundenliste und machen ihre eigene Firma auf.

Warum Frauen die Führung übernehmen werden

Frauen haben sich heute einen großen Anteil in praktisch allen Angestelltenberufen erobert.
Noch vor zwanzig Jahren waren die Frauen, die als leitende Angestellte, Rechtsanwältinnen und Ärztinnen arbeiteten, eine absolute Minderheit. Obwohl in den siebziger Jahren Frauen in großer Anzahl für Führungspositionen ausgebildet wurden, vollzog sich ihr Eintritt ins Berufsleben eher zögerlich. Der Aufwärtstrend hielt sich in Grenzen. Erhöhte sich beispielsweise der Prozentsatz der Rechtsanwältinnen von 12 auf 14 Prozent, so beeindruckte das niemanden besonders. 1975, ja sogar noch 1985 sah es so aus, als daure es noch eine Ewigkeit, bis Frauen die Hälfte der Berufstätigen in den gehobenen Berufen ausmachten.
Aber im Jahre 1990 bietet sich ein völlig verändertes Bild.

Seit 1972 hat sich in der Ärzteschaft der prozentuale Anteil der Ärztinnen verdoppelt. Der Prozentsatz von Rechtsanwältinnen und Architektinnen hat sich fast vervierfacht.
Frauen haben, wenn nicht eine Mehrheit, so doch einen großen Anteil der einst von Männern dominierten Berufe auf dem Informations- und Dienstleistungssektor erobert, und das sind die Berufe, aus denen Führungskräfte in Wirtschaft und Gesellschaft hervorgehen.
Nach Angaben des Bureau of Labor Statistics sind 39,3 Prozent der 14,2 Millionen Arbeitsplätze im Management- und Verwaltungsbereich von Frauen besetzt. Das ist ein doppelt so hoher Prozentsatz wie noch 1972. Fast ein Drittel aller Informatiker sind Frauen.
In der Finanzwelt stellen die Frauen inzwischen die Hälfte aller Arbeitskräfte. In den fünfzig größten Handelsbanken des Landes ist fast die Hälfte des qualifizierten Personals in Verwaltung und Management Frauen. 49,6 Prozent aller Steuerberater sind Frauen; 1972 waren es erst 21,7 Prozent. Und etwa ein Viertel der Topleute in Wall Street sind heute Frauen.
Sogar in der von Männern dominierten Welt der Industrie haben Frauen Einzug gehalten. Zwischen 1983 und 1988 hat sich die Zahl der Abteilungsleiterinnen und Managerinnen in der herstellenden Industrie von 403 000 auf 647 000 erhöht, wodurch der Anteil der Frauen an den Toppositionen der Industrie von 20 Prozent auf 26,3 Prozent angestiegen ist.
Mehr als ein Drittel der Topmanager in den Marketingabteilungen von Procter & Gamble sind Frauen. Bei Arthur Anderson & Company haben sie bei den Neueinstellungen einen Anteil von 35 Prozent. Bei Gannett sind fast 40 Prozent der Manager und des qualifizierten Personals in Technik und Verkauf Frauen. Und 25 Prozent der Zeitungsverleger des Konzerns sind ebenfalls Frauen.
In vergangenen Jahrzehnten wurden die wenigen Frauen, die in den Unternehmen aufstiegen, auf Positionen wie Assistentin der Finanzabteilung oder auf den Posten des Syndikus abgeschoben. Heute tragen 83 Prozent der leitenden weiblichen Angestellten in den Unternehmen Fortune 500 und Service 500 den Titel einer Vizepräsidentin oder einen höheren Titel; 1980 waren es erst 35 Prozent (diese Angaben stammen aus einer Untersuchung des Wirtschaftsforschungsinstituts Heidrick & Struggles).

Wen von den alten, erfahrenen Managern man auch fragt, die Antwort ist immer die gleiche: Der Weg zu Führungspositionen beginnt mit der Ausbildung. Im Jahre 1975 wurden 11,7 Prozent der akademischen Grade an den betriebswirtschaftlichen Fakultäten von Frauen erworben; heute sind es 33 Prozent. Einer Statistik der American Association of Engineering Societies in Washington, D.C., zufolge erhalten heute dreizehnmal mehr Frauen das Ingenieurdiplom als 1975.

Etwa 20 Prozent aller Ärzte und Rechtsanwälte sind heute Frauen; das ist eine eindrucksvolle Quote, wenn sie auch nicht so hoch liegt wie in anderen hier aufgeführten Berufen. Das verhält sich deswegen so, weil Männer diese beiden Berufe derartig dominiert haben, daß die Frauen praktisch bei Null anfangen mußten.

Noch eindrucksvoller ist die beträchtliche prozentuale Steigerung des Frauenanteils bei den Absolventen der medizinischen und juristischen Fakultäten. Im Jahre 1966 waren erst 7 Prozent der neugebackenen Ärzte Frauen. 1987 lag dieser Prozentsatz bei 32,3 Prozent, machte also fast ein Drittel aus. Noch kleiner als bei den Ärzten war 1966 der Anteil der Frauen, die ein Jurastudium abschlossen – es waren lediglich 3,5 Prozent. 1987 lag der Anteil der Frauen bei 40 Prozent.

In den neunziger Jahren wird sich nicht nur die Zahl der Ärztinnen und Rechtsanwältinnen deutlich erhöhen, sondern auch ihr Einfluß.

Frauen haben in den qualifizierten Berufen einen beachtlichen Anteil erreicht. Sie sind keine Alibifrauen mehr. Ihre Lebenseinstellung und ihr Führungsstil liegen den aktuellen Erfordernissen näher. Und die gleichaltrigen und jüngeren männlichen Kollegen in ihrer Umgebung identifizieren sich eher mit dem neuen Managementstil als mit dem alten.

Vielleicht haben die Frauen das Industriezeitalter verpaßt, aber in den Industrien der Zukunft haben sie sich heute schon fest etabliert.

Nach Ansicht von Professor Eugene Jennings von der Michigan State University rücken Frauen in den neuen Industrien am schnellsten nach oben. Entweder war keine Zeit, in den neuen Industrien die alten Regeln aufzustellen, oder die Regeln haben nicht gegriffen, weil sich das Spiel so sehr verändert hat.

Bei Apple Computer sind 30 Prozent der Manager und 40 Prozent der Akademiker Frauen.

»Viele Computerunternehmen kümmern sich gar nicht lange um irgendwelche Gleichberechtigungsprogramme. Ihre Haltung ist: ›Wir nehmen einfach den Besten oder die Beste. Punkt. Basta.‹«, sagt Phyllis Swersky, stellvertretende Direktorin und Leiterin der Finanzabteilung bei der Artificial Intelligence Corporation, einem Software-Hersteller für IBM-Zentraleinheiten. »Sowohl als Arbeitnehmerin als auch als Arbeitgeberin fand ich es immer unerheblich, welches Geschlecht jemand hat.«

»Wenn sich ein Unternehmen in einem so rasanten Tempo in die Zukunft bewegt, wie wir es tun, dann ist für die Unternehmensleitung das Talent entscheidend und nicht das Geschlecht, denn die Leute werden gebraucht«, sagt Marilyn Laurie, Vizepräsidentin bei AT&T in New York.

Als die überwältigende Mehrzahl der Berufstätigen noch Männer waren, zweifelte man an der Fähigkeit der Frauen, Männer zu führen. Aber schon in den fünfziger Jahren fand niemand etwas dabei, wenn eine Frau die Schreibzentrale eines Unternehmens leitete. Heute stellen Frauen die Mehrheit der Beschäftigten im Dienstleistungs- und Informationsbereich, sie werden schneller in höhere Positionen befördert, steigen schneller ins Management auf, und die Begabtesten unter ihnen können von da aus an die Unternehmensspitze vorrücken.

Viele Frauen führen heute schon ihr eigenes Unternehmen.
Noch in den siebziger und achtziger Jahren waren die Frauen aus den Sitzungszimmern der Unternehmen verbannt. So war es kein Wunder, daß viele begabte, erfolgreiche Frauen sich sagten: »Zum Teufel mit den Vorurteilen gegen uns« – und ihre eigene Firma gründeten.

Die Small Business Association (SBA) berichtet, daß sich gegenwärtig 30 Prozent der mittelständischen Firmen im Besitz von Frauen befinden. Von Jahrzehnt zu Jahrzehnt hat sich der Prozentsatz der Unternehmen, die Frauen gehören, erhöht, und diese Entwicklung – sagt die SBA voraus – wird auch weiterhin anhalten. Im Jahre 1986 – dem letzten Jahr, über das Zahlenmaterial vorliegt – befanden sich 4,1 Millionen Firmen im Besitz von Frauen, während es 1980 erst 2,5 Millionen waren.

Die National Association of Women Business Owners (NAWBO) korrigiert allerdings diese Zahl und meint, daß die Statistik der

Regierung möglicherweise bis zu zwei Drittel der selbständigen Unternehmerinnen übersieht. Die NAWBO erhebt den Vorwurf, daß die Statistik der Regierung nur Einzelfirmen aufführt und keine Kommanditgesellschaften oder andere Unternehmensformen. Außerdem sei das Zahlenmaterial der Regierung schon zwischen drei und sechs Jahre alt. Die NAWBO vertritt die Ansicht, daß in den vergangenen fünfzehn Jahren zusätzlich 4 bis 5 Millionen selbständige Unternehmerinnen ins Wirtschaftsleben eingetreten sind.

Der neue Führungsstil: Engagement wecken!

Der erfolgreiche Unternehmensführer, sei er nun männlich oder weiblich, mobilisiert das Engagement seiner Mitarbeiter durch sein Beispiel. Durch moralische Integrität, Offenheit, das Teilen von Macht und Einfallsreichtum.

Am einfachsten und direktesten läßt sich die Loyalität der Mitarbeiter durch ehrliches, integres Management gewinnen. Bei einer Umfrage des Meinungsforschungsunternehmens Lou Harris wurden Büroangestellte befragt, worauf sie bei ihrer Arbeit am meisten Wert legten. Immer wieder wurde als wichtig hervorgehoben: »eine Firmenleitung, die ehrlich, redlich und anständig ist im Umgang mit ihren Angestellten und der Gesellschaft.« Immerhin war das bei 89 Prozent der Befragten wesentlich. Allerding sagten nur 41 Prozent, es treffe auf ihren Arbeitgeber »in hohem Maße« zu.

Es ist das »Management«, die Art, wie man einen Betrieb leitet, auf die es ankommt. Es ist wichtig, was für ein Mensch man ist. Man führt andere immer nur durch das eigene Beispiel.

Die Leute wollen wissen, was in ihrem Unternehmen vorgeht. In derselben Umfrage stuften 76 Prozent »den freien Austausch von Informationen unter den Angestellten und zwischen den einzelnen Abteilungen« als sehr wichtig ein. Aber nur 35 Prozent sagten, das sei in ihrem Büro der Fall.

Jan Carlzon hat SAS (Scandinavian Airline Systems) zu einem Transportunternehmen mit einem Umsatz von 5 Milliarden Dollar gemacht. Nachdem das Unternehmen 1979 und 1980 einen Verlust von 30 Millionen Dollar verzeichnen mußte, erwirtschaftete es 1988 einen Gewinn von fast 300 Millionen Dollar. Carlzon ist von der

Wichtigkeit, die der Informationsfluß in einem Unternehmen für die Produktivität hat, fest überzeugt: »Ein Angestellter, der nicht über Informationen verfügt, kann keine Verantwortung übernehmen. Hat er aber Informationen, dann kann er gar nicht anders, als Verantwortung zu übernehmen.«
Everett Suters, Chef dreier Unternehmen in Atlanta, schrieb in der Zeitschrift *INC*, eines Tages habe er das Gefühl seiner Angestellten begriffen: »Wir machen die Arbeit, und Sie heimsen die Anerkennung und das Geld ein.« Daraufhin ließ er sie raten, wie hoch der Gewinn des Unternehmens sei und wieviel er persönlich verdiene. Nachdem alle Schätzungen zu hoch lagen, nannte er den Beschäftigten die exakten Summen.
»Im Laufe der Zeit interessierten sich meine Manager fast so sehr wie ich für alle Bereiche des Unternehmens«, schreibt er. Leute, die auf dem laufenden gehalten werden, wissen, daß die Vorgänge in der Firma sie betreffen, »und sie arbeiten noch mehr, wenn es einmal nicht so gut läuft«.

Der Unternehmensführer als Lehrer, Förderer, Coach

Mittlerweile ist das Bild vom Manager als Befehlsgeber durch die Vorstellung vom Manager als Lehrer, Förderer und Coach abgelöst worden. Der Befehlsgeber kennt grundsätzlich die Antwort und sagt jedem, was er tun soll; der Förderer weiß, wie er die Antworten von denen bekommt, die sie am besten wissen müssen – von den Leuten, die die Arbeit machen. Die Führungskraft als Förderer stellt Fragen, führt den Konsens herbei, nutzt Informationen, um aufzuzeigen, wann und wo Handlungsbedarf besteht.
Terry Armstrong, der an der University of West Florida Management lehrt, hat die Charakterzüge erfolgreicher Unternehmensleiter studiert, vorwiegend Firmenchefs, die als Vorbild gelten können. »Sie sind eher Trainer als Stürmer«, sagt Armstrong. »Sie setzen alles daran, daß ihr Unternehmen Erfolg hat, und sie legen nicht so großen Wert auf ihr eigenes Fortkommen.«
In der Herstellung und in der Vertriebsabteilung von Domino's Pizza, Inc. in East Granby in Connecticut werden die Mitarbeiter nie als Arbeitnehmer bezeichnet, sondern nur als Team-Mitglieder, Teamchefs und Coaches, die Trainer. »Wenn man hier das Wort ›Arbeit-

nehmer‹ in den Mund nimmt, dann wird das als ausgesprochen negativ aufgenommen«, sagt Jeff De Graff, ein Mitglied der Schulungsabteilung bei Domino's.

Averitt Express, eine Spedition in Tennessee, hat ihre Belegschaft in Gruppen von drei bis zehn Mitarbeitern aufgeteilt; der Umsatz ist um 38 Prozent hochgeschnellt und die Erträge um 48 Prozent.

»Wir sehen uns als Trainer. Wir geben allen ein Feedback, sorgen für Ermutigung – den Rest machen unsere Leute selbst«, sagt Gary Sasser, der Unternehmensleiter von Averitt.

Die wichtigste Aufgabe für die Unternehmensführer der neunziger Jahre besteht darin, den neuen, besser ausgebildeten Mitarbeiter so zu motivieren, daß er unternehmerischer und selbständiger denkt und sich darauf einstellt, ein Leben lang zu lernen.

Das Unternehmen, das sich der systematischen Weiterbildung am entschiedensten verschrieben hat, ist wohl Motorola, das sich die ungeheure Aufgabe gestellt hat, seine 99 000 Mitarbeiter auf dem laufenden zu halten – jedes Jahr besucht ein Drittel der Angestellten entsprechende Kurse.

»Genauso wie man beim Kauf einer neuen Maschine Geld für die Wartung dieser Anlage auf die Seite legt, halten wir hier 1,5 Prozent der Gehaltssumme des Unternehmens bereit, um die Kompetenz und den Wissensstandard unserer Angestellten zu erhalten«, sagt Bill Wiggenhorn, Leiter des Schulungsprogramms bei Motorola.

1987 hat dieses Unternehmen 44 Millionen Dollar in die betriebliche Fortbildung investiert – oder 100 Millionen, wenn man die Gehälter mitrechnet, die während der Fortbildung bezahlt wurden. Weitere 3,5 Millionen Dollar wurden ausgegeben, um das Universitätsstudium von Angestellten zu finanzieren.

Mittelständische Unternehmen haben dabei genausoviel zu gewinnen wie Wirtschaftsriesen der Größenordnung von Motorola.

Die Firma Metal Forming & Coining in Maumee in Ohio, die 70 Mitarbeiter beschäftigt, hat in den vergangenen sieben Jahren jedem einzelnen von ihnen – auch den Beschäftigten, die nach Stundenlohn bezahlt werden – Fortbildungszuschüsse bezahlt. Mike Czerniak, der Chef der Firma, schreibt dieser Investition in die Fortbildung die Hälfte der Umsatzsteigerungen der letzten Jahre zu. Der Bruttoertrag liegt heute bei 12 Millionen Dollar im Jahr.

Nach Angaben von Anthony Patrick Carvenale, dem betriebswirt-

schaftlichen Sachverständigen der American Society for Training and Development in Washington, D.C., gibt die amerikanische Wirtschaft 210 Milliarden Dollar für betriebliche Fortbildungsmaßnahmen aus. Dieser Sektor hat etwa denselben Umfang wie das gesamte amerikanische Schulsystem einschließlich des Universitätssektors.
Der sich verstärkende Trend zur Weiterbildung gilt auch für die Bundesrepublik. Allerdings besteht hier neben der betrieblichen Weiterbildung die Möglichkeit, dies auch auf eigene Initiative in öffentlichen und privaten Institutionen zu tun. Die Entwicklung zeigt ein fast stetiges Wachstum, mit Ausnahme der Jahre 1984/85, deren Einbruch durch eine Neuregelung der Förderung verursacht wurde. Das größte Interesse finden Sprachen, Themen aus dem Gesundheitsbereich und Themen aus Kunst und Kultur, einschließlich künstlerischer Betätigung.
Als ein Indiz, daß auf diesem Sektor ein enormer Bedarf besteht, der augenblicklich noch gar nicht voll befriedigt werden kann, muß der Zuspruch zum Senioren-Studium an den Universitäten angesehen werden. Die Diskussion, ob man die Universitäten nicht der qualifizierten Weiterbildung öffnen sollte, ist zwar z. Zt. verstummt – wahrscheinlich aber nur, weil die Universitäten bereits unter zu großer Überlastung bzw. personeller Unterbesetzung leiden.

Gehört Motivation zu den Führungsaufgaben?

Jede erfolgreiche Führungskraft wird bestätigen können, daß es sehr viel leichter und angenehmer ist, Leute einzustellen, die schon motiviert sind.»Manager, die glauben, sie müßten dauernd herumlaufen und jeden zu hohem Engagement anhalten, verschleißen sich unnötig und bekommen ein Magengeschwür«, sagt Robert Grandford Wright, Professor für Betriebsorganisation an der Pepperdine University in Kalifornien.
»Ich halte weder nach Jugend noch nach Erfahrung Ausschau«, sagt William Grimes, Direktor von ESPN, dem Sportkanal. »Was ich will, ist Intelligenz und – vor allem – hohe Motivation. Ich will Leute, die scharf darauf sind, eine Aufgabe zu übernehmen, Leute, die es nicht erwarten können, daß etwas erledigt wird, und die immer versuchen, etwas auf eine neue Art anzupacken.«

Ein gutes Produkt und ein brillanter Firmengründer machen noch kein Unternehmen, sagt Michael Cooper von der angesehenen Hay Group's Research for Management. Der Erfolg kommt, wenn »man die Mitarbeiter so führt, daß Einsatzfreude und ein partnerschaftliches Klima erzeugt werden und *erhalten* bleiben«.
Die *Begeisterung* der Mitarbeiter wachzuhalten – das ist die Aufgabe der Leute, die ein Unternehmen führen.
In dieser Hinsicht haben kleinere Betriebe gegenüber großen Unternehmen einen deutlichen Wettbewerbsvorteil: Die Leute in kleineren Unternehmen können sich ihre positive Einstellung leichter bewahren, meint Cooper. »Wenn ich Manager bei einem der Unternehmen der Fortune 500-Liste wäre, dann würde ich mir Sorgen machen.«

Flexibilität heißt die Devise

Der auf seiner Zigarre herumkauende Manager, der gleich losbellt und behauptet: »Mir ist einfach wohler, wenn ich meine Leute immer im Griff habe«, gehört zu den Vertretern des alten Managementmodells und möchte seine Mitarbeiter überwachen. »Bei uns gibt es keine Teilzeitarbeit«, sind wahrscheinlich seine nächsten Worte. »Wir gehen hier über die volle Zeit, ohne die geht gar nichts – außerdem gibt es keine Aushilfskräfte.«
In einem Unternehmen, das gute Leute für sich gewinnen und sie auch halten will, muß die Parole lauten: Flexibilität, Flexibilität und nochmals Flexibilität.
»Wir führen Erhebungen bei allen unseren Mitarbeitern durch, und ein Punkt wird immer wieder ganz klar und deutlich angesprochen«, sagte Mike Shore, Pressesprecher bei IBM. »Und dieser Punkt heißt Flexibilität.«
In den neunziger Jahren wird der zunehmende Mangel an Arbeitskräften die Unternehmen zwingen, noch flexibler zu reagieren.
Im nächsten Jahrzehnt werden 14 oder 15 Millionen neue Arbeitsplätze entstehen, also nur halb so viele wie in den achtziger Jahren. Das ist eine wichtige Tatsache für die Arbeitnehmer, denn es wird nicht genug qualifizierte Arbeitskräfte und somit ausreichend Wahlmöglichkeiten geben. Die Zahl der nachrückenden Arbeitskräfte

wird jährlich um weniger als 1 Prozent zunehmen, das ist das langsamste Wachstum seit den dreißiger Jahren. In den neunziger Jahren wird die Situation auf dem Arbeitsmarkt so angespannt sein wie seit Jahrzehnten nicht mehr.

Die Unternehmen werden auch Leute einstellen müssen, die in den achtziger Jahren nicht gearbeitet haben – wie beispielsweise das »unentdeckte« Arbeitskräftepotential der schätzungsweise 3,3 Millionen Menschen, die frühzeitig in Rente gegangen sind, die Behinderten, die heute arbeitslos sind, und die neuen Einwanderer, die ins Land kommen werden. Der Mangel an Arbeitskräften wird so drastisch sein, daß der amerikanische Kongreß beispielsweise die Einwanderungsbeschränkungen lockern muß.

Aber das größte Potential an Arbeitskräften sind die schätzungsweise 14 Millionen nicht berufstätiger Frauen, die zu Hause für ihre Familien sorgen. Die einzige Chance, diese Frauen dem Arbeitsmarkt wieder zuzuführen, besteht in der Schaffung von Tagesstätten, die von der Wirtschaft subventioniert werden, in einer flexiblen Arbeitszeitgestaltung in allen Bereichen und Branchen, in Teilzeitarbeit, Job-sharing, in befristeten Arbeitsverträgen sowie in Heimarbeit. All das ist dazu geeignet, den Frauen das Leben zu erleichtern.

Deshalb sollte in den neunziger Jahren Flexibilität das Prinzip der Personalpolitik sein. Durch solche Regelungen können Unternehmen auch Frauen anwerben, die bereits im Erwerbsleben stehen oder dahin zurückkehren wollen, und sie werden auch für Leute interessant, die sich schon im Ruhestand befinden.

»Immer mehr potentielle Arbeitnehmer erkundigen sich nach Kindertagesstätten, Mutterschaftsurlaub und gleitender Arbeitszeit«, sagt Art Strohmer, Leiter der Personalabteilung bei Merck, einem pharmazeutischen Unternehmen, das auf diesem Gebiet den meisten anderen voraus ist. »Wir stellen zunehmend fest, daß Arbeitnehmer sich erst einmal gründlich umsehen, bevor sie sich für eine Arbeitsstelle entscheiden.«

Frauen werden zwei Drittel der Arbeitsplätze besetzen, die in den neunziger Jahren entstehen. Sie sind die wichtigsten Arbeitskräfte in den beiden Wachstumsbereichen Information und Dienstleistungen. Neben ihrer Produktivität bringen die Frauen aber auch noch einen etwas unberechenbaren Faktor in die Unternehmenswelt mit ein, der in der letzten Phase der Industriegesellschaft unter den Tisch gekehrt wurde – Kinder.

Kindertagesstätten

Die Mehrzahl der Mütter mit kleinen Kindern kann nicht zu Hause arbeiten. Mehr als 75 Prozent der berufstätigen Frauen befinden sich in einem Alter, das für eine Geburt günstig ist, und die meisten Frauen werden irgendwann in ihrem Berufsleben Kinder bekommen.
In den neunziger Jahren wird die Versorgung von Kindern in Tagesstätten zu den betrieblichen Sozialleistungen gehören müssen.
Im vergangenen Jahr, als sich der Mangel an Arbeitskräften noch verschärfte, hat sich die Zahl der Unternehmen, die Kinderbetreuung in Tagesstätten anbieten, schlagartig erhöht. Sie ist auf 3500 angestiegen, das sind 40 Prozent mehr als noch 1984. Die meisten Unternehmen haben auf dem Firmengelände keine entsprechenden Räumlichkeiten, aber sie bieten finanzielle Unterstützung an, oder sie vermitteln einen Platz in einer Tagesstätte. Manche Unternehmen verteilen auch Gutscheine. Es gibt in den USA nur etwa 750 Unternehmen, die Kindertagesstätten auf dem Firmengelände unterhalten.
Dem Bericht über Arbeitgeberbeteiligung an der Versorgung von Kindern berufstätiger Eltern ist zu entnehmen, daß 90 Prozent der Unternehmen mit zehn und mehr Beschäftigten *keinerlei* Hilfestellung geben.
Aber mit solchen Angeboten kann man nicht nur gute Leute gewinnen und sie auch halten. Sie sparen auch erhebliche Kosten ein. Eine Studie der Dominion Bankshare Corporation hat 1988 ergeben, daß die Fehlzeiten bei Eltern, deren Kinder in Tagesstätten untergebracht waren, um 31 Prozent abgenommen haben, und die Fluktuationsrate der Unternehmen ist um 10 Prozent zurückgegangen. Bei Nyloncraft in Mishawaka, Indiana, wo 85 Prozent der Beschäftigten Frauen sind, lag sie 1979 bei 57 Prozent. Nachdem das Unternehmen 125 000 Dollar für eine Kindertagesstätte ausgegeben hatte, fiel die Fluktuationsrate sofort auf 31 Prozent, und 1988 lag sie nur noch bei 3 Prozent.
Aber man braucht kein großes Unternehmen zu sein oder ein teures Kindertageszentrum zu bauen, damit man auf diesem Gebiet mithal-

ten kann. Es besteht für kleinere Firmen die Möglichkeit, mit den Schulen am Ort zusammenzuarbeiten.
Die Schulen in Independence, Missouri, bieten zu erschwinglichen Preisen Tagesplätze für Kinder ab drei Jahren an. Grundschulkinder können vor und nach dem Unterricht in diesen Hort gehen. Und weil das Ganze in Schulgebäuden stattfindet, können allgemeine Unkosten, Miete und Fahrkosten eingespart werden. Die Eltern zahlen für einen Tagesplatz nur 45 Dollar die Woche und 18 Dollar für ein Grundschulkind, das sich über den Unterricht hinaus von 7 Uhr morgens bis 6 Uhr abends auf dem Schulgelände aufhält.
»Statt zuzumachen, die Tore zu schließen und um 3 Uhr nachmittags alle nach Hause zu schicken, passen wir den Schulbetrieb an die Bedürfnisse der heutigen Familie an«, sagt Bill Ewing, der in Pamona, Kalifornien, ein ähnliches Programm leitet. Dort gibt es zwölf solcher Programme für neunhundert Kinder, die zwischen sechs Wochen und dreizehn Jahre alt sind. Neben einem Zentrum für kranke Kinder gibt es auch noch ein Gebäude, das bis Mitternacht geöffnet ist – sieben Tage in der Woche und in den Ferien.

Die Pflege der Alten

Wenn die Wirtschaft und die Gesellschaft das Problem der Kindertagesstätten lösen können, dann sind wir der Bewältigung der großen sozialen Probleme der neunziger Jahre schon einen Schritt näher – der Sorge um die alten Menschen.
Die Altenfürsorge betrifft einen größeren Kreis von Beschäftigten als das Problem der Kindertagesstätten, vom Management bis zu den Sekretärinnen. Das zumindest läßt sich einem Bericht des Bureau of National Affairs, einer privaten Forschungsgruppe in Washington, D. C., entnehmen, der den Titel trägt: *Employers and Eldercare: A New Benefit Coming of Age.* Fast ein Drittel aller berufstätigen Erwachsenen hat auf die eine oder andere Art für einen älteren Menschen zu sorgen.
Drei Viertel der Personen, die sich in der Familie um ältere Menschen kümmern, sind Frauen.
Die Transamerica Life Insurance and Annuity Company in Los Angeles verliert jedes Jahr mindestens 250 000 Dollar an Gehältern und Sozialleistungen – was insgesamt 1600 Tage ausmacht – wegen

Arbeitnehmern, die nicht zur Arbeit erscheinen, weil sie sich um ihre Eltern kümmern müssen. Andrew E. Scharlach, Gerontologe an der University of Southern California, der die Untersuchung für Transamerica durchgeführt hat, fand ebenfalls heraus, daß wenigstens die Hälfte der Arbeitnehmer, die ihre Eltern pflegen, gleichzeitig auch noch Kinder zu versorgen hat.

Es gibt in den Vereinigten Staaten insgesamt 1500 Einrichtungen, in denen etwa 60 000 ältere Menschen tagsüber versorgt werden. Etwa dreihundert Unternehmen haben Programme ins Leben gerufen, durch die sie ihre Angestellten bei der Hilfe für die älteren Mitglieder der Familie unterstützen wollen, aber in der Transamerica-Studie wird auf ein interessantes Modell hingewiesen, das von einem Unternehmen schon eingeführt wird.

1990 wird in Stride Rite in Cambridge in Massachusetts eine Schuhfabrik eine gemeinsame Tagesstätte für 55 Kinder und 24 ältere Menschen eröffnen.

Gegen Ende der neunziger Jahre, wenn die Eltern der Babyboom-Generation alt geworden sind, werden noch mehr fortschrittliche Unternehmen sich am Beispiel der Kindertagesstätten orientieren und einen Teil der Kosten übernehmen, die ihren Angestellten durch die Pflege ihrer Eltern entstehen. Solche Regelungen gehören schon zu einem neuen Sozialkonzept, bei dem die Arbeitnehmer sich aus einer Palette von betrieblichen Sozialleistungen das heraussuchen können, was sie brauchen.

»Wir versuchen, ein Gleichgewicht zwischen Arbeits- und Familienleben herzustellen«, sagt Mike Shore von IBM, das seinen Angestellten bis zu drei Jahren unbezahlten Urlaub bei Fortdauer der betrieblichen Sozialleistungen gewährt, wenn sie für ihre Kinder oder erkrankte Verwandte sorgen müssen, oder wenn sie für einige Zeit aussteigen und etwas ganz Bestimmtes machen wollen.

Neue Mitarbeiter durch neue Urlaubsregelungen

Die neuen Arbeitsbedingungen im Informationszeitalter, eine Karriere, die nicht zu lange unterbrochen werden kann, oder die einfache Tatsache, daß man mehr Geld braucht – das sind die Gründe, warum viele Frauen oft sofort nach der Geburt ihrer Kinder wieder zu arbeiten beginnen.

Nach Angaben von *Catalyst,* einem Wirtschaftsforschungsinstitut, das sich auf die Arbeitsbedingungen von berufstätigen Frauen spezialisiert hat, kehren die meisten innerhalb eines halben Jahres nach der Geburt ihrer Kinder wieder ins Berufsleben zurück. Die kürzeste Abwesenheit läßt sich am oberen und unteren Ende der Einkommensskala feststellen; die Frauen dieser beiden Gruppen bleiben nur sechs bis acht Wochen zu Hause. Innerhalb von nur elf Jahren hat sich der Anteil der Frauen, die innerhalb eines Jahres nach Geburt ihrer Kinder wieder ins Berufsleben zurückkehren, von 31 Prozent im Jahre 1976 auf 51 Prozent im Jahre 1987 erhöht, heißt es in der Catalyst-Studie.

Colgate-Palmolive bietet den Angestellten – Männern und Frauen gleichermaßen – zwölf Wochen unbezahlten Urlaub, den sie nehmen können, wenn eine Geburt oder eine Adoption ansteht, wenn jemand in der Familie krank ist oder wenn ältere Angehörige versorgt werden müssen.

Aetna Life & Casualty bietet unbezahlten »Familienurlaub« bis zu sechs Monaten. Aetna vertritt die Ansicht, es sei billiger, vorübergehend die Abwesenheit von Mitarbeitern auszugleichen, als sie grundsätzlich durch neue zu ersetzen.

Bei Merck & Co. in Rahway in New Jersey gibt es schon seit mehr als dreißig Jahren Mutterschaftsurlaub. Frauen, die gerade ein Kind geboren haben, haben Anspruch auf einen sechswöchigen bezahlten und auf achtzehn Monate unbezahlten Urlaub mit sämtlichen Sozialleistungen. »Wenn man alle die Sozialleistungen nimmt, die man hier bekommt, dann überlegt man es sich zweimal, ob man woanders hingeht«, sagt Diane Dalinsky, die dort beschäftigt ist.

Der Mutterschaftsurlaub ist auch noch kosteneffektiv. Auch nach Abzug der Aufwendungen, die der Urlaub verursacht, spart die Firma durchschnittlich 12 000 Dollar, weil – wie J. Douglas Phillips, Direktor für Unternehmensplanung, sagt – das Unternehmen die Kosten für die Ausbildung neuer Mitarbeiter spart. Er fügt hinzu, daß es das Eineinhalbfache eines Gehalts ausmache, wenn man eine Mitarbeiterin verliere und ihre Nachfolgerin einarbeiten müsse.

In den neunziger Jahren werden flexible, einfallsreiche Urlaubsregelungen ein Mittel sein, mit dem Unternehmer erfahrene Arbeitnehmer halten können, die sie sonst aus einem immer kleiner werdenden Arbeitsmarkt rekrutieren müßten.

Vollzeit/Teilzeit

Menschen, die schon im Ruhestand sind, und Mütter – diese beiden noch ungenutzten Reservoire, aus denen sich der Arbeitsmarkt der neunziger Jahre speisen wird – ziehen Halbtagsbeschäftigung vor. In Dänemark, Norwegen, Schweden, den Niederlanden und Großbritannien machen Teilzeitbeschäftigte 20 Prozent aller Berufstätigen aus. Nach Angaben der National Planning Association arbeiten in den USA 17,4 Prozent aller Beschäftigten auf Teilzeitbasis.
In der Bundesrepublik liegt dieser Anteil 1988 bei etwa 10 Prozent; 1975 betrug er noch 7 Prozent.
Bei diesen Zahlen ist allerdings zu berücksichtigen, daß sie nur die sozialversicherungspflichtigen Teilzeittätigkeiten erfassen. Darin nicht enthalten sind diejenigen, die unter der Sozialversicherungsgrenze für die bekannten 450 DM arbeiten, so daß effektiv die Anzahl der Teilzeitbeschäftigten viel größer ist.
Der Mangel an Arbeitskräften wird die Produktivität sogar erhöhen, weil er die Unternehmen zwingt, beim Einsatz der vorhandenen Arbeitskräfte intelligent und phantasievoll vorzugehen.
Nach Angaben der American Society for Personnel Administration haben 16 Prozent der amerikanischen Unternehmen, darunter Quaker Oats und Levi Strauss, Job-sharing-Programme eingeführt. Aber ihre Zahl wird sich, genau wie andere Teilzeitlösungen, noch erhöhen, weil die Arbeitgeber sich gezwungen sehen, unbesetzte Ganztagsstellen in Teilzeitstellen umzuwandeln. Aber auch der umgekehrte Vorgang könnte Erfolg versprechen: Man könnte Teilzeitbeschäftigte zu Vollzeitbeschäftigten machen.
In Sarasota, Florida, wo die Arbeitslosenrate bei 4 Prozent liegt, hat Lechmere Inc., eine Discountkette, Teilzeitbeschäftigungen so umgemodelt und aufgewertet, daß daraus attraktive Arbeitsplätze wurden.
In der Niederlassung in Sarasota sind 60 Prozent der Beschäftigten Vollzeitkräfte, während es in den übrigen siebenundzwanzig Filialen der Kette nur 30 Prozent sind. Das Unternehmen entdeckte, daß Einzelhandelsgeschäfte sich nicht mehr auf Teilzeitbeschäftigte stützen können, wenn sie gute und billige Arbeitskräfte brauchen. Es gab in Sarasota einfach nicht mehr genug Arbeitskräfte, und die wenigen, die noch zu bekommen waren, verlangten einen Stunden-

lohn von 8 bis 10 Dollar. Lechmere erhöhte die Gehälter der Angestellten, die bereit waren, sich weiterzubilden, wodurch sie in verschiedenen Schichten einsetzbar waren.
Die Firma Lechmere, die dieses System noch in einigen anderen Filialen erproben wird, bedient sich der Geheimstrategie, die die meisten Arbeitgeber – alle Einzelhandelsunternehmen sowieso – noch für sich entdecken müssen, nämlich wie man es anstellt, die Löhne so zu erhöhen, daß man gute Leute gewinnen kann, und wie man dabei gleichzeitig die Produktivität steigert, daß man sie bezahlen kann und die Profitrate nicht sinkt.

Der Blick auf die Außenwelt

Nach dieser stürmischen Laudatio auf die Frauen in der Informationsgesellschaft ist es wichtig, darauf hinzuweisen, daß es etwas gibt, das ihre Energien bremst und ihre Karrieren behindert – nämlich sie selber: Die Frauen, die heute über dreißig sind, haben sich zu einer Zeit ihre beruflichen Ziele gesteckt, als Frauen im Beruf noch eine Minderheit darstellten. Es ist zweifellos so, daß ihr Ehrgeiz noch nicht ausreichen wird.
Eine gut ausgebildete Generation von Frauen hat jetzt das Alter erreicht, in dem der Start in die oberen Managementpositionen beginnt. Eine von Korn/Ferry International und der Graduate School of Management an der University of California durchgeführte Untersuchung hat ergeben, daß das Durchschnittsalter im Topmanagement bei 51 Jahren liegt. Frauen, die 1975 – als immer mehr Frauen ihr Betriebswirtschaftsstudium abschlossen – fünfundzwanzig Jahre alt waren, werden im Jahr 2000 fünfzig Jahre alt sein.
An der Schwelle der neunziger Jahre – dem Jahrzehnt, in dem Frauen in Führungspositionen aufrücken – ist es an der Zeit, daß die Frauen ihre beruflichen Zielvorstellungen noch einmal überprüfen. Und viele müssen sie wohl nach oben korrigieren. Damit sie im Jahr 2000 Spitzenpositionen besetzen können, müssen jene, die heute Ende Dreißig oder in den Vierzigern sind, *umgehend* damit beginnen, so zu denken wie die Leute in den Toppositionen. Für die meisten sind das vollkommen neue Perspektiven.
Regina Herzlinger von der Harvard Business School weist darauf

hin, daß man fünfunddreißig Jahre Erfahrung in der Wirtschaft braucht, bis man im Topmanagement landet.
Die Frauen müssen neue Fähigkeiten und Fertigkeiten erwerben. Allein Geschick im Umgang mit Menschen, das für das mittlere Management wichtig ist und das bei Frauen wohl etwas ausgeprägter ist als bei Männern, ist für die Spitzenpositionen nicht ausreichend. Es muß einhergehen mit einem umfassenden Wissen um die äußeren und inneren Bedingungen eines Unternehmens.
Die wichtigsten Themen der neunziger Jahre – technologischer Wandel, verkürzte Produktlebenszyklen und globaler Wettbewerb – verlangen eine Unternehmensführung, bei der die Entwicklungen in der Welt nicht aus dem Blickfeld geraten. Neben der Bewältigung unternehmensinterner Aufgaben ist Sensibilität für den Markt gefragt.
Es folgen nun zwei Beispiele von Unternehmen und Unternehmensführern, die gezeigt haben, wie man äußere Trends aufnehmen und ein Unternehmen diesen Entwicklungen anpassen kann.

1992

Jan Carlzon, einer der Großen des heutigen Wirtschaftslebens, reagiert auf die Herausforderungen der Jahre, indem er beginnt, in globalen Größenordnungen zu denken. Die SAS ist für 1992 gerüstet, auch wenn zwei der drei an dem Unternehmen beteiligten Länder nicht dem Gemeinsamen Markt angehören. Die anderen großen europäischen Fluggesellschaften werden diesen Carrier keineswegs aus dem Rennen werfen. Es sieht sogar ganz danach aus, als würde er – und nicht seine europäischen Konkurrenten – sich daranmachen, die erste weltweite Fluggesellschaft auf die Beine zu stellen. SAS hat 8 Prozent von Continental Air gekauft und wird zusammen mit dieser amerikanischen Fluggesellschaft Newark anfliegen. Carlzon ist außerdem eine Verbindung mit Thai Airlines eingegangen und hat seine Bereitschaft bekundet, 40 Prozent der argentinischen Fluggesellschaft Aerolineas Argentinas zu kaufen.
Wird sich durch die Beteiligung von SAS der Service auf den Flügen von Continental Air verbessern? Diese Frage stellten wir einer SAS-Flugbegleiterin, die gerade von Newark nach Denver geflogen war. Sie lachte nur und sagte: »Sie machen wohl Witze.«
Thomas Horton, Präsident der American Management Association,

meint, amerikanische Unternehmen sollten sich lieber an schwedischen Firmen orientieren als an japanischen. Was »freie Märkte, globale Ausrichtung und technologische Vielfalt« betreffe, hätten die USA sehr viel mehr Ähnlichkeit mit Schweden, meint er. Die Schweden setzten auf Kreativität und weltweite Aktivitäten. Schwedens Erfolg erkläre sich aus dem hohen Standard an beruflicher Qualifikation, aus dem beachtlichen Bildungs- und Innovationsniveau – ein Erfolg, der sich trotz einer enorm hohen Steuerquote eingestellt habe, die die Arbeitsmotivation der meisten Amerikaner auf den Nullpunkt gebracht hätte.

Umweltbewußtsein
Mit mehr als dreihundert Boutiquen in Europa, Kanada, Australien, dem Nahen Osten und seit neuestem auch in den USA ist der Body Shop weltweit das größte Einzelhandelsunternehmen der Kosmetikbranche. Die Naturprodukte der Firma – wie beispielsweise der Augen-Make-up-Entferner aus Kamille und Gurkenmilch – gehen auf Rezepte zurück, die Anita Roddick als junge Mitarbeiterin der Vereinten Nationen in Afrika und Polynesien gesammelt hat. Ohne den geringsten Werbeaufwand ist der Umsatz des Unternehmens 1988 auf 83,3 Millionen gestiegen, das ist gegenüber 1987 eine Erhöhung um 62 Prozent.

Die Firma gewinnt Kunden nicht über Werbung, sondern über ein neues Bewußtsein gegenüber der Natur. Keines der Produkte von Anita Roddick ist in Tierversuchen getestet worden, und alle Lieferanten müssen bestätigen, daß dies auch auf ihre gesamten Produkte zutrifft. Die Mitarbeiter müssen sich mit Naturkosmetik und Umweltfragen beschäftigen. Daneben beteiligt sich das Unternehmen auch an Hilfsprogrammen für hungerleidende Kinder.

Die jungen Kundinnen sehen einen Zusammenhang zwischen Körperpflege und einer intakten Umwelt, zu der durchaus auch der Tierschutz gehört. Die Aktien des Unternehmens, die an der Londoner Börse äußerst begehrt sind, sind zum Erstaunen der Finanzwelt um 600 Prozent gestiegen. »Ich sage ja immer, daß man damit in eine gute Sache investiert«, sagt Anita Roddick.

Die Frauen und die Informationsgesellschaft, in der Köpfchen über Muskeln geht – das ist ein Bund, der im Himmel geschlossen worden

ist. Und überall, wo sich die Informationsgesellschaft ausbreitet, treten Frauen in den Arbeitsprozeß ein. Wo immer diese Revolution des Informationszeitalters Boden gewinnt, besetzen die Frauen in großer Zahl die neuen Arbeitsplätze. Sogar in Japan, wo das Wort Frau gleichbedeutend ist mit »im Haus«, stellen die Frauen 40 Prozent der Beschäftigten, und 48,6 Prozent der Frauen sind berufstätig. Die Zahl der in Verwaltungsberufen tätigen Frauen hat sich in zehn Jahren verdoppelt – auf etwa 50 000 der über 16 Millionen berufstätigen Frauen. Mehr als die Hälfte der verheirateten Frauen arbeitet, und bei einer Umfrage gaben kürzlich 80 Prozent der befragten Frauen die Auskunft, sie seien am Aufbau einer beruflichen Karriere interessiert. Durch diesen Wandel ist die Erfindung eines neuen Begriffs nötig geworden: »Satosan« – das ist eine Frau, die außerhalb des Hauses aktiv ist.
In der Bundesrepublik sind zur Zeit 47,2 Prozent der Frauen im Alter zwischen 15 und 65 Jahren berufstätig, also fast jede zweite Frau.
Sie sind allerdings eher von Arbeitslosigkeit betroffen als Männer, die Arbeitslosenquote liegt für Frauen dann auch bei 10 Prozent, für Männer bei 8 Prozent.
Das Jahrzehnt, in dem Frauen in der Unternehmensführung eine große Rolle zu spielen beginnen, setzt in einer Zeit ein, in der Frauen im politischen Leben zu beispielloser Prominenz gelangen. Als Abgeordnete, Ministerinnen, Gouverneurinnen und Bürgermeisterinnen haben Frauen überall auf der Welt Wahlen gewonnen und Positionen erobert, die ihnen noch vor ein oder zwei Jahrzehnten versagt geblieben wären.
Die Frauen, die heute auf der politischen Bühne deutlich hervortreten, haben sich ihre eigene Identität geschaffen. Keine von ihnen ahmt männliche Vorbilder nach, keine ist eine billige Imitation irgendwelcher Klischees von politischem »Charisma«. Jede ist eine »gestandene Frau« mit einem sehr persönlichen Führungsstil.
Auf den Philippinen hat Corazon Aquino, Witwe eines Politikers und ehemalige Hausfrau, den Diktator Ferdinand Marcos mit demokratischen Methoden aus dem Amt verdrängt; sie hat die ungeheuren Probleme eines Landes in Angriff genommen, das sich in einem chaotischen Zustand befand, und sie hat sich schon länger an der Macht gehalten, als irgend jemand gedacht hätte.

Benazir Bhutto, die in Harvard studiert hat, ist das erste weibliche Staatsoberhaupt eines moslemischen Landes geworden, und sie hat das Versprechen abgelegt, die Lage der Frauen zu verbessern und massive Privatisierungsmaßnahmen einzuleiten.

Die machtbewußte, konservative Margaret Thatcher stammt aus einer soliden Mittelschichtfamilie und wurde zum ersten britischen Premier dieses Jahrhunderts, der drei Wahlen gewann.

Die freimütige norwegische Ministerpräsidentin Gro Harlem Brundtland ist weltweit zur Wortführerin in Fragen des Umweltschutzes und der Dritten Welt geworden. Ihre Regierung kann mit Stolz auf den weltweit höchsten Frauenanteil in hohen Regierungspositionen hinweisen.

Im männlich bestimmten Japan würde Takako Doi, die dynamische und selbstbewußte Politikerin, Ministerpräsidentin werden, sollte ihre Partei jemals die parlamentarische Mehrheit erringen. Im Jahre 1989 ernannte die regiernde Liberale Partei Mayumi Moriyama zu Japans erstem weiblichen Kabinettsmitglied.

Frauen, die sich mehr weibliche Vorbilder in der Wirtschaft wünschen, können sich vielleicht am Vorbild dieser Politikerinnen orientieren, deren Arbeitsgebiet die komplexen Angelegenheiten eines ganzen Landes umfaßt und nicht nur die Angelegenheiten eines einzelnen Unternehmens.

1986 wurde in Japan zum erstenmal Chancengleichheit gesetzlich verankert. Heute ist die Zahl der Stellenanzeigen, in denen ausschließlich Männer gesucht werden, zurückgegangen. Und in den Unternehmen werden neu eingestellte Frauen zu Schulungskursen fürs Management zugelassen.

In den ersten Jahrzehnten des dritten Jahrtausends werden wir und unsere Kinder auf die zweite Hälfte des 20. Jahrhunderts zurückblicken und feststellen, wie merkwürdig doch die Zeiten waren, in denen Frauen von den oberen Führungsetagen in Wirtschaft und Politik ausgeschlossen waren; wir werden uns darüber genauso wundern, wie wir uns heute über die Zeiten wundern, in denen die Frauen kein Wahlrecht hatten. Wie naiv waren doch die Männer und Frauen der achtziger Jahre, werden wir dann sagen, diese Leute, die an etwas glaubten, das sie »Glasdecke« nannten, und die dachten, diese Glasdecke könne die Frauen für immer von der Spitze fernhalten.

8 Das Zeitalter der Biologie

Wir bedienen uns heute zunehmend der Denkmodelle und Metaphern der Biologie und nicht mehr der Physik, wenn wir die Probleme und die Chancen unserer Zeit verstehen und beschreiben wollen.
Die Metaphern und Denkmodelle des mechanistischen Industriezeitalters sind dem Bereich der Physik entnommen. Mit der *Physik* als Metapher assoziiert man Begriffe wie energieintensiv, linear, makro, mechanistisch, deterministisch, außengelenkt.
Heute allerdings sind wir dabei, eine Gesellschaft zu schaffen, die eine komplizierte Anordnung informationeller Feedbacksysteme ist. Außerdem befinden wir uns an der Schwelle zu einem großen Zeitalter der Biotechnologie.
Die *Biologie* als Metapher läßt an Dinge denken wie: informationsintensiv, mikro, innengelenkt, anpassungsfähig, ganzheitlich.
Im Informationszeitalter holen wir uns unsere Begriffe aus der Biologie. Sogar die »neue Physik« bedient sich biologischer Metaphern.
Wir sprechen beispielsweise auch von einem »Computer-Virus«. Auf dem Monitor des Computers, mit dem dieses Kapitel hier geschrieben wird, leuchtet nach dem Einschalten eine Injektionsspritze auf, die anzeigt, daß in den Computer ein Programm eingegeben worden ist, das den Namen »Vaccine« trägt und das den Computer beständig auf Fehler abtastet. Ähnliche Programme tragen Namen wie »Interferon« und »Virus Rx«. Das kleine Gerät, das die Bedienung eines Computers so erleichtert, heißt »Maus« und wurde zuerst von einer Firma namens »Apple« hergestellt.
Informationelle Feedbacksysteme – elektronische und biologische – verstärken sich gegenseitig. Computer werden eingesetzt, wenn es darum geht, den Geheimnissen des Lebens auf die Spur zu kommen;

biologische Erkenntnisse gehen in neue Software und neue Informationssysteme ein.

Unsere Alltagssprache nimmt zunehmend Wörter und Redewendungen der Biologie auf. Im Wirtschaftsleben sprechen wir vom »Wachstum« und von der »Evolution« von Unternehmen. Die Metapher von der Verwandlung der Raupe zum Schmetterling wird überall benutzt.

Der Schlüssel zu einer neuen Generation »denkender Computer« ist vielleicht eher in der Biologie als in der Elektronik zu finden.

Isao Karube von der Technischen Hochschule in Tokio hat einen »Frische-Chip« entwickelt, der völlig aus künstlich hergestellten Proteinen und organischen Polymeren besteht und der in die Fischpackungen kommt, die in Supermärkten verkauft werden. Wenn ein Fisch anfängt, schlecht zu werden, dann entstehen dabei aromatische Substanzen, die lange, bevor eine normale Nase sie riechen kann, vom »Frische-Chip« entdeckt werden. An der Farbveränderung eines kleinen Plättchens auf dem Fisch können die Kunden und die Angestellten im Supermarkt sehen, wann die Ware verdirbt. Weitere Frische-Chips für andere Lebensmittel werden sicherlich in Zukunft auf den Markt kommen.

Diese biomolekulare Erfindung ist wie ein lebender Computer. Der nächste Schritt – der etwa in zehn Jahren vollzogen werden kann – ist eine künstliche Nase, die ein ganzes Spektrum von Gerüchen entdecken und identifizieren kann. Entwicklungsgeschichtlich betrachtet, hatten die ältesten Hirnfunktionen mit der Wahrnehmung von Gerüchen zu tun. Die Biologie führt vielleicht eher zu einem künstlichen Nervensystem als die Elektronik zu »künstlicher Intelligenz«.

Biotechnologen und Biofundamentalisten

Die Biotechnologie entwickelt sich zu einem bestimmenden Faktor unseres Lebens, aber die meisten von uns wissen nur sehr wenig über dieses wissenschaftliche Phänomen und noch weniger über seine gesellschaftlichen und ethischen Implikationen. Die meisten von uns lassen sich von technischen Fragen ohnehin leicht abschrecken, und die verwirrende ethische Komponente verstärkt nur noch die Neigung, sich mit diesem Thema überhaupt nicht zu beschäftigen. Das wäre allerdings ein Fehler. Das Thema Biotechnologie wird nicht verschwinden. Und es ist zu wichtig, als daß wir es an die Experten delegieren sollten.

In diesem Kapitel sollen die wichtigsten Entwicklungsrichtungen der Biotechnologie in allgemein verständlicher Sprache dargelegt werden.

Der erste Schub biotechnischer Produkte stellte sich ein, als es Wissenschaftlern gelang, Mäuse und Ziegen so zu verändern, daß sie Eiweißchemikalien produzierten, die für den Menschen nützlich sind – ein Medikament für Bluter und TPA zur Auflösung von Blutgerinnseln. Wir werden bald herausfinden können, welche Personen zu bestimmten Krankheiten neigen, und an der Entwicklung einer neuen Generation von Impfstoffen wird schon gearbeitet.

Die genetische Manipulation von Getreide und Tieren macht rasche Fortschritte. In Saatgut werden bereits Dünger und Insektenschutzmittel »installiert«.

Durch die Biotechnologie läßt sich eine neue grüne Revolution herbeiführen, die dem Hunger auf der Welt ein Ende setzt. Genetische Techniken, die das Wachstum von Fischen und Rindern beschleunigen und die den Eiweißgehalt von Kartoffeln und Reis erhöhen, befinden sich bereits im fortgeschrittenen Entwicklungsstadium. Gefährdete Tierarten lassen sich vor dem Aussterben bewahren, indem man die Embryos Ersatzmuttertieren einpflanzt.

Durch Biotechnologie wird es schließlich möglich werden, Erbeigenschaften zu identifizieren und zu manipulieren. Das ist ohne Zweifel der gefährliche Aspekt der Biotechnologie, der einem angst machen kann. Einerseits leistet die Biotechnologie einen ungeheuren Beitrag zur Verbesserung der Lebensumstände auf dieser Welt, und andererseits wirft sie Fragen auf, die für viele von uns Zweifel am unbedenklichen Einsatz solcher Methoden entstehen lassen.

Die Kritiker

Wiederholte Anläufe, Freilandversuche mit genetisch veränderten Organismen durchzuführen, haben in der Vergangenheit einen Sturm der Entrüstung hervorgerufen.

Umweltschützer, Tierschützer, Landwirte, Kirchenleute und andere Gruppen der Bevölkerung machen sich große Sorgen: Ist es ethisch vertretbar, die Natur zu manipulieren? Werden die neu entstehenden Arten der Umwelt Schaden zufügen? Werden Tiere mißhandelt? Geht es der Pharma- und Agrarindustrie nur um Geld? Und was sind ganz generell die ethischen, juristischen und gesellschaftlichen Implikationen der Biotechnik?
Als Wissenschaftler der University of California in Berkeley eine neue Bakterienart auf einem kleinen Kartoffelacker in der Nähe der Grenze zu Oregon ausstreuen wollten, um zu sehen, ob sich Frostschäden verhindern ließen, kam es zu heftigen Protesten der Bürger. »Die Menschen in dieser Gemeinde haben das Gefühl, sie werden als Versuchskaninchen für den Rest der Welt mißbraucht«, protestierte Glenn Church von der Aktion für ökologisch verantwortbare Technologie. Als zahlreiche Gerichtsverfahren angestrengt wurden, gab die Universität ihren Plan auf.
Umweltschützer befürchten, daß die Biotechnologie die Natur in ihrer Substanz verändern kann – daß sie sich dann nach dem Entwurf des Menschen entwickelt und nicht mehr nach ihren eigenen Gesetzen. Schon heute sind Fische wie beispielsweise Karpfen genetisch so verändert, daß sie schneller wachsen. Theoretisch wäre es auch möglich, daß Wissenschaftler Lachsen Gene einpflanzen, die ihre Wanderungsbewegung verändern und damit den Fang erleichtern. Flüsse, Seen und sogar Ozeane könnten zu riesigen Pferchen werden, in denen einstmals wilde Tierarten gezüchtet und gehalten werden wie Rinder.
Wird der Einzug der Technologie in die Natur die Lebenseinstellung der Menschen, ihre Vorstellungen an sich, verändern? Werden künftige Generationen das Leben nur noch als weiteres manipulierbares Computerprogramm sehen?
Die häufigsten Fragen im Zusammenhang mit der Biotechnologie können in den folgenden zwei zentralen Fragen zusammengefaßt werden:
Können wir denn sicher sein, daß ein genetisch veränderter Organismus – auch dann, wenn er der Menschheit nützt – nicht schreckliche Dinge auslösen wird?
Wie kann der Kompromiß zwischen Sicherheit und wissenschaftlichem Fortschritt aussehen?

Es werden viele Fragen aufgeworfen und wenige Antworten gegeben.

Gesetzgebung
»Wir sind gegenwärtig völlig überfordert, die ethischen Probleme zu lösen, vor die uns die neue Technologie stellen wird«, sagte US-Senator Albert Gore jr. »Dieselbe Macht, die so viel Gutes bewirken kann, bringt auch ungeheuer viel Zerstörerisches mit sich. Wenn wir nicht aufpassen, kann sich das Gute sehr leicht in etwas Schlimmes verkehren.« Gore hat die Gründung einer Kommission angeregt, deren Aufgabe die Überwachung biotechnologischer Entwicklungen ist, die mit gentechnologischen Experimenten an menschlichem Erbmaterial zu tun haben.

Da es noch keine Klärung der Fragen gibt, muß der Gesetzgeber die biotechnologische Forschung scharfen Kontrollen unterwerfen. Das Parlament des Staates New Jersey hat 1987 ein Gesetz verabschiedet, das die Kontrollvorschriften über die Freisetzung genetisch behandelter Mikroben verschärft. Texas, Wisconsin und North Carolina erwägen Vorschriften, mit denen die Anwendung biotechnologischer Methoden geregelt werden soll.

Auf internationaler Ebene haben bisher weder Italien noch Japan die Freisetzung genetisch manipulierter Organismen in die Umwelt erlaubt. In der Bundesrepublik hat die Kommission für biologische Sicherheit ein fünfjähriges Moratorium für solche Experimente gefordert. Für die Grünen hat die Biotechnologie denselben Stellenwert wie die Atomenergie: Man muß ihr unter allen Umständen Widerstand entgegensetzen.

Der Rifkin-Faktor
Kein Kritiker hat seine Stimme lauter erhoben als Jeremy Rifkin, ein Rechtsanwalt aus Washington, der einen hartnäckigen Kampf gegen die Biotechnologie führt. Rifkin lehnt jede Manipulation an menschlichem Erbgut ab, und zwar mit der Begründung, daß der nächste Schritt in der Schaffung »vollkommener Menschen« bestehe. Und damit befindet man sich mitten in dem mit starken Emotionen besetzten Bereich der Eugenik. Er ist gegen die Freilassung von veränderten Organismen in die Atmosphäre, weil – wie er sagt – irgendwann einer dieser Organismen die ökologische Ordnung stören würde, was grausige Folgen haben könnte.

Fünf Jahre lang hat Rifkin Freilandversuche mit »Frostban«, der rekombinierten Mikrobe verhindert, die Pflanzen vor Frost schützt. Als die Versuche schließlich doch auf einem Erdbeerfeld durchgeführt wurden, ordnete das kalifornische Ministerium für Ernährung und Landwirtschaft an, daß die Wissenschaftler undurchlässige Anzüge tragen müßten, die wie Raumanzüge aussahen, und dazu noch Helme, Handschuhe und Sauerstoffgeräte. Ein paar Schritte nur entfernt befand sich eine Anzahl von Journalisten und Schaulustigen, die ohne jeglichen Schutzanzug dastanden, Krapfen aßen und Kaffee tranken. Bei einem späteren Freilandversuch wurde das Problem noch einmal erörtert und die Raumanzüge als überflüssig deklariert. Die Mikroben wurden von den Leuten einfach ohne Schutzanzüge versprüht.

Rifkin will ein fünfjähriges Moratorium für die Freisetzung genetisch manipulierten Materials durchsetzen, und er möchte die Patentierung transgener Tiere (das sind Tiere, die in jeder Körperzelle ein Gen enthalten, das aus einem anderen Organismus stammt) erreichen. Er weist darauf hin, daß ein genetischer Unfall verheerendere Folgen haben könne als ein Atomunglück. »Die Zukunft der Zivilisation steht hier auf dem Spiel«, so glaubt er. Allerdings sind nicht alle Umweltschützer in diesem Punkt mit ihm einer Meinung.

Der Wissenschaftler und Umweltschützer Barry Commoner bezeichnet Rifkins Kommentare als »Mumpitz«.

David Balitmore, Molekularbiologe und Nobelpreisträger, reagiert genauso barsch auf Rifkins Befürchtungen mit der Bemerkung: »Er weiß nicht, wovon er redet.«

»Ich glaube, Rifkin will sämtliche Entwicklungen auf dem Gebiet der Biotechnologie verhindern. Für mich verhält er sich nicht anders als ein religiöser Fundamentalist, der glaubt, daß es bestimmte Dinge auf keinen Fall geben darf. Rifkin ist eigentlich nichts anderes als ein Biofundamentalist.« Der *Economist* tituliert ihn immer in der Weise.

Wenn viele auch Rifkins Position für sehr extrem halten, so bewundern sie doch die Energie, mit der er vorgeht. »Ich finde ganz allgemein, daß Gentechnik etwas ist, worum die Leute sich kümmern sollten, weil die Molekularbiologie ein ungeheures Potential besitzt«, räumt Baltimore ein. »Die Leute sollten wissen, woran in diesem Bereich gearbeitet wird.«

Baltimore vertritt den Standpunkt, daß die heutigen Genmanipulationen keine größeren Eingriffe bedeuten, als das, was Hunde- und Nektarinenzüchter schon seit Jahrzehnten machen. Er behauptet, daß Wachstumshormone eine biologische Spezies stärker verändern als die Experimente, die heute in Labors gemacht werden.
»Der Unterschied zwischen einem domestizierten und einem wilden Hund ist viel größer als die Unterschiede, die bei unseren Laborversuchen entstehen – und die Unterschiede bei Hunden sind Ergebnisse, die durch Zucht über Generationen hinweg erzielt worden sind. Und wie steht es denn mit der Nektarine? Das ist eine Kreuzung zweier existierender Früchte. Wir nehmen diese genetischen Manipulationen doch schon lange vor.«
Im großen und ganzen ist die Ansicht der Experten, daß Gentechnologie einfach nur eine bessere Methode ist, das zu erreichen, was Züchter schon seit Jahrtausenden tun, um in der Landwirtschaft bessere Ergebnisse zu erzielen.
Aber verhält sich das wirklich so? Ist die Atombombe einfach nur ein weiterer Schritt in einer Entwicklung, die mit Keulen, Äxten und Pfeilbögen angefangen hat? Ist nicht die Gentechnologie ein Quantensprung, der völlig neue Regeln und Erwägungen verlangt?

Fünf wichtige Überlegungen

Das Tempo des wissenschaftlichen Fortschritts übersteigt die allgemeine Aufnahmefähigkeit – oder einfach die Fähigkeit, noch Interesse für etwas zu entwickeln. Aber die Biotechnologie ist zu wichtig, und sie entwickelt sich zu rasch, als daß man sie den Wissenschaftlern allein überlassen sollte. Wenn man darüber nicht informiert ist, dann überläßt man sein Schicksal fremden Kräften.
In diesem Kapitel werden wir auf die neuesten Entwicklungen und auf die ethischen und moralischen Aspekte der Biotechnologie eingehen.
Wir wollen hier die wichtigsten Ideen und Argumente aufführen und hoffen, daß der Leser dann selber in der Lage sein wird, sich seine Meinung zu bilden.
Hier also unsere Überlegungen:

1. Auch wenn die Biotechnologie eine technische Angelegenheit ist und uns manchmal angst macht, können wir sie nicht ignorieren.
2. Es ist schon später, als wir denken. Zum jetzigen Zeitpunkt wäre es schwierig, den Geist wieder in die Flasche zurückzubekommen. Er ist draußen, und er ist frei.
3. Wir können die Verantwortung für das, was geschieht, gar nicht mehr ablehnen; sie liegt schon in unseren Händen.
4. Die Technik ist nicht von Natur aus etwas Böses. Sie ist wertneutral. Entscheidend ist, was wir aus ihr machen. Die Biotechnologie wird uns sehr viel mehr Positives als Negatives bringen, aber wir müssen wissen, worauf wir uns einlassen.
5. Wir müssen uns geistig weiterentwickeln, wenn wir der Verantwortung gewachsen sein wollen, die die Manipulation des Lebens bedeutet. Vielleicht brauchen wir Absicherungen und eingebaute Notbremsen, um damit fertig zu werden.

Pflanzen, Tiere und Menschen

Auf unserem Weg durch das nächste Jahrtausend wird die Biotechnologie bald genauso wichtig sein wie der Computer. Wir alle spüren das irgendwie. Wir wissen, daß wir etwas über die Biotechnologie und über die Dinge, zu denen sie uns führen kann, *wissen sollten*.
Auch wenn einige von uns der Biotechnologie ebenso ablehnend gegenüberstehen wie Jeremy Rifkin, haben andere ihre Meinung doch in einer gewissen Mittellage eingependelt: Die Gene von Pflanzenzellen zu manipulieren scheint akzeptiert zu werden; das Herumexperimentieren mit menschlichen Genen dagegen wird allgemein absolut abgelehnt. Die Beurteilung, was mit Tieren geschehen sollte, liegt irgendwo dazwischen: Sie hängt davon ab, ob die Behandlung artgerecht ist oder nicht mehr.

Pflanzen

Jesse Jaynes, Biotechniker an der Louisiana State University, macht zusammen mit John Dodds vom International Potato Center im peruanischen Lima Versuche und hofft in naher Zukunft die unansehnliche Kartoffel so manipulieren zu können, daß sie den Eiweißgehalt von Fleisch erreicht.

»Die Gene, die ich durch Synthese aufgebaut habe, enthalten einen Code, der eine Eiweißproduktion garantiert, die – soweit es die essentiellen Aminosäuren betrifft – dem Eiweiß von Rindern weit überlegen ist«, sagt Jaynes. Er plant, auf ähnliche Weise auch andere weitverbreitete Speisepflanzen zu verbessern, wie beispielsweise Reis und Kassave, eine tropische Frucht mit stärkereichen Knollen. Zwei Milliarden Menschen ernähren sich von der Kassave, die aber genau wie der Reis nicht sehr viel Eiweiß enthält.

»Es dauert vielleicht noch vier oder fünf Jahre«, sagt Jaynes. »Aber dann haben wir Pflanzen wie die Kartoffel, die Kassave und den Reis – auf diese drei konzentrieren wir uns ganz besonders –, deren Nährwert sehr viel höher liegen wird als jetzt. Damit läßt sich weltweit der Eiweißmangel beheben, der heute noch so häufig anzutreffen ist.«

Gleichzeitig haben Jaynes und seine Kollegen möglicherweise eine Methode entdeckt, wie man diese Pflanzen gegen die Bakterien und Pilze resistent machen kann, die für die jährliche Vernichtung von 40 Prozent der Welternte verantwortlich sind.

Jaynes ist sehr optimistisch: »Ich bin davon überzeugt, daß sich mit Biotechnik und Genmanipulation einige phantastische Dinge entwickeln lassen, mit denen den Menschen in den unterentwickelten Ländern geholfen werden kann. Ich weiß, daß viel von den großen Dingen geredet wird, die in den Vereinigten Staaten passieren werden. Und wir werden natürlich *auch* davon profitieren. Aber im großen und ganzen haben die Menschen in den unterentwickelten Ländern der Welt mehr von dieser Technologie zu erwarten.«

Die Supertomate
Der Firma Monsanto ist mit der Entwicklung einer Tomate, die gegen Parasiten, Viren und Herbizide resistent ist, ein biotechnischer Durchbruch gelungen. Die Supertomaten sind sozusagen die Enkelkinder der Tomate, die durch Genmanipulation haltbarer gemacht worden sind.

Es gibt noch mehr gute Nachrichten für diejenigen, die die Erträge in der Landwirtschaft steigern wollen: Es sollte möglich sein, die Eigenschaften der Supertomaten auf Kartoffeln, Zuckerrüben und andere Pflanzen dieser Familie zu übertragen. Farmer werden dann zu Technikern, deren Hauptaufgabe dann darin besteht, die Eigenschaften der Pflanzen festzulegen, die sie anbauen. Andere Unternehmen versuchen, Tomaten mit einem höheren Gehalt an festen Bestandteilen zu entwickeln, damit Suppen, Tomatenmark oder Ketchup aus weniger Tomaten hergestellt werden können. Weitere neue Erfindungen und neue Techniken werden es Tomatenanbauern ermöglichen, die Früchte – ohne daß sie verderben – länger am Strauch zu lassen, so daß sich ihr Geschmack verbessert.

»Heute ist es ja so, daß alles, was man im Geschäft kauft, grün und unreif geerntet worden ist«, sagt der Mikrobiologe William Hiatt, der für Calgene arbeitet, eine Firma im kalifornischen Davis, die zusammen mit Campbell Soup an der Verbesserung von Tomaten arbeitet.

Die Verbraucher greifen nach schönen roten Tomaten. Also benutzen die Transporteure Äthylen, damit die feste Haut, die nicht reifen und weich werden konnte, dunkel erscheint.

Alan Bennet, ein Pflanzengenetiker an der University of California in Davis, erklärt, daß Tomaten dann geerntet werden, wenn sie »klein und grün sind und fest wie ein Baseball«, damit sie den Transportweg gut überstehen können.

Genetisch »gebuttertes« Popcorn – und das ohne eine einzige Kalorie mehr

Die Biotechnologie wird sich als Segen für Millionen von Menschen mit Gewichtsproblemen erweisen. Sie wird nicht nur den Fettgehalt von »verbotenen Speisen« wie Schweinefleisch herabsetzen, sondern sie wird auch den natürlichen Geschmack von Popcorn mit Butteraroma verbessern, ohne daß sich dadurch die Kalorien erhöhen.

Popcorn mit Buttergeschmack läßt sich sogar leichter herstellen als Supertomaten. Die Firma DNA Plant-Technology verwendet ein Verfahren, das als somoklonale Variation bezeichnet wird, dazu, natürlich vorkommende Arten von Popcorn zu isolieren, die ein Butteraroma haben. Bei diesem Verfahren müssen einzelne Maiszellen in einer bestimmten Mischung von Hormonen und Nährsubstanzen gezüchtet werden. Diese Technik »führt sehr schnell zu einer großen Bandbreite innerhalb einer einzigen Getreideart«, sagt Richard

Lester, der Direktor von DNA Plant Technology. »Eigentlich beschleunigt man damit nur die natürliche Auslese.«
An der Cornell University züchten Wissenschaftler neue Apfelsorten, deren Fruchtfleisch nicht braun wird, wenn es an die Luft kommt. Die Japaner haben eine Wassermelone entwickelt, die keine Kerne mehr hat.
Pflanzen sind ja schon lange eine Quelle von Duft- und Geschmackstoffen. Und jetzt denken Wissenschaftler daran, in den Labors Zellen zu züchten, die genau die Chemikalien hervorbringen, die Duft- und Geschmacksstoffe produzieren, wie beispielsweise Schokolade, Vanille und Cayennepfeffer.
Ein Großteil der hochwertigen natürlichen Vanille, die aus der Vanilleorchidee gewonnen wird, kommt hauptsächlich aus Madagaskar; sie ist knapp und teuer. Die billige, künstlich hergestellte Vanille enthält nur eine der über hundertfünfzig Komponenten der natürlichen Vanille. Das neue, aus Laborzellen gewonnene Gewürz wird fast so aromatisch sein wie natürliche Vanille, nur sehr viel billiger.

Ein neuer Markt für eine neue Art von Samen

Schädlings- und frostresistente Getreidesorten und Dünger sind heute schon auf dem Markt erhältlich oder werden es doch bald sein. Mit ihrer Hilfe lassen sich die landwirtschaftlichen Erträge um 20 Prozent oder mehr steigern.
Durch Gentechnologie lassen sich Samen so verändern, daß:

○ die neuen Pflanzen gegen Schädlinge und Viruserkrankungen resistent sind,
○ der Nährwert von Getreide steigt,
○ die Pflanzen auch in trockenen und verseuchten Böden gedeihen.

Durch Gentechnologie lassen sich Pflanzenkrankheiten besiegen, gegen die es jetzt noch kein Mittel gibt.
In Amerikas großem Getreidegürtel gibt es gegenwärtig keine chemischen Mittel gegen mindestens dreißig Schädlingsarten und fünfzig Getreidekrankheiten. 1989 wurden Freilandversuche mit genetisch manipulierten Samen von Alfalfa durchgeführt, das mehr Eiweiß enthält, weniger Dünger braucht und schneller wächst. In

Amerika ist Alfalfa das Futtermittel Nummer eins für Rinder, und nimmt man die Anbaufläche als Kriterium, ist es die Nummer vier. An der University of California in Davis versuchen Biologen, den Samen von Walnüssen, Äpfeln, Orangen und anderen Früchten fremde Gene zuzusetzen, um widerstandsfähigere und seuchenresistente Bäume zu erhalten.

Die Wissenschaftler hoffen, daß es ihnen in den kommenden Jahren gelingt, Nußbäume vor gefährlichen Schädlingen wie dem Apfelwickler zu schützen, dem Navelorangenwurm und einer Virusinfektion, die unter dem Namen »Blackline Disease« bekannt ist; allein diese drei Krankheiten kosten die Agrarindustrie jährlich 10 bis 20 Milliarden Dollar. In den nächsten zehn Jahren werden die Wissenschaftler intensiv an Apfelbäumen, Orangenbäumen, Pfirsich- und Kirschbäumen arbeiten.

Die Farmer werden weniger Geld für Düngemittel und Pestizide ausgeben und mehr für gentechnologisch verändertes Saatgut, das keine Düngemittel und Pestizide mehr nötig hat. Die britische Börsenmaklerfirma Robert Fleming geht davon aus, daß der Handel mit Saatgut sich in den kommenden Jahren zu einem profitablen Geschäft entwickeln wird.

Da sie diesen Umschwung voraussahen, haben große Chemieunternehmen – ICI und die Anglo-Dutch Shell Group in England, die amerikanische Firma Monsanto, das schweizerische Unternehmen Sandoz und die französische Firma Rhône-Poulenc – in den letzten zehn Jahren mehr als 10 Milliarden Dollar in den Ankauf von Saatgutunternehmen gesteckt.

Es läßt sich denken, daß eines Tages Pflanzen bestimmte Eigenschaften von Tieren auch auf diese Weise verliehen werden könnten. Wenn man beispielsweise eine insektentötende Bakterie bei einer Tabakpflanze einsetzt, dann werden Insekten die Pflanze absolut meiden.

Biotechnologen haben eines schon früh erkannt: Wenn man die genetischen Informationen zur Produktion von Eiweiß in die DNA einer lebenden Zelle einsetzt, dann produziert sie nicht nur Eiweiß, sondern sie gibt diese Eigenschaft auch an künftige Generationen weiter. Zur Gewinnung von insektenabweisendem Tabak braucht man das entsprechende Gen nur in die Mutterpflanze einzusetzen, die diese Eigenschaft dann weitergibt.

Die Biotechnologie hat in der Landwirtschaft schon ihre Spuren hinterlassen
Im vergangenen halben Jahrhundert haben sich die Getreideerträge Amerikas um etwa 1 bis 2 Prozent jährlich erhöht. Dr. David Paisley von der University of Illinois hat die Steigerung der Maiserträge von 1930 bis 1980 untersucht und kam zu dem Ergebnis, daß sich 70 Prozent des Zuwachses genetischen Veränderungen zuschreiben ließen, die das Ergebnis von Zuchtversuchen waren.
Wofür Agrarwissenschaftler und Landwirte Jahrzehnte gebraucht haben, nämlich die traditionellen Zuchtmethoden zu entwickeln, das läßt sich jetzt mit gentechnologischen Verfahren in Monaten oder Jahren erreichen. Und Verbesserungen, die früher überhaupt nicht oder nur in sehr begrenztem Ausmaß möglich waren – wie beispielsweise die Steuerung des Reifungsprozesses von Gemüse und die Reduktion der Verderblichkeitsfrist –, werden künftig im Zentrum der Laborversuche stehen.
Im September 1988 hat die Firma Epitope, ein kleines biotechnologisches Unternehmen in Beaverton in Oregon, mit der japanischen Sakata Seed Corporation ein Forschungsabkommen geschlossen, das gentechnologische Versuche zum Gegenstand hat: Es soll herausgefunden werden, ob es möglich ist, durch gentechnologische Eingriffe den Reifungsprozeß von Gemüse, Obst und Blumen zu steuern. Sakata produziert 80 Prozent des Weltbedarfs an Broccolisamen.
»In dem Augenblick, in dem man den Reifungsprozeß kontrollieren und die Sachen dann auf dem Markt bringen kann, wenn man will, in dem Augenblick weiß man, daß man das große Los gezogen hat«, sagt Richard A. Bock, Vizepräsident der biologischen Abteilung von Sutro & Company in Los Angeles. »Wir reden hier über die potentielle Möglichkeit, Erdbeeren im Januar auf den Markt zu bringen oder Tomaten zwei Wochen vor der eigentlichen Tomatenzeit.«
Die Gentechnologie ist vielleicht im Augenblick der Inbegriff der Hochtechnologie, aber das wird nicht immer so sein. Mit jeder neuen Entwicklung kommen wir den Geheimnissen näher, und es wird immer wichtiger, Gene manipulieren zu können.
»Die Dinge, die wir heute machen, werden in fünf Jahren einfach und stupide wirken«, sagt Tom St. John, Molekularbiologe am Fred Hutchinson-Krebsforschungszentrum in Seattle. »Man braucht heu-

te nur irgendein neueres Heft der Zeitschrift *Science* durchzublättern, und man findet jede Menge Anzeigen, in denen Bausätze für irgendwelche biotechnologischen Geschichten angeboten werden. Was heute noch ein ganz heißes Projekt ist, das ist nächsten Monat schon ein Bastelsatz.«

Der Vizepräsident und wissenschaftliche Leiter von Monsanto, Howard Schneiderman, einer der Pioniere der Biotechnologie, sagt: »Man kann sich leicht eine Schulklasse vorstellen, die Mitte der neunziger Jahre Experimente macht und auf biotechnologischem Weg Insulin erzeugt, besonders wenn ein Unternehmen wie Genentech ein paar High-School-Labors unterstützt.«

Tiere

Im Januar 1988 wurden auf einer Farm in Wheelock in Texas sieben genetisch identische, reinrassige Bullenkälber aus künstlich gezeugten Embryos geboren.

Geklonte – identische – Embryos von Zuchtbullen können von normalen Kühen ausgetragen werden. Künftig können Züchter aus einem einzigen Embryo eine große Zahl von Rindern, Schweinen und Schafen klonen, die von einheitlicher Qualität sind und sich auf einem Standard befinden, der früher nicht erreicht werden konnte.

»Theoretisch können durch Klonen Tausende identischer Tiere produziert werden«, sagt Dr. Steen M. Willadsen, ein dänischer Physiologe an der Universität von Calgary, der das Klonen entwickelt hat.

Diese texanischen Kälber spiegeln den Stand der Entwicklung wider und deuten auf die revolutionären Veränderungen des Rindfleischmarktes hin – der ein Volumen von 30 Milliarden Dollar hat – und der Milchwirtschaft – mit einem Umsatz von 18 Milliarden Dollar jährlich.

Die Kombination aus Gentechnologie, Ersatzmutterschaft und künstlicher Befruchtung kann ganz plötzlich zu neuen Ergebnissen führen. Über die Gentechnologie ist man in der Lage, beispielsweise neue Gene in eine Zelle einzusetzen und den daraus entstehenden Embryo von einer Ersatzmutter austragen zu lassen. Wenn das Ergebnis eine genetische Verbesserung darstellt, die sich durch das

Männchen weitergeben läßt, dann läßt sich durch künstliche Befruchtung der Züchtungsvorteil rasch multiplizieren. Durch künstliche Befruchtung kann ein solcher Zuchtbulle seinen Samen im Jahr an 100 000 Kühe weitergeben. Allein in den Vereinigten Staaten werden jährlich 150 000 künstlich gezeugte Kuhembryos ausgetragen.

Mehr Milch von weniger Kühen
Ein bestimmtes Hormon, das in Kühen vorkommt, vermag – wenn es in großer Menge hergestellt wird – die Milchproduktion um 30 Prozent zu steigern; bei Kühen, denen es täglich injiziert wird, sogar um 40 Prozent. Dieses Hormon heißt BST (»Bovine Somatropin«), und es wird ungeheure Auswirkungen auf Landwirtschaft und Landwirte haben. Bis zum Jahr 2000 wird sich durch die Anwendung von BST die Zahl der Kühe, die zur Deckung des Milchbedarfs der Vereinigten Staaten nötig sind, drastisch reduzieren, nämlich von 10,8 Millionen auf 7,5 Millionen. Die Zahl der auf Milchwirtschaft spezialisierten Bauernhöfe ließe sich dann halbieren. Das amerikanische Ernährungsministerium wird BST wahrscheinlich 1990 auf den Markt zulassen.
Landwirtschaftliche Familienbetriebe gehen dagegen vor. Sie versuchen zu erreichen, daß die Parlamente in den Bundesstaaten der USA und in den Provinzen Kanadas die Anwendung von BST verbieten. Sie behaupten nicht, daß das Hormon gefährlich oder unsicher ist, sondern daß es dem Image der Milch insgesamt schaden würde. Sie sind aus wirtschaftlichen Gründen dagegen. Durch BST würde sich, sagen sie, die Milchmenge erhöhen, und die Milchpreise würden sinken. Sie sagen auch, daß die Vorstellung von Gesundheit, die man mit Milch verbindet, leiden würde, wenn man Kühe mit Chemikalien vollpumpt, und daß das Image der Milchwirtschaft auf dem Spiel stehe. Drei kanadische Provinzen haben Versuche mit dem Hormon und auch den Verkauf verboten. Die Niederlande haben BST 1988 indiziert; Schweden hat es schon lange davor vom Markt verbannt.
Fünf der größten Supermarktketten der Vereinigten Staaten, darunter Safeway und Kroger, haben im August 1989 erklärt, daß sie keine Milch von Kühen, die mit BST behandelt worden sind, verkaufen werden.

Vier amerikanische Unternehmen stellen BST her: Monsanto, American Cyanamid, Eli Lilly und Upjohn. Wenn BST ab 1990 auf den Markt kommt, dann könnten damit allein in den USA jährliche Umsätze von über 500 Millionen Dollar erzielt werden.
Der traditionelle Kampf zwischen den Großunternehmen und den Familienbetrieben scheint wieder aufzuleben. Viele Konsumenten halten diese Entwicklung für sehr bedenklich.

Eine neue Art von Arzneimittelfabrik
Im Jahre 1987 haben amerikanische und britische Wissenschaftler eine Methode gefunden, womit sich menschliche Gene in die Milchdrüsen von Schafen einsetzen lassen. Dadurch wird der Faktor 9 produziert, eine der Substanzen, die an der Blutgerinnung beteiligt sind. Die Schafe produzieren dann Milch, die den Faktor 9 enthält, der dann extrahiert werden und als Medizin für Bluter verkauft werden kann. Rorer arbeitet auch an einer Entwicklung, die dazu führen kann, daß Kühe Milch geben können, die menschliches Albumin enthält, eine Substanz, die in der Chirurgie verwendet wird.
Milchproduzierende Tiere können praktisch als Arzneimittelproduzenten fungieren. TPA – die Substanz, die schon viele Patienten nach einem Herzinfarkt gerettet hat, weil sie die Blutgerinnsel auflöst, die den Infarkt verursachen –, dieses TPA wird in der Milch gentechnologisch veränderter Mäuse produziert. Katherine Gordon, Leiterin der Forschungsabteilung bei Integrated Genetics, sagt, daß ab 1990 Ziegen TPA in ihrer Milch produzieren werden. Sie meint, eine Herde von hundert bis zweihundert Ziegen könne den gesamten Jahresbedarf an TPA produzieren, den die Vereinigten Staaten benötigen.
Tiere werden in Zukunft wertvolle biologische Produkte in großen Mengen für die Menschen produzieren; es gibt Leute, die finden das nicht richtig, aber durch solche Methoden werden viele Menschenleben gerettet.

Kühe als Ersatzmütter für Bisons
Bisonzüchter und Wissenschaftler in Wyoming suchen nach einer Methode, wie sie Kühe als Ersatzmütter für Bisons benutzen können, deren Fleisch ja einen sehr niedrigen Cholesteringehalt hat. Sie haben die Hoffnung, daß sie den amerikanischen Markt mit einer

großen, ausreichenden Menge Bisonfleisch versorgen können. Ermöglicht werden soll dadurch, daß Bisonembryos in Kühe eingesetzt und die Kälber danach mit Milch ernährt werden, bis sie das Schlachtalter erreicht haben. Mit Hilfe von Forschern der University of Wisconsin werden mit Hormonen behandelte Bisonkühe besamt. Die Embryos werden dann von anderen Kühen ausgetragen, so daß die Bisonkuh für neue Embryos bereit ist und keine Schwangerschaft durchlaufen muß.

Die Biotechnologie kann dazu genutzt werden, besondere Rassen in großen Mengen zu züchten und gefährdete Arten vor dem Aussterben zu bewahren. Durch das Verpflanzen von Embryos können Farmer beispielsweise das Charolais-Rind züchten, aus dem sich saftige Steaks machen lassen, und das Angoraschaf, dessen Wolle weicher ist. Im Zoo von Cincinnati sind Bongos gezüchtet worden – eine seltene Antilopenart, die in Zentralafrika zu Hause ist –, indem Bongoembryos in gewöhnliche Antilopen eingesetzt wurden. Auf ähnliche Weise könnte die Biotechnologie dazu beitragen, daß das Verschwinden Dutzender gefährdeter Tierarten überall auf der Welt verhindert wird.

Forscher an vielen amerikanischen Universitäten – darunter die Johns Hopkins University, die Oregon State University, die Washington State University, die Louisiana State University und die University of Minnesota – suchen nach Methoden, durch die sich das Wachstum von Fischen beschleunigen läßt.

Ein Blick auf den Fischmarkt

Im Mai 1988 wurde ein genetisch veränderter Karpfen zum erstenmal im Chesapeake Bay Institute in Shady Side in Maryland präsentiert. In einem Punkt war dieser Fisch ein einzigartiges Wesen. Er wuchs um 20 Prozent schneller als ein normaler Karpfen. Durch Isolation eines einzelnen Gens einer Regenbogenforelle gelang es den Wissenschaftlern, ein Hormon zu gewinnen, das – wenn man es Karpfeneiern injizierte – zu einer Revolution des Fischwachstums führte.

Ein Jahr davor hatten chinesische Forscher gezeigt, wie Gene anderer Tiere die angeborenen Eigenschaften von Fischen verändern konnten. Sie setzten das Gen, das menschliche Wachstumshormone produziert, einem Goldfisch ein, der dem Karpfen ähnlich und in

Asien ein wichtiges Nahrungsmittel ist. Der Fisch wuchs viermal schneller, als er das normalerweise getan hätte.
Die Technik des Gensplicens ist überall in der Aquakultur anzutreffen. Welse wachsen jetzt in zwölf und nicht mehr in 18 Monaten heran. Die Amerikaner geben jährlich 6 Milliarden Dollar für importierten Fisch aus, beispielsweise für Hechte oder auch gestreifte Barsche. Durch die Biotechnologie ist es leichter, diese Fische in Amerika heimisch zu machen und zu züchten.

Transgenese
Wenn der Begriff Transgenese fällt – dabei handelt es sich um die Übertragung von Genen einer Tierart auf eine andere –, dann treten in der Regel die Ethiker auf den Plan. Die sogenannten »Fortschrittssymbole« wie die Riesenmaus und das Ziegenschaf sind Gegenstand ihrer Kritik.
Dr. Richard Palmiter, Dr. Ralph Brinster und ihre Kollegen an der University of Washington und an der University of Pennsylvania leisteten Pionierarbeit auf diesem Gebiet, als sie Gene eines Wachstumshormons von Ratten in befruchtete Eizellen von Mäusen injizierten. Das Ergebnis ging unter der Bezeichnung »Riesenmaus«, »Mighty Mouse«, in die Geschichte ein. Ein noch merkwürdigeres Wesen, das Ziegenschaf, genannt »Geep« (aus dem englischen Wort »goat« für Ziege und »sheep« für Schaf), verdankt seine Erbanlagen der Forschungsarbeit von Wissenschaftlern der Universität Cambridge in England. Das erste Geep wurde 1983 geboren, und es hatte Hörner wie eine Ziege und teilweise ein Fell wie ein Schaf. Das Geep ist, wie das Maultier, allerdings nicht fortpflanzungsfähig.
In den Jahren seit der Geburt der Riesenmaus und des Ziegenschafs sind bei Mäusen, Hasen, Schweinen und Schafen Experimente mit Hunderten von verschiedenen Genkombinationen gemacht worden. Die meisten der dabei entstehenden Tiere sehen so aus und benehmen sich wie normale Tiere, abgesehen natürlich von ihren neuen, ganz speziellen Eigenschaften.
Die Techniken der Gentransplantation, die noch keine zehn Jahre alt sind, haben zur Schaffung von mehr als tausend veränderten Mäusearten geführt und zu mehr als zwölf Arten transgener Schweine.
In Australien ziehen Robert Seamark und seine Kollegen an der Universität von Adelaide die siebte Generation von Schweinen groß, die

ein zusätzliches Wachstumshormon besitzen. Diese Schweine sind bessere »Futterverwerter« und erreichen das Marktgewicht sieben Wochen früher als normale Schweine. Die australischen Forscher rechnen damit, daß die Schweine innerhalb der nächsten fünf Jahre auf dem Markt angeboten werden können.

Die ersten Retortenhühner der Welt wurden 1988 im Institut für Tierphysiologie und Genetik in Edinburgh geboren, wo Margaret Perry die Forschungsarbeiten leitet. Ein Embryo begann sein Wachstum in einem Glasgefäß, kam dann in eine Eierschale und danach in einen Behälter, in dem sich das Küken ganz normal entwickelte. Heute können Wissenschaftler unter speziellen Mikroskopen noch im Einzellerstadium neue Gene direkt in Hühnerembryos injizieren, und dasselbe wird auch schon bei vielen anderen Tieren gemacht.

Warum sind Wissenschaftler auf diese seltsame Praktik der Transgenese so versessen?

»Unsere Vorstellung von dem, was Leben ist, und die Abgrenzung der verschiedenen Arten werden sich verändern, werden vielleicht an Kontur verlieren, und es ist schwer zu sagen, welches Ausmaß diese annehmen werden«, sagt Lynn Klotz von BioTechnica International. »Man kann jetzt Gene von einer Tierart auf eine andere übertragen. Das ist leicht möglich, viel leichter als wir erst glaubten. Ich schließe vollkommen aus, daß daraus irgendwelche Zentauren oder andere mythische Wesen entstehen werden. Aber daß es jetzt möglich ist, zwischen den einzelnen Arten Gene zu übertragen – das ist schon eine einschneidende Erfahrung, die die Vorstellung, die man von dem Begriff Spezies hat, schon ins Wanken bringt.«

Trotz aller Ängste und Bedenken sind die Möglichkeiten der Gentechnologen noch sehr begrenzt. Sie können zum Beispiel nicht mehr als ein paar Gene auf ein Tier übertragen. Eine Kuh hat Zehntausende von Genen, und darum kann die Wissenschaft ein solches Tier nicht in ein Känguruh verwandeln.

Die Kenntnisse, die die Wissenschaft im Augenblick hat, werden sich erweitern, und in einigen Jahrzehnten ist es vielleicht möglich, Gene zu übertragen, die das Tierverhalten – zum Beispiel den Zug der Lachse –, ihre Fruchtbarkeit und Größe verändern können. Die Forscher werden dann auch in der Lage sein, bestimmte Merkmale und Eigenschaften herauszukristallisieren und gezielt Züchtungen vorzunehmen. Das ist alles nur eine Frage der Zeit.

In den Rocky Mountains fahren die Skiläufer auf Pulverschnee, der durch genetische Methoden erzeugt worden ist.
Wie das möglich ist? Snowmax, ein tapiokaähnliches natürliches Eiweiß, das durch genetische Methoden in großen Mengen produziert werden kann, sorgt dafür. Wenn Wasser mit Eiweiß in Berührung kommt, dann entstehen riesige Mengen trockenen, pulverigen Schnees. Das ist ein großer Fortschritt gegenüber dem herkömmlichen Verfahren, um Kunstschnee herzustellen. Bei Snowmax wird nur sehr wenig Wasser vergeudet. Mischt man Snowmax im Wert von 650 Dollar mit etwa einer Million Liter Wasser, dann erhält man eine so große Masse, um einen halben Hektar Land mit 1 Meter 50 hohem Schnee zu bedecken.
Snowmax wurde von der Firma Advanced Genetic Sciences in Berkeley entwickelt. Eastman Kodak hat die Produktions- und Marketingrechte erworben und rechnet damit, daß es in seiner für 30 Millionen Dollar erbauten Fabrik in Rochester im Staate New York jährlich einige tausend Tonnen davon produzieren kann. Das reicht für eine Schneemenge von mehreren tausend Hektar aus.

Die Gentechnologie und der Mensch

Die Gentechnologie ist die wichtigste Methode der Biotechnologie, weil sie uns den Schlüssel in die Hand gibt, mit dem wir den Code des Lebens knacken können. Die Frage ist nur: sind wir schon bereit für einen solchen Schritt?
Gene sind die Informationsträger, durch die die Merkmale der Eltern an die Nachkommenschaft weitergegeben werden. Sie sind wie die Anweisungen zur Montage eines Computers oder eines Autos: Es gibt eine Liste der Teile und Informationen darüber, in welcher Reihenfolge sie zusammengesetzt werden müssen. Die Gene sind als die Beschreibungen von Proteinen anzusehen. Ihre Informationen sind in einem Code abgefaßt, der in den Molekülen der DNA (Desoxyribonucleinsäure) verborgen ist. Dort ist genug Platz für detaillierte Informationen: Die DNA in einer einzigen Zelle ließe sich auf über drei Meter ausdehnen, wenn man ihre langen Doppelstränge ausgestreckt ausbreiten würde.
Die DNA in einem einzigen menschlichen Körper ließe sich achttausendmal zwischen dem Mond und der Erde hin und her spannen.

Die Dechiffrierung des genetischen Codes mit all seinen Informationen zum Bau, zur Funktion und zur Reproduktion lebendiger Körper ist vielleicht die größte wissenschaftliche Leistung dieses Jahrhunderts. »Die Genetik ist ein großer Motor, der die Grenzen des Wissens in einer ganzen Reihe biologischer Gebiete vorantreibt«, sagt Dr. Philip Leder von der Harvard Medical School.

Das Genom, die Gesamtheit aller Gene eines Menschen, enthält zwischen 50000 und 100000 Gene, die alle auf den dreiundzwanzig Chromosomenpaaren sitzen. Wenn man eines dieser Gene auf einem Chromosom finden will, braucht man eine Landkarte. Und die haben wir noch nicht. Die groben Landkarten, über die wir verfügen, sind nur sehr skizzenhaft, aber sie werden langsam detaillierter.

1977 haben Forscher von Collaborative Research und Wissenschaftler des Whitehead-Instituts in Cambridge die erste schemenhafte Landkarte des menschlichen Genoms veröffentlicht. Sie hat 11 Millionen Dollar gekostet, und ihre Anfertigung hat fünf Jahre gedauert. Doch auch diese Karte bleibt noch ganz an der Oberfläche des Genoms.

Wenn ein Gen einmal lokalisiert ist, kann man es kopieren, das heißt »klonen«. Geklonte Gene sind voller Informationen: Sie zeigen Wissenschaftlern, wie sie die Träger von Erbkrankheiten aufspüren und genetische Abnormitäten diagnostizieren können, und sogar, wie man die Neigung eines Menschen zu bestimmten Krankheiten feststellen kann.

Der Plan, das menschliche Genom darzustellen, bekam im Oktober 1988 ungeheuren Auftrieb, als Dr. James D. Watson, der 1953 als Mitentdecker der DNA den Nobelpreis bekam, sich bereit erklärte, dabei mitzuarbeiten. Dr. Watsons Name verlieh dem größten biologischen Forschungsprojekt aller Zeiten Autorität und Ernsthaftigkeit. Ziel des Genomprojekts ist es, alle menschlichen Gene zu lokalisieren und chemisch zu definieren. Diese ungeheure Aufgabe wird fünfzehn Jahre in Anspruch nehmen und Milliarden von Dollar kosten. Es ist der Wunsch Dr. Watsons, daß 3 Prozent des Etats dieses Unternehmens für ethische Fragen abgezweigt werden.

Das Problem der Eugenik
Irgendwann wird es möglich sein, die Gene praktisch aller Vererbungsmerkmale zu identifizieren und zu isolieren.
Das ist auch eine erschreckende Vorstellung, nicht nur ein schöner Traum. Den Eltern wäre es möglich, ihre Kinder mit individuell entworfenen »Informationspaketen« zu programmieren, mit denen sich Erbfehler korrigieren lassen. Theoretisch wenigstens könnten sie dafür sorgen, daß die Nachkommen der ersten und zweiten Generation alle einsachtzig groß sind und haselnußbraune Augen haben.
Viele von uns erinnert schon allein die Aussicht auf solche Möglichkeiten an Hitlers arischen Rassenwahn.
Trotz der großen Gefahren, damit Mißbrauch zu treiben, hat eine solche Technologie auch ihre positive Komponente. Wohl schon während des ersten Jahrzehnts des neuen Jahrtausends wird es für Erwachsene und Kinder Routineuntersuchungen geben, bei denen nach Genen geforscht wird, die sie für tödliche Krankheiten wie beispielsweise Krebs anfällig machen. Um solche Prädispositionen zu verhindern und zu behandeln, wird man schadhafte Gene durch normale ersetzen.
Die Wissenschaftler besitzen heute schon viele der Werkzeuge, die sie dafür brauchen werden: Sie können schon jetzt schadhafte Gene identifizieren und an der DNA eines Fötus, der nur eine Woche alt ist, feststellen, ob eine Sichelzellenanämie, eine Thalassämie oder andere Erkrankungen vorliegen.
Die Biotechnologie wird auch dabei helfen, die Rätsel von Erkrankungen zu lösen, die auf Störungen mehrerer Gene zurückgehen, wie beispielsweise der Herzinfarkt, bei dem eine große Anzahl Gene beteiligt ist, die zusammen mit Umwelteinflüssen und Lebensführung die Krankheit verursachen. Etwa ein Dutzend genetischer Abweichungen, die für Geisteskrankheiten und Krebs verantwortlich sind, sind bereits bekannt; und zahlreiche werden noch entdeckt werden.
Ein Forschungsschwerpunkt werden die Gen-Sonden sein – kurze Stücke einsträngiger DNA, mit deren Hilfe die Forscher Krankheiten diagnostizieren können. Etwa sieben Gen-Sonden sind seit 1985 vom amerikanischen Ernährungsministerium zugelassen worden, darunter Sonden, mit denen man das Herpes-Virus und die Legionärskrankheit entdecken kann. Zwanzig Unternehmen arbeiten gegenwärtig an der Entwicklung von Sonden, mit deren Hilfe sich

die Anfälligkeit für Herzerkrankungen und andere Erbkrankheiten feststellen läßt. Die Genetiker an der University of Indiana beispielsweise haben unter genetischen Gesichtspunkten Familienstammbäume zusammengestellt, um dabei vielleicht Hinweise auf Erbkrankheiten zu entdecken.

Die Firma Collaborative Research in Bedford in Massachusetts, deren wichtigster wissenschaftlicher Berater der Nobelpreisträger David Baltimore ist, gehörte zu den ersten biotechnologischen Unternehmen, die die Bedeutung von Gen-Sonden erkannten. Die Firma hat seit 1984 mehr als 11 Millionen Dollar darin investiert und hat DNA-Tests für Mukoviszidose, einen Test zur Kontrolle von Knochenmarkstransplantaten, und diagnostische Tests für Lymphome und Blutkrebs und DNA-Tests zur Feststellung der Vaterschaft entwickelt. Jetzt sucht das Unternehmen nach genetischen Merkmalen für Erkrankungen, die mit Schädigungen einzelner Gene zusammenhängen, wie beispielsweise Zystenniere und Duchennesche Muskeldystrophie, eine Krankheit mit absolut tödlichem Verlauf.

Das Zeitalter neuer Impfstoffe
Im ersten Jahrzehnt des neuen Jahrtausends könnte die Biotechnologie den Weg in ein neues Zeitalter der medizinischen Versorgung bereiten. Die Genmanipulation macht es vielleicht möglich, daß man eines Tages durch eine einzige Spritze in den Arm gegen eine ganze Reihe von Krankheiten geimpft werden kann.
»Die Genmanipulation wird zur Entwicklung neuer Impfstoffe führen«, sagt Dr. Kenneth Warren, ein Mitglied der Rockefeller Stiftung. »Es ist fast unvermeidlich, daß in den nächsten zwanzig Jahren auf biotechnologischem Weg Impfstoffe gegen die meisten Infektionskrankheiten gefunden werden.« Die Genmanipulation hat schon bei der Herstellung von Hepatitis B eine große Rolle gespielt, und im Augenblick werden Versuche durchgeführt, die der Entwicklung des ersten synthetisch im Labor produzierten Malaria-Impfstoffs dienen.
1980 wurde das erste Patent für eine biotechnologische Entwicklung erteilt: Es ging an Dr. Ananda Chakrabarty, eine Forscherin bei General Electric, der es gelungen war, die Fähigkeit einer Mikrobe, Rohöl aufzuspalten, auf gentechnologischem Weg zu verbessern. Damit schuf das amerikanische Patentamt einen Präzedenzfall: Das

Leben kann »patentiert« werden. 1985 gab es die ersten Genehmigungen für genetisch veränderte Pflanzen. Später kamen dann auch Tiere hinzu.
Am 13. April 1988 gab das amerikanische Patentamt an die Harvard University das Patent Nr. 4736866 aus, das erste Patent der Welt auf eine höhere Lebensform, eine Maus, die durch Genmanipulation entstanden war. Es war dem Genetiker Dr. Philip Leder und Dr. Timothy A. Stewart, einem leitenden Wissenschaftler bei Genentech, gelungen, ein Gen zu isolieren, das bei Menschen und anderen Säugetieren Krebs verursacht, und es in die befruchteten Eizellen von Mäusen zu injizieren. Diese neue Maus wird jetzt für Versuchszwecke an Labors im ganzen Land geliefert.
Ein großes Problem für das amerikanische Patentamt ist der ungeheure Stau bei den Genehmigungsverfahren, der damit zusammenhängt, daß die Regierungsbehörden der Biotechnologie nicht gewachsen sind. Anfang der neunziger Jahre warteten etwa 8000 Patentanträge auf dem Gebiet der Biotechnik auf ihre Erledigung. Die hundert Prüfer des Patentamts, die hinter der Entwicklung herhinken, brauchen zwischen zweieinhalb und vier Jahren, bis sie einen Antrag erledigt haben, und in diesem Zeitraum sind einige der kleineren, nicht so kapitalkräftigen Antragsteller vielleicht schon wieder aus dem Geschäft. Mitte 1989 hat das Patentamt eine Aktion gestartet, deren Zweck es ist, die Prüfer auf den neuesten Stand der Entwicklung zu bringen. Da kann man nur die Daumen drücken.

Die Vermarktung der Biotechnologie

Die Entwicklung und Kommerzialisierung der Biotechnologie ist oft mit der Geschichte des Computers verglichen worden – ein etwas simpler Vergleich, weil Computer ja nichts mit dem Leben zu tun haben, aber man hört ihn oft.
»Natürlich gibt es Parallelen mit der Mikroprozessoren-Industrie«, sagt Lynn Klotz, die früher dem Forschungsstab von Biochemistry International angehörte, einer gentechnologischen Firma in Cambridge in Massachusetts.
»Insgesamt gesehen, steht die biotechnologische Industrie heute etwa da, wo die Computerindustrie 1975 stand«, sagt der Soziologe

Everett Rogers, der an der University of Southern California lehrt und durch sein Buch *The Diffusion of Innovation* berühmt geworden ist. »Es gibt sehr viele Unsicherheiten, ein hohes Innovationstempo und kein einzelnes martkbeherrschendes Produkt.«
Der *Economist* vergleicht die heutige Position der Gentechnologie mit dem Stand der Automobilindustrie um 1900 herum und mit der Computerindustrie etwa um das Jahr 1960. »Das war das Stadium, in dem man sich getrost vorstellen konnte, daß diese ganzen Sciencefiction-Projekte nie das Pferd und den Schweißer am Fließband ersetzen würden«, schreibt der *Economist*. »Aber es bereiteten sich Dinge vor, die bald unser Leben verändern werden.«
Vom wirtschaftlichen Standpunkt aus kann man die Biotechnologie wohl schon mit Autos und Computern vergleichen; doch diese Gegenüberstellung bagatellisiert die ungeheure, die Fragen von Leben und Tod berührende ethische Tragweite des biotechnologischen Komplexes.
Der 16. Internationale Kongreß für Genetik, der 1988 in Toronto stattfand, war mit Abstand der bisher größte. Mehr als viertausend Wissenschaftler aus achtzig Ländern nahmen daran teil, das sind zweimal so viele Teilnehmer aus viermal so vielen Ländern wie vor dreißig Jahren.
»Heute können Gene in Reagenzgläsern bestimmt werden, gewogen, gemessen, gezählt, manipuliert, reproduziert und mutiert«, sagte der Kongreßpräsident Dr. Robert Haynes von der York University in Toronto bei seiner Eröffnungsansprache. »Und sie können zwischen Zellen hin- und hertransportiert werden, sogar über die Grenzen zwischen den Arten hinweg.«

Die Ausgaben für die biotechnologische Forschung

In den zehn Jahren, die vergangen sind, seit Wissenschaftler entdeckt haben, wie man fremde Gene in Bakterien injiziert, haben Investoren mehr als 3 Milliarden Dollar in die Biotechnologie gesteckt. Mehr als sechshundert biotechnologische Unternehmen sind gegründet worden, alle fast ausschließlich in den Vereinigten Staaten. Obwohl nahezu alle Geld verloren haben, sind weniger als zehn Firmen bankrott gegangen und durch Übernahme und Fusion vom Markt verschwunden. Die biotechnologischen Unternehmen

verdanken ihr Überleben wohl hauptsächlich dem unerschütterlichen Glauben beharrlicher Investoren.
Die Forschungskosten sind atemberaubend hoch. Es dauert etwa zehn Jahre und kostet ungefähr 100 Millionen Dollar, ein neues Medikament auf den Markt zu bringen. Und das ist dann noch ein preiswertes Projekt. Die kalifornische Firma Genentech, die als das erfolgreichste biotechnologische Unternehmen gilt – auch wenn es 1988 ein bißchen abwärts ging –, hat fast 400 Millionen Dollar ausgegeben, nur um zwei Produkte auf den Markt zu bringen.
Aber die Investoren machen sich weiterhin große Hoffnungen, weil jedes biotechnologische Unternehmen, das mit einer bahnbrechenden Innovation auf den Markt kommt, ein Vermögen bringen kann.
Im Jahre 1988 sind mit Heilmitteln wie Alpha Interferon, das zur Behandlung von Leukämie eingesetzt wird, mit dem menschlichen Wachstumshormon, mit menschlichem Insulin und mit TPA, dem Medikament gegen Blutgerinnsel, allein in den USA jeweils Umsätze von 100 Millionen Dollar und mehr erzielt worden.
Zu den Großen der Branche gehören auch einige pharmazeutische und chemische Multis, da es sich bei biotechnischen Produkten meistens um Medikamente oder Chemikalien für die Landwirtschaft handelt.
Die pharmazeutischen Firmen Monsanto und Schering-Plough sind im Grunde biotechnische Unternehmen, und Eastman Kodak wird durch seine neueste Erwerbung Sterling Drug die Verknüpfung mit biotechnischen Unternehmen und Universitäten festigen. Zusammen mit Union Carbide und Corning hat sich Kodak bei der Gründung eines 7,5 Millionen Dollar teuren biotechnologischen Instituts an der Cornell University engagiert.
Zwei amerikanische Pharma-Riesen, Eli Lilly und Bristol Myers, haben biotechnologische Firmen gekauft. Unternehmen der europäischen Chemieindustrie wie ICI, Sandoz und Ciba-Geigy geben bis zu einem Drittel ihres Forschungsetats für biotechnologische Forschungen aus.
Die meisten pharmazeutischen Unternehmen verstärken mittlerweile ihre Beziehungen zu vielversprechenden biotechnischen Firmen. Pfizer, SmithKline Beckman und Hoffmann-LaRoche haben 1988, in Erwartung großartiger neuer Produkte, Vereinbarungen mit kleinen biotechnologischen Unternehmen getroffen und damit stillschwei-

gend eingestanden, daß die kleinen, risikofreudigen Unternehmen den Giganten voraus sind. Die kleinen Unternehmen brauchen ihrerseits dringend Kapital und suchen nach Geschäftspartnern.

Die Vereinigten Staaten an der Spitze
Nach einer Studie, die 1988 vom Congressional Office of Technology herausgegeben wurde, haben etwa 403 amerikanische biotechnologische Firmen und 77 andere US-Unternehmen »bedeutende Investitionen« auf dem Gebiet der Biotechnologie vorgenommen. In den Vereinigten Staaten sind 1987 auf dem privaten Sektor etwa 2 Milliarden Dollar für Forschung und Entwicklung auf dem Gebiet der Biotechnologie aufgewendet worden, der größte Teil für Medikamentenforschung. Die Aufwendungen von Bundesregierung und Privatunternehmen betrugen mehr als 4,5 Milliarden Dollar. Der Umsatz der Branche überschritt zum ersten Mal die Milliardengrenze.
Mit diesen Zahlen liegen die Vereinigten Staaten weltweit an der Spitze.
In Westeuropa beispielsweise beliefen sich die Regierungsausgaben für Forschung und Entwicklung auf dem Gebiet der Biotechnologie nur auf 800 Millionen Dollar, aber immerhin doppelt soviel wie 1986. Die Investitionen der amerikanischen Regierung haben sich nur um 19 Prozent erhöht. Die japanische Regierung gibt für biotechnologische Forschung jährlich schätzungsweise 500 Millionen Dollar aus; die Privatindustrie investiert sogar eine Milliarde Dollar.

Die Ausgaben der Bundesstaaten
Die Regierungen der einzelnen Bundesstaaten spielen bei der Finanzierung der biotechnologischen Forschung eine immer wichtigere Rolle. Als im Oktober 1987 die Aktienkurse in den Keller gingen, ließ auch die private Investitionstätigkeit auf dem Gebiet der Biotechnologie erheblich nach: Sie sank von einem Spitzenwert von 1,4 Milliarden Dollar auf weniger als 500 Millionen im Jahre 1988.
Inzwischen wachsen die Ausgaben der Bundesstaaten für biotechnologische Forschungen schneller als die der anderen Geldgeber. Etwa dreißig Bundesstaaten, in denen es biotechnologische Forschungsprogramme gibt, gaben 1980 an die 150 Millionen Dollar aus, damit Forscher an Universitäten neue Institute einrichten konnten und neugegründete Firmen Startkapital hatten.

Trotz der Bedenken in bezug auf die Sicherheit und die ethischen Fragen hat die Biotechnologie im großen und ganzen die Unterstützung der Parlamentarier in den Bundesstaaten gewonnen. Sie begreifen langsam, daß diese Investitionen neue Unternehmen anziehen, das Angebot auf dem Arbeitsmarkt attraktiver machen und erweitern, von den Erfindungen und neuen Produktionstechniken in der Land- und Forstwirtschaft, im Bergbau und in der Fischwirtschaft ganz zu schweigen.

»In diese Technologie zu investieren ist für North Carolina eine ganz natürliche Sache«, sagte der stellvertretende Gouverneur Robert B. Jordan, der entscheidend am Aufbau des biotechnologischen Zentrums von North Carolina beteiligt war, dem ältesten biotechnologischen Programm auf bundesstaatlicher Ebene. Kein Staat hat mehr für Biotechnologie ausgegeben als North Carolina. 1988 bewilligte die Regierung 6,5 Millionen Dollar für biotechnologische Programme. »Ein sehr großer Teil unserer Wirtschaft hängt ja mit dem Wasser und dem Boden zusammen«, sagt Jordan. »Wir haben ja auch in die medizinische Forschung und in das Gesundheitssystem eine ganze Menge Geld gesteckt. Auf diese Bereiche werden sich Entwicklungen auf dem Gebiet der Biotechnologie direkt auswirken.«

Die meisten biotechnischen Programme der Bundesstaaten werden an Universitäten durchgeführt, an denen viele der führenden Forscher arbeiten, obwohl die großen Unternehmen sie mit höheren Gehältern abzuwerben versuchen. Der *Economist* schrieb zu diesem Thema: »Die Biotechnologie ist der erste Wirtschaftszweig, der soviel Glanz besitzt, daß auch erstklassige Wissenschaftler finden, unternehmerischer Geist und akademisches Ansehen müssen sich nicht gegenseitig ausschließen.«

Japan

»Biotechnologie ist in Japan ein Zauberwort«, sagt Wataru Yamaya, geschäftsführender Direktor von Mitsubishi Chemical Industries, einer Firma, die 1987 einen Forschungs- und Entwicklungsetat von 233 Millionen Dollar hatte; 40 Prozent davon wurden in die Biotechnologie investiert. Japan hat auf dem Feld der Biotechnologie den Wettbewerb mit den Vereinigten Staaten aufgenommen, die auf diesem Gebiet führend sind. Die japanische Regierung, die Universitäten und große Unternehmen haben dazu alle ihre Kräfte vereinigt.

Japan soll bei der Biochip-Forschung vorne liegen – so die Hoffnung –, ebenso wie bei der Herstellung komplizierter Halbleiter, in denen Biotechnologie zur Anwendung kommt. Japanische Wissenschaftler versuchen, die Aufschlüsselung des genetischen Plans des Menschen zu automatisieren. Seit 1981 dieses Projekt eingeleitet worden ist, hat das japanische Wissenschafts- und Technologieministerium 766 Millionen Yen in fünf Unternehmen investiert – darunter der Uhrenhersteller Seiko und der Filmhersteller Fuji –, damit sie Maschinen entwickeln, die automatisch die DNA dechiffrieren können. »Wir wollen uns alle verfügbaren Technologien zunutze machen: Computer, Werkstoffkunde, Elektronik, Roboter und die Biologie«, erklärt Akiyoshi Wada, ein Professor für molekulare Biophysik, der die Idee zu dem Projekt hatte.

Japan war nicht das erste Land, in dem man versucht hat, diesen Prozeß zu automatisieren. Das Europäische Institut für Molekularbiologie in Heidelberg und das Lawrence Livermore National Laboratory in Kalifornien haben bahnbrechende Methoden zur automatischen Aufschlüsselung der DNA-Sequenz gefunden. Verschiedene amerikanische Unternehmen, darunter Du Pont Company und Applied Biosystems, haben Maschinen zur Aufschlüsselung der DNA-Sequenz gebaut.

Die Labors, in denen heute DNA-Sequenzen aufgeschlüsselt werden, sehen aus wie die ersten Autofabriken, in denen die Automobile noch manuell zusammengesetzt wurden. Die meisten der Verfahren in den Labors sind darum umständlich und haben wirklich nichts mit High-Tech zu tun; die Wissenschaftler zerlegen die DNA in Abschnitte, reproduzieren sie in Bakterien, trennen sie, reinigen sie, trennen sie wieder und fertigen Filme an, um sie optisch zu analysieren.

Automatisierung könne in verschiedener Hinsicht nützlich sein, sagt Professor Wada von der Universität Tokio. »Es ist genau wie bei Autos und Halbleitern. Wenn man auf Massenproduktion umstellt, dann senken sich die Kosten, und die Qualitätskontrolle nimmt zu.«

Nanotechnologie

Niemand hat die Grenzen der Technologie und der Naturwissenschaften stärker erweitert als K. Eric Drexler, der sein Leben der Entwicklung von »Nanomaschinen« gewidmet hat.
Ein Nanometer ist ein Milliardstel eines Meters. Die Theorie der Nanomaschinen läuft darauf hinaus, daß man eines Tages in der Lage sein wird, immer kleinere Maschinen zu bauen, die nur noch einige Nanometer groß sind und in der Lage wären, praktisch alles herzustellen, Atom um Atom.
Eric Drexler, der Autor des Buchs *Engines of Creation: The Coming Era of Nanotechnology*, lehrt an der Standford University. Er sagt, daß wir mit Hilfe der Nanomaschinen Steaks aus Heu herstellen können, sozusagen genau wie Kühe das tun. Ein Haus läßt sich in nur ein paar Tagen errichten, Atom um Atom, so wie eine Eiche sich aus einer Eichel entwickelt. Diese futuristischen Maschinen besäßen die Möglichkeit, das ganze Universum neu zu schaffen.
Diese Möglichkeit wurde zuerst von dem inzwischen verstorbenen Richard P. Feynman angesprochen, einem der größten Physiktheoretiker, der auch den Nobelpreis bekam und der durch seinen Bestseller *Surely You're Joking, Mr. Feynman!* einem größeren Publikum bekannt wurde. Eric Drexler macht bestimmt keine Witze über seine Nanomaschinen, und er wird von seinen wissenschaftlichen Kollegen sehr ernst genommen.

Die Fragen der Ethik

Am 18. August 1987 hat die amerikanische Akademie der Naturwissenschaften, die angesehenste Organisation von Wissenschaftlern und Ingenieuren in den USA, festgestellt, daß die Gentechnologie kein größeres Risiko in sich birgt als Zuchtwahl oder andere Methoden, durch die Organismen verändert werden. Die Methoden der Gentechnologie »stellen ein wirkungsvolles und sicheres neues Instrumentarium zur Modifizierung von Organismen dar«, heißt es in ihrem Bericht.
Haben Wissenschaftler zu ihrer Arbeit so wenig Abstand, daß sie die übergeordneten Fragen nicht mehr wahrnehmen? Oder reagieren einige von uns aus mangelndem technischen Wissen überängstlich?

Wenn die Forscher eine Maus genetisch so programmieren können, daß sie Krebs bekommt, könnten sie dann nicht auch im Auftrag eines Diktators Menschen so programmieren, daß sie krank werden? Würden Eltern Kinder abtreiben lassen, nur weil sie braune und nicht blaue Augen haben?
Der Tierforscher Neal First von der University of Wisconsin meint: »Ich glaube, die Wahrscheinlichkeit ist sehr groß, daß in Zukunft die Fleischproduktion und damit die Tierhaltung jeweils auf die gerade bestehende Marktsituation zugeschnitten werden wird.« Das bestätigt die schlimmsten Befürchtungen derer, die glauben, daß die Biotechnologie Gene aus Profitinteresse manipuliert und sich wenig um ethische oder ökologische Fragen schert.
Die Entwicklung läuft auf »den Tag zu, an dem Genetiker Hühner nach jeweils individuellen Wünschen entwerfen können, so daß sie widerstandsfähig gegen Krankheiten werden, größere Eier legen oder andere Eigenschaften haben, auf die es den Produzenten ankommt«, sagt Dr. Lyman B. Crittenden von der Forschungsstation des amerikanischen Landwirtschaftsministeriums in East Lansing in Michigan.
Und was ist, wenn das Legen größerer Eier den Hühnern weh tut, oder wenn sie sich dabei verletzen? Was ist, wenn die Milchproduktion sich um 30 Prozent steigern läßt, wenn aber das Euter der Kuh so riesig wird, daß sie kaum noch gehen kann?
Dr. Sheldon Krimsky von der Tufts University meint, er kenne keinen religiösen oder philosophischen Grundsatz, der es verbiete, die Gene eines Tiers auf ein anderes Tier zu verpflanzen. Aber er sieht mögliche Probleme – wirtschaftliche Probleme, Umweltprobleme und Probleme, die mit der Humanität, der Menschlichkeit zu tun haben.
Jeremy Rifkin dagegen übt Kritik und sagt, daß seine größten Einwände gegen die Gentechnologie ethischer Natur seien. Er glaubt, die Bausteine des Lebens seien zu wichtig und zu wertvoll, als daß man in Labors an ihnen herumpfuschen dürfe. Rifkin sieht seinen Auftrag darin, den Planeten vor den Biotechnologen zu schützen. Als das amerikanische Patentamt 1987 erklärte, daß genmanipulierte Tiere patentiert werden könnten, prangerte er die Sachverständigen an: »Durch diese eine Entscheidung, die ein paar Leute im Patentamt getroffen haben, hat die Regierung das ganze Tierreich

den Multis ausgeliefert, den pharmazeutischen und biotechnologischen Unternehmen.«

Manchmal kann er sich nicht mehr bremsen. Der *Economist* meint, Rifkin »ist für die Biotechnologie so gefährlich, wie er glaubt, daß diese Industrie der Menschheit sein kann.«

Lassen wir die Übertreibungen beider Seiten einmal außer acht: Wer wird denn die Entscheidung treffen? Und besonders: Wer wird darüber entscheiden, ob menschliche Gene manipuliert werden dürfen?

Die Biotechnologie konfrontiert uns mit den negativsten und schrecklichsten Stereotypen, mit Mary Shelleys Frankenstein, dem Dr. Strangelove der Biologie.

Bedarf es nicht einer unfaßbaren Hybris, wenn man in den Lebensprozeß eingreift?

Die Menschheit ist noch nicht so weit, daß sie vor Machtmißbrauch gefeit wäre. Jeder weiß, es gibt genug Verrückte, die – seien es nun Leute mit politischen oder unpolitischen Motiven – nur allzu gerne die Macht der Biotechnologie mißbrauchen würden, Wahnsinnige genauso wie Terroristen. Wie sollen wir mit diesem kritischen Problem umgehen?

Eine mögliche Lösung könnte darin bestehen, daß wir uns sozusagen noch einmal in die erste Phase des Zeitalters der Biologie zurückbegeben und herauszubekommen versuchen, *wie* die Natur funktioniert, statt sie zu manipulieren. Es gibt einen großen Unterschied zwischen einem Dr. Watson, der im nächsten Jahrzehnt das menschliche Genom kartieren will, damit er den Prozeß des Lebens besser *versteht,* und jemandem, der sich Wissen erwerben will, damit er das Leben *manipulieren* kann.

Die *New York Times* hat es so ausgedrückt: »Die Wissenschaft der Genetik entwickelt sich sehr schnell zu dem, wofür Genetiker sie immer schon gehalten haben: zur zentralen und provokativsten aller Wissenschaften, die sich mit dem Leben befassen.«

Die ethische Debatte der neunziger Jahre

Die ethischen Aspekte der Biotechnologie müssen in einem größeren Rahmen gesehen werden; denn es gibt eine neue allgemeine Aufgeschlossenheit für ethische Fragestellungen. Der Handel mit Insiderinformationen, die Bestechung ausländischer Beamter oder auch einfach Betrügereien und Lügen, sogar in der Kirche, haben zu einer neuen Suche nach moralischen Wertmaßstäben geführt. Fragen der biomedizinischen Ethik – beispielsweise das Problem der Organtransplantation oder der Leihmutterschaft – beherrschen schon seit längerem die öffentliche Debatte und bilden den Hintergrund, vor dem wir die Ethik der Biotechnologie in den neunziger Jahren betrachten wollen.

Philosophen und Theologen – seit Jahrhunderten chronisch unterbeschäftigt – sind heute so gesucht und begehrt wie Informatiker.

New Yorker Krankenhäuser engagieren Philosophen, damit sie Ärzte bei Entscheidungen beraten, bei denen es um Leben und Tod geht. Das Parlament von New Hampshire, die Gefängnisverwaltungen in Connecticut und sogar der Kongreß der Vereinigten Staaten beschäftigen solche Geisteswissenschaftler. Bei Bolt, Baranek and Newman, einer Firma in Massachusetts, die sich mit künstlicher Intelligenz befaßt, arbeitet eine Reihe von Philosophen in beratender Funktion. Wie viele werden wohl in den 403 biotechnologischen Firmen der Vereinigten Staaten beschäftigt sein?

Philosophie und Ethik an den Schulen und Universitäten

Wir zweifeln schon lange nicht mehr daran, daß Ethik in den Stundenplan aller Schulen gehört. An etwa fünftausend amerikanischen Bildungseinrichtungen wird heute nach dem Lehrplan Philosophie unterrichtet, den Matthew Lipman vom Montclair State College in New Jersey entwickelt hat. Chicago, New Jersey, Los Angeles, St. Louis und Dutzende anderer Schulbezirke in den Vereinigten Staaten haben Ethikkurse in ihr Angebot aufgenommen. An der Gahr High-School im kalifornischen Cerritos gehört dieses Fach schon seit über fünfzehn Jahren zum Unterrichtsalltag.
»Es ist nicht möglich, Wissen zu vermitteln ohne ein Wertsystem, ohne Ethik«, sagt Nathan Quinones, der früher die Aufsichtsbehörde der New Yorker Schulen geleitet hat.
Während der siebziger Jahre wurden an amerikanischen Schulen und Universitäten 322 Kurse in Wirtschaftsethik eingerichtet. Derek C. Bok, der Rektor der Universität Harvard, berichtet, daß es inzwischen an amerikanischen Universitäten und Colleges Tausende von

Seminaren gibt, die sich mit ethischen Problemen befassen. Viele neue Institute und Fakultäten für Ethik wurden gegründet, so beispielsweise das Center for the Study of Ethics in the Professions am Illinois Institute of Technology, das Center for Philosophy and Public Policy an der University of Maryland, das Kennedy Institute of Ethics an der Georgetown University und das Biomedical Ethics Department der University of Virginia. Die Pritzker School of Medicine an der University of Chicago bietet sogar ein Forschungsstipendium für Ethik an.

»Das neue Interesse an der Ethik hängt mit der Erkenntnis vieler Menschen zusammen, daß die Welt weder nur von der Religion noch allein vom Atheismus her zu deuten ist. Es gibt zwischen diesen beiden Polen noch viel Platz für andere moralische, für ethische Werte«, sagt Patrick McCarthy, Direktor des Thomas Jefferson Research Centers in Pasadena in Kalifornien, das Unterrichtsprogramme für den Ethikunterricht entwickelt. Die Unternehmensleiter der biotechnischen Unternehmen werden sich mit den ethischen Fragen der Biotechnologie noch lange und noch sehr eingehend auseinandersetzen müssen.

In Michigan, Hawaii, Missouri, New Jersey, Kalifornien und Tennessee haben die Parlamente die einzelnen Schulbehörden beauftragt, den Ethikunterricht in den Lehrplan aufzunehmen.

Medizinische Ethik:
Vorbote der Biotechnologie

Nach einer Veröffentlichung der vom Präsidenten eingesetzten Kommission für ethische Probleme in der Medizin gab es 1983 nur an 4 Prozent der großen Krankenhäuser des Landes »Ausschüsse für ethische Fragen«, die sich mit Entscheidungen bei der Behandlung von Patienten beschäftigten. 1987 hatten mehr als 60 Prozent der Krankenhäuser, die in der American Hospital Association zusammengeschlossen sind, solche Gremien. Diese Ausschüsse haben sehr viel zu tun; sie müssen entscheiden, ob Operationen an Föten ethisch vertretbar sind, müssen sich mit den schriftlichen Erklärungen von Patienten auseinandersetzen, die nicht wollen, daß ihr Leben künstlich verlängert wird. Außerdem wird das Zeitalter der Biotechnologie bald seinen Einzug in die Krankenhäuser halten.

1986 erklärte der Ausschuß des amerikanischen Ärzteverbands, der sich mit ethischen und juristischen Fragen befaßt, ein Arzt könne bei einem unheilbar kranken oder bei einem aus dem Koma nicht mehr zurückrufbaren Patienten »alle lebensverlängernden medizinischen Maßnahmen abbrechen, einstellen«, aber der Ärzteverband sagt auch, daß ein Arzt »nicht absichtlich den Tod herbeiführen darf«. Für die meisten Ärzte liegen diese beiden Dinge sehr nahe beieinander.
Es ist jetzt in neununddreißig Bundesstaaten zulässig, daß dem Wunsch eines Patienten nach Abbruch aller lebensverlängernden medizinischen Maßnahmen im Falle einer tödlichen Krankheit Folge geleistet wird. Voraussetzung ist, daß das vor der Erkrankung des Patienten schriftlich festgehalten wurde. Bei einer Befragung im Jahre 1987 ergab sich, daß 84 Prozent der Amerikaner der Meinung sind, die Ärzte sollten diesen Wunsch des Patienten respektieren.
Soll ein Patient am Leben gehalten werden, damit mit seinen Organen vielleicht noch anderen Menschen geholfen werden kann? »Das Kernproblem dieser ethischen Streitfrage besteht darin, ob es vertretbar ist, die Behandlung eines Patienten so auszurichten, daß ein anderer Patient daraus einen Vorteil hat«, sagt Dr. David Larson vom Center for Christian Bioethics an der Loma Linda University.
Als Brenda Winners erfuhr, daß ihr noch ungeborenes Kind Anenzephalie hatte – unter anderem fehlte dem Kind ein großer Teil der Hirnrinde –, konnte sie sich für eine Abtreibung entscheiden oder das Kind austragen, um es dann sterben zu lassen. Ihr Wunsch und der Wunsch ihres Mannes war es, das Kind künstlich am Leben zu halten und seine Organe für Transplantationen freizugeben.
»Gott läßt diese Babys auf die Welt kommen, und wenn sie schon nicht leben können, so sollten sie doch etwas Gutes tun können«, sagt Brenda Winners.

Leihmutterschaft

Bis Anfang 1989 waren mehr als tausend Kinder von Leihmüttern geboren worden, von Frauen, die Geld dafür bekamen, daß sie sich das Sperma eines Mannes übertragen lassen, um dann, nach der Geburt, das Baby vertragsgemäß dem Vater und seiner Frau zu übergeben.

Heute steht in den Parlamenten der einzelnen Bundesstaaten jeweils mindestens ein Gesetzesentwurf zur Beratung an, der sich mit dem Verbot oder der Beschränkung der Leihmutterschaft beschäftigt.
Der Oberste Gerichtshof von New Jersey entschied 1988 – nach dem Fall, der als »Baby M. Case« bekannt wurde –, daß kommerzielle Leihmutterschaftsverträge gesetzwidrig seien. Sieben Staaten haben bis jetzt die Leihmutterschaft ohne jede Einschränkung verboten: Utah, Lousiana, Kentucky, Indiana, Nebraska, Florida und Michigan.
»Die Frage ist: Wie nutzen wir die Vorteile der neuen Technologie – besonders für unfruchtbare Paare –, während wir gleichzeitig das Risiko des Mißbrauchs so gering wie möglich halten«, schrieb der Vorsitzende des Obersten Gerichtshofs von New Jersey, Robert N. Wilentz.
Die ethischen Probleme der Ersatzmutterschaft, der Biotechnologie und anderer biomedizinischer Komplexe werden im letzten Jahrzehnt dieses Jahrhunderts nur noch zunehmen. Wir müssen versuchen, die Entwicklung der Biotechnologie vorauszudenken, damit wir auf die moralischen Konflikte vorbereitet sind, die auf uns zukommen.
Diese ethischen Probleme hängen eng mit den Fragen nach dem menschlichen Sein zusammen. Keiner von uns glaubt wirklich, daß Wissenschaft und Technologie diese Fragen jemals ganz beantworten können.
Wir werden in den neunziger Jahren vielleicht Zeugen einer Machtprobe der Geisteswissenschaft mit der Naturwissenschaft werden, ganz gewiß aber wird dieses Jahrzehnt das Jahrzehnt einer heftigen Debatte um die Dinge werden, die Wissenschaftler tun und die sie tun dürfen.
Es wird heftig Kritik geübt werden, die sich nur mit der ungeheuren Erregung vergleichen läßt, die vor hundertdreißig Jahren auf die Veröffentlichung von Charles Darwins Buch *Die Entstehung der Arten* folgte. Darwin sprach von »natürlicher Zuchtwahl«, natürlicher Auslese. Gegenstand der Diskussion ist heute die »unnatürliche« Auslese.
Das Zeitalter der Information wird auch das Zeitalter der Biologie sein.

9 Das Wiederaufleben der Religionen

Man kann unmöglich die Vorzeichen einer weltweiten religiösen Erneuerung übersehen, die jetzt, an der Schwelle zum dritten Jahrtausend, in vielen Konfessionen sichtbar werden. Die Angehörigen der amerikanischen Babyboom-Generation, die sich in den siebziger Jahren von der damals noch allgemein akzeptierten Religion abwandten, kehren jetzt – mit ihren Kindern im Schlepptau – wieder zur Kirche zurück, oder sie schließen sich der New-Age-Bewegung an. Juden, die vor vierzig Jahren Anhänger des Rekonstruktionismus waren und das Übernatürliche aus den Gebetbüchern gestrichen haben, fügen jetzt wieder Bezüge auf Wunder, auf die Mythologie und den Messias in ihr Denken ein.
Die Mormonen hatten 1987 das erfolgreichste Jahr ihrer 158jährigen Geschichte, als sich ihnen 274 000 neue Anhänger anschlossen.
In Japan erleben die schintoistischen Nachbarschaftsfeste und die Lebenszyklus-Rituale eine Renaissance, und die Menschen besuchen wieder öfter ihre Pagode.
Ein Schinto-Priester, der als »Der Wundermann Japans« bekannt ist, hat in Japan und in den USA und Brasilien, wo 80 Prozent der Konvertiten keine Japaner sind, 5 Millionen Anhänger gewonnen.
Die Mitgliederzahl der weltweit verbreiteten Charismatischen Bewegung hat sich im letzten Jahrzehnt auf annähernd 300 Millionen verdreifacht, darunter auch Millionen von Katholiken.
Jugendliche in China und der Sowjetunion sind von religiösen Dingen fasziniert und gehen, zum Mißfallen ihrer kommunistisch geschulten Eltern, gerne in die Kirche.
Der islamische Fundamentalismus, der im Iran, in Afghanistan und in der gesamten arabischen Welt ein mächtiger politischer Faktor ist, erlebt in der verwestlichten Mittelschicht sowohl der Türkei als auch Ägyptens eine neue Blüte.

Der Theologe Harvey Cos, der einmal in *einem* Seminar über »Jesus und das moralische Leben« tausend Studenten hatte – es war das größte, das es in Harvard je gab –, spricht von einer Renaissance des Islam, des Schintoismus, des Buddhismus und der jüdischen Religion. Diesen Trend, sagt er, hätten »die Prognostiker vor fünfundzwanzig Jahren nicht vorhergesehen, als vorausgesagt wurde, die Religion werde unter dem Druck der Modernität verkümmern«.

Auf dem Weg zur Jahrtausendwende

Unter dem Einfluß der Gravitationskraft des Jahres 2000, der Jahrtausendwende, gewinnt der religiöse Glaube auf der ganzen Welt an Boden und Intensität.
Vor der letzten Jahrtausendwende glaubten die Christen des finsteren Mittelalters, das Ende der Welt stehe bevor. Die frühen Christen meinten, daß die Jahrtausendwende sie von der Verfolgung durch die Römer erlösen würde. Im Mittelalter gab es Gruppen von Bauern, die von charismatischen Predigern geführt wurden und glaubten, der Anbruch der neuen Zeit stehe unmittelbar bevor. Diese Meinung vertritt Norman Cohn, Autor des Buches *The Pursuit of the Millennium*.
Und jetzt, während wir uns dem Jahr 2000 nähern, geschieht dasselbe wieder.
Wenn die Menschen glauben, daß »die Zeit nahe ist«, dann scharen sie sich immer in kleinen Gruppen um schillernde, exzentrische Prediger. Heute wie früher fühlen sich Millionen zu den unorthodoxen Erscheinungen am Rand des religiösen Spektrums hingezogen, sei es die New-Age-Bewegung oder seien es irgendwelche Fernsehprediger.
Das gemeinsame Band, das uns mit den Menschen anderer Endzeiten verbindet, ist das Gefühl, in einer Zeit ungeheurer Veränderungen zu leben. Eine ähnlich tiefgehende religiöse Phase machten die Vereinigten Staaten im 19. Jahrhundert während des Übergangs von der Agrar- zur Industriegesellschaft durch.
In diesem Jahrhundert wurden denn auch in Amerika einige Religionsgemeinschaften gegründet – die Mormonen, die Adventisten, die Zeugen Jehovas und die Christian Science; außerdem erlebte das

19. Jahrhundert den Aufstieg der Transzendentalisten und die Ausbreitung des metaphysischen Idealismus.
Wenn die Menschen durch Veränderungen aufgerüttelt und beunruhigt werden, dann wächst ihr Bedürfnis nach einem religiösen Glauben. Die meisten suchen Trost und Sicherheit auf zweierlei Weise: entweder durch innengelenkte »Trau-dem-Gefühl-in-dir«-Bewegungen oder durch außengelenkte autoritäre Religionen, deren Kernsatz lautet: »Wir sind der Weg und die Wahrheit.« Beide finden heute großen Zulauf.
In Zeiten religiöser Verfolgung, wirtschaftlicher Bedrängnis und drohenden gesellschaftlichen Umbruchs besteht die einzige Aussicht auf ein besseres Leben vielleicht darin, aus der Realität in ein Reich des Friedens zu flüchten.
Die Symbolkraft des Jahrtausendreichs ist nicht nur auf die jüdisch-christliche Welt beschränkt. Anthropologen, Historiker und Theologen haben parallele Vorstellungen im Islam entdeckt, wo die Hoffnung auf ein Jahrtausendreich im 19. Jahrhundert eine Reihe von Bewegungen auslöste und auch 1881 zum Aufstand im Sudan führte, im Buddhismus, wo der dritte Buddha auf dem Höhepunkt einer Reihe von Katastrophen tausend Jahre nach dem Nirwana des zweiten Buddha erscheinen soll, in der persischen Religion des Zoroastrismus und in Kulturen der Dritten Welt, beispielsweise in Brasilien und Afrika.
Natürlich gehört in diese Aufzählung auch die Vorstellung der Nationalsozialisten vom Tausendjährigen Reich. Sie benutzten diesen Begriff für ihre ideologischen menschenverachtenden Zwecke.

Die Religion der Wissenschaft

Das Ziel sowohl der Religion als auch der Wissenschaft ist es, die »Wahrheit« zu finden. Aber seit der Aufklärung wird im Westen die Wissenschaft fast wie eine Religion verehrt. Unterstützt durch die Philosophie Friedrich Nietzsches, gipfelte diese Entwicklung in der »Gott ist tot«-Philosophie, die in den sechziger und siebziger Jahren durch den radikalen Theologen Thomas J. J. Altizer artikuliert wurde. Aber heute, wo die Jahrtausendwende kurz bevorsteht, drängt der mächtige religiöse Gegentrend den blinden Glauben an Wissenschaft und Technik in die Defensive.

Wissenschaft und Technik sagen uns nichts über den wirklichen Sinn des Lebens. Wir suchen ihn in der Literatur, in der Kunst und in der Geistigkeit, im inneren Leben.

»Man hat eine Zeitlang gemeint, daß durch den Aufstieg der Vernunft, der Wissenschaft und der Idee des Fortschritts die alten Götter weichen würden und daß es dann nur noch freie und glückliche Menschen gäbe«, sagt der Theologe Martin Marty von der University of Chicago. Heute hat man, so glaubt er, die Grenzen der Wissenschaft erkannt. »Die von der Technik geprägte Medizin, die Apparatemedizin, wird geschätzt für das, was sie leisten kann, aber sie wird nicht verehrt, weil die Medizin nicht alles kann.«

Wir entdecken heute wieder die emotionale Seite in uns. Aufschlußreich ist in diesem Zusammenhang der phänomenale Erfolg von Bill Moyers Fernsehserie *Power of Myth,* in der in der Joseph Campbell das Fernsehpublikum mit dem spirituellen Symbolismus der Mythologie bekannt gemacht und damit zwei seiner Bücher – die vorher nur Kennern bekannt waren – auf die Bestsellerliste katapultiert hat.

Parallel zur Ablehnung der Wissenschaft als Religionsersatz erfolgte der Aufstieg der Frau in den patriarchalischsten aller Institutionen – in den Kirchen. Heute werden in vierundachtzig Konfessionen Frauen zu Priesterinnen ernannt, und es gibt in den Kirchen der Vereinigten Staaten 21 000 Pfarrerinnen. Obwohl 1989 zum erstenmal eine Frau zum Bischof der Episkopalkirche ernannt wurde, versuchen die christlichen Feministinnen – darunter sowohl katholische Nonnen als auch protestantische Theologinnen – erst gar nicht, im von Männern dominierten Machtgefüge der Kirchen nach oben zu kommen. Statt dessen stellen sie den tiefverwurzelten Sexismus der traditionellen Religionen bloß, der sich in der Sprache, in Symbolen, Ritualen und Texten äußert, womit alle die Macht der Frau geleugnet oder zumindest geschmälert wird. Warum, fragen sie, spricht man von Gottvater, ohne Gott auch als Mutter zu begreifen?

Der Mitgliederschwund der großen Kirchen

Den großen Kirchen geht es in stabilen Zeiten gut; aber sobald die Menschen mehr als Trost von ihnen fordern, verlieren sie an Anziehungskraft.

Den etablierten großen Religionen ist bei der ganz naiven Vorstellung von einer Jahrtausendwende ziemlich unwohl; für die katholische Kirche ist diese Erwartung glatte Häresie. In den sechziger Jahren gingen die bis dahin gesunden Wachstumsraten der großen Kirchen schlagartig zurück. In der folgenden Aufstellung werden die Mitgliederzahlen des Jahres 1965 mit den neuesten Angaben des *Yearbook of American and Canadian Churches* von 1988 verglichen:

○ Die Mitgliederzahl der methodistischen Kirche ging von 11 Millionen Mitgliedern im Jahre 1965 auf 9,2 Millionen zurück.
○ Die Presbyterianische Kirche der USA verlor fast eine Million Mitglieder; 1988 lag die Zahl bei 3 Millionen
○ Die Jünger Christi haben fast eine Million Menschen verloren und zählen nun 1,1 Millionen Mitglieder.
○ Die Mitgliederzahl der Episkopalkirche ging von 3,4 Millionen auf 2,5 Millionen zurück.
○ Die drei größten Lutherischen Konfessionen haben mehr als eine halbe Million Mitglieder eingebüßt.

1988 gab es in den Vereinigten Staaten 53,5 Millionen Katholiken, das ist jedenfalls dem *Official Catholic Directory* zu entnehmen. Diese Tatsache läßt auf einen Zuwachs von 1,1 Prozent gegenüber 1987 schließen. Die Zahl der Priester und Nonnen hat allerdings nicht zugenommen. 53 500 Priester gibt es gegenwärtig, das bedeutet einen Rückgang um mehr als 6000 seit 1968.
Die Zahl katholischer Nonnen ist von 176 000 im Jahre 1968 auf 107 000 im Jahre 1988 zurückgegangen. Allein 1987 haben 5577 Nonnen dem Ordensleben den Rücken gekehrt.
1988 wurden bei einer Untersuchung des National Council of Churches of Christ 143 Millionen Kirchenmitglieder gezählt; das sind 59 Prozent der amerikanischen Bevölkerung. Das *Yearbook of Ameri-*

can and Canadian Churches von 1988 zählt 220 verschiedene Bekenntnisse. In zwei aufeinanderfolgenden Jahren, berichtet das Jahrbuch, sind die Mitgliederzahlen der großen Kirchen insgesamt gleichgeblieben.

»Die ›großen‹ Konfessionen nennen heute viele die ›alten‹ Konfessionen. Wir haben große Schwierigkeiten, neue Mitglieder zu gewinnen«, sagt der methodistische Bischof Richard Wilke aus Little Rock in Arkansas. »Gegenwärtig steigen die Zahlen weniger an als die des Bevölkerungswachstums insgesamt«, sagt Constant Jacquet jr., Herausgeber des *Yearbook of American and Canadian Churches 1988*.

Das trifft genau zu. Die Mitgliederzahlen der christlichen und jüdischen Gemeinden haben in den siebziger Jahren um 4,1 Prozent zugenommen, während die Bevölkerung um 10,9 Prozent gewachsen ist.

Ohne den großen Mitgliederzuwachs bei den Fundamentalisten und der evangelischen Kirche läge die Gesamtzahl der Kirchenmitglieder sehr viel niedriger.

Die Bewohner der Südstaaten sind die eifrigsten Kirchgänger – 43 Prozent besuchen wöchentlich einmal die Messe. Der Mittelwesten liegt mit 42 Prozent dicht dahinter auf dem zweiten Platz. Im Osten gehen 39 Prozent in der Woche einmal zur Messe und im ehrfurchtslosen Westen nur 35 Prozent.

Religiosität – ja, institutionalisierte Religion – nein

Eine 1987 durchgeführte Gallup-Umfrage ergab, daß 94 Prozent der Amerikaner an Gott glauben. In Indien, Polen und den USA leben die religiösesten Menschen, konnte der Soziologe William D'Antonio von der American Sociological Association feststellen.

Aber sind die Amerikaner religiös im kirchlichen Sinn oder in einem spirituellen Sinn? Man kann sagen, daß es für sie keine Rolle spielt, ob sie einer bestimmten Religion oder Kirche angehören. Religiosität in diesem nicht konfessionsgebundenen Sinn ist für sie sehr viel wichtiger.

Fast 70 Prozent der Angehörigen der Babyboom-Generation glauben an Gott oder an »eine spirituelle Macht«; nach Angaben des Center for the Vietnam Generation hat sich die Hälfte der Angehörigen dieser Generation in den vergangenen fünf Jahren mit religiösen Fragen auseinandergesetzt. Nach einer 1987 von *USA Today* durchgeführten Umfrage finden drei Viertel aller Amerikaner, daß sie ein religiös erfülltes Leben führen, und 61 Prozent sagen, daß die Religion »in ihrem Leben eine sehr wichtige Rolle einnimmt«. Die Befragten bekannten, daß sie sich einer Religion zuwenden, weil sie auf der Suche nach Frieden, Glück und Ausgeglichenheit sind.

Aber es gibt zahlreiche Hinweise darauf, daß diese Sehnsucht nicht in der Kirche erfüllt wird; eine Gallup-Umfrage von 1988 ergab, daß 59 Prozent sich darüber beklagen, ihre Kirchen oder Synagogen beschäftigten sich zu sehr mit »organisatorischen Fragen und nicht mit theologischen und spirituellen Problemen«. Befragte, die ein College besucht haben, stehen diesem Mangel an spiritueller Nahrung besonders kritisch gegenüber.

Dieselbe Gallup-Umfrage bestätigte, daß die organisierte, institutionalisierte Religion zwar einen Niedergang erlebt, Glaube und Religiosität aber zunehmen: Insgesamt 84 Prozent sagten, sie glaubten an die Göttlichkeit Christi; 1978 waren es 78 Prozent. 1988 gaben 44 Prozent der Amerikaner an, daß sie nicht zur Kirche beziehungsweise zur Synagoge gehen – 1978 waren es noch 41 Prozent. Von diesen »Kirchenlosen«, wie Gallup sie bezeichnet, sagt ein Drittel, Religion sei sehr wichtig in ihrem Leben, und 77 Prozent beten gelegentlich einmal.

»Die ›Kirchenlosen‹ sind in vieler Hinsicht heute religiöser als noch vor zehn Jahren«, sagt das Gallup-Institut, das die Untersuchung im Auftrag von Congress 88 durchgeführt hat, einer Konferenz, die im August 1988 in Chicago stattfand und an der fünfunddreißig Konfessionen teilnahmen. Alarmiert durch große Verluste, regen die großen Religionen solche Konferenzen und Umfragen an, um vielleicht eine Rückkehr zu den Wurzeln, eine Rückkehr zum Evangelium einzuleiten.

In Zeiten großer gesellschaftlicher Veränderungen ist die Tiefe der religiösen Erfahrung so stark, daß die institutionalisierte Religion keine adäquate Basis des religiösen Lebens bieten kann.

Von den großen Religionen zu den kleinen Glaubensgemeinschaften

In Nordamerika fassen eine ganze Reihe neuer Religionen Fuß, die außerhalb der jüdisch-christlichen Überlieferung stehen.
Während das Zentrum – die großen katholischen, protestantischen und jüdischen Vereinigungen – kleiner geworden ist, erleben Hunderte kleinerer, dezentraler »Made-in-America«-Kirchen eine Blüte – sowohl die fundamentalistischen als auch alternativen Kirchen.
Jedes Jahr werden Dutzende neuer religiöser Vereinigungen gegründet; das geht von regelrechten Konfessionen bis zu Kulten. Aber in letzter Zeit hat diese Zahl die Hundert überschritten und hat sich dann noch verdoppelt. Als 1987 der zweite Ergänzungsband zur *Encyclopedia of American Religions* erschien, waren darin zweihundertsechs neue Gruppierungen aufgeführt, wobei die meisten davon in keiner Verbindung zu den großen Konfessionen standen. Es waren achtundzwanzig Gruppen, die östlichen Religionen zuzurechnen sind, neunzehn Vereinigungen der Pfingstbewegung, elf adventistische Gruppen, elf Mormonengruppen und elf spirituelle, parapsychologische oder New-Age-Zusammenschlüsse. Aber J. Gordon Melton, der Herausgeber der *Encyclopedia of American Religions* schätzt, daß zwischen 1987 und 1989 etwa vierhundert neue Gruppen gegründet worden sind.
4 Prozent der amerikanischen Bevölkerung sind Moslems, Buddhisten und Hindus. Obwohl viele der Anhänger dieser Glaubensrichtungen Einwanderer sind, besteht kein Zweifel, daß viele in den USA geborene Bürger zu diesen religiösen Gruppen konvertieren.

○ In den USA gibt es 4 Millionen Anhänger des Islam, davon etwa ein Viertel »Black Muslims«, das heißt, es gibt mehr Moslems als Mitglieder der Episkopalkirche. Für die Vereinigten Staaten, wo man besser weiß, was ein WASP (White Anglo Saxon Protestant) ist als ein Imam, ist das ein überraschend hoher Anteil.
○ In Colorado leben mehr als sechstausend Moslems, vielleicht sogar zehntausend, mutmaßte die Zeitung *Rocky Mountain News*. Es gibt Moscheen in Denver, Boulder, Fort Collins-Greeley und in Pueblo.

○ Es gibt in den Vereinigten Staaten mindestens 600000 Buddhisten, die den beiden großen japanischen Sekten angehören. Und darüber hinaus noch Tausende, die aus Südostasien kommen. Nach Angaben des American Buddhist Congress in Los Angeles liegt die Gesamtzahl der Buddhisten in den Vereinigten Staaten zwischen 3 und 5 Millionen.
○ Buddhistische Militärgeistliche werden in der amerikanischen Armee anerkannt.
○ Es gibt in den Vereinigten Staaten mehr als vierzig hinduistische Tempel und mehr als fünfhundert hinduistische Organisationen. Die Zahl der Hindus sei schwer zu schätzen, weil viele ihre religiösen Andachten und Übungen zu Hause verrichten, sagt Diane Eck, Professorin für vergleichende Religionswissenschaft in Harvard.
○ 1965 gab es nur dreißig koreanische Kirchen in den Vereinigten Staaten, sagt Il Sik Sam Choe vom koreanischen Weltmissionsrat. Heute seien es zweitausend.

In stürmischen Zeiten, in Zeiten großer Veränderungen, orientieren sich die Menschen in zwei extreme Richtungen – in die fundamentalistische und in die individuell unterschiedliche, spirituell geprägte.
Millionen von Amerikanern haben Yoga gelernt und sich mit Meditation beschäftigt – eine Technik, die von den östlichen Religionen übernommen wurde.
Beide, diejenigen, die meditieren, und die, die am fundamentalistischer Gegenpol am anderen Ende des Spektrums zu finden sind, suchen religiösen Sinn, die Verbindung zwischen ihrem eigenen Leben und dem Transzendenten – etwas, das sie weder in der traditionellen Kirche noch in der Anbetung von Wissenschaft und Technik gefunden haben.
Der Fundamentalismus bietet eine Rückkehr in einfachere Lebensformen an, als moralische Werte noch klarer definiert waren. Die Anhänger der New-Age-Bewegung schlagen eine andere Richtung ein, lehnen äußere Autorität ab und beschreiten auf ihrer Suche nach Orientierung den Weg nach innen; sie wenden sich östlichen Religionen zu, meditieren oder praktizieren die Methoden des »Human Potential Movement«.
Ein Anhänger der New-Age-Bewegung hat es einmal so ausge-

drückt: »Die Art, auf die Religion sich normalerweise darstellt, hat unser innerstes Selbst immer weniger angesprochen. Die Menschen wollen Spiritualität lebendig erfahren, sie wollen spüren, was in ihnen vorgeht. Sie wollen lernen, wie sie mit ihrer Seele Verbindung aufnehmen können.«
Dieses Zitat könnte Wort für Wort ohne weiteres auch von einem christlichen Fundamentalisten stammen.

Wer den größten Zulauf hat

Obwohl die fundamentalistischen und alternativen Religionen den größten Zulauf haben, versucht es ein gewisser Prozentsatz der Angehörigen der amerikanischen Babyboom-Generation noch einmal mit der Kirche:
Das Center for Social and Religious Research in Hartford in Connecticut hat ermittelt, daß 43 Prozent der zwischen 1945 und 1954 Geborenen im Monat dreimal oder häufiger in die Kirche oder Synagoge gehen. In den siebziger Jahren waren es 34 Prozent.
Es gibt eine regelrechte jüdische religiöse Renaissance im Raum San Francisco, in dem 223 000 Juden leben und von denen viele der Babyboom-Generation angehören. Der Raum San Francisco ist die achtgrößte jüdische Gemeinde in den Vereinigten Staaten. Es gibt diverse jüdische Zeitungen, ein jüdisches Filmfestival, zwei jüdische Theaterensembles und fünf jüdische Gemeindezentren. Das Wiederaufleben der Religion hat dort etwas typisch Kalifornisches: Minyanfeste im Zeichen des Wassermanns, Sabbath-Gottesdienste am Freitagabend, die einen deutlichen New-Age-Einschlag haben, eine Synagoge »ohne Mauern«, wo die Gottesdienste im Freien abgehalten werden – all das läßt sich in dieser Form nur dort finden.
In Seattle kehren junge Eltern wieder zur Kirche zurück, damit ihre Kinder eine religiöse Erziehung erhalten. Die Sonntagsschule der University Presbyterian Church registrierte in den vergangenen zwei Jahren jeweils zweihundert Einschreibungen. In der Overland Christian Church besuchen jetzt tausend Kinder die Sonntagsschule; das ist eine Steigerung um 14 Prozent. In der katholischen Erzdiözese Seattle werden jährlich tausend Kinder mehr getauft als noch vor einem Jahrzehnt. Die jüdische Gemeinde berichtet von ähnlichen

Steigerungen. Nach einer 1988 durchgeführten Gallup-Umfrage legen 69 Prozent der amerikanischen Eltern Wert auf eine religiöse Erziehung ihrer Kinder.

Durch den Zulauf aus den Reihen der Babyboomer wird sich der Mitgliederschwund der großen Kirchen verlangsamen, aber die Konfessionen, die den größten Zulauf verzeichnen können, sind immer noch die autoritären und konservativen: Ein Drittel der amerikanischen Bürger bezeichnen sich als Wiedergeborene Christen.

Mit 15 Millionen Mitgliedern sind die fundamentalistischen Southern Baptists zur größten protestantischen Konfession in den Vereinigten Staaten geworden.

Die evangelischen Kirchen haben in den letzten zehn Jahren 10 Millionen Mitglieder hinzugewonnen. Seit 1965 ist ihre Mitgliederzahl um 8 Prozent gestiegen, während die großen protestantischen Kirchen um 5 Prozent abgenommen haben. Nach Angaben der National Association of Evangelicals in Washington, D.C., haben die evangelischen Kirchen in den Vereinigten Staaten annähernd 40 Millionen Mitglieder.

Die Mitgliederzahlen vieler konservativer Religionen haben sich seit 1965 verdoppelt. Bei den Zeugen Jehovas sind sie von 330 000 auf 752 000 gestiegen, und bei den Adventisten von 365 000 auf 666 000. Aber die Mitgliederzahlen der Assemblies of God haben sich von 572 000 auf 2,1 Millionen vervierfacht.

Die enthusiastischen, gefühlsbetonten Anhänger der Pfingstbewegung und die Charismatiker bekennen sich zu einigen fundamentalistischen Überzeugungen und stellen den Heiligen Geist ins Zentrum ihres Glaubens und auch Krankenheilungen und Zungenreden.

Die Pfingstbewegung hat weltweit etwa 100 Millionen Mitglieder, eingerechnet die 3,7 Millionen der Church of God in Christ und die weltweit 16 Millionen Mitglieder der Assemblies of God. In nur zehn Jahren hat sich auch die Mitgliederzahl der Charismatischen Bewegung weltweit auf 277 Millionen verdreifacht.

Die Mormonen, die ihre Religion enger auslegen als die evangelischen Christen und sich viel autoritärer gebärden, sind von einer Dreiviertelmillion Mitglieder im Jahre 1940 auf heute 6,2 Millionen angewachsen – 4 Millionen in den USA, der Rest im Ausland. Im Jahr 2000 wird es im Ausland mehr Mormonen geben als in den Vereinigten Staaten: 30 000 Missionare im Studentenalter – mehr Mis-

sionare als in jeder anderen amerikanischen Konfession – sind in 95 Ländern tätig. 1987 haben sie mehr neue Anhänger gewonnen als in irgendeinem anderen Jahr ihrer Geschichte.
Es ist gar keine Frage: Bekehrungseifer zahlt sich aus.
Die fast 2000 baptistischen Kirchen in Mississippi, die angeblich schon über 650 000 Mitglieder zählen, haben sich zu einer Aktion mit dem Namen Bold New Growth Mississippi zusammengeschlossen, die sich um passive Mitglieder bemühen, um Alleinstehende, Alte, um ethnische Minderheiten und um die Behinderten.

Der Fundamentalismus und die High-Tech-Kirche

In einem Artikel in der Zeitschrift *America,* einem inoffiziellen Organ des Jesuitenordens, fand sich kürzlich eine Definition des religiösen Fundamentalismus: »Eine reaktionäre, gefühlsbetonte Bewegung, die sich in Kulturen entwickelt, deren gesellschaftliches Gefüge eine Krise durchmacht.«
Die Zeitschrift *Humanist* ist noch kompromißloser in ihrer Bewertung: »Autoritär, intolerant und von dem Zwang besessen, der Gesellschaft die eigenen Maßstäbe aufzudrücken. Eine Geisteshaltung, die nur schwarz und weiß kennt und sich gegenüber allem Fremden verschließt.«
Wenn diese Charakterisierungen zutreffen, warum findet dann der Fundamentalismus soviel Zulauf?
In Zeiten großer gesellschaftlicher Veränderungen vermögen gerade die fundamentalistischen Religionen Antworten auf die drängendsten Fragen zu geben, sie lassen die Menschen nicht alleine und geben ihnen ein unumstößliches Wertegefüge in die Hand.
Eine besondere Stärke des Fundamentalismus liegt in der Effizienz, mit der er sich der Medien bedient.

○ Bevor Jimmy Swaggart in Ungnade fiel, wurde seine Sendung jede Woche in hundertvierzig Ländern ausgestrahlt, in fünfzehn verschiedenen Sprachen; er behauptete, er erreiche ein Drittel der Weltbevölkerung. Der Kanal PTL, »Praise the Lord«, von Jim und Tammy Baker wurde regelmäßig von 12 Millionen Haushalten eingeschaltet.

○ Jerry Falwells Fernsehsendungen erreichten 610 000 Haushalte in 169 Kabelnetzen der USA. Sein Einkommen allein daraus belief sich 1987 auf 91 Millionen Dollar.
○ Robert Schuller ist der populärste Fernsehprediger. Seine Crystal Cathedral hat angeblich zehntausend Mitglieder; seine TV-Sendung wird von sehr viel mehr Menschen gesehen.

Eine Gallup-Umfrage im Jahre 1987 ergab allerdings, daß 63 Prozent der Amerikaner die Fernsehprediger als »nicht vertrauenswürdig« bezeichneten; 23 Prozent nannten sie »vertrauenswürdig«. Seit den Skandalen um Jimmy Swaggart und Oral Roberts haben diese Gurus eine ungeheure Einbuße an Zuschauern hinnehmen müssen. Zwischen Februar 1986 und Juli 1988 ist nach Angaben der Arbitron Ratings Company die Zahl der Fernsehzuschauer, die Jimmy Swaggarts Sendung sahen, von 2,3 Millionen auf 836 000 zurückgegangen. Auch Jerry Falwells Show wird nicht mehr von 700 000, sondern nur noch von 284 000 Zuschauern gesehen.
Auch Robert Schuller, der persönlich nicht betroffen war, mußte schwere Verluste hinnehmen: Die Zuschauerzahlen seiner Sendung sanken von 2 Millionen auf 1,2 Millionen.
Gleichgültig, ob man die Moral und die Methoden dieser Leute für gut hält oder nicht, sie haben mehr als die meisten anderen erkannt, welche Möglichkeiten das Informationszeitalter bietet. Sie haben diese Chancen für ihre Belange genutzt – sei es nun zum schieren Geldverdienen oder wirklich zur Rettung von Seelen.

Die New-Age-Bewegung

Da sie weder Mitgliederlisten noch eine in sich geschlossene gemeinsame Philosophie oder ein Dogma hat, ist es schwierig, die weitgefächerte New-Age-Bewegung zu charakterisieren und zu beurteilen. Aber in jeder größeren amerikanischen oder europäischen Stadt sind die Buchhandlungen, die metaphysische Literatur führen, zu geistigen Zentren, zu Bildungsinstitutionen für Tausende von Menschen geworden, die auf der Suche nach Erkenntnis und Persönlichkeitserweiterung sind.
Etwa 5 bis 10 Prozent der amerikanischen Bevölkerung lassen sich

der New-Age-Bewegung zurechnen, so schätzen die Experten, obwohl solche Dinge immer schwer exakt zu schätzen sind. Wenn auch die Bewegung in den Bible-Belt-Staaten des Südens wenig verbreitet ist, dürfte der Anteil von New-Age-Anhängern in den Städten der Ost- und Westküste und im Südwesten sogar bei 12 bis 15 Prozent liegen.

Die meisten Anhänger dürften wohl der Ansicht zustimmen, daß die New-Age-Bewegung ihre Wurzeln im »Human Potential Movement« hat und daß sie im wesentlichen für eine Bewußtseinsschärfung im Bereich der Ganzheitlichkeit steht, für die unbegrenzten Chancen der Menschheit und für das Bestreben, die heutige Welt zu einer besseren zu machen.

Natürlich wird hier auch gleich eine abweichende Meinung laut: Das wahre Ziel, sagt Ken Eyer, Leiter der Northwest Foundation, die das Programm »A Course in Miracles« durchführt, »ist es nicht, die Welt zu verändern, sondern sich selber«.

New-Age-Gruppen hängen keiner orthodoxen Theologie an, aber viele haben den östlichen Glauben an die Reinkarnation übernommen. Im Unterschied zum jüdisch-christlichen Gott, der hoch über der Menschheit thront, dominiert in diesen Gruppen das Gefühl, daß die Menschheit am Göttlichen teilhat.

Das bringt natürlich die Fundamentalisten auf den Plan. »Diese Vorstellung, daß der Mensch irgendwie auch Gott sein soll, ist glatte Blasphemie«, würden wohl die meisten sagen. Aber noch im konservativsten Katechismus steht zu lesen, daß der Mensch das Ebenbild Gottes ist.

Doch ist eine gemeinsame theologische Basis der New-Age-Bewegung denkbar?

Channel-Medien

Die Fundamentalisten beherrschen vielleicht die Kabelkanäle, aber die Anhänger der New-Age-Bewegung haben überall ihre Channel-Medien – das sind Menschen, die behaupten, sie stellten ihren Körper und ihre Stimme als Werkzeuge zur Verfügung, damit Lehrer und Botschaften aus dem Jenseits sich dieser Welt vermitteln könnten. Manchmal kommen diese Medien dann in die Schlagzeilen.

Charlene Pittman aus Tampa ist ein Channel-Medium für einen

Geist, der den Namen Boyaed trägt, einen Lehrer, der im Jahre 324 in Indien geboren wurde.
Jack Pursel aus San Francisco ist das Channel-Medium für »Lazaris, den vollkommenen Freund«, und setzt im Jahr eine Million Dollar durch Seminare, Beratungen und den Verkauf von Videokassetten um. J. Z. Knight, eine Frau, ist das Channel-Medium von Ramtha, einem Mann, der 35 000 Jahre alt ist. Es soll Leute geben, die 1500 Dollar bezahlen, um ihre Seminare zu besuchen.
Für die meisten Fundamentalisten ist bei solchen Dingen der Teufel im Spiel. Es gibt allerdings auch Kritiker des Channelings in New-Age-Kreisen. Manche Gläubige sehen es sogar mit Besorgnis, wenn Menschen von ihren Medien so abhängig werden, daß sie alle Kritikfähigkeit verlieren und das Gespür für ihre innere Stimme. Man kann allerdings davon ausgehen, daß ein ernst zu nehmendes Channel-Medium einen wohl auffordern wird, sich Rat und Orientierung bei ihm zu holen, aber es wird auch darauf bestehen, bei Entscheidungen auf die innere Stimme zu hören.
Dr. J. Jordon Melton, Herausgeber der *Encyclopedia of American Religions,* schätzt, daß es in ganz Amerika vielleicht vier- bis fünfhundert Channel-Medien gibt. »Sie sind hauptsächlich in New York, Los Angeles und San Francisco zu finden, anderswo gibt es nicht viele«, sagt er.
Dr. Meltons Nachforschungen haben ihn offensichtlich nicht nach Colorado, New Mexico, Arizona, Florida oder Virginia gebracht – alles Brutstätten der New-Age-Bewegung, und in jedem dieser Staaten soll es unzählige Channel-Medien und andere medial veranlagte Menschen geben. Die Zahl der Channel-Medien allein in Los Angeles wird auf über tausend geschätzt.

New Age: ein ganzheitliches System

Die Religion ist nur ein Aspekt eines ganzheitlichen Glaubenssystems für das neue Zeitalter, für das die New-Age-Bewegung steht.
»Wir sehen diese Bewegung als eine neue, eine ganz andere Welt- und Lebensanschauung, als eine ganzheitliche Sicht des Lebens«, sagt Ralph White, der an einer der erfolgreichsten New-Age-Einrichtungen Philosophie lehrt, am Open Center in New York.

Die Bewegung umfasse, so sagt er, »ein enormes Spektrum, das den Körper, den Geist und die Seele mit einschließt. Einem geschärften Bewußtsein in Fragen der Ernährung, der Ökologie und der Wirtschaft kommt eine große Bedeutung zu, auch der Intuition des einzelnen wird ein starkes Gewicht beigemessen.«
Die New-Age-Bewegung bietet zu diesen Themenkreisen die verschiedensten Kurse an.

○ In Clearwater in Florida kann man an einem Seminar zum Problemkreis »Metaphysische und geistige Aspekte des geschäftlichen Erfolgs« teilnehmen.
○ Das Rainbow Reflection Light Center in Chicago hat in seinem Angebot Channeling-Kurse für 35 Dollar; für 75 Dollar kann man in fünf Unterrichtseinheiten lernen, wie man ein Wunderheiler wird.
○ In einem der letzten Hefte des *Yoga Journal* waren auf den Urlaubsseiten sechsundachtzig New-Age-Ferienseminare aufgeführt.

Das Open Center in New York bietet 2500 Besuchern im Monat Kurse über ganzheitliche Medizin an, Kurse über spirituelle Erkenntnis, psychologisches Verstehen und mentale Kreativität. Walter Beebe, Sozius einer Anwaltskanzlei in der Wall Street, gründete das Zentrum 1984 und beschreibt seine Klientel als Menschen, die »in ihrer überwiegenden Anzahl über einen hohen Bildungsstandard verfügen, genauso wie ich, und die ihr Leben mitten in der hochentwickelten westlichen Industriekultur als nicht mehr wirklich befriedigend empfinden«.
»Sie wünschen sich ein intensiveres, spirituell betontes Leben, ohne sich von einem Guru, einem Channel-Medium oder sonst jemandem abhängig zu machen, der oft nur ein Ersatz für ihre eigene Kreativität ist«, sagt er.
Zu den zweihundert Veranstaltungen des Sommerprogramms 1989 am Omega Institute in Rhinebeck im Staate New York kamen – nach Auskunft eines Sprechers des Instituts – achttausend Menschen.
Das erste amerikanische New-Age-Center ist das Esalen Institute in Big Sur in Kalifornien, das jetzt seit fünfundzwanzig Jahren eine bedeutende Einrichtung ist. Dort kann man Kurse sowie Übungen

in Bewußtseinstraining, Selbstbeherrschung, Kreativität, Massage und sozialer Interaktion absolvieren. Nach einem Aufenthalt in Indien gründete Michael Murphy Esalen als ein Zentrum, an dem der philosophische und religiöse Dialog zwischen Ost und West geführt werden konnte. Später spielte das Institut auch in den amerikanisch-sowjetischen Beziehungen eine zentrale Rolle.

Weltweit ist die 1962 gegründete Findhorn Community in Schottland das bekannteste New-Age-Center. Es wurde ursprünglich durch seine Erfolge im Anbau von Agrarprodukten auf äußerst kargem Boden bekannt. Heute finden in Findhorn internationale Konferenzen statt, die sich beispielsweise auch mit wirtschaftlichen und unternehmerischen Fragen beschäftigen.

Eine Kirche der New-Age-Bewegung?

Die Kirche oder die kirchenähnliche Organisation, in der sich die eklektizistischen Anhänger der New-Age-Bewegung am ehesten wohl fühlen könnten, ist die Unity Church, die wahrscheinlich größte nicht konfessionsgebundene Kirche Amerikas. Diese Kirche, die 1989 ihr hundertjähriges Bestehen feierte, verfügt über fünfhundert Pfarrstellen. Ihre sehr anregende Zeitschrift *Daily Word* und das *Unity Magazine* haben zusammen eine Auflage von 3 Millionen.

Doch es wird alles vermieden, was ihr den Anstrich einer New-Age-Kirche geben könnte. Für sie stehen gleichzeitig Jesus als der Erlöser *und* die Reinkarnation im Mittelpunkt ihrer Religion. Die grundlegende Schrift, an der sie sich orientiert, ist die Bibel.

Die Unity Church ist der kleinste gemeinsame Nenner, auf dem sich die New-Age-Bewegung und die Fundamentalisten treffen könnten. Nicht einmal Jerry Falwell könnte an den Veröffentlichungen der Unity Church Anstoß nehmen.

In der Avery Fisher Hall des Lincoln Centers wird seit mehr als zehn Jahren ein regelmäßiger Gottesdienst der Unity Church abgehalten. Bei den Gottesdiensten sind fast immer alle der dreitausend Sitzplätze besetzt.

Übereinstimmungen zwischen Prophezeiungen der New-Age-Bewegung und fundamentalistischen und alten Prophezeiungen

Heute, mitten in einer Welt der Laser- und Robotertechnik, in einer Welt, in der Channel-Sessions auf Video aufgezeichnet werden und fundamentalistische Prediger am Satellitenfernsehen auftreten, heute inspiriert das alte Symbol des Millenniums, des Jahrtausends, wieder unsere religiöse Phantasie. Alle Prophezeiungen, die von beiden Enden des Spektrums kommen und von Millionen Menschen zur Kenntnis genommen werden, enthalten ähnliche Visionen, die mit dieser Jahrtausenderwartung zusammenhängen.

Auch wenn die Anhänger der New-Age-Bewegung und die Fundamentalisten sich im allgemeinen nicht mögen, haben sie mehr miteinander gemeinsam, als sie zugeben möchten.

Die heutigen Fundamentalisten erwarten eine regelrechte Jahrtausendexplosion – mit Feuer und Schwefel und allem –, wie es in der Bibel steht. Für die New-Age-Leute hat das ganze einen High-Tech-Anstrich; einige Gruppen prophezeien, daß Raumschiffe die wenigen Erwählten eretten werden, bevor die endgültige Katastrophe eintritt.

Von Ruth Montgomery, die früher einmal als Journalistin aus dem Weißen Haus berichtet hat und heute spiritistische und okkultistische Bücher schreibt, heißt es, sie sei Channel-Medium für eine Gruppe übernatürlicher Geister, die wissen, was die Zukunft uns bringt. Sie sagen voraus, daß sich um das Jahr 2000 herum die Achsenlage der Erde verschieben werde. Danach trete eine Periode des Friedens ein, die tausend Jahre dauern werde. Sie behaupten, daß ein Antichrist, der schon geboren sei, zum mächtigen Weltführer aufsteigen werde.

In den letzten Jahren vor der Jahrtausendwende wird das Thema Weltuntergang immer wieder auftauchen.

In seinem Buch *The Late Great Planet Earth*, von dem 25 Millionen Exemplare verkauft worden sind, stellt der Prediger Hal Lindsey eine Verbindung zwischen den biblischen Prophezeiungen vom Ende der Welt und Ereignissen unserer Tage her.

Lindsey prophezeit, daß der Dritte Weltkrieg damit beginnt, daß Rußland und eine Allianz arabischer Staaten Israel überfallen werden. »Wenn die Schlacht von Armageddon ihren schrecklichen Höhepunkt erreicht«, schreibt er, »und wenn es so scheint, als würde alles Leben auf der Welt ausgelöscht – in genau diesem Augenblick wird Jesus zurückkehren und die Menschheit vor der Selbstzerstörung bewahren.«

Voraussagen wie diese, die von so verschiedenen Quellen kommen wie dem Channel-Medium Ruth Montgomery und dem Prediger Hal Lindsey, haben dazu geführt, daß ernsthafte Wissenschaftler wie Hillel Schwartz von der Yale University, ehemals Professor an der University of California in Berkeley und Verfasser des Artikels über »Millenniarismus« in der *Encyclopedia of Religion,* zu dem Schluß kommen können:

»Es sieht so aus, als erwarteten viele mit dem Jahr 2000 wirklich den Anbruch eines neuen Zeitalters.«

**Von Rom bis zum finsteren Mittelalter:
ein Rückblick auf die Jahrtausenderwartung**

Die endzeitlichen Jahrtausenderwartungen von Ruth Montgomery und Reverend Lindsey haben ihre Wurzeln in der Religionsgeschichte. Von den Frühchristen bis zu den Jahrtausendbewegungen des Mittelalters und der Reformation und bis hin zu den Zeugen Jehovas des 20. Jahrhunderts haben Menschen versucht herauszufinden, wann das Ende der Zeiten eintreffen würde, wie man es voraussagen könnte, wieviel Zeit ihnen noch bliebe und wie sie sich darauf vorbereiten sollten.

Um das Jahr 200 herum versuchte der gebildete Römer Hippolytos, ein früher Konvertit, seine Zeitgenossen davon zu überzeugen, daß das Ende um das Jahr 500 käme. Etwa um diese Zeit fiel Rom unter dem Ansturm der Barbaren, und das Weströmische Reich brach zusammen. Die wenigen, die ihn gelesen hatten, wußten, daß sich seine Prophezeiungen genau erfüllt hatten.

Im Lauf der Geschichte wurde der Beginn des Jahrtausendreichs, des Tausendjährigen Reichs, für das Jahr 1260 prophezeit, für 1420, 1533 (fünfzehnhundert Jahre nach Christi Tod), 1843, 1844, 1845, 1847, 1851 und 1914.

Aber die Anziehungskraft des Jahres 2000 ist einzigartig. Das einzige andere annähernd vergleichbare Datum war das Jahr 1000.

Die letzte Jahrtausendwende: das Jahr 1000

Kurz vor der letzten Jahrtausendwende, in den neunziger Jahren des Jahres 900, beherrschte die Welt nach Auskunft der meisten Quellen der Glaube an den Weltuntergang.

Vor einiger Zeit gab es unter Historikern eine Debatte darüber, ob diese Angst wirklich sehr weit verbreitet war. Aus dem Jahr 1000 existieren nur wenige, von Mönchen verfaßte Urkunden.

Einer dieser Autoren war der Abt von Fleury, der sich für die Klosterreform einsetzte und von 945 bis 1004 lebte. Er schreibt:

»Als ich noch ein junger Mann war, hörte ich in der Kathedrale von Paris eine Predigt über das Ende der Welt. Sobald die Zahl der Jahre die Zahl Tausend erreicht habe, wurde in dieser Predigt behauptet, werde der Antichrist erscheinen, und kurz darauf werde das Jüngste Gericht folgen.«

Davon aber wollte der gelehrte Abt nichts wissen: »Ich habe gegen diese Predigt mit aller Macht gestritten und habe Stellen angeführt aus den Evangelien, aus der Offenbarung und aus dem Buch Daniel.«

Obwohl einige Historiker sich auf den Abt berufen, wenn sie belegen wollen, daß die Angst vor einem Weltuntergang nicht sehr verbreitet war, sollte doch aus seinen Äußerungen der umgekehrte Schluß gezogen werden. Im Unterschied zu dem Abt waren die meisten Menschen arm und konnten weder lesen noch schreiben. Christentum und heidnischer Aberglaube existierten friedlich nebeneinander. Wenn die Priester vom kommenden Jahrtausend predigten, dann nahmen die Menschen das wohl einfach kritiklos hin, denn schließlich würde nach dem christlichen Kalender bald die magische Zahl von tausend Jahren seit der Ankunft Christi verstrichen sein.

Wenn man die Überzeugungen der Anhänger der New-Age-Bewegung und der neuen rechten Fundamentalisten bedenkt – eine Erscheinung mitten im Zeitalter der modernen Technik –, dann kann man eigentlich kaum mehr daran zweifeln, daß unsere weniger gebildeten Vorfahren Angst vor der Ankunft des Jahres 1000 hatten. Daß sie sich fürchteten, läßt sich historisch nachweisen.

Die Öffnung der großen Kirchen

Der Erfolg der unorthodoxen Kirchen ist nicht ganz ohne Einfluß auf die großen Konfessionen geblieben. Rückkehr zu den Grundlagen der Konversion. Öffnung der Kirche für Charismatiker, kirchliche Aktivitäten im Fernsehen, die Gründung von Gebets- und Bibelgruppen, Exerzitien und das Experimentieren mit alternativen Formen des Gottesdienstes – das sind einige der Dinge, mit deren Hilfe katholische, protestantische und jüdische Gemeinden versuchen, das religiöse Leben der Nation wieder zum Leben zu erwecken.
Jede der größeren amerikanischen protestantischen Gruppierungen unterhält ein Büro, das sich mit Fragen der Bevölkerungsentwicklung und der Bevölkerungsstruktur beschäftigt, sagt Chefredakteur Brad Edmondson von *American Demographics*. Die Presbyterianer fordern eine Rückkehr zu ihren evangelischen Wurzeln. Die Generalversammlung der presbyterianischen Kirchen hat ein Fünf-Jahres-Programm entwickelt, »Overture 95«, das 1990 anlaufen soll. Zweiundzwanzig der fünfunddreißig christlichen Konfessionen, die am *Congress 88* teilgenommen haben, finanzierten die Gallup-Umfrage von 1988; alle bezeichneten ihre Zusammenkunft als ein evangelisches Festival, auf dem deutlich geworden sei, daß sich der Schwerpunkt jetzt auf Konversion verlagere.

Charismatische Katholiken; »vom Geist erfüllte« Mitglieder der Episkopalkirche

In der katholischen Kirche zeigt sich der evangelische Einfluß darin, daß sie in ihren Reihen eine ausgewachsene charismatische Bewegung hinnimmt, die sich im Vergleich zu den Southern Baptists regelrecht zahm ausnimmt.
10 Millionen amerikanische Katholiken, etwa ein Fünftel, bezeichnen sich als charismatisch oder pfingstbewegt. Auch wenn sie ein bißchen unorthodox sein mögen, hat die Kirche sie nicht aus ihrem Schoß verstoßen und akzeptiert ihre Glaubensauslegungen. Für die Charismatiker steht die personale Beziehung zu Jesus Christus im Mittelpunkt ihres Glaubens.
Die charismatische Gebetsgruppe in Philadelphia veranstaltet und finanziert Sonderkonferenzen für charismatische Priester und

Gemeindemitglieder. An den Exerzitien im Juni 1988 nahmen hundertdreißig Priester teil, und 1988 kamen zur jährlich stattfindenden Charismatischen Kundgebung fünftausend Menschen. Allein in Philadelphia gibt es 166 katholische charismatische Gebetsgruppen.
Ein weiteres Zentrum der charismatischen Bewegung ist Darien in Connecticut. Das Buch *Miracle in Darien* beschreibt die charismatischen Erfahrungen in der dortigen St. Paul's Church. Etwa tausend Gläubige besuchen die vier Gottesdienste in der Kirche, und darum wird in der Gemeinde darüber beraten, ob man das Angebot nicht erweitern soll. Außerdem gibt es dort vierzig Bibelgruppen.
Die charismatische Bewegung befriedigt das Bedürfnis nach einer gefühlsbetonteren Religion.
Die Truro Episcopal Church in Fairfax in Virginia ist eine spirituell orientierte Kirche mit annähernd dreitausend Mitgliedern. Sie fördert das Gebet und die Krankenheilung. Sie richtet Bibelstudiengruppen ein und glaubt an »die Gaben des Heiligen Geistes und daran, daß sie ihren freien Ausdruck finden müssen«.
Die Gruppierung Faith Alive aus York in Pennsylvania veranstaltet im Jahr etwa hundert »Wochenenden der geistigen Erneuerung«. Diese werden von der Episkopalkirche – denen diese angegliedert ist – angeboten, stehen aber auch Angehörigen anderer Konfessionen offen. Bei solchen Gelegenheiten sollen sich die Teilnehmer gegenseitig mitteilen, welchen Einfluß Gott auf ihr gesamtes Leben hat und wie er in ihr Leben hineinwirkt.

Die großen Kirchen als High-Tech-Kirchen

Die großen Kirchen nutzen heute umfassend bereits die bestehenden Möglichkeiten, über die verschiedensten Medien ihre Gläubigen zu erreichen.
Das National Christian Network in Cocoa in Florida, das 2 Millionen Haushalte über Satellit und 5 bis 6 Millionen über Kabel erreicht, richtet sich an die katholischen, protestantischen und jüdischen Konfessionen. Das 24-Stunden-Programm besteht hauptsächlich aus Kommentar und Bibelunterricht. Es wird kaum um Spenden geworben.

In Fort Lauderdale in Florida befindet sich das Vision Interfaith Satellite Network, ein religiöser Fernsehsender, zu dessen Programm Predigten und Musik gehören, Filme, die sich mit interkonfessionellen Fragen beschäftigen, und Sendungen zu gesellschaftlichen Fragen. Zu den Betreibern des Senders gehören unter anderem: Adventisten, Mitglieder der Episkopalkirche und der griechisch-orthodoxen Kirche, Mennoniten, Katholiken, Presbyterianer, die Reformierte Kirche und die Evangelisch-Lutherische Kirche Amerikas.
The Faith Channel ist ein interkonfessioneller Kabelsender, der täglich 24 Stunden aus Louisville in Kentucky sendet. 75 Prozent aller religiösen Vereinigungen der Stadt sind an dem Sender beteiligt, darunter Southern Baptists, Katholiken und Juden.
Das interkonfessionelle Modell könne auch in anderen Städten funktionieren, meint Reverend Ben Armstrong, Direktor der National Religious Broadcasters, zu denen 1300 Sender gehören. Aber er räumt ein: »Baptisten und Katholiken tun sich schwer, wenn sie miteinander koexistieren sollen – das funktioniert nur mit einer gewissen Distanz.«
The Eternal Word Television Network (EWTN) von Mater Mary Angelica in Birmingham, Alabama, ist der älteste katholische Satelliten- und Kabelsender der Welt.
»Mitten in der Baptistenregion Amerikas und direkt hinter einem katholischen Kloster! Toller geht's ja wohl nicht mehr, oder? Da sage nochmal einer, Gott habe keinen Humor!« witzelt Mater Mary.
EWTN fing 1981 mit 200 Dollar an, und heute können die Sendungen von 12 Millionen Haushalten in fünfundvierzig Staaten gesehen werden. Mater Mary bittet nur zweimal die Woche – jeweils für etwa drei Minuten – um Spenden.

Marketing für die großen Kirchen

Die Wirtschaftsberater der Kirchen predigen das Evangelium vom gezielten Marketing.
»Die Kirchen müssen sich dem modernen Marketing gegenüber öffnen, wenn sie für die Babyboom-Generation attraktiv werden wollen«, sagte Jack Sims, ehemals Pfarrer und jetzt Wirtschaftsberater

für Kirchen in Placentia in Kalifornien. »Ich glaube, wenn die Kirchen drei einfache Dinge einführen könnten, dann wären innerhalb eines Monats 5 bis 10 Millionen junge Leute wieder im Schoß der Gemeinden.«

Die drei Vorschläge Sims lauten: Macht Werbung – damit die Leute wissen, wo die Kirchen sind; betont die Vorzüge des Produkts – Gemeinschaftsgefühl oder Kindergärten – und seid nett zu neuen Leuten, pflegt gute Kundenbeziehungen.

»Vielleicht ist Gott nicht tot, aber der Massenmarkt ist es«, stand kürzlich in einem Artikel in *American Demographics* zu lesen. »Die religiösen Institutionen Amerikas passen sich an einen veränderten Markt an, genau wie andere Dienstleistungsunternehmen auch.«

Diese Aussage ist ein absoluter Glaubenssatz für die Willow Creek Community Church in Illinois, der zweitgrößten protestantischen Kirche in den USA. Jede Woche besuchen in dem 15-Millionen-Dollar-Komplex 12 000 Menschen die Gottesdienste, bei denen christliche Rockmusik gespielt und eine Multimedia-Show gezeigt wird. Pastor Bill Hybels hat sich 1975 unter den Leuten in seiner Gegend umgehört, um zu erfahren, was sie in der Kirche erwarteten. Und jetzt kriegen sie es.

»**Wir haben uns entschlossen, uns den Wünchen des Kunden zu beugen, außer in Fällen, wo der Kundenwunsch im Widerspruch zur Heiligen Schrift steht**«, sagt er.

Die revolutionärste Form des Marketing ist das Telefonmarketing – wenigstens für Kirchen. Es klingt unglaublich, aber zwischen 1986 und dem Frühjahr 1989 wurden zweitausend neue Kirchen von neunzig verschiedenen Konfessionen durch Telefonmarketing »zusammengebracht« – das erfahren wir von Norman White, einem Spezialisten für Telefonmarketing, der die Firma Church Growth Development International gegründet hat und das Buch »*The Phone's for You*« herausgibt, einen Führer für Telefonmarketing im kirchlichen Bereich. Eine Kirche in Huntington Beach konnte zu ihrem ersten Gottesdienst 502 Besucher begrüßen, eine Kirche in Dallas beim ersten Mal gleich vierhundert Gläubige.

Die Arbeit Norman Whites orientiert sich im Prinzip an der »Ein-Prozent-Regel« des Drucksachen-Marketings. Man muß 20 000 Telefonate, Nachfaßbriefe und Besuche veranschlagen, um zweihundert

Menschen für den ersten Gottesdienst einer neuen Kirche zu mobilisieren. Beim zweiten Mal kommen im Durchschnitt noch 125 Gottesdienstbesucher.
Allerdings kann eine Gemeinde von hundert Mitgliedern die Kosten für eine Kirche und für den Unterhalt eines Pastors selbst bestreiten. Doch die Hälfte aller protestantischen Kirchen in Amerika zählten bei ihren Gottesdiensten fünfundsiebzig Besucher oder noch weniger, sagt Reverend C. Peter Wagner vom Fuller Theological Seminary.
Wagner hat in seinen Seminaren die Theorie gelehrt, wie man Menschen für eine Kirche gewinnen kann – »bis Norman Whan auf der Bildfläche auftauchte«, sagt er. »Der weiß wirklich, wie es gemacht wird. Wir haben unser letztes Ergebnis übertroffen und können seine Methode der Gemeindegründung nur empfehlen.«
Als er noch Leiter der Kirchenplanung für die Friends Church Southwest war, einem evangelischen Nebenzweig der Quäker im kalifornischen Whittier, gründeten Norman Whan und seine Mitarbeiter sechs Kirchen in Südkalifornien und Arizona, darunter die Desert View Friends Church in Hesperia in Kalifornien.
Die Aboite United Methodist Church in Fort Wayne, Indiana, war einer der großen Telemarketing-Erfolge außerhalb der Quäker-Gemeinde. Zum Eröffnungsgottesdienst am 6. Dezember 1987 erschienen 264 Besucher. Jetzt besuchen regelmäßig zweihundert Menschen die Gottesdienste, und es gibt zwei Sonntagsgottesdienste.
Whan macht Annäherungsversuche bei den anderen großen Kirchen, und er hat auch schon einige Anfangserfolge zu verzeichnen. »Wenn die großen Kirchen nur einmal unsere Vorstellungen anhören würden, dann könnten wir ihnen helfen«, sagt er. »Das Ganze entwickelt sich so rasant, daß wir glauben, wir können bis zum Jahr 2000 unser Ziel erreichen und 100 000 Gemeinden gründen.«
Einer der Gründe, warum die großen Kirchen seit Mitte der sechziger Jahre so viele Mitglieder verloren haben, liegt darin, daß die kleinen unabhängigen Kirchen sich leichter an die Bedürfnisse der Kirchgänger anpassen können, eine größere »Verbrauchernähe« haben.
»Das wirkliche Problem der Religionen in Amerika hat nichts mit Bakker oder Swaggert, Roberts oder Robertson zu tun«, sagt der Wirtschaftsberater Jack Sims. »Es hat damit zu tun, daß die Stifter

älter werden, die Einkünfte schrumpfen, der Marktanteil zurückgeht und der Markt sich verändert.«

Der Konsument der Jahrtausendwende: wirtschaftliche Aspekte der religiösen Renaissance

Läßt man den theologischen Aspekt einmal beiseite, dann haben Fundamentalisten und New-Age-Bewegung viele Gemeinsamkeiten als Konsumenten: Beide verdienen eine Menge Geld mit Büchern, Musik und Videos.

Die 60 Millionen Menschen, die sich selbst als Wiedergeborene Christen bezeichnen, sind ein ungeheuer großer Markt. Im Jahre 1975 hatte die Vereinigung Christlicher Buchhändler weniger als zweitausend Mitglieder. Heute sind es dreitausend, und die Vereinigung schätzt, daß es weitere zweitausend religiös orientierte Buchhandlungen gibt, die der Organisation nicht angehören. Das Geschäft blüht, und 1987 lag der Umsatz bei fast 1,5 Milliarden Dollar. Der durchschnittliche Umsatz der Buchhandlungen stieg von 155 000 Dollar im Jahre 1980 auf 257 000 Dollar im Jahre 1987. Der Gesamtumsatz für »christliche Produkte« – Videos, Musikkassetten, Geschenkartikel, Bücher – beträgt annähernd 3 Milliarden Dollar.

Das Sacred Melody Center in Syracuse im Staate New York ist kein gewöhnliches Ladengeschäft. Es war einmal ein 1100 Quadratmeter großer Drugstore, der zu einem Laden umgebaut worden ist, der sozusagen die Devotionalien unserer Zeit verkauft – Bücher, Bibeln, Bücher zur Eheberatung, Musiknoten, CDs, Kaffeetassen mit Bibelsprüchen, Videos und Puppen, die Bibelzitate von sich geben. Der Jahresumsatz liegt inzwischen bei 1,6 Millionen Dollar.

Es scheint, als kenne dieser Markt keine Grenzen: Im ersten Jahr nach der Einführung wurden von einer Zeichentrickserie, die biblische Themen für Kinder bearbeitete, bereits eine Million Videos verkauft, mit denen ein Umsatz von 20 Millionen Dollar erzielt wurde.

Zentralflorida – Vorreiter des Baubooms

In Florida, das ohnehin in vieler Hinsicht eine Vorreiterrolle einnimmt, hat die religiöse Renaissance einen außerordentlichen Boom auf dem Gebiet des Kirchenbaus ausgelöst. Die vierhundertfünfzig Kirchen Zentralfloridas sind offensichtlich nicht genug. »Unsere Mitgliederzahlen steigen so schnell an, daß wir sozusagen aus unseren Kirchen herauswachsen«, sagt Edward Thomas, ein Architekt aus Orlando, dessen Firma in Florida mehr als zweihundert Kirchen entworfen hat.
»Wir mußten die Leute in anderen Räumlichkeiten unterbringen, wo sie den Gottesdienst an Fernsehschirmen verfolgen konnten. Und das kann man ja eigentlich nicht mehr als Gottesdienst bezeichnen«, sagt Pastor Bill Marr von der First Baptist Church in Oviedo, die vor kurzem für 1,8 Millionen Dollar ein Gotteshaus mit achthundert Sitzplätzen gebaut hat.
Das 14-Millionen-Dollar-Kirchengebäude der First Baptist Church in Orlando bietet 6100 Menschen Platz. Die Carpenter's Home Church, die frühere Lakeland Assembly of God, hat vor kurzem ein Gotteshaus mit zehntausend Sitzen eröffnet.
Der 20-Millionen-Dollar-Bau der Calvary Assembly in Orlando umfaßt eine Kirche mit fünftausend Sitzplätzen, eine Kindertagesstätte mit zweiundzwanzig Zimmern, fünfundzwanzig Unterrichtsräume, ein Fernsehstudio, Übungsräume für Chor und Orchester, eine Hochzeitskapelle, eine Buchhandlung und einen Gebetsraum. In fünf Jahren hat sich die Mitgliederzahl von zwei- auf sechstausend erhöht.

New-Age-Marketing

Die New-Age-Bewegung verfügt über eine stattliche Anzahl von Anhängern; es sind 10 bis 12 Millionen, vielleicht auch 20 Millionen. Selbst wenn sie diese Zahl erreichen, werden sie von den Fundamentalisten mit ihren 60 Millionen Anhängern noch weit übertroffen. Aber warum soll man sich denn dann überhaupt um die New-Age-Leute kümmern? Die Antwort ist ganz einfach: Sie sind reich. 95 Prozent der Leser des *New Age Journal* haben ein College besucht, und ihr durchschnittliches Haushaltseinkommen liegt bei 47 000 Dollar.

Die Anhänger der New-Age-Bewegung bilden das wohlhabendste, am besten ausgebildete und erfolgreichste Segment der Babyboom-Generation.
Darüber hinaus ist ihr Einfluß auf die Kultur insgesamt sehr viel größer, als ihre Zahl vermuten läßt. Diese Gruppe, sagt John Garret vom SRI International Values and Lifestyle Program (VALS), »ist einer *der* Trendsetter in Amerika«.
Was einmal typische New-Age-Ideen gewesen sind, wird jetzt zunehmend sozusagen zum Gemeingut: Zwei Drittel aller Amerikaner sagen, sie hätten Erfahrungen mit außersinnlichen Wahrnehmungen, und 42 Prozent behaupten weiter, sie hätten schon einmal »Kontakt mit den Toten« gehabt, hat das National Opinion Research Council der University of Chicago ermittelt. Im Jahre 1973 lagen diese Prozentsätze noch bei 58 beziehungsweise 27 Prozent.
Die Hälfte der älteren Angehörigen der Babyboom-Generation ist das, was das VALS-Programm als »innengeleitet« bezeichnet. »Sie machen sich nichts aus den existierenden Religionen, also haben sie sich eine neue gemacht – eine New-Age-Religion, eine Religion, die im Einklang mit unserer Zeit steht«, sagt John Garret von SRI.
Die New-Age-Philosophie hat – wie schon gesagt – große Auswirkungen auf dem Verlagssektor. Bücher und Zeitschriften, die sich mit speziellen New-Age-Themen auseinandersetzen, sind in außerordentlicher Anzahl auf dem Markt erschienen. Zeitschriften wie *New Realities, Yoga Journal, East West Journal* und *New Age Journal* stellen Verbindungen zwischen Lesern im ganzen Land her.
Das *New Age Journal* charakterisiert sich selbst als »eine Zeitschrift, die den Lesern die neuesten Trends und Ideen vermittelt, vor allem auch die originellsten Denkansätze aus Ost und West ... beschreibt den Weg, auf dem Tausende versuchen, eine harmonischere Welt zu schaffen, indem sie nach geistiger Erfüllung streben, indem sie von sich und anderen das Beste verlangen, indem sie ihre Talente benutzen, um anderen zu helfen, indem sie nach neuen Möglichkeiten suchen, ihre Gesundheit zu verbessern und zu bewahren und indem sie zu Hause und am Arbeitsplatz befriedigendere Beziehungen aufbauen.«
Die Auflage betrug 1983 noch 50 000 Exemplare. 1988 lag sie bei 165 000.

Die erste Ausgabe der Gelben Seiten der New-Age-Bewegung in den USA hatte mehr als 450 Einträge, angefangen von »A Course in Miracles« bis zu »Zen Studies«. Die zweite Ausgabe hat 260 statt zweihundert Seiten und ist schon völlig ausverkauft.
Sophia Tavilas *New Age Marketing Opportunities* führt 456 New-Age-Publikationen auf und verzeichnet in 7000 Einträgen Verlage, Großhändler, elektronische Medien und Einzelhändler.
Die meisten Großstädte haben ihre eigenen New-Age-Publikationen: *Pathways* (Washington, D.C.), *Free Spirit* (New York City), *L.A. Alive* (Los Angeles), und *New Texas* (Austin).

○ Die Buchhandlung Bodhi Tree in West Los Angeles hat 30 000 New-Age-Titel am Lager.
○ Der Verlag Bantam Books hat die Produktion von New-Age-Titeln in den vergangenen zehn Jahren verzehnfacht.
○ Der-New-Age-Verleger- und Buchhändlerverband, der bei seiner Gründung im Juni 1987 nur 30 Mitglieder hatte, ist inzwischen auf nahezu 400 Mitglieder angewachsen.
○ Zwischen 1985 und 1989 hat sich nach Auskunft der New Age Publishing and Retailing Alliance die Zahl der New-Age-Buchhandlungen auf 4000 verdoppelt.
○ Ingram Book Co., ein riesiger Großhändler, stellte Ende 1987 einen »New Age«-Katalog mit 2000 Titeln zusammen, und sechs Monate später hatte sich der Umsatz um 20 Prozent erhöht.

Der Gesamtumsatz an New-Age-Titeln übersteigt jährlich 100 Millionen Dollar. New-Age-Schallplatten erzielen einen Jahresumsatz von 50 Millionen Dollar. Audio- und Videokassetten zur Bewußtseinserweiterung und ähnliche Dinge sind ein 300-Millionen-Dollar-Geschäft.

New Age für Unternehmen?

Amerikanische Unternehmen geben jedes Jahr schätzungsweise 4 Millarden Dollar für New-Age-Berater aus. Eine Untersuchung, die *California Business* bei fünfhundert Unternehmen durchgeführt hat, ergab, daß in mehr als 50 Prozent der Firmen bereits Techniken zu »Bewußtseinsentwicklung« Anwendung gefunden haben. Bei Procter & Gamble, TRW, Ford, AT&T, IBM und General Motors sind spezielle New-Age-Trainer eingestellt worden.

Krone-Training, ein New-Age-Training, wurde für alle 67 000 Beschäftigten von Pacific Bell of California zur Pflicht gemacht. Das hat zu einer ungeheuren Kontroverse und auch zu gerichtlichen Auseinandersetzungen geführt.

Wenn Programme, die eigentlich die private Sphäre der Religion und der Moral betreffen, im öffentlicheren Rahmen eines Unternehmens praktiziert werden sollen, dann ist die Wahrscheinlichkeit sehr groß, daß die Betroffenen dies als einen schweren Eingriff in ihre Intimsphäre empfinden. Aber wenn Sie bezweifeln, daß die New-Age-Philosophie auch in die letzten Bastionen der amerikanischen Wirtschaft vorgedrungen ist, dann nehmen Sie bitte diese Information zur Kenntnis: An der betriebswirtschaftlichen Fakultät der Stanford University sieht der Lehrplan für das Seminar »Kreativität im Unternehmen«, das von Michael Ray gehalten wird, Meditation, Sprechgesang und Traumdeutung vor. Auch Yoga, Zen und Tarotkartentechniken gehören in den Seminarplan.

Das Millennium als Metapher der Zukunft

Die religiöse Renaissance ist »ein weltweites Phänomen, das mit der Auflösung der Moderne zu tun hat«, sagt der Theologe Harvey Cox, der der Ansicht ist, daß sie auch »mit der Aufhebung des Glaubens, daß die Wissenschaft alle unsere Probleme meistern kann«, in Zusammenhang steht. Dieser Glaube wurde mit der industriellen Revolution geboren, mit der die Macht der Technik in unser Leben eingedrungen ist. Wenn sie für heilsame Zwecke eingesetzt worden sind, dann haben Wissenschaft und Technik die Menschheit mit fast gottähnlichen Kräften ausgestattet. Mit der Industrialisierung entwickelte sich das »Ideal des Fortschritts«, die Vorstellung, daß der wissenschaftliche Fortschritt dazu beitrage, daß auch das Leben und die Lebensqualität sich ständig verbessern.

»Von Voltaire bis Marx ist jeder Denker der Aufklärung davon ausgegangen, daß die Religion im 20. Jahrhundert verschwinden werde, weil sie ein Fetisch sei, ein Aberglaube«, sagt der Harvard-Emeritus Daniel Bell.

Wir haben in diesem Jahrhundert erlebt, daß das Ideal des Fortschritts dem wiedererstandenen Glauben gewichen ist. Die Anbetung der Wissenschaft und der Vernunft hat einer neuen Religiosität Platz gemacht, die besonderen Wert auf das Emotionale und das Nichtrationale legt.

Dieser Wandel ist allerdings erst eingetreten, nachdem wir den moralischen und spirituellen Tiefpunkt erreicht hatten. Die implizite Annahme des Fortschrittsideals war die Annahme, daß die Menschheit die Macht der Technik zum Nutzen des Lebens einsetzen werde, und nicht, um es zu zerstören. Das 20. Jahrhundert war Zeuge, wie diese Annahme zu nichts zerrann. Das Blutbad in den Schützengräben des Ersten Weltkriegs führte allen die Fähigkeit des Menschen zur Selbstzerstörung vor Augen. Das Ideal des Fortschritts zerbrach, als offenkundig wurde, daß die Technik Himmel und Hölle bedeuten konnte.

Über eine lange Zeit hinweg sah es so aus, als hätte die Hölle die besseren Aussichten auf den Sieg. In den Jahren nach dem Ersten Weltkrieg gab es wenig, das den zunehmenden Pessimismus hätte dämpfen können. Despotismus und Unterdrückung begleiteten den Aufstieg der Nazis und die Entfaltung des Kommunismus. Der Zweite Weltkrieg und die Erfindung der Atomwaffen bestätigten die schlimmsten Befürchtungen; die Werkzeuge der Selbstvernichtung waren jetzt vorhanden. Und wenn man die Geschichte betrachtete, konnte man nicht daran zweifeln, daß die Menschheit sie auch benutzen würde.

Ein neues literarisches Genre, die negative Utopie, entstand, das seiner Zeit vor Augen halten wollte, wohin die Entwicklungen der Gegenwart führen könnten. Zu diesem neuen Genre gehörte Aldous Huxleys *Schöne neue Welt* (1932) und George Orwells *1984* (1949). Die Filme *Metropolis* (1926) und *Moderne Zeiten* (1936) zeichnen das Bild einer Menschheit, die von der Technik und von politischer Unterdrückung beherrscht wird.

Die Zerstörung des Fortschrittsmythos war der Auslöser einer neuen Interpretation der Geschichte – Oswald Spenglers *Der Untergang des Abendlandes,* eine zweibändige düstere Analyse der Geschichte.

Kurz vor der Jahrtausendwende tauchen wieder Untergangsvisionen und negative Utopien auf.
Denn zum Symbolgehalt der Jahrtausendwende gehört die apokalyptische Schlacht zwischen Gut und Böse. Wird das Ende der Zivilisation, die uns vertraut ist, durch einen Atomunfall oder durch den Treibhauseffekt herbeigeführt? Durch chemische Waffen oder durch einen letzten großen Riß in der Ozonschicht? Erwarten uns Feuer und Schwefel, oder werden wir durch ein Raumschiff gerettet? Oder wird das Ende durch ein wildgewordenes Gen ausgelöst?
Das Millennium ist eine Metapher mit zwei Seiten: Auf der einen Seite steht eine von Menschen ausgelöste Apokalypse, die darauf hindeutet, daß die gottgleiche, scheinbar alles vermögende Technik in der Hand des Menschen die Umwelt zerstören oder zur atomaren Vernichtung führen kann.
Aber was ist, wenn – symbolisch ausgedrückt – der Antichrist schon erschienen ist, und zwar in Form der »Gott-ist-tot«-Philosophie, die nur die Wissenschaft anbetet und in der Erfindung von Waffen zur Massenvernichtung ihren vorläufigen negativen Höhepunkt findet, darin und in anderen Dingen, mit denen die Erde zerstört werden kann?
In diesem Fall ist eine Abwendung von der Wissenschaftsreligion und die Rückkehr zur Spiritualität, die sich in der religiösen Renaissance manifestiert, ein Zeichen, das Anlaß zu großer Hoffnung gibt. Wenn die Menschheit sich dazu entschieden hat, den Krieg und die Waffen zur Massenvernichtung überflüssig zu machen, dann kann eine geläuterte Menschheit sich an die Aufgabe machen, die Wunden der Umwelt zu heilen.
Der Beginn dieser neuen Epoche in der Geschichte, diese Rückkehr zum Glauben, ist ein Zeichen dafür, daß wir bereit sind, beide Seiten der menschlichen Natur anzunehmen. Wenn auch fundamentalistischer Eifer und der Eifer der New-Age-Bewegung zu Zeiten extreme Formen annehmen, so läßt sich das vielleicht als Teil eines größeren Prozesses definieren – als die Weigerung, das Leben nur unter dem Aspekt von Wissenschaft und Technik zu definieren.
Während das symbolische Jahr 2000 näherrückt, verwirft die Menschheit nicht die Wissenschaft, sondern durch diese neue Religiosität erfährt unser Bemühen, unser Leben und das Leben unserer Mitmenschen zu verbessern, eine spirituelle Bereicherung.

10 Der Triumph des Individuums

Das große, alles umfassende Thema am Ende des 20. Jahrhunderts ist der Triumph des Individuums. Der einzelne, der immer und immer wieder in diesem Jahrhundert vom Totalitarismus bedroht war, befindet sich ietzt in einer Lage, in der er stärker ist als je zuvor.
Es ist immer ein einzelner, der ein Kunstwerk schafft, eine politische Philosophie entwickelt, die Ersparnisse eines ganzen Lebens in einem neuen Unternehmen aufs Spiel setzt, einem Kollegen oder einem Familienmitglied durch Rat und Hilfe zum Erfolg verhilft, in ein anderes Land auswandert, eine religiöse Erfahrung macht. Es ist immer ein einzelner, der sich zuerst selbst verändert, bevor er sich daranmacht, die Gesellschaft zu verändern. Ein Einzelwesen kann Veränderungen sehr viel besser initiieren als die meisten Institutionen.
Die neunziger Jahre werden gekennzeichnet durch eine neue Achtung vor dem Individuum, das als die Grundlage der Gesellschaft und des Wandels gesehen wird. Der Ausdruck »Massenbewegung« ist eine falsche Bezeichnung, die den Sachverhalt nicht trifft. Denn ob Umweltbewegung, Frauenbewegung, Anti-Atom-Bewegung – immer sind die Anstöße zu Veränderungen im jeweils einzelnen Bewußtsein entstanden. Stets war es anfangs ein Einzelmensch, der begriff: Neue Wege sind möglich.

Individuelle Verantwortlichkeit

Das oberste Prinzip der New-Age-Bewegung ist der Lehrsatz von der individuellen Verantwortlichkeit. Er ist die westliche Version der alten fernöstlichen Lehre vom Karma, die besagt: Jede Tat hat Folgen, denen sich der Täter irgendwann stellen muß. So heißt es ja

schon in der Bibel: »Was einer sät, das wird er auch ernten.« Allerdings betont die Idee der indivuduellen Verantwortlichkeit die Gegenwart, das heißt, jeder steht für das gerade, was er tut.
Ganz offensichtlich ist das nicht die Art von Individualismus, die nach dem Motto »Jeder für sich« verfährt, der es darauf ankommt, daß die eigenen Bedürfnisse befriedigt werden, während alle anderen zum Teufel gehen können. Vielmehr steht eine Ethik dahinter, die das Subjekt an seine Verantwortung der Allgemeinheit gegenüber erinnert. Für die Bewahrung der Umwelt haften wir eben alle, genauso wie die Verhinderung des Atomkriegs oder die Beseitigung der Armut uns alle angeht. Dieser Individualismus erkennt aber auch an, wenn ein Mensch seine Befriedigung aus der beharrlichen Verfolgung eines Zieles zieht, ganz gleich ob in der Kunst, der Wirtschaft oder in der Wissenschft, denn letztlich dient er damit dem gesellschaftlichen Nutzen.

Globalisierung und Individualisierung

Die neue Ära des Individuums entfaltet sich zeitgleich mit dem Trend zur Globalisierung. In den neunziger Jahren wird viel Energie für die Verwirklichung eines einzigen weltweiten Wirtschaftsraums aufgewendet werden. Während wir an dieser Globalisierung arbeiten, gewinnen paradoxerweise die Individuen immer mehr an Gewicht und Macht. Diese Macht verstärkt sich auch durch die Medien. In einer Zeit des globalen Fernsehens – zwei bis drei Milliarden Menschen haben die Olympischen Spiele in Seoul gesehen – kann sich jeder einzelne mit Hilfe der audiovisuellen Technik sein eigenes Programm zusammenstellen. Das erhöht die Unabhängigkeit des Individuums.

Das Ende des Kollektivs

Der Triumph des Individuums bringt das Ende des Kollektivs mit sich. Sogar die kommunistischen Staaten sehen ein, daß nur der einzelne Wohlstand schaffen kann. Präsident Grobatschow hat gesagt, daß das, worauf es in der Sowjetunion ankomme, ein Sozialismus sei, der sich auf das Individuum stütze. Die Gewerkschaften räumen den Menschen für ihre individuellen Leistungen Belohnungen ein.

Das ist der Sieg individueller Verantwortlichkeit über die Anonymität des Kollektivs. In allen kollektiven Organisationen und Zusammenschlüssen, sei es in den Kirchen, in den Gewerkschaften, in der kommunistischen Partei, in Großunternehmen, in politischen Parteien, in Stadtverwaltungen und Regierungen, gibt es die Möglichkeit, sich vor der individuellen Verantwortung zu verstecken. Für einen Einzelmenschen besteht diese Möglichkeit nicht. Es gibt nichts, wohinter er sich verstecken könnte.

Vom Individualismus zur Gemeinschaft

Das bedeutet aber nicht die Verdammnis des Menschen zum unabwendbaren Alleinsein, denn der einzelne kann eine Gemeinschaft gründen, den freien Zusammenschluß von Individuen. In einer Gemeinschaft aber gibt es keinen Platz, an dem man sich verstecken kann. In der Regel weiß jeder, wer was zur Gemeinschaft beiträgt und wer nicht.
Individuen, das heißt Menschen, die bereit sind, Verantwortung zu tragen, suchen die Gemeinschaft. Wer der Verantwortung aus dem Weg gehen will, versteckt sich nur allzuoft im Kollektiv.
Die Philosophie der Gewerkschaftsbewegung, die fordert, alle Menschen gleich zu behandeln, steht in vollkommenem Widerspruch zu der heute vorherrschenden Ansicht, daß individuelle Unterschiede, speziell das unterschiedliche Engagement im Wirtschaftsleben, beachtet und honoriert werden müssen.

Unternehmer in einem globalen Wirtschaftsraum

Kleine Unternehmer haben großen, finanzkräftigen Firmen zum Teil Absatzmärkte abgenommen, auf denen Milliarden zu verdienen sind. Einzelne Unternehmer spielen in der Weltwirtschaft eine immer größere Rolle. Jahrelang bestritten – so eine Studie von BDO Seidmann, einer internationalen Steuerberatungsfirma – die 250 führenden multinationalen Firmen der Vereinigten Staaten 85 Prozent des Exports. Heute exportieren 80 000 amerikanische Unternehmen, darunter viele sehr kleine.

In nur einem Jahr – nämlich 1988 – haben sich die amerikanischen Exporte um 26 Prozent erhöht. In der Western Eye Press in Telluride, Colorado, sind nur zwei Personen beschäftigt (die gleichzeitig auch die Inhaber sind): Lito Tejada-Flores und Linde Waidhofer. In ihrem Büro, das in ihrem Haus untergebracht ist, produzieren die beiden ein buntes Verlagsprogramm – von Reiseführern bis zu Fotobänden – das sich gegen das traditionelle Verlags-Establishment in New York erfolgreich behauptet. Sie setzen und gestalten ihre Bücher auf einem Macintosh-Computer, produzieren auf ihrem Laser-Drucker gestochen scharfe Bilder, lassen ihre Bücher in Seoul und Hongkong drucken und verkaufen sie in die ganze Welt. Es kommt oft vor, daß Linde und Lito ein Buch – von der ersten Idee bis zum fertigen Produkt – in zwei Monaten produzieren – das ist ein Zeitraum, mit dem große konventionelle Verlage (bei denen vom fertigen Manuskript bis zum Buch durchschnittlich etwa neun Monate vergehen) auch nicht annähernd konkurrieren können. Hier sind also zwei Menschen, die sich von einem abgelegenen Bergdorf aus am Welthandel beteiligen – von einem Bergdorf, in dem sie aus ästhetischen Gründen leben und nicht aus wirtschaftlichem Zwang.

Neue Technologien haben die Bedeutung von Firmengröße und Firmenlage verändert und die Position des einzelnen gestärkt.

Das Unternehmertum hat Einzug in den Sozialismus, in die Politik, ja selbst in die Künste gehalten, wo Menschen der verschiedensten Neigung und Herkunft ihre Visionen für eine bessere Welt entwerfen. Künstler wie Robert Rauschenberg oder Christo verwirklichen ungeheure internationale Projekte, die mehrere Millionen Dollar kosten. Diese risikofreudigen und unternehmerisch denkenden Künstler schaffen nicht nur die Kunstwerke, sondern beschaffen auch noch die notwendigen Geldmittel. Ein unternehmerisch denkender Musiker wie Bob Geldorf organisiert überall auf der Welt Veranstaltungen, bei denen Unsummen an Geld im Spiel sind.

Das Unternehmerprinzip in der Politik

In den Vereinigten Staaten bestreitet niemand mehr einen Wahlkampf als Demokrat oder Republikaner; die Kandidaten treten als Einzelpersonen auf. Man braucht sich nur einmal das Rennen um die Präsidentschaft in den Vereinigten Staaten anzuschauen. In den Vorwahlen tritt jeder Kandidat als Einzelperson auf. Auf den Parteitagen im Sommer gibt die Partei dem Kandidaten ihren Segen, der das Rennen ohnehin schon gewonnen hat. Noch in den fünfziger Jahren waren bei den Wahlen auf regionaler und überregionaler Ebene die politischen Parteien die eigentlichen Kandidaten. Heute treten Einzelpersonen in den Vorwahlen gegeneinander an, und die Parteien bestätigen die Kandidaten, die gewinnen.

Viele Amerikaner sind von der traditionellen Politik der großen Parteien angewidert und beteiligen sich schon gar nicht mehr an den Präsidentschaftswahlen. Im Jahre 1988 lag die Wahlbeteiligung bei den registrierten Wählern bei nur 57,4 Prozent, während sie 1984 noch bei 59,9 Prozent und 1968 bei 67,8 Prozent lag. Nimmt man als Grundlage die *tatsächlich* Wahlberechtigten und nicht nur die registrierten Wähler, dann liegt der Prozentsatz noch viel niedriger.

Man braucht nur das Jahr 1984 zu betrachten. In den Vereinigten Staaten waren insgesamt zwei Drittel aller in ein Amt gewählten Personen Demokraten. Aber die Leute, die hier demokratisch wählten, haben mit 59 zu 41 Prozent Ronald Reagan gewählt. 1988 war es dasselbe. Zwei Drittel der vom Volk Gewählten waren Demokraten. In der Präsidentschaftswahl schlug George Bush seinen demokratischen Gegner Michael Dukakis aber trotzdem mit 53 zu 46 Prozent der Wählerstimmen.

Der Trend geht von der Parteipolitik zum politischen Unternehmerprinzip.

»Der neue Politikertyp hat das Parlament zu einer Institution gemacht, die unternehmerische Aktivitäten und persönliche Einsatzbereitschaft ermutigt« –, schreibt Burdett Loomis, Professor an der University of Kansas in seinem Buch *The New American Politician Ambition, Entrepreneurship and the Changing Face of Political Life.*

Auf dem Kapitol gedeiht der Individualismus. Es gibt gegenwärtig 535 Parteien im Kongreß.

Technologie als Stärkung des Individualismus

Als George Orwell seine große negative Utopie *1984* unter dem furchtbaren Eindruck Hitlers und Stalins entwarf, glaubte er, der Diktator der Zukunft würde den technischen Fortschritt dazu benützen, die Menschen noch mehr zu unterdrücken. Das war auch der gedankliche Ausgangspunkt von Aldous Huxleys Buch *Schöne neue Welt*. Diktatoren *müssen* Informationen kontrollieren, um an der Herrschaft zu bleiben, denn Wissen *ist* Macht.
Glücklicherweise ist es nicht so gekommen, wie Orwell und Huxley befürchtet haben. Statt dessen haben das weltweite Fernsehen und die Videos die Macht der Diktatoren begrenzt.
Es gibt heute immer weniger Diktatoren auf unserem Planeten, eben weil sie die Informationen nicht mehr kontrollieren und steuern können. Pinochet, der sich in Chile auf dem Rückzug befindet, ist nur ein aktuelles Beispiel. Im Zeitalter des globalen Fernsehens ist es für eine Regierung schwer, »freie Wahlen« zu versprechen und dann nicht Wort zu halten, wie das Beispiel des ins Exil beförderten Ferdinand Marcos lehrt. Die alten Männer in China haben es nicht darauf angelegt, daß die demonstrierenden Studenten vor laufenden Kameras niedergeschossen wurden, aber zehn Jahre früher hätten die Demonstranten den Platz des Himmlischen Friedens überhaupt nicht erreicht. Der Computer ist gewissermaßen der verlängerte Arm der einzelnen Bürger. Diese können mit seiner Hilfe die Regierung sehr viel effizienter kontrollieren, als die Regierung das Volk überwachen kann.
Gleichzeitig gibt es ja – in einer Zeit globalen Fernsehens – Audio- und Videokassetten, die es dem einzelnen ermöglichen, selber zu senden. In der Vergangenheit bestand bei Revolutionen oder Staatsstreichen die erste Handlung der neuen Regierung immer darin, den Rundfunk- und Fernsehsender zu besetzen. So waren der Sturz des Schahs im Iran und der endgültige Erfolg der polnischen Gewerkschaftsbewegung Solidarität erst durch die Kassetten möglich, die im Untergrund zirkulierten.
Globales Fernsehen und Videokassetten – das sind die zwei Strömungen des Informationszeitalters.
»Die Technik hat nicht etwa, wie Experten voraussagten, den Big Brother mit größerer Macht und Kontrollmöglichkeit ausgestattet,

sondern sie hat den Menschen die Macht wieder zurückgegeben«, schreibt George Gilder. »Und die ganze Welt wird von der schwindenden Kraft des Imperialismus, des Merkantilismus und der Planwirtschaft profitieren. Der einzelne besitzt heute Mittel und Wege zur Kommunikation und schöpferischen Arbeit auf allen Gebieten, die den Rahmen der Möglichkeiten, den Könige in alten Zeiten besaßen, bei weitem übersteigen«, sagt er.
Computer, Mobilfunk und Telefaxgeräte stärken das Individuum, statt, wie einst befürchtet, zu seiner Unterdrückung beizutragen. Fieberhaft suchen die Regierungen heute nach Möglichkeiten, den technischen Fortschritt für ihre Zwecke einzusetzen.

Vom Individuum zur globalen Vernetzung

Wir stehen erst am Anfang einer Entwicklung, in der die PCs weltweit miteinander verbunden werden. Dadurch entstehen gewaltige Netzwerke mit unzähligen Teilnehmern. So wie heute ein wahrhaft globales Telefonsystem mit über einer Milliarde *fest installierter* Anschlüsse existiert, in dem man sich jeweils direkt anwählen kann, so wird jetzt der Aufbau eines Mobilfunknetzes eingeleitet. Mit ihm können *Einzelpersonen* miteinander in Verbindung treten, ohne daß sie noch auf das jeweilige nationale Telefonsystem angewiesen wären.
In ein paar Jahren wird es möglich sein, jeden auf der Welt, der ein tragbares Telefon bei sich hat, direkt anzuwählen, ganz gleich, wo er sich gerade befindet. (Glücklicherweise lassen sich diese Apparate auch ausschalten.)

Telefaxgeräte

Telekopierer verstärken die Kommuniktion zwischen den einzelnen. »Warum soll man denn viel Geld ausgeben und auch noch einen Tag warten, wenn man etwas in ein paar Sekunden haben kann?« fragt Bill McCue von Public Fax Inc. Die Warteschlange, die sich einst vor dem Kopiergerät bildete, befindet sich jetzt vor dem Telefaxgerät. Dieses »Low-Tech«-Phänomen verbreitet sich schneller als irgendei-

ner seiner High-Tech-Vorläufer. Bis 1990 wird es in den Vereinigten Staaten insgesamt 5 Millionen Telefaxgeräte geben. Heute schon existieren öffentliche Telefaxstationen. Das Finanzamt akzeptiert Ihre Steuererklärung auch, wenn sie per Telefax hereinkommt.
Nach Schätzungen von CAP BIS International, einer Beratungsfirma, die sich im Telefax beschäftigt, wird man bis 1992 in den Vereinigten Staaten sogar über neun Millionen Telefaxgeräte verfügen können.
Haben Sie sich schon einmal gefragt, warum Telefaxgeräte so beliebt sind, während die Electronic Mail sich so schwer absetzen läßt?
Hier wirkt jenes Prinzip von High Tech/High Touch, das in *Megatrends* beschrieben wurde.
Man erhält über das Telefonsystem ein Telefax, das man aus der Maschine nimmt, zerschneidet, fotokopiert, mit Anmerkungen versieht oder mit dem man sonst irgendwie herumhantiert: High Touch. Man kann auch etwas mit der Hand schreiben oder zeichnen und es dann durch den Telekopierer übermitteln. Bei der Electronic Mail gibt es keinen High Touch, nur High Tech.

Der neue Trend: das Leben auf dem Land

Verbunden durch Telefone, Telekopierer und Computer, gestaltet ein neuer Menschentyp die amerikanische Landschaft neu. Da ihnen die neuen technischen Möglichkeiten die Freiheit geben, fast überall zu leben, entscheiden sich viele Menschen dafür, in Kleinstädten und auf dem Land zu leben. Ein neues elektronisches Herzland entwickelt sich in den Industriestaaten der Welt, besonders in den Vereinigten Staaten. Ländliche Gebiete mit einer hohen Lebensqualität sind durch die Technologie mit den urbanen Zentren verbunden, die wiederum mit den anderen Städten verbunden sind. Dieser Megatrend, der sich im nächsten Jahrtausend durchsetzen wird, ist der Grund für den Niedergang der Städte.
Die großen Städte in Europa, Amerika und Japan sind durch die industrielle Revolution entstanden. Die technische Infrastruktur unserer Städte beruht – so Professor John P. Eberhard, Leiter der Fakultät Bauingenieurwesen an der Carnegie Mellou University –

auf Erfindungen, die vor hundert Jahren gemacht worden sind: Rohrinstallationen, die Glühbirne, die elektrische Straßenbahn, Aufzüge, das Auto, die U-Bahn, das Telefon. Es ist erstaunlich, daß alle diese Dinge in den siebzehn Jahren zwischen 1876 und 1893 erfunden wurden.
Der Stand der technischen Entwicklung des 19. Jahrhunderts ermöglichte es, Güter mit der Eisenbahn und per Schiff billig über große Entfernungen zu transportieren, aber es war sehr teuer, Menschen auch nur über kurze Entfernungen zu befördern. Die Arbeiter wohnten in der Nähe ihres Arbeitsplatzes. Die wachsende Anzahl der Arbeiter verwandelte die Orte in immer größer und größer werdende Städte.
Durch das Automobil veränderte sich die Lage etwas, und viele Amerikaner und Europäer bezogen die Vorstädte. Heute wird die Elektronik, die dem einzelnen viele neue Möglichkeiten erschließt, abermals eine Veränderung bewirken: Wir werden von den Städten aufs Land hinausziehen. Zum erstenmal in der Geschichte ist der Zusammenhang von Arbeitsplatz und Wohnort überflüssig geworden.
Zum erstenmal seit zweihundert Jahren ziehen in den Vereinigten Staaten sehr viel mehr Menschen aufs Land als in die Städte. Im Nordwesten, im Westen, und im Südwesten, überall ziehen die Menschen aus Städten und Vorstädten in ländliche Gebiete. Sie verlassen die Städte aus Gründen der Lebensqualität. Auf dem Land gibt es weniger Kriminalität, vergleichsweise niedrige Wohnkosten, größere Erholungsmöglichkeiten und, was vielleicht am wichtigsten ist, ein neu entwickeltes Gefühl für kleinere Gemeinschaften.
Wir sind vor fünf Jahren nach Telluride in Colorado gezogen, ein winziges Bergdorf in der südwestlichen Ecke des Staates. Unser Haus und das 1200-Seelen-Dorf liegen in dreitausend Meter Höhe in einem steilen Canyon, in dem wir von hohen Bergen umgeben sind. Hier sieht es aus wie in den Schweizer Alpen.
Wenngleich wir sechs Stunden von Denver entfernt wohnen, haben wir durch unsere Computer, unsere Telefone und unseren Telefax eine so enge Verbindung zum Rest der Welt, als wären wir im Zentrum von London oder Tokio. Telluride hat die höchste Dichte von Apple- und Macintosh-Computerbenutzern auf der Welt, sagt Judi Kiernan, Gründungsdirektorin der Macintosh User Group in Telluride.

Hunderttausende von Amerikanern haben diesen Schritt ebenfalls getan und sind in eine ländliche Gegend mit hoher Lebensqualität gezogen. Das ist eine der großen, noch nicht erzählten Geschichten der achtziger und neunziger Jahre. Jack Lessinger, emeritierter Professor an der University of Washington, ist der Ansicht, daß im Jahr 2010 zwischen 30 und 50 Prozent der Angehörigen des amerikanischen und kanadischen Mittelstandes außerhalb der Städte und Vorstädte wohnen werden.

Die Bevölkerungsdichte in den Vorstädten hat seit etwa 1970 nicht mehr zugenommen. »Der Traum geht jetzt in eine andere Richtung«, sagt er und spricht von der fünften amerikanischen Bevölkerungswanderung.

Die erste Wanderung, sagt Professor Lessinger, fand zwischen 1735 und 1846 statt und verlief von den neu gegründeten Kolonien aus nach Süden. Die zweite Wanderung ging in Richtung Westen zu den Städten in den Tälern des Mississippi und Ohio: das war zwischen 1789 und 1900. Die dritte, zwischen 1846 und 1958, ging vom Land in die Stadt, während die vierte, zur Jahrhundertwende beginnend, von den Städten in die Vorstädte ging und besonders kennzeichnend für die Nachkriegszeit ist.

Die neue Landflucht ist nicht dasselbe wie das »electronic cottage«, der Arbeitsplatz zu Hause, wo die Leute an ihrem Computer arbeiten, statt in ein nahe gelegenes Büro zu gehen. Andererseits gewöhnen sich die Unternehmen erst daran, daß ihre Angestellten nicht immer anwesend sind, so ist der Weg für Arbeitsverhältnisse geebnet, bei denen Selbständige Auftragsarbeiten von Firmen übernehmen. Die Menschen, die heute in »electronic cottages« arbeiten, sind vielleicht schon die ersten Siedler im neuen Herzland der Elektronik.

Auch Menschen, die zu Hause eine Firma betreiben, werden wohl mit zu diesen Pionieren zählen. Nach Angaben der American Home Business Association gab es 1989 in den Vereinigten Staaten 14,6 Millionen Firmen, die als Ganztagsunternehmen im Haus oder in der Wohnung des Firmeninhabers betrieben wurden. Im Jahre 1995 werden es voraussichtlich 20,7 Millionen sein. »Lebensqualität ist der Preis, hinter dem die Menschen her sind«, sagt Thomas Miller, der 1980 eine Untersuchung hierzu durchgeführt hat.

Es liegt in der Natur der Informationswirtschaft, daß sie diesen Trend nicht nur erleichtert, sondern geradezu fördert. Nach Ansicht des Instituts für Zukunftsforschung an der University of Southern California könnten 1993 alleine in Berufen, die mit Computern zusammenhängen, 5 Millionen Amerikaner zu Hause arbeiten.

Das neue elektronische Herzland wird von Menschen bevölkert sein, die in ihrer Arbeit nicht an einen bestimmten Ort gebunden sind. Das werden beispielsweise Software-Programmierer sein, Wertpapierhändler, Übersetzer, Künstler und Schriftsteller. Menschen, die ihre Arbeit überall tun können und die sie in einer Umgebung tun wollen, die ihnen zusagt. Technologie und Informationstechnik machen das möglich. Wir werden uns nicht mehr in Städten und Vorstädten zusammendrängen, wie wir das noch im Industriezeitalter getan haben.

Gäbe es keine Städte, so wäre es aus verschiedenen Gründen heute notwendig, sie zu erfinden.

Das heißt: In den entwickelten Industrieländern wäre es nötig. In den Entwicklungsländern dagegen nehmen die Städte einen Umfang an, wie es ihn in der Geschichte der Menschheit noch nie gegeben hat. Im Norden ziehen die Menschen aus den Städten weg, und im Süden drängen sie in die Städte hinein.

Im Jahr 2000 wird es zweiundzwanzig Städte mit über 10 Millionen Einwohnern geben. Noch 1950 lagen fünf der zehn größten Städte der Welt in Europa und in den Vereinigten Staaten. Im Jahr 2000 wird es nur noch eine sein: New York, während die beiden größten – Mexico City und São Paulo – in Brasilien liegen werden.

Zur Jahrtausendwende verändert sich ein weiterer Maßstab: Die wirklichen Weltstädte werden nicht mehr die sein, die am größten sind, sondern jene, die am »intelligentesten« sind.

Computer werden Gebäude in »intelligente« Gebäude verwandeln, Gebäude, die sich selbst überwachen und lenken sowie ihre Bewohner mit der Außenwelt in Kontakt bringen.

Desweiteren gilt es, »intelligente« Häuser miteinander zu vernetzen. Mitsubishi Real Estate hat kürzlich diesen ehrgeizigen Plan realisiert und in Tokios Marunouchi-Bezirk fünfunddreißig Gebäude durch ein Netzwerk aus Glasfaserkabeln miteinander verbunden. Vernetzt man genug »intelligente« Gebäude miteinander, dann entsteht schon bald eine »intelligente Stadt«, die schließlich mit anderen Städten verbunden wird. Das sind die globalen Städte der Zukunft.

Die Konsumenten haben das Wort

Als der Schwerpunkt noch auf den Institutionen lag, bekamen die einzelnen, was den Institutionen paßte: Jeder erhielt dasselbe. Damit ist es nun vorbei. Der Aufstieg des Individuums hat zur Vorrangstellung des Verbrauchers geführt. Jahrelang ist behauptet worden, der Kunde sei König. Jetzt ist es wahr geworden. Als die Automobilindustrie noch in den Kinderschuhen steckte, gab es für die Käufer keinerlei Wahlmöglichkeiten, da es nur dasselbe schwarze Auto für alle gab. Heute ist es mit Hilfe des Computers möglich, fast ein ganz auf individuelle Wünsche zugeschnittenes Auto zu liefern. Wer einen Volvo kauft, hat die Auswahl unter mehr als 20 000 Kombinationsmöglichkeiten. Die computerisierten »Fließbänder« von heute ermöglichen die weitgehende Individualisierung von Produkten, so daß auf den Geschmack des jeweiligen Kunden eingegangen werden kann.

Der Triumph des Individuums und die Megatrends der neunziger Jahre

Achtung des Individuums und der Respekt vor dem einzelnen, das ist der rote Faden, der die hier beschriebenen Trends miteinander verbindet. Das Goldene Zeitalter, in dem die Menschen ihr tägliches Brot durch Kreativität und nicht mehr durch Schuften und Schwitzen verdienen, ist in den Industrienationen, in denen der ökonomische Aufschwung der neunziger Jahre jetzt einsetzt, bereits verwirklicht. In einer Informationsgesellschaft mit hohem Lohnniveau werden die Menschen für das bezahlt, was an ihnen einzigartig ist: für ihre Intelligenz und Kreativität und nicht etwa für ihre Muskelkraft. Was eine Person für ein Unternehmen leistet, wird durch ein auf ihre Bedürfnisse und Wünsche zugeschnittenes Paket aus diversen Zulagen und Wertpapieranteilen honoriert. Die Zeit der gleichförmigen

Gehaltszuwendungen eines Systems, in dem jeder gleich behandelt wird, ist vorbei.
Jeder, der gut ausgebildet ist, könnte ein Unternehmen leiten. Eine Führungspersönlichkeit ist jemand, der sich die Loyalität seiner Mitarbeiter durch seine Integrität verdient und der ein Klima schafft, in dem die Fähigkeiten jedes Mitarbeiters zur Geltung kommen können. Die Berufswelt erfährt eine Revolutionierung von oben: von aufgeklärten Unternehmern, die bereit sind, Eigentum zu teilen.
Hinter der Renaissance der schönen Künste steht immer der einzelne Künstler, der ein Werk schafft. Zwar kann dieses sehr wohl von einer Gruppe gewürdigt werden, letztlich kann es aber immer nur von einem Individuum erfahren und bewertet werden.
Kommunisten, Sozialisten und Länder mit ausgeprägten sozialstaatlichen Komponenten versuchen, ihrer Volkswirtschaft Starthilfe zu geben, indem sie individuelle Leistung und Unternehmertum fördern. Die Entstehung eines marktwirtschaftlich orientierten Sozialismus gibt den sozialistischen Ländern mehr Freiheit zum Experimentieren und gibt den einzelnen Bürgern mehr Raum für ihr Engagement. Die gängigen Vorstellungen von der gesellschaftlichen Verantwortung für den einzelnen Bürger werden sich im Zeitalter des Individuums verändern.
Die neue Verantwortung der Gesellschaft besteht darin, die Initiative des einzelnen zu belohnen.
Die große Herausforderung, die in dem Trend zu einem international homogenen Lebensstil und dem Gegentrend des kulturellen Nationalismus liegt, läßt sich in folgender Frage zusammenfassen: Wie läßt sich unsere Individualität bewahren, wenn so viele Kräfte und Einflüsse die Entwicklung zur Uniformität, zur Normierung, zur Gleichmacherei fördern?
Die Unverwechselbarkeit der individuellen Gene ist der wichtigste Baustein im Zeitalter der Biologie. Es wird an den ethischen Entscheidungen einiger Vordenker liegen, wann das neue Zeitalter der Biotechnologie einsetzt. Sie werden auch entscheiden müssen, ob die Menschheit geistig darauf vorbereitet ist. Dann allerdings werden Dinge möglich, von denen man früher nicht einmal zu träumen gewagt hätte. Beispielsweise die Suche und Korrektur krank vererbter Gene – wiederum ein Fortschritt, der den Wert des einzelnen Menschen betont.

Im Wiedererwachen der Religiosität spiegelt sich der Übergang vom Kollektiv der organisierten Religionen zur Individualität des Glaubens wider. Sei das nun der Glaube an einen Heiler, der Glaube an einen geistigen Lehrer oder an das Wort der Bibel. Nur das Individuum kann der Erfahrung des Transzendenten teilhaftig werden.
Der Machtzuwachs des Individuums wird allerdings nur langsam anerkannt werden.
Geschichtlich betrachtet, ist der Begriff der Macht mit Institutionen verknüpft, mit körperlicher und militärischer Stärke. Könige, Regierungen und Gott waren mächtig. Die einzelnen Menschen nicht. Ganz im Gegenteil, sie fühlten sich in ihrer Gesellschaft machtlos. Sie konnten sich nur behaupten, indem sie sich gegen die Tradition stellten, indem sie zerstörten, was nicht mehr gebraucht wurde, indem sie rebellierten.
Heute gibt es eine neue Möglichkeit: Der einzelne kann die Realität beeinflussen, indem er die Richtung erkennt, in die sich die Gesellschaft entwickelt. Wissen ist Macht, das ist oft gesagt worden. Selbst wenn man einen Trend nicht billigt – so wie Jeremy Rifkin, der sich gegen die Entwicklung der Biotechnologie stellt, so gewinnt man doch allein durch das Wissen um ihn einen Machtzuwachs.
Indem wir die zukunftweisenden Trends erkennen, statt auf die Kräfte konzentriert zu sein, die unsere Vergangenheit beherrscht haben, gewinnen wir neue Möglichkeiten, uns auf die Wirklichkeit einzulassen, die uns umgibt.

Schlußbetrachtung

Das sind sie also – die zehn wichtigsten neuen Trends des letzten Jahrzehnts vor dem Jahr 2000. An der Schwelle des neuen Jahrtausends, das schon lange das Symbol des Goldenen Zeitalters ist, haben wir die Chance hier und jetzt Utopia zu errichten.
Natürlich gibt es noch gewaltige Hindernisse zu überwinden – von der wirtschaftlichen Entwicklung der Dritten Welt über die Heilung der Wunden, die wir der Umwelt geschlagen haben, bis zum Sieg über Krebs und Aids. Durch die günstige Stoßrichtung der gegenwärtigen Megatrends haben wir aber die Chance, in diesem letzten Jahrzehnt mit den schlimmsten gesellschaftlichen Übeln fertig zu werden.
Die Entfaltung des weltweiten wirtschaftlichen Aufschwungs bildet die Grundlage zur Prosperität, zum Wohlstand für alle.
Reichtum hat noch nie zu immer größerer Habgier geführt, wie die Zyniker uns allgemein gerne glauben machen möchten. Auf der Werteskala, die der Psychologe Abraham Maslow aufgestellt hat, wird diese Tatsache klar und deutlich erklärt: Wenn die Grundbedürfnisse wie Obdach und Ernährung gesichert sind, dann gewinnen höhere Bedürfnisse an Bedeutung, wie das nach Zugehörigkeit, nach Leistung und nach Selbstverwirklichung – und das heißt auch nach Transzendenz. Diese Werteskala gilt für die Gesellschaft genauso als Ganzes wie für den einzelnen. Die Befriedigung der Grundbedürfnisse hat die Suche nach Sinn ausgelöst, die sich in der Renaissance der Künste und in der neuen Spiritualität ausdrückt.
Je mehr Länder zu Reichtum und Wohlstand kommen, um so mehr müssen sie nach neuen Feldern suchen, in die sie investieren können. Weniger entwickelte Nationen, in denen Arbeitskräfte billig sind, werden für solche Investitionen immer interessant sein. Sobald die vier Drachen in die Reihen der Industrienationen eintraten, nah-

men die Investitionen in Thailand – beispielsweise der Japaner – schlagartig zu. In Malaysia geschah dasselbe, wenn auch einige Beobachter fanden, daß die Philippinen mit ihrem höheren Bildungsstandard ein lohnenderes Ziel seien. Jetzt pumpen Hongkong und Taiwan Geld nach China hinein.

Der pazifische Raum hat die Theorie der kontinuierlichen Wirtschaftsentwicklung korrigiert, indem er die Periode der Industrialisierung übersprungen hat und gleich in die Phase der Informationswirtschaft eintrat, deren wichtigste Ressourcen nicht aus dem Boden kommen, sondern in den Köpfen von Menschen stecken.

Überall in der Dritten Welt setzt sich allmählich die Überzeugung durch, daß kleine private Unternehmen und die Freie Marktwirtschaft der Garant für Wohlstand sind. Die Umwälzungen, die in der Sowjetunion und auf wirtschaftlichem Gebiet auch in China zu beobachten sind, werden die Abwendung der Dritten Welt von der kommunistischen Planwirtschaft und die Hinwendung zu einem unternehmerisch orientierten Wirtschaftsmodell nur noch beschleunigen. Die kommunistischen Supermächte sanktionieren diese Wende, genauer gesagt: sie vollziehen sie selber auch.

Durch Wohlstand und Demokratie können schließlich militärisch ausgetragene regionale Konflikte beendet werden. Wohlstand ist ein wirklicher Friedensstifter der Welt. Wenn die Entwicklungsländer mit ihren Nachbarn Frieden schließen würden, dann könnten sie einen größeren Anteil ihrer Mittel in die wirtschaftliche Entwicklung investieren.

Die Geißel Aids und das Leid, das diese Krankheit verursacht hat, zeigen uns, wie wenig wir noch über unseren Körper und sein Immunsystem wissen. Aber heute, wo wir durch neue Methoden den Kreis des Erfaßbaren ständig erweitern, werden wir bald in der Lage sein, den Aufbau einer menschlichen Zelle vollkommen aufzuschlüsseln, sogar den DNA-Code selber.

Wir haben erst damit begonnen, uns mit einer ganzen Reihe neuer Methoden, dem lebenden Gewebe zu nähern. »Wir stehen gerade erst am Anfang unserer Erforschungen der Beziehungen innerhalb der Zelle«, wie zum Beispiel der DNA, mit biophysikalischen Methoden, schreibt T. George Harris, Chefredakteur von *American Health*. »Wir werden bald in der Lage sein, Viren und Bakterien zu bekämpfen, bevor sie Schaden verursachen können.«

Die Annäherung zwischen den Supermächten verringert die Wahrscheinlichkeit, daß ein regionaler Konflikt zu einem Weltkrieg eskaliert. Darüber hinaus können die USA und die UdSSR kein großes Interesse mehr daran haben, die von ihnen abhängigen Staaten zu irgendwelchen Konflikten aufzustacheln. Das verbessert das Klima für Konfliktlösungen, wodurch wiederum der Terrorismus an Gefährlichkeit verliert. Entwicklungsländer, denen es gelingt, ihre kulturelle Identität zu bewahren, werden stärker und haben eine geringere Motivation, einen terroristischen Schlag gegen den Westen zu führen.

Am Ende des Kalten Krieges steht ein neues Problem, das wir gemeinsam lösen müssen: die Umweltzerstörung. Obwohl einige Leute den Standpunkt vertreten werden, daß es dafür schon ein bißchen zu spät sein dürfte, hat es noch nie zuvor einen Wettbewerb zwischen Staatsoberhäuptern darum gegeben, wer die Führungsrolle in der Umweltpolitik übernimmt. George Bush möchte ein »Umweltpräsident« sein. Michail Gorbatschow ist in seiner historischen Rede vor den Vereinten Nationen immer wieder auf Umweltfragen eingegangen. Sogar Margaret Thatchers Äußerungen hören sich manchmal an, als kämen sie aus dem Munde eines Mitglieds der Grünen.

In der Zeit nach dem Kalten Krieg werden die USA und die Sowjetunion auf dem Gebiet des Umweltschutzes zusammenarbeiten, und sie werden neue, nicht ideologisch bestimmte Methoden finden, wie sich die Armut auf der Welt beseitigen läßt.

Das wichtige, entscheidende Symbol, das Millennium, das unser Denken bestimmt, läßt alles offen. Es kann das Ende aller Zeiten bedeuten oder den Beginn einer neuen Zeit. Doch wir glauben, daß die Würfel schon zugunsten des Positiven gefallen sind: Die Menschen haben sich mit ihrem Herzen und ihrem Verstand für das Leben und für die utopische Suche nach Frieden und Wohlstand für alle Menschen entschieden – ein Ziel, das wir heute ganz klar vor Augen sehen. Die Menschheit beginnt einen Wettlauf, der ein Jahrzehnt lang dauern wird, und sie hofft, daß sie am Ende dieses Wettlaufs im Jahr 2000 einen neuen Anfang machen kann.

Die neunziger Jahre werden eine ganz außergewöhnliche Zeit sein. Der Countdown 1992 – 1993 – 1994 setzt ein. Jetzt gilt es, sich bereitzuhalten: Wir haben alle einen Platz in der ersten Reihe beim Beginn des schwierigsten, aber auch des aufregendsten Jahrzehnts in der Geschichte der Zivilisation.

Dank

Dank muß zuerst derjenigen ausgesprochen werden, die ihn am meisten verdient, nämlich Joy Van Elderen, die die gesamten Recherchen für dieses Buch übernommen hat. Sie stellte eine Unzahl von Daten zusammen, spürte die entscheidenden Fakten in den Printmedien oder auch über das Telefon auf, prüfte und überprüfte immer wieder Tausende von kleinen Einzelheiten. Während der gesamten Recherche blieb sie überaus gut organisiert, stets freundlich und immer neugierig auf neue Aufgaben.
Adrian Zackheim von William Morrow war der beste Lektor, den wir uns wünschen konnten. Er brachte unsere Gedanken auf den Punkt und feilte mit außerordentlichem Sprachgefühl an unseren Formulierungen. Außerdem vertrat er unser Buchprojekt mit viel Enthusiasmus bei seinen Kollegen.
Wir waren sehr froh, mit Larry Hughes zusammenarbeiten zu dürfen und von seinen Einsichten und Vorschlägen zu profitieren.
Dank sind wir auch weiteren engen Mitarbeitern bei diesem Projekt schuldig. Unsere Assistentin Linda McLean Harned und unseren Agenten Rafe Sagalyn und Bill Leigh. Alle drei verschrieben sich diesem Werk von Anfang bis Ende.
Jerry Kline half uns, damit wir uns durch die riesige Menge von Informationen aus dem Bereich Biotechnologie zurechtfinden konnten.
Des weiteren möchten wir auch der John Naisbitt Group unseren Dank für ihre Kooperation aussprechen.
Die schönste Zeit, während wir dieses Buch schrieben, war die, die wir nicht vor dem Computer verbringen mußten, sondern in Telluride in Colorado verbringen durften. An einem Wochenende im Februar 1989 luden wir eine Reihe von Freunden zu uns nach Hause ein. Aus Brasilien reisten Oscar und Leiko Motomoro an, aus Schweden kamen Eva und Gustaf Delin, Eva und Lennart Boksjo, Sven

und Solveig Atterhed sowie Klas Mellander und Margareta Barchen. Die amerikanische Seite vertraten Claire Ryle Garrison und Jim Garrison, Kathy und Steve Rhinesmith und Linda McLean Harned. Steve und Jim lasen unsere Ausführungen kritisch und machten Anmerkungen zu unserem Manuskript. Jeden Morgen präsentierten wir, die Autoren, zwei Kapitel des Buches und diskutierten darüber. Am Nachmittag machten unsere Gäste die Skipisten unsicher, während wir uns die Köpfe heiß redeten, wie wir ihre großartigen Gedanken in unsere Arbeit aufnehmen könnten.

Wir hatten das Glück, weitere kenntnisreiche Leser zu haben, den Historiker David MacMichael, den Marketingspezialisten und Politiker Tom Mathews sowie Norman Macrae, der lange Zeit Chefredakteur des *Economist* war und nun pensioniert ist.

Letztlich richtet sich unser Dank an alle Freunde und alle, die wir gerne mögen, auf deren Unterstützung und Verständnis wir angewiesen waren.

Wir erinnern uns gerne an die warmherzige und lebendige Zusammenarbeit mit allen Beteiligten.

John Naisbitt
Patricia Aburdene

Register

Abkommen zur Begrenzung der Atomwaffen 12
Able, Edward 85
Adams, John 80
Adams, Tom 112
Adventisten 344, 353
Aetna Life & Casualty 300
Afghanistan 33, 37
Aganbegyan, Abel 122, 216
Agnos, Art 262
Aid to Families with Dependent Children (AFDC) 218
AIDS 14, 389f.
Aktionäre 201–208
Alabama Shakespeare Festival 77
Alabama Symphonic Orchestra 94
Alaska 27
Albumin 322
Alpha Interferon 332
Altenfürsorge 298f.
Altizer, Thomas J. J. 345
Amerikanisches Handelsdefizit 38–42
Amerikanisches Haushaltsdefizit 38ff.
Anderson, John 259
Anderson, Walter Truett 194
Angola 208f.
Antchrist 374
Anti-Dumping-Maßnahmen 63
Apple Computer 82, 289
Appleton, Arthur 94
Aquino, Corazon 204, 305
Arbeitnehmer 292f.
Arbeitskräftepotential 296

Arbeitsplätze im Bereich der Kunst 95ff.
Arbeitsplätze in der Informationswirtschaft 47ff., 56ff., 278f.
Arbeitsverträge, befristete 296
Arena Stage 105
Argentinien 23, 32, 204
Armani, Giorgio 166
Armstrong, Ben 365
Armstrong, Terry 292
Armut 54f.
Artificial Intelligence Corporation 290
Arts & Entertainment Network (A & E) 111
Arzneimittel, biotechnologische 322
Ashley, Laura 169
Assemblies of God 353
Association of Art Museum Directors 87
Atatürk, Kemal 155
Atkins, Charles 221
Atlass, Faith 95
Atomenergie 311
Atomwaffen 15, 313, 374
Audio Description 97f.
Auslandsinvestitionen 42ff.
Austin, Don 84
Australien 23, 29, 43, 254
Averitt Express Inc. 293
Avery, Robert 51
Ägypten 27

Baby M. Case 342

395

Babyboom-Generation 76, 106, 285, 299, 343, 352f., 370
Bach Festival 81
Baker, Jim 354
Baker, Tammy 354
Balcerowitz, Leszek 145
Balitmore, David 312, 329
Ball, Frank 166
Baltimore Symphonic Orchestra 90
Banken, japanische 231, 265, 273
Baryschnikow, Michail 112
Basically Beach Festival 81
Batista, Bobbie 143
Beebe, Walter 358
Beenstock, Michael 211
Befruchtung, künstliche 320f.
Belgien 71
Bell, Daniel 373
Benedetti, Carlo De 68
Benetton 167f.
Benin 208
Bennet, Alan 316
Bennigsen-Foerder, Rudolf von 22
Benovaich, Claude 163
Bergé, Pierre 166f.
Bernstein, Leonard 82
Bevölkerungsentwicklung 26, 33f.
Bevölkerungszuwachs 26
Bewußtseinsentwicklung 372
Bhutto, Benazir 204, 306
Biffen, John 199
Bildungspolitik des Pazifischen Raumes 255–258
Bildungsstandards 283
Binnenmarkt 1992 64ff., 73
Biochip-Forschung 335
Biofundamentalisten 312
Biotechnologie 307–342
Biotechnologie in den USA 333f.
Biotechnologie in der Landwirtschaft 317ff.
Biotechnologie in Japan 334f.
Birch, David L. 91
Birmingham Musem of Art 94
Bismarck, Otto von 225
Bismarcksches System 225f.
Black Muslims 350
Blackline Disease 318

Bliath, Richard 233
Bluestone, Barry 48f.
BMW 107, 109
Bock, Richard A. 319
Bok, Derek C. 339
Bourassa, Robert 207
Bourbeillon, Elain 164
Börsenkrach 39f.
Brandt, Willy 151
Brasilien 23, 27, 29, 32, 34
Brasse, Valerie 211
Brinster, Ralph 324
Broadway Theatre 78
Brossa, Joan 191
Brown, Tom 263
Brundtland, Gro Harlemm 306
Bruttosozialprodukt (BSP) 37ff., 44, 231
BST (Bovine Somatropin) 321f.
Bugueno, Jorge 208
Bundesrepublik Deutschland 34f., 37, 39, 43, 64, 71, 88, 99, 279, 301, 305
Bunich, Pawel 127
Bureau of Labor Statistics 288
Burlatski, Fjodor 131f.
Burows, Elizabeth 359
Bush, George 34, 38, 248f., 379, 391
Bücher 83f.

California Museum of Sience and Industry 103
Callas, Maria 112
Campbell, Joseph 346
Canon 63f.
Cardin, Pierre 166
Caribana 81
Carlzon, Jan 22, 280, 291f., 303
Carnegie Institute, Pittsburgh 103
Carper, Joseph 102
Carter, Jimmy 20, 50
Carvenale, Anthony Patrick 293
Cavaca, Silva Anibal 205
Cebrián, Juan Luis 69
Center for the Art, Orono 93f.
Centre George Pompidou 89, 91
Chagall, Marc 92

Chakrabarty, Ananda 329
Chancengleichheit 306
Chandler, Mark 262
Channel-Medien 356f., 361
Charismatische Bewegung 343, 353, 364
Chase, Ronald 261
Chen, Edward 253
Chen, Zizi 248
Chennault, Anna 249
Chennault, Claire 249
Cheong, Stephen 238
Chicago Art Institute 87
Chicago Field Museum of Natural History 102
Chile 32, 207f.
China 27, 34, 123, 129–132, 234, 237f., 244–251
Christian Church 352
Christian Science 344
Christie's 86
Christo 379
Chruschtschow, Nikita 131
Church of God Assemblies of God 353
Church, Glenn 310
Churchill, Winston 203
Cincinnati/New Orleans Ballett 82
Cipolla, William F. 183
Cleveland San-Jose Ballett 82
Climcher, Arnold 86
Club of Rome 20
Coca-Cola 41, 153, 270
Code, genetischer 326
Cody, Edward 155
Cohn, Norman 344
Colgate-Palmolive 300
Colitt, Leslie 140
Collaborative Research 327, 329
Colorado Ballett 82
COMECON 73
Commoner, Barry 312
Computer, denkende 308
Computer-Virus 307
Conable, Barber 248
Conran, Terence 169
Conway, Terence 159
Cooper, Michael 295
County Museum 86
Cowper, Steve 259
Cox, Harvey 344, 373
Crittenden, Lyman B. 337
Cuomo, Mario 224
Cymraeg 188
Czerniak Mike 293

D'Antonio, William 348
Dalinsky, Diane 300
Dansouree 97
Darakananda, Damri 253
Darwin, Charles 342
Davates, Nicholas 111
Davies, Emlyn 188
Dayton Hudson 107
Dänemark 68, 301
De la Renta, Oscar 164
Delors, Jacques 65
Delun, Li 172
Demokratie 31f., 66
Demokratiebewegung der Studenten in China 129f., 154f., 247
Demokratisierung 31f.
Deng Xiaoping 130f., 133, 244, 246, 248, 250
Denkmodelle, biologische 307
Denkmodelle, physikalische 307
Deutsche Demokratische Republik 148f.
Diefenbach, John 154
Dienstleistungsgesellschaft 47
Disharoon, Les 90f.
Djondo, Koffi 209
DNA (Desoxyribonnucleinsäure) 326ff., 335
DNA Plant-Technology 316f.
DNA-Sequenz 335
Dodds, John 314
Doi, Takako 306
Domino's Pizza Inc. 161, 292
Doppeltes Defizit 36, 38f.
Dowling, Michael J. 223
Draghi, Stefano 213
Drexler, K. Eric 336
Drucker, Peter F. 283
Dukakis Michael 50, 220, 379

Eastman Kodak Company 326, 332
Eberhard, John P. 383
»Economist« 34, 43, 53, 99, 174, 187, 231, 276, 312, 331, 334, 338
Ecuador 255
Edelman, Asher B. 87
Edmondson, Brad 363
EFTA 182
EG und Japan 63f.
EG-Beitritt 72f.
EG-Markt im Vergleich zum US-Markt 61f.
EG-Mitgliedsländer 68–71
EG-Steuerpolitik 67
Egan, John 202
Ehrenreich, Barbara 51
Ehrlich, Paul 20
Eiffler, Edward 359
Eindämmung der Kriegsgefahr 32f., 35
Einfuhrbeschränkungen 65
Einheitliche Europäische Akte 60f.
Einkommensentwicklung 52f., 55f.
Einkommensteuersenkung 28ff.
Einwanderung 263
Einzelhandelsumsätze 49
Eisenhower, Dwight D. 37
Eiweißchemikalien 309
Electronic cottage 384f.
Elkhorn Music Festival 81
Employment and Training (ET) 220
Energiekrise 27f.
Energiequellen 27f.
Entspannungspolitik 32
Episkopalkirche 347, 350, 364f.
Erbschaft 52f.
Erdöl 27f.
Erfindungen, biomolekulare 308
Ericksen, Julia 256
Erneuerung, religiöse 343–375
Erster Weltkrieg 38, 374
Erziehung, religiöse 352f.
Esalen, Michael Murphy 359
ESPN 113, 294
Esprit 168f.

Eßkultur, internationale 158–164
Ethik, biomedizinische 339ff.
Ethik, biotechnologische 336–339
Ethikunterricht 339f.
Eugenik 311, 328f.
Europäische Gemeinschaft (EG) 58–74
Europäische Kommission 60, 63, 65
Europäischer Freiverkehrsmarkt 63
Europäischer Geldmarkt 62f.
Europäischer Gerichtshof 61
Europäisches Institut für Molekularbiologie 335
Evangelische Christen 353
Ewing, Bill 298
Expansion des Pazifischen Raumes 230ff., 232–235, 264ff.
Expansionismus, sowjetischer 33
Export 266–270
Eyer, Ken 356

Faberg, Karl 115
Faktor 9 322
Falwell, Jerry 354, 360
Fast Food 160–163
Faulkner, William 192
Federal Express 211
Feedbacksysteme 307
Fernsehen 174–177, 380f.
Ferrara, Peter 210
Festung Europa 64f.
Feynman, Richard P. 336
Film 171f.
Finanzdienstleistungen 62f.
Fine Arts Express 97
Finnland 72
First, Neal 337
Fitzgerald, F. Scott 192
Flexibilität im Unternehmen 295ff.
Fluggesellschaften 303f.
Foldesi, Istvan 140
Fontein, Jane 103
Foo, Eddie 242
Fortier, Pierre 207
Fortune 500, 288, 295

Fowler, Gary 241
Fox Theatre 104
Foxley, William 90
Franco, Francisco 191 f.
Franglais 184
Frankenstein 338
Frankreich 35, 39, 43, 64, 69, 99, 205, 278
Frantz, Justus 77, 82
Frauen als Unternehmerinnen 290 f.
Frauen in Führungspositionen 288 ff., 302
Frauen und Kirche 346
Frauen und Wissenschaft 277 ff.
Frauenanteil in qualifizierten Berufen 289
Frauenerwerbstätigkeit 287 f.
Freedom House 32
Freihandel 23 f., 35, 48, 60, 64 f.
Freihandelsabkommen 23 f.
Fremdsprachenunterricht 183 f.
Frieden 32 f.
Frieden von Angola 32
Friedman, Milton 39, 44, 145
Frische-Chip 308
Frostban 312
Fundamentalismus, islamischer 155, 186 f., 343
Fundamentalismus, religiöser 354 f.
Fusionspolitik 64 f.
Führungspersönlichkeit 280 f., 286
Führungsstil 277, 281 f., 285 ff., 291–295

Galbraith, John Kenneth 149
Gandhi, Rajiv 182
Garret, John 370
Geep 324
Geldhandel, freier 62
Gelman, Alexander 128 f.
Gen-Sonden 328 f.
General Electric 329
Genetech Inc. 332
Genmanipulation 309–330
Genomprojekt 327
Gensplicens 324
Gentechnologie 311–330
Gentechnologie und Mensch 326 f.
Gentransplantation 324
Geremek, Bronislaw 146
Gesellschaftsvertrag 125 f.
Gesetz über Staatsbetriebe 125
Gesetzgebung zur Biotechnologie 311
Geyer, Georgie Anne 178
Gilder, George 381
Ginsberg, Mitchell J. 223
Glasfaserkabel 24 ff., 386
Glasnost 124 f., 128, 134, 147
Glaubensgemeinschaften 350 f.
Glaubenssystem, ganzheitliches 357 ff.
Gleason, Michael 97
Globalisierung 45, 376
Goeudevert, Daniel 23
Gogh, Vincent van 84
Goldküsten-Programm 246 ff.
Gonzalez, Felipe 122
Goodland Carnegie Arts Center 95
Gorbatschow, Michail 31 f., 34, 36, 119 f., 122–137, 147, 194, 254, 376, 391
Gorbatschow, Raissa 167
Gorbatschows Revolution 122–137
Gordon, David 50
Gore jr., Albert 311
Gore, Bill 280
Graff, Jeff De 293
Grand Canyon Music Festival 81
Gray, Paul 97
Great Society 55, 99, 217 f.
Green, Graham 192
Greenspan, Alan 30
Griechenland 71
Grimes, William 294
Gromyko, Andrei 134
Großbritannien 28 f., 35, 43, 64, 70, 99, 197–203, 205, 278, 301
Grüne Revolution 26
Grünen, Die 34, 66, 311
Guggenheim Museum 87, 89, 107
Gyllenhammar, Pehr 22

Habitat/Conran's 169f.
Haley, John 264
Hamilton, Lee H. 92
Handelsbarrieren, asiatische 271f.
Harris, Louis 111
Harris, T. George 389
Harrison, Bennett 48f.
Harrods 164f.
Hawke, Bob 122
Hay, John 229
Heimarbeit 296
Heinz Japan 268
Herzlinger, Regina 302
Hiatt, William 316
High Museum 87
High-Tech-Kirchen 354, 365f.
Hinduismus 351
Hippolytos 362
Hirano, Susan 159
Hirshorn Museum 89
Hitler, Adolf 13, 328, 380
Ho, James 262
Holbrooke, Richard 254
Holladay, Wallace 90
Holladay, Wilhelmina 90
Hollywood Bowl 81
Homer, Winslow 90
Hongkong 234, 236ff.
Hoos, Janos 138
Horton, Thomas 303
Hoving, Thomas 86f.
Human Potential Movement 351, 356
Hunter, Tauna 97
Hutton, E. F. 82
Huxley, Aldous 374, 380
Hybels, Bill 366
Hypo-Kunsthalle 115

Iacocca, Lee 171
IBM 41, 107, 117, 295, 299
Idealismus, metaphysischer 345
IKEA 170
Ikeda, Makoto 253
Il Sik Sam Choe 351
Imperial overstretch 36f.
Impfstoffe 329f.
Indien 27

Individualisierung 376
Individuum 121, 375-394
Indonesien 31
Industriezeitalter 289
Inflation 30, 35
Informationsgesellschaft 47–58, 282
– industrie 282
– system, internationales 24f.
– wirtschaft 49, 55f.
Ingersoll, Robert S. 273
Intelligenz, künstliche 308, 339
Interferon 307
Investitionen in Biotechnologie 331ff.
Iran 186f.
Iranisch-irakischer Krieg 32
Irland 70
Isozaki, Arata 86, 101, 234
Italien 35, 43, 64f., 68, 212ff., 311

J. Paul Getty Museum 85f.
Jackson, Michael 182
Jacquet jr., Constant 348
Jahrtausendreich 345, 362
Jahrtausendwende 344f., 347, 362
Japan 29, 31, 35, 37, 39–46, 232–235, 256, 267, 277, 305
Japlish 184
Jaruzelski, Wojciech 144f.
Jaynes, Jesse 314f.
Jedlicka, Judith A. 96
Jenning, Eugene 289
Jiang Zemin 246
Job-sharing 296, 301
Joffrey Ballett 82
Johansson, Leif 153
Johnson, Lyndon B. 99, 217
Joint Economic Committee (JEC) 48, 51
Jones, Carol 264
Jordan, Robert B. 332
Juden 343
Jugendkultur, internationale 153, 167, 172, 182
Junior Eisteddfod 189
Jüdische Gemeinde 352
Jüdische Religion 344

Jünger Christi 347

Kagami, Toshio 173
Kaku, Ryuzaburo 63f.
Kalifornien 259–263
Kalkstein, Suzanne 102
Kalter Krieg 13, 35, 37, 76
Kamehorn 253
Kanada 35, 43, 189ff., 205, 207, 278, 321
Kanawa, Kiri Te 113
Karan, Donna 167
Karube, Isao 308
Katalanisch 154, 191ff.
Katalonien 191ff.
Katholiken 343
Katholische Kirche 347
Kato, Kazutaka 162
Katz, Joel 94
Kawakubo, Rei 233
Kenia 208
Kennedy Center 103
Kennedy, John F. 37, 73
Kennedy, Moorhead 187
Kennedy, Paul 36f.
Kernenergie 28
Khomeini, Ayatollah 155, 186f.
Kiernan, Judi 384
Kim Young Soo 240
Kindertagesstätten 296ff.
Kinnock, Neil 200f.
Kirchen, alternative 350
Kirchenbau 369f.
Kirchenlose 349
Kleif, Bud 189
Klonen 320, 327
Klotz, Lynn 325, 330
Knight, J. Z. 357
Kohl, Helmut 141
Kollektivismus 376
Kolumbien 27
Kolumbus, Christoph 192
Kommission für biologische Sicherheit 311
Kommunismus 33f., 374
Konfuzianismus 132
Kongo 208
Konsumenten 31, 35, 368f., 386

Koppel, Ted 174
Kotter, John P. 281
Krebs 328ff.
Krimsky, Sheldon 337
Krone-Training 372
Kulturetat 99f.
Kulturimperialismus 171, 178f.
Kulturkampf 186
Kulturpaläste 93f.
Kummerindex 50
Kunst & Medien 109–112
Kunst als Freizeitbeschäftigung 75–90, 106ff.
Kunst als Imageförderung 113–117
Kunst in Japan 233f.
Kunst in Los Angeles 85f.
Kunstauktionen 84, 86f.
– ausstellungen 85, 92
– betrieb, amerikanischer 98
– boom 84–90
– index 86
– industrie 90–93, 98–117
– konsumenten 108f.
– markt 86f.
– mäzen Wirtschaft 98ff., 107f., 114ff.
– unternehmer 100ff.
Kymrisch 184f.

Labour Party 200f.
Lang, Jack 171
Larson, Brenda 341
Lau, Eddy 235
Lauren, Ralph 166f.
Laurie, Marilyn 290
Lawrence Liverpool National Laboratory 335
Leben auf dem Land 382–386
Lebensstil, internationaler 153f., 156–171, 194f.
Leder, Philip 327, 330
Lee Kuan Yew 193, 241
Lee, K. Y. 266
Leihmutterschaft 320, 322f., 339, 341f.
Lem, Stanislaw 147
Lenin 127, 136
Lessinger, Jack 384

Lester, Richard 316f.
Lewis, Richard 184
Li Peng 246, 248
Liberalisierung 139, 147, 150
Lincoln Center 115
Lindsey, Hal 361f.
Lingua Franca 182
Linh, Hguyen Van 150
Lipman, Matthew 339
Lipovecz, Ivan 141
Lisowolik, Dimitri 134
Lodin, Sven-Olof 29
Long, T. Stephen 286
Loomis, Burdett 380
Lorincze, Peter 139
Los Angeles 261f.
Low-Tech-Phänomen 381
Loyalität im Unternehmensbereich 284, 286, 291
Lubbers, Ruud 206
Ludwig, Peter 88
Lutherische Konfessionen 347
Luxemburg 71f.
Lyric Opera 110

Ma, Yo-Yo 93
Maccoby, Michael 285
Made in Germany 101
Madonna 182
Malaysia 31, 251
Management 280–287
Managementmodelle 282, 285f., 291f., 295
Managertyp 281
Manpower Demonstration Research Corporation (MDRC) 222
Mao 130f., 244, 250
Marcos, Ferdinand 305, 380
Margolin, Ilene 222
Marketing für Kirchen 366ff.
Marketing-Aspekt der Kunst 100–105, 116
Markt, asiatischer 266–270
Marktwirtschaftliche Reformen 138f., 145f., 148ff.
Marktwirtschaftlicher Sozialismus 119–151, 277

Marr, Bill 369
Marshallplan 38
Martin, Dave 114
Marty, Martin 346
Marx, Karl 373
Mary, Angelica 366
Maslow, Abraham 389
Massachusetts Institute of Technology (MIT) 97
Massachusetts Museum of Contemporary Art (Mass MOCA) 94
Massenbewegung 375
Mayfield, Tim 184
Mazowiecki, Tadeusz 145
Mäzenatentum, privates 88f., 94
Mäzenatentum, staatliches 99f.
McCarty, Patrick 340
McCue, Bill 382
McDonald's Restaurants 160f.
McLellan, Joseph 99
Mead, Lawrence M. 223
Meditation 351, 372
Medoff, Mark 79
Melton, J. Gordon 350
Menil, Dominique de 89
Menotti, Gian Carlo 93
Menschenrechte 194f.
Menuhin, Yehudi 82
Metal Forming & Coining 293
Metaphern, biologische 307f.
Metaphern, physikalische 307
Methodistische Kirche 347
Metropolitan Museum of Art 86f., 102f., 233
Metropolitan Opera 100, 110
Mexiko 23, 204, 255
Michigan Opportunity and Skills Training (MOST) 221
Michnik, Adam 147
Millennium 12f., 15, 360, 373ff.
Miller, Gerry 113
Miller, Thomas 385
Miniaturisierung von Produktionsgütern 26, 30, 35
Miscoll, James P. 262
Misery Index 50
Mitgliederschwund der Kirchen 347ff., 368

Mittelschicht 50–53
Mittelstandsbogen 29
Miyake, Issey 233
Mobil Oil 91, 117
Mode, internationale 164–167 ff.
Modehandel, internationaler 167 ff.
Modemacher, japanische 232 f.
Modrow, Hans 148
Molekularbiologie 312
Monnassier, Terry 163
Montgomery, Ruth 361 f.
Moore, Donald A. 82
Moran, Brian 114
Moriyama, Mayumi 306
Mormonen 343 f., 353
Morris, Jan 189
Mosambik 208
Mostly Mozart Festival 81
Motorola Inc. 293
Moyer, Bill 346
Mukoviszidose 329
Munroe, Alexandra 234
Murdoch, Rupert 175
Murray, Charles 218 f.
Museum of Contemporary Art, Los Angeles 86, 101
Museum of Modern Art 87
Museumsboom, amerikanischer 87 f., 93 ff.
Museumsboom, europäischer 88 f.
Museumsstiftungen, private 89 f., 94
Musée d'Orsay 89
Musik 172 f.
Mutterschaftsurlaub 296, 300
Mythos vom Niedergang Amerikas 36–47

Nakasone, Yasuhiro 274
Nambara, Akira 184
Nanotechnologie 336
National Association of Women Business Owners (NAWBO) 290 f.
National Freight Consortium (NFC) 202
National Gallery of Art 115

National Museum of Women in the Arts 90
Nationalismus, kultureller 154 ff., 175 f., 185–194
Nationalismus, sprachlicher 185, 188–194
Nationalsozialismus 13, 345
NATO (North Atlantic Treaty Organization) 32, 182
Naturkosmetik 304
Negative Utopie 374
Nemeth, Miklos 141
Neuseeland 29
New-Age 343 f., 351 f., 355–360, 370 ff.
Ni, John 266
Niedergang der Städte 383 ff.
Niederlande 43, 68, 206, 301, 321
Nietzsche, Friedrich 345
Nigeria 204, 208
Nixon, Richard 248 f.
Nordkorea 255
Norwegen 72, 301

O'Brian, Jack 79
Oberster Sowjet 135 f.
OECD 27
Ohashi, Kyosen 270
Ohkawara, Shin 161
Ohmae, Ken 271
Oklahoma Mozart International Festival 81
Old Globe Theatre 79
Oman 27
OPEC 27 f.
Open Center 358
Oper 79 f., 113
Orwell, George 16, 121, 374, 380
Ostasien 235–253
Osteuropa 137–149
Öffnung der Kirchen 363–368
Ölclub 27
Ölkrise 27
Österreich 72, 99
Özal, Turgut 72, 155, 206

Paee Gallery 86
Pachlevi, Reza 186 f.

Pachtsystem 126 ff., 277
Paisley, David 319
Pakistan 32, 204
Palm, Carol F. 109, 114
Palmer, Russel E. 281
Palmiter, Richard 324
Pancoast, Helene 95
Paninari 166
Parkinson, Cecil 202
Patente der Biotechnik 330
Pawelko, Richard 177
Payson, Charles Shipman 89 f.
Pazifische Präsenz Amerikas 259–264
Pazifischer Raum 229–276
Peng Yuan Hwang 242
Perestroika 124–129, 134, 137, 142, 194
Perry, Margaret 325
Personalpolitik 280, 296
Pfanstiehl, Cody 98
Pfanstiehl, Margaret 98
Pfeiffer, Norman 101, 261
Pfingstbewegung 353, 364
Philadelphia Museum of Art 102
Philippinen 32, 204, 305
Philipps, Douglas J. 300
Picasso, Paloma 153
Pinik, Massimo 213
Pinochet Ugarte, Augusto 380
Pirie, Madsen 198, 203
Pittman, Charlene 356
Planwirtschaft 119 f.
Pluralismus, politischer 132 f., 147
PMI Home Vision 112
Polen 142–147
Politbüro 33
Politik der hohen Löhne 47–58
Polnische Erneuerung 142 f.
Popcorn 316
Popular capitalism 205
Portelli, Bernard 233
Portland Museum of Art 90
Portugal 32, 70, 205
Powell, Earl 86
Pozsgay, Imre 141
Preisgestaltung, internationale 170 f.

Presbyterianische Kirche 347, 363 f.
Print Finders 97
Privatisierung 197–211, 216
Privatisierung der Arbeitslosenversicherung 211 f.
Privatisierung der Post 211
Programm der Tories 197 f.
Project Chance 221
Prosperity Index 50
Protektionismus 40, 60, 64 f.
Puccini, Giacomo 113
Pujol, Jordi 192
Pursel, Jack 357

Quebec 189 ff.
Quinones, Nathan 339

Ralila, Sophia 371
Raspberry, William 222
Rather, Dan 174
Rauschenberg, Robert 379
Ravinia Festival 81
Ray, Michael 372
Reagan, Ronald 28, 39, 50, 210 f., 379
Reformpolitik der DDR 148 f.
Reformpolitik Polens 142–147
Reformpolitik Ungarns 138–141
Reformvergleich Sowjetunion – China 123, 129–133
Reger, Larry 102
Reinkarnation 356
Reiss, Alvin 108 f.
Rekonstruktionismus 342
Religionen 343–375
Religionen, institutionalisierte 348 f.
Religionsgeschichte 361 f.
Renaissance der schönen Künste 11, 13, 16, 75, 117
Renoir, Auguste 92, 104
Renoir-Faktor 92 f.
Rent-a-Museum 102 f.
Ressourcen, natürliche 26 ff., 35
Retortenhühner 325
Reuter, Edzard 23
Riesenmaus 324

Rifkin, Jeremy 311 f., 314, 388
Rifkin-Faktor 311 f.
Ritman, Barry 159
Rittner, Luke 100
Robert O. Anderson Building 86
Roberts, Oral 354
Roberts, Sam 174
Robinson, John P. 96, 108
Rocard, Michel 122
Roddick, Anita 304
Rogers, Everett 331
Rohstoffe 26 ff.
Romera, Carlos 176
Roncagliolo, Rafael 176
Ross, Steve J. 111
Royal Opera 100
Rubik, Erno 139
Rushdie, Salman 155, 186
Rückzug der sowjetischen Truppen aus Afghanistan 32

Saint Laurent, Yves 166 f.
Samuelson, Robert 54 f.
San Francisco 262 f.
San Francisco Museum of Modern Art 101
SAS (Scandinavian Airline Systems) 22, 280, 291, 303
Sasser, Gary 293
Satosan 305
Scharlach, Andrew E. 299
Schiller, Bary 220
Schintoismus 343 f.
Schleswig-Holstein-Musik-Festival 77, 82
Schlosser, Robert 105
Schneider, Ernst 88
Schneiderman, Howard 320
Schuldenlast 39
Schuller, Robert 354
Schwartz, Hillel 361
Schweden 23, 43, 72, 214, 215 f., 301, 321
Schwedisches Modell 214
Schweiz 43, 64
Seamark, Robert 324
Sechzehnter Internationaler Kongreß für Genetik 331

Secunda, Eugene 110
Seidmann, Boo 377
Sejm 144 f., 147
Selkowitz, Judith 96
Sellars, Peter 235
Senioren-Studium 294
Separatismus 156, 189 ff.
Service 500, 288
Shelley, Mary 338
Shih-hui, Hsieh 240
Shore, Mike 295, 299
Siemens, Werner 180
Sims, Jack 366, 367
Singapur 31, 234, 241 ff.
Singer, Leslie 84
Sinise, Gary 79
Sinopoli, Guiseppe 82
Small Business Association (SBA) 290
Smith, James 53
Smith, Maureen 270
Smith, Ted 21
Smithsonian Museum 102 f.
Snowmax 326
Social Security Act 217
Solarenergie 28
Solidarität 142–147
Sommerfestivals 77, 81 f., 92 f.
Somoklonale Variation 316
Sotheby's 86
Southern Baptists 364
Sowjetische Allunions-Parteikonferenz 133 f.
Sowjetunion 33 f., 37, 44, 122–137, 193 f. 254, 277
Sozialhilfereform 219–222
Sozialisation, männliche 279
Sozialismus 34, 119–132, 151, 197 f., 203, 376
Sozialismus, angebotsorientierter 122
Sozialleistungen, betriebliche 297 f., 299
Spanien 32, 64, 69
Specht-Mandarin 154, 193
Specter, Jay 233
Spengler, Oswald 374

405

Spisto, Louis G. 104
Spoleto USA Festival 93
Sprachengesetz 190
Sprachpolizei 190
Stalin, Josef 126–130, 134 f., 380
Stalinismus 126-129, 131
Starkow, Wladislaw 128
Steinberg, Leigh 114
Steinhoff, Patricia 274
Stepanow, Sergei 129
Stern, Isaac 93
Steuerreform 28 f.
– revolution 28 ff.
– senkung 28 f., 35
Stewart, Timothy A. 330
Strohmer, Art 296
Supertomaten 315 f.
Surtitles 80
Sushi-Bars 158 ff.
Sussman, Mark 283
Suters, Everett 292
Südkorea 31 f., 238–241
Swaggart, Jimmy 354 f.
Swersky, Phyllis 290
Symphonieorchester 80 f.
Syrien 27
Syryjczyk, Tadeusz 145
System, hierarchisches 280

Taiwan 31 f., 243 f., 258, 272
Takeshita, Noboru 274
Tampa Ballett 82
Tanglewood Music Festival 81
Tansania 208
Tanz 82
Taoismus 132
Tarshys, Daniel 215
Tausendjahrfeier 12
Tausendjähriges Reich 13, 345
Tax Reform Revolution 28
Technologie 120
Teilzeitarbeit 296, 301 f.
Tejada-Flores, Lito 378
Telefaxgeräte 382
Telekommunikation 24 f., 35, 120
Telemarketing 105
Terra Museum of American Art 89
Terra, Daniel 89

Tex-Mex-Restaurants 158 f.
Thailand 31, 252 f.
Thatcher, Margaret 28, 34, 65, 70, 119, 169, 197–201, 203, 205, 226, 306, 391
Thatcherismus 197–203
Theater, amerikanisches 78 f.
These von niedrigen Löhnen 48–51
Thomas, Edward 369
Thomas, Tamara 96
Tiere, transgene 312
Togo 209
Tomkins, Darg 168
Topmanagement 302 f.
TPA 322, 332
Transgenese 324 f.
Transzendentalisten 345
Treibhauseffekt 12, 34, 374
Trickledown-Theorie 84
Tsujino, Keiichi 156
Türkei 72, 155, 204 ff.
Tyson, Dara 84

Umwelt 13 f., 34 f.
UN (United Nations) 182
Unfall, genetischer 312
Ungarn 138–141
Unheilspropheten 20 f.
United Parcel Service 211
Unity Church 359
Unternehmensführung 280, 287, 292 ff., 303
Unternehmensphilosophie 280, 285
Unternehmer 377 ff.
Unternehmerprinzip, politisches 378 f.
Unternehmung, individuelle 124 f.
Unterqualifizierung 56 f.
Urlaubsregelungen, betriebliche 299 f.

Vaccine 307
VALS-Programm 370
Verantwortlichkeit, individuelle 375 ff., 387 f.

Vereinigte Staaten von Amerika 23, 28, 33, 35–47, 209–212, 216–225, 321 f.
Vermarktung der Biotechnologie 330–336
Vernetzung, globale 381 f.
Vier Drachen 231 f., 235, 246, 267
Vietnam 33, 37, 149 f., 255
Virginia Commonwealth University 21
Volkskapitalismus 200, 205
Volkswirtschaft 119–122
Vollzeitarbeit 296, 301 f.
Voltaire, François 373
Voutier, Reymond 267

Wachs, Joel 85
Wachstumsgrenzen 26
Wachtel, George 78
Wada, Akiyoshi 335
Wagner, C. Peter 367
Waidhofer, Linda 378
Wales 188 f.
Walesa, Lech 144–147
Walpole, Robert 203
Warner jr., Rawleigh 114
Warren, Kenneth 329
Washington 263 f.
Waterhouse Price 62
Watson, James D. 327
Weiterbildung 293 f.
Wells, L. Fargo 269
Welsh League of Youth 184
Welthandel 157
– krieg, Zweiter 37 f., 120, 277 f., 282, 374
– marken 153
– produktion 37 f.
– sprache Englisch 178–185
– untergang 20, 362 ff., 374
– wirtschaft 11, 19–74, 119
Westerberg, Bengt 215
Wettbewerb, internationaler 45 f., 255 f.
Wettbewerbspolitik 65
Whan, Norman 367 f.
White Anglo Saxon Protestant (WASP) 350
White, Norman 367
White, Ralph 357
Whitney Museum 89
Wick, Charles 179
Wiederaufbereitungsanlage Wackersdorf 22
Wiedergeborene Christen 353, 368
Wiggenhorn, Bill 293
Wilentz, Robert 342
Wilke, Richard 348
Willadsen, Steen M. 320
Wirtschaft Italiens 212 f.
Wirtschaftsaufschwung 20–32, 42–45
– geschichte 22
– raum, globaler 22 ff., 26, 30, 43 f., 119 ff., 377
Wohlfahrtsstaat 119 f., 197–227
Wohlfahrtsstaat Skandinavien 214 f.
Wohlfahrtsstaat USA 216–225
Wohlstandsindex 50
Wolf, Charles 38
Wolfe, Kevin 113
Wolman, Clive 201
Wong, T. W. 238
Workaholics 286
Workfare-Programm 216 f., 219–224
»Working Women« 116, 278
Wozniak, Steven 82
Wright, Robert Grandford 294

Yamamoto, Yohji 233
Yamaya, Wataru 334
Yen, Aufstieg des 272 ff.
Yip, Vincent F. S. 242
Yoga 351, 372
Yummies 158
Yuppies 158, 284

Zagladin, Wadim 128
Zentralisierung 120
Zeugen Jehovas 344, 353
Zhao Zivang 248
Zinsen 30, 35
Zninewicz, Zdislaw 144
Zoroastrismus 345